国家社科基金项目研究成果

新中国教育科研通论

ON EDUCATIONAL RESEARCH IN THE PEOPLE'S REPUBLIC OF CHINA

曾天山 等 著

人民教育出版社 · 北京 ·

图书在版编目（CIP）数据

新中国教育科研通论 / 曾天山等著. — 北京 ：人民教育出版社，2015.1
ISBN 978-7-107-29583-6

Ⅰ.①新… Ⅱ.①曾… Ⅲ.①教育科学 — 科学研究 — 中国 Ⅳ.①G40-03

中国版本图书馆 CIP 数据核字(2015)第 015482 号

人民教育出版社 出版发行
网址：http://www.pep.com.cn
保定市中画美凯印刷有限公司印装 全国新华书店经销
2015 年 1 月第 1 版 2015 年 1 月第 1 次印刷
开本：787 毫米×1 092 毫米 1/16 印张：31.75
字数：380 千字 印数：0 001～3 000 册
定价：56.50 元

如发现印、装质量问题，影响阅读，请与本社出版科联系调换。
（联系地址：北京市海淀区中关村南大街 17 号院 1 号楼 邮编：100081）

目　录

Contents

导 言

本书是国家社科基金项目“我国教育科研成果影响力研究”(BFA090019)的成果，时间跨度为1949年至2014年，前后共65年。

当今社会，科学技术已成为经济社会发展的决定性力量，自主创新能力是国家竞争力的核心。现代化历程在一定意义上是科学技术进步和创新的历史，近现代社会的每一次重大变革都与科学技术的革命性突破密切相关。同样，教育事业的科学发展需要探索教育规律和人才成长规律，没有教育科学就没有科学的教育，科研兴教必先兴科研。人类的教育研究伴随着教育的发展，逐步从经验走向科学。1623年，培根在《论科学的价值和发展》一文中首次提出了“教育学”的概念；1632年，夸美纽斯发表了第一部严格意义上的教育学著作《大教学论》；1776年，康德在柯尼斯堡大学教授教育学，开启了教育学进入大学课程的进程；1934年，澳大利亚成立了教育研究委员会；1943年，苏联建立了国家教育科研机构。我国的教育研究曾长期处于世界领先水平，近代以来逐渐落伍，到现代奋起直追，致力于在“三个面向”指导下建设中国特色的教育科学体系，立足国情，学习借鉴国外先进经验，在管理体制、项目资助、组织机构、学科建设、人才培养、学校科研、教育社团等方面形成了较为健全的教育科研工作体系，科研管理体制自成系统，科研机构多样化，科研资助更加多元，学校科研贴近教学实践，各学术团体发挥自身优势，民间教育科研机构发展空间宽阔，中外教育科研交流合作加强，形成了形式多样、充满活力、协调发展的格局，为建设中国特色的教育科学体系提供了制度保障，为建设人力资源强国做出了不可替代的重要贡献。在全面深化综合改革、建设现代化教育强国的今天，不仅需要加强教育研究，而且需要加强对教育研究的研究，不断提高研究质量，努力扩大教育科研影响力，深刻反思教育科研历史进程和发展路径，总结经验，探索规律，开辟未来。

1949年新中国成立以来，受苏联体制影响，我国教育科研模式日趋专业化，主要特征是：科研与教研分工，教育科研院所侧重应用研究，教研室侧重中小学学科指导；理论研究与应用研究分工，科研机构侧重应用研究，高等院校侧重理论研究；专业研究和人才培养分离，科研机构侧重研究工作，高等院校侧重教育研究人才培养；中央和地方分工，中央侧重全局性重大理论和现实问题研究，地方侧重区域性教育问题研究；师范院校和综合大学分工，师范院校侧重教育理论研究，其他院校侧重高等教育研究。

改革开放后，我国在全球化进程中学习国际先进经验，设立了类似基金会的教育科学规划组织，成立了各种教育社团组织，呈现出多元教育科研生态；引入市场竞争机制，公民办并举，国内外结合，形成了开放竞争的教育科研体制，教育科研事业蓬勃发展，规模不断扩大。目前，我国已形成完整的教育科研事业链条，上游有以政府投入为主、民间资助为辅的多元化教育科研资助机构，自“六五”至今不断加大资助力度，特别是“十二五”

以来，省级以上课题年均立项上万项，投入经费上亿元；中游有各级各类的专门教育科研机构和学校教育科研机构2 200多个，从业专业人员达10多万人，学科不断发展，学位点逐步齐全，一级学科博士点9个，国家级教育研究基地6个，有关高校和教育科研机构培养了数十万名学科专业人才；下游有丰富多彩的媒体机构，教育科研刊物达630种，出版社582家，每年发表教育论文80 000多篇，出版教育著作2 000多部；成果转化平台健全，内部决策参考上报通达，各种年会、论坛层出不穷，改革实验方兴未艾；通过思想观念、发展规划、体制机制、方案标准、发展模式、监测评价等方面的知识创新，不断丰富理论，服务决策，指导实践，走在教育改革发展的前面，持久而深刻地影响着教育改革发展的方向和进程。教育科研的作用在教育重要政策法规中得到了确认，在历次重大教育改革中得到了证实，在广大教育工作者的实践中得到了体现。

虽然我国教育科研成绩巨大，较过去相比有长足的进步，但与教育发展新要求相比较，与国际先进水平相比较，与科学发展趋势相比较，问题依然不少。比如，理论脱离实际，低水平重复，研究不系统、不深入、缺少数据支撑，存在圈内热圈外冷、国内热国外冷的自说自话、自娱自乐现象。因此，我国教育科研亟待提高研究水平，提高教育科研对教育实践的影响力，提高在国内学术界的地位，提高在国际教育学术界的话语权，不仅要站在中国看中国，还要站在中国看外国，更要站在国外看中国；亟待改革教育科研管理体制，政府要制定相关政策法律，明确方向，突出重点，加强引导，既不能管制太多削弱整个国家教育研究的竞争力，也不能放任自流给社会带来危害；亟待以综合改革的思路，以成果质量和社会贡献为导向，加快现代科研院所制度建设，加强科研队伍建设，增加科研投入，改良科研文化，支撑教育科研的系统和深入开展，以创新引领教育未来发展，形成改变国人教育观念和行动的能力。

1949—2014年，65年弹指一挥间，新中国教育科研发展历程树立了历史丰碑，优秀教育科研工作者的业绩应铭刻其上，教育科研持续发展的宝贵经验应由后人传承和发扬光大。当前关于教育研究的研究方兴未艾，但从事业发展角度进行的研究还比较少，分析教育科研影响力的更少，普遍缺少实证数据。本书作为我主持的国家社科基金教育学一般课题“我国教育科研成果影响力研究”的成果，可以说是长期探索的结果。多年来，我工作于中国教育科学研究院和全国教育科学规划领导小组办公室，亲历并见证了近些年来教育科研的蓬勃发展和一些重要事件。在课题研究中，我们向高校教师发放问卷，回收有效调查问卷135份。另有网络调查问卷1 012份。在南京大学中国社会科学研究评价中心王文军及刘玉娟、刘大伟等同事和学生滕瀚、周越、杨道宇等的帮助下，我搜集了珍贵的一手资料，对中国教育科研有了更加全面和深入的了解。在这个过程中，我们边整理边研究，并将部分研究成果发表在了《教育研究》《中国教育学刊》《高等教育研究》《教育理论与实践》《国家教育行政学院学报》《教育学术月刊》《中国教育报》等报刊上。其中，我和滕瀚合作发表了四篇论文（本书中均有注明），于发友、夏俊、郭卉等也为本课题研究做出了贡献。

在此，感谢全国教育科学规划领导小组办公室的项目支持，感谢人民教育出版社郭戈研究员、吕达编审、诸惠芳编审、刘立德编审、刘捷编审等为此书编辑出版付出的艰辛努力，感谢提出宝贵意见的《教育研究》杂志总编辑高宝立编审、全国教育科学规划办副主任刘贵华教授、中国人民大学程方平教授、《中国德育》杂志社副社长邓友超研究员、中国教育科学研究院刘芳研究员、方晓东研究员、孟万金教授和马晓强研究员等教育研究同行，更感谢为新中国教育科学事业做出重要贡献的广大教育科研工作者，他们不朽的光辉业绩值得后人尊重和学习。

列宁曾经说过，忘记历史就意味着背叛。淡忘前人的贡献，未来的路也走不远。为挖掘历史资料中的深刻内涵，探寻新中国教育科研的历史本相和发展规律，实事求是地评价教育学人及其研究成果的历史作用，我们努力按照宜粗不宜细、大事不遗漏、事件求准确、评述客观化的原则，独立思考，追问历史，总结经验。限于水平和学识，虽然我们竭尽全力，反复研究，认真核实，难免有所疏漏，还请大家指正。希望本书不是这一领域研究的终点，而是新的起点；希望有更多的专家关注教育科研本体的研究，不断续写新篇，使社会和公众更好地参与和支持教育科研，理解教育科研对建设人力资源强国和办好人民满意的教育所发挥的重要支撑作用。

曾天山

2014年10月1日于北京

第一章
教育科研事业蓬勃发展

教育科学研究属于教育领域的科研工作，是教育事业科学发展的重要支撑。1949—2014 年，65 年来，教育和科学事业快速发展，共同促进了教育科学事业的蓬勃发展，呈现出初创基础、快速发展、特色创新三个阶段，在不同历史阶段具有显著的标志性事件，体现出以知识服务求发展、以智力贡献求进步的时代特点，在机构设置、经费支持、人才队伍、知识创新、学科建设、奖励制度、传播推广等方面渐成中国特色、国际视野的大教育科研体系，教育研究的科学性逐步增强，向世界教育科学强国迈进的趋势日益明显，在不同历史时期发挥了科研兴教的重要引领作用，成为服务决策的智囊团、理论创新的思想库、指导实践的设计师、引领社会的宣传队，教育科研的地位和作用日益彰显。

一、初创基础阶段（1949—1976 年）

1949 年 10 月 1 日中华人民共和国成立。在党的领导下，除旧布新，改造旧教育制度，服务工农大众，大力普及教育，大力普及科学，教育事业迅猛发展，在继承革命根据地教育传统、借鉴苏联教育经验、吸收传统教育精华的基础上，催生了新兴的教育科学事业，奠定了教育科研基础。

（一）普及教育和“向科学进军”催生教育科研

为应对复杂的国内外形势和实施赶超式发展战略，国家集中社会资源大力开展社会主义教育建设，教育事业的蓬勃发展构成了教育科研产生的时代背景，普及教育和“向科学进军”为新中国教育科学事业的兴起提供了强大动力。

1. 普及教育需要教育科研

新中国成立初期，百废待兴，百业待举，为适应蓬勃发展的社会主义经济建设需要，改造旧教育，创建新教育，教育向工农开门，全民普及教育，培养社会主义建设人才，探索适合中国国情的教育发展道路等问题被提上议事日程。制订新中国的教育事业发展规划，单纯依靠高校教育科研力量已显不足，建立专业化的教育科学研究机构以加快教育事业发展刻不容缓。1956 年 6 月，国务院指示教育部集中一批国内著名教育专家，成立中央教育科学研究所筹备处并参与《十二年国民教育事业规划纲要（草案）》的起草工作。

作为国家教育科研机构，中央教育科学研究所的成立和发展，标志着党和政府对教育科学事业的重视，反映了教育事业发展对教育科学研究专业化的强烈需要，体现出教育发展从经验走向科学的内在要求。

2.“向科学进军”带动教育科研

1956 年，第一次全国科学大会召开。党中央发出“向科学进军”的号召，编制了《十二年科学规划》，从而使“尊重科学、热爱科学”成为全党、全社会的共识与行动，成为新中国科学技术发展史上的一个重要里程碑。毛泽东重视科学技术的重要作用，认为发展科学技术是提高生产力的主要途径之一，并把科学实验作为一项革命运动予以推动。在社会科学领域，1956 年明确提出“百花齐放，百家争鸣”这一发展和繁荣我国科学文化工作的基本方针，极大激发了广大社会科学工作者的科研热情，为新中国社会科学事业如何发展指明了方向。周恩来在《关于知识分子问题的报告》中指出：“按照可能和需要，把世界科学的最先进的成就，尽可能迅速地介绍到我国的科学部门、国防部门、生产部门和教育部门中来，把我国科学界所最短缺而又是国家建设所最急需的门类尽可能迅速地补足起来，使12年后我国这些门类的科学和技术水平，可以接近苏联和其他世界大国。”在全国《十二年科学规划》中，教育科学作为整个科学事业中相对独立的组成部分，其重要地位和不可替代作用得以确立。一些有识之士向党和国家领导人建议尽快成立国家教育科学研究机构，加快发展教育科学事业。1956—1967年的哲学社会科学规划草案提出，为了开展研究和培养干部，必须设有与各学科相应的研究机构。1958年，国务院科学规划委员会教育组召开教育科学规划座谈会，号召在实践中建立教育科学。

（二）教育科研机构的组建

组建中央教科所、成立教学教研室、设立教学仪器研究室，创办《人民教育》《教师报》《高教战线》，成立人民教育出版社、高等教育出版社，奠定了新中国教育科研机构的基本架构。

1. 组建国家教育科研机构

1957年1月26日，经中央书记处和国务院批准，中央教育科学研究所成立，作为教育部直属的国家级综合性教育科学研究机构，其主要职责是：以马克思列宁主义、毛泽东思想为指导，切实贯彻理论与实践相统一的原则，经过科学实验和调查研究，总结实际教育工作的经验，为我国社会主义教育建设事业服务。

中央教科所的前身是1941年在延安建立的中央研究院中国教育研究室，李维汉任主任。中央教科所的成立是中国教育史上的一件大事，标志着新中国教育科学事业的兴起。教育部领导柳湜、周荣鑫、戴伯韬等曾兼任所长。老一代教育家徐特立、吴玉章、叶圣陶等给予了大力支持。曹孚、陈元晖、王铁、潘懋元、吕型伟、胡克英、伍棠棣、王焕勋、滕纯、金世柏等一大批教育专家和学者从各地汇聚，一些有实践经验的干部相继从地方上调来充实科研管理，一批大学毕业生和研究生作为新生力量进入科研队伍，教育科研呈现出一派生机。初期设教育理论研究组、教育史研究组、教材教法研究组、教育心理研究组，以服务社会主义教育事业发展、探索中国教育发展道路为研究方向，以研究马克思主义教育基本理论、党和国家教育方针、国外教育改革动态为主要任务。其主要工作是收集、整理老解放区教育资料，研究革命根据地教育经验和传统；开展教育工作的调查研究，进行教学实验；开展国际交流活动，邀请苏联著名教育家来华做学术报告；致力于教育学科建设的探索，编写高师《教育学》教材；参与制定《教育部直属高等学校暂行工作条例(草案)》《全日制中学暂行工作条例(草案)》《全日制小学暂行工作条例(草案)》等，为探索社会主义教育发展道路做出了重要贡献。中央教科所的成立，标志着教育科研机构专门化的开端，显示出党和政府对教育科学事业的重视，反映了教育事业发展对教育科研的客观需要。

2. 成立教学研究机构

在学习、借鉴苏联经验的基础上，结合学校实际，中国人民大学在全国高等学校中率先创造出“教研室”这个名称，并建立教研室制度。1951 年，成仿吾副校长在《人民教育》上发表了《中国人民大学的教研室工作》，系统介绍了成立 41 个教研室的经验，说明了教研室的性质、任务和具体工作。此后，教研室这一研究组织在全国高校普及开来。

1956 年，地方教育行政部门从基层教育教学实际需要出发设置教学研究室，成为中小学教学研究、教学指导和教学管理的事业机构。这一机构在基础教育改革和发展的进程中发挥了独特的作用，主要工作是研究教材教法、深入学校调查研究、组织教师开展学科教学研究活动、总结教育教学经验等。

3. 建立教育科研传播机构

1950 年 5 月，《人民教育》杂志创刊，毛泽东为该刊题词："恢复和发展人民教育是当前重要任务之一。"该刊作为教育部主办的全国性、综合性教育刊物，是教育部从思想上、政策上、业务上指导全国教育工作的重要舆论工具，主要面向中小学、职业学校的教师与干部、师范学校的师生、各级教育行政干部以及关心教育的各界人士，准确及时传达党中央、国务院及教育部关于教育工作，特别是基础教育工作的指示精神、方针政策和工作部署，报道各地重要的教育情况，传播教育教学改革新鲜经验，宣传教育界的先进人物，探讨教育中的理论和实际问题，介绍外国教育情况，为中小学校长、教师提高思想和业务素质提供切实的帮助。1953 年，《高等教育通讯》创刊，作为高等教育部的机关刊物，交流和传播高等教育工作经验。1956 年 5 月 1 日，《教师报》创刊，面向广大教师宣传党的教育方针政策，传播先进教学经验。1965 年，《高教战线》创刊，作为教育部所属的全国高等教育指导性、综合性期刊，是教育部及各业务司局与高等学校沟通的重要纽带和桥梁，及时准确地宣传中央和教育部有关方针政策及工作部署，深度报道各地、各高校改革和发展的新思路、新举措，反映广大师生关注的热点、难点问题，成为全方位了解高教工作方针政策、理性探索及新思维、新经验的重要窗口。

1950 年 12 月，人民教育出版社成立，主要从事基础教育教材和其他各级各类教材及教育图书研究、编写、编辑、出版和发行工作。1954 年 5 月，高等教育出版社从人民教育出版社分立，负责全国高等教育、职业技术教育和成人教育教材的出版工作。

1958 年，中国人民大学书报资料中心成立，从事人文社会科学（含教育学、心理学）的信息资料收集整理、编辑加工、信息发布等工作。

4. 教育科研队伍渐成规模

教育科研机构的相继设立，促使科研队伍形成一定规模。一是发展专业教育科研院所队伍。1964 年教育部成立了教学仪器研究室。一些地方也相继成立了教科所，主要承担政策应用研究工作。中国科学院心理研究所的人员也从事一定的教育科研工作。二是发展师范院校教育学科研究队伍。伴随院系调整，以师范院校为主体的教育学科建设得到调整充实，健全教育系（科）所（室），开设教育学、心理学、教学法课程，培养教育专业人才，开展教育理论研究。三是发展中小学教研队伍。各地纷纷成立教研室，开展教学研究和试验。到 1966 年，全国共有教育科研机构 15 个（研究所 5 个，研究室 10 个），并逐步建立了一支数量相对充足、结构相对合理、素质不断优化的教育科研队伍。据不完全统计，到“文化大革命”前夕，我国的各级各类教研部门拥有专业研究人员约 300 人，各高等师范院校从事教育科学研究的专兼职研究人员约有 1 500 人①。

(三) 中国教育科研体系已见雏形

伴随着社会主义教育建设事业的不断发展，教育科学事业在继承传统、借鉴苏联、形成特色基础上恢复和发展起来，体现出鲜明的时代特征。

1. 教育科研指导思想逐步确定

1956 年 4 月 28 日，毛泽东在中央政治局扩大会议上说，艺术问题上的“百花齐放”，学术问题上的“百家争鸣”，应该成为我国发展科学、繁荣文学艺术的方针。这一方针经中央确定，成为繁荣和发展我国科学和文化事业的重要指导方针。5 月 26 日，中宣部举行报告会，陆定一代表中共中央向知识界做了题为《百

① 高奇. 新中国教育历程［M]. 石家庄：河北教育出版社，1999：208.

花齐放，百家争鸣》的报告，对这一方针做了全面的阐述。他强调：“我们所主张的‘百花齐放，百家争鸣’是提倡在文学艺术工作和科学研究中有独立思考的自由，有辩论的自由，有创作和批评的自由，有发表自己意见的自由。”“双百方针”不仅标志着新中国成立初期改造旧教育的任务已基本完成，我国的文化教育正向一个新的阶段迈进，而且它也成为教育科研工作者开展科学研究的指导思想。教育学术界在这一指导思想的引领下，开展了一系列学术讨论，活跃了学术气氛。例如，1964 年 6 月发表的《社会主义教育学中的一个重要问题》和《资产阶级教育观点必须批判》等文章，对苏联凯洛夫主编的《教育学》进行了批判、反思；同年 8 月，江西省教育学会在庐山举行教学研讨会，逐章分析、批判了凯洛夫的《教育学》。教育科研工作者通过这些研讨会加深了对“百花齐放，百家争鸣”的认识。

1963 年 10 月 31 日，中宣部基本同意教育部党组《关于教育科学研究所的基本情况和今后任务的请示报告》（以下简称《报告》）。《报告》指出，教育科学研究所的方针是：切实贯彻理论和实践统一的原则，以马克思列宁主义、毛泽东思想为指导，经过科学实验和调查研究，总结实际教育工作的经验，为我国社会主义教育建设事业服务。其主要任务是：研究马列主义的教育理论，特别要研究毛泽东的教育思想；进行深入系统的调查研究，总结经验，指导当前的教育工作和教学改革工作；研究中国和外国的教育发展史；了解、研究和批判各国资产阶级和修正主义的教育思想和教育理论；研究教学法和教育心理学。《报告》明确了当时教育科研的指导思想和主要任务，为教育科研工作者从事科学研究工作指明了方向。

2. 教育科研活动渐成风气

新中国的成立，标志着一个新时代教育的开始，一批有影响的教育改革与实验项目也相继展开，教育科研活动，尤其是教育实验蔚然成风。从1949年到1976年，教育实验经历了三个不同的发展时期，体现出阶段性特征。

第一阶段为借鉴苏联阶段（1949—1955年），中心任务是“教育改造”。在党的领导下，坚持走社会主义道路，学习当时世界上第一个社会主义国家苏联的建设经验，对过去的旧社会制度、政治制度、经济制度、文化制度、教育制度等进行社会主义改造。这一时期，“引进”又一次成了教育学科建设的主题，而这一次的重点是译介苏联的“教育学”教材。例如，凯洛夫的《教育学》、奥哥洛德尼柯夫和申比廖夫合著的《教育学》、叶希波夫和冈察洛夫合著的《教育学》，促进了我国教育学科建设；而麦丁斯基的《世界教育史》，康斯坦丁诺夫、麦丁斯基和沙巴也娃的《教育史》，推动了我国教育史学科发展。围绕“小学五年一贯制”学制改革所开展的课程、教材和教法实验，工农速成中学、政治学校和业余学校的办学实验，以及幼儿园的改制和高校的“院系调整”，无不以苏联教育作为精神依归、实践模板。即使在当时影响最大的“速成识字法”实验，在教育对象和组织形式方面，也有借鉴苏联红军教育和工农教育的明显痕迹。当时有影响的教育科研活动有“祁建华速成识字法”教学实验、北京“工农速成中学”的办学模式实验、北京育才小学等六校开展的“小学五年一贯制”课程改革实验等①。

第二阶段为自主探索阶段（1956—1965年）。党的八大初步确立了“自力更生”的发展方略。在中央提出“教学必须改革”的要求下，兴起了侧重学制改革的教育实验热潮，实验学校成为开展教育科学研究的基地。此后的教育实验主要针对“教劳结合”等问题展开，除“两种教育制度和两种劳动制度”“江西共大”等教育改革试验外，还依据新的培养目标，集中对中小学学

① 熊明安，喻本伐. 中国当代教育实验史［M］. 济南：山东教育出版社，2005：51-138.

制进行了改革试验，并致力推进识字教学法实验。北京景山学校的创设和各省区市实验学校的重新选定，为规范学制、课程和教法实验提供了基地；中央教科所、中科院心理所及高等师范院校也纷纷加入实验行列，尤其是1962年成立了以中科院潘菽等26人组成的教育心理专业委员会，开展了教学改革的实验与研究，一部分心理学工作者与教育工作者协作，进行了6岁儿童入学的实验研究和在小学五年级讲授代数基本知识的实验研究，使通过教育实验自主探索中国教育发展道路成为国人的共识。

第三阶段为停滞倒退阶段（1966—1976年）。1966年发生的“文化大革命”，在教育领域迅速演化为“教育大革命”。各级各类学校“停课闹革命”，使以前开展的绝大多数教育实验相继中断①。

总的来说，这一时期尤其是1949到1966年，教育科研工作者围绕提高教育教学质量开展了一系列的教育科研活动。经过教育实验者和实践者的辛勤努力，参与教育实验的学校教师能力明显增强，教育质量有了显著的提高，学生素质也得到了全面的发展。

3. 教育科研成果开始涌现

经过各方面的共同努力，一些教育科研成果开始涌现，对学科建设、教材建设、教育实践发挥了奠基和支撑作用。

1957年，中央教科所曹孚的《教育学研究中的若干问题》一文发表于《新建设》当年第6期，认为“教育不仅是上层建筑”，而且“是一个永恒范畴，同时也是一个历史现象”。厦门大学潘懋元等开拓出“高等学校教育学”这一崭新学科，1957年编撰完成《高等学校教育学讲义》，油印数百本供校内教学使用。

① 喻本伐. 走出迷宫：中国当代教育实验述评［J］. 华中师范大学学报：人文社会科学版，2006（3）.

1959年经教育部批准，20所高等师范院校与中国科学院心理研究所协作，进行心理学的研究工作，从当年9月到1960年7月，以“学制改革问题的心理学研究”为中心，通过调查研究、心理实验等方式，形成了语文教学心理、数学教学心理、儿童发展心理、劳动教育心理的专题论文和报告等47种。为适应高等师范院校教学的需要，1961年华东师范大学刘佛年开始主编统编教材《教育学》，历经三年的辛勤劳动，完成全书讨论稿后在实践中试用；1962年曹孚编写了新中国第一本《外国教育史》；1963年潘菽主编了《教育心理学》（讨论稿）。这些书稿均在内部教学使用，起到了积累知识和培养人才的作用。

孟宪承、陈学恂、张瑞璠等合编的《中国古代教育史资料》及舒新城编的《中国近代教育史资料》由人民教育出版社分别在1961年和1962年出版，为教育学科建设奠定了重要基础。

由此可见，在教育科研初创时期，为了适应国内外形势和教育事业发展的需要，教育科研工作坚持以马克思列宁主义、毛泽东思想为指导，以继承发展革命根据地教育思想为基础，在“双百方针”指引下，学习借鉴以苏联凯洛夫《教育学》为代表的社会主义教育学说，反思批判以美国杜威为代表的西方资产阶级教育理论，合理吸取中国传统教育思想的精华，以组建中央教科所、创办《人民教育》《高教战线》《教师报》和成立人民教育出版社、高等教育出版社为标志，努力探索具有中国本土特色的教育科研道路，形成了教育科研指导思想初步明确、教育科研活动渐成风气、教育科研队伍逐渐壮大、教育科研成果不断涌现的可喜局面。

虽然这一时期教育科研事业的建设和发展带有明显的“苏式”大教育科研的特点，出现了一些曲折和反复，甚至在“文化大革命”时期遭受破坏，但马克思主义教育理论研究、教育史研究、教学法研究等方面初见成效，陶行知的生活教育理论、陈鹤琴的活教育思想、黄炎培的职业教育思想依然很有影响，在基础教育研究方面取得一些突破，霍懋征、斯霞、敢峰等教育家明确提出要把教育作为人学和爱的艺术。指导思想的明确、研究机构的建立、研究队伍的建设、研究人才的培养、学科教材的建设，标志着独立体系的中国教育科研已见雏形，并有效地促进了教育理论和实践的结合，为教育科研事业的快速发展奠定了基础。

二、快速发展阶段（1976—1999 年）

"文革"结束后，教育科学的历史掀开了新的一页。党的十一届三中全会重新确定了马克思主义的思想路线，倡导实践是检验真理的唯一标准，恢复了实事求是的工作作风，决定把工作重点转移到经济建设上来，教育工作出现了前所未有的大好形势，教育科研迎来了春天。

（一）"科学的春天"和"三个面向"促进了教育科研的重建和发展

1977 年科教工作座谈会和 1978 年的全国科学大会的召开，迎来了中国教育科学事业的春天，为教育科研的发展提供了一个宽松和谐的环境，促进了教育科研的重建和发展，从而推动了我国教育科学空前繁荣的局面。

1. "科学的春天"促进教育科研发展

1978 年的全国科学大会不仅迎来了"科学的春天"，更是改革开放的先声。邓小平在科学大会开幕式上指出要"正确认识科学技术是生产力，正确认识为社会主义服务的脑力劳动者是劳动人民的一部分，这对于迅速发展我们的科学事业有极其密切的关系"。人们从中阐释出一个真理：社会主义需要科学，需要尊重知识，尊重人才，"资产阶级知识分子"因此变成了"工人阶级的一部分"。邓小平提出科技是第一生产力，把科学技术当成是生产要素的第一位，实际上是从科学技术入手，从知识分子的地位入手，探讨科学技术与经济社会的整体关系，重新判定了科学技术在经济社会发展中的战略地位，以及人才在现代化发展中的决定性因素，鼓励各部门都要重视科学研究，要求把专业队伍和群众队伍结合起来。这是符合时代要求的科学发展理念，带动了全国思想观念的转变。1984 年发布的《中共中央关于科技体制改革的决定》，明确了科技体制改革为经济服务的大方向，确立了科技是第一生产力的重要地位。1995 年启动科教兴国战略，科技的重要作用更加突出。

这一时期的教育科学因其具有应用性强和涉及面广等特点，受到中央和教育部的高度重视，得到 1977 年成立的中国社会科学院、1983 年成立的全国哲学社会科学规划领导小组的支持和指导，显示出蓬勃发展的良好态势。

2. “三个面向”振兴教育科研

以 1977 年恢复高考为标志，包括教育科研在内的中国教育进入全面恢复阶段，确立了“教育必须为社会主义现代化建设服务，社会主义现代化建设必须依靠教育”的指导方针。1983 年，邓小平给北京景山学校题词“教育要面向现代化，面向世界，面向未来”，为我国教育发展指明了方向，也为开展教育科研注入了生机活力。在“三个面向”方针的指引下，全国教育科学界开展了理论研究和各种实验研究。

1985 年，改革开放后的第一次全国教育工作会议召开，发布了《中共中央关于教育体制改革的决定》，提出要提高民族素质，多出人才，出好人才，明确了教育改革的发展目标、基本思路和重要措施，对教育科研提出了新的要求，明确提出“教育体制改革要总结我们自己历史的和现实的经验，同时也要注意借鉴国外发展教育事业的正反两方面的经验”。这标志着我国教育科学走上了有计划、有组织发展的轨道。

1993 年，中共中央、国务院发布《中国教育改革和发展纲要》，明确提出要建设具有中国特色的社会主义教育体系，要加强教育改革和发展的理论研究和试验，要求各级政府和教育行政部门把教育科学研究和教育管理信息工作摆到十分重要的地位，教育理论工作者和实际工作者要以马克思主义为指导，研究和回答建设有中国特色的社会主义教育体系的理论问题和实际问题。要积极开展教育决策咨询研究，密切教育科研同教育决策、教育实践的联系，发挥教育科研对教育改革和发展的促进作用。鼓励和支持学校、教师和教育研究工作者积极进行教育改革试验。

1995 年颁布的《中华人民共和国教育法》（以下简称《教育法》）明确“国家支持、鼓励和组织教育科学研究，推广教育科学研究成果，促进教育质量提高”。这第一次在法律上保障了教育科学研究活动的开展。

（二）教育科研体系的完善

现代化建设要求教育事业在科学的教育理论、教育政策指导下快速恢复和发展。教育思想的解放为教育科学研究奠定了思想认识基础，促进了教育科学研究的复兴与繁荣。教育的改革与发展需要遵循教育的规律，探索教育的规律需要教育科研提供支持，教育科研工作需要一系列的教育科研制度建设作为保障。恢复中央教科所和省、地、县教研室，新建全国教育科学规划组织，新建教育社团，创建新媒介，昭示着中国教育科研在恢复中发展。

1. 国家教育科研体系逐步恢复重建

中央和地方教育行政直属以及高校的教育科研机构，是我国教育科研的主力军。这些教育科研机构在这一时期得以复建并有不同程度的发展，增强了教育科研实力。

（1）教育科研机构的恢复与发展。一是国务院批准恢复重建中央教科所。1978 年 7 月 14 日，经邓小平、李先念、方毅等中央领导亲自批准重建中央教育科学研究所。作为教育部直属事业单位，中央教科所业务上受中国社会科学院指导，其职责是开展以教育理论、教育心理学、教学方法、教育史、教育情报、各国教育制度、现代教学技术、各级各类学校管理等方面为重点的教育科研。中央教科所先后创办了《教育研究》(1979 年)、教育科学出版社(1980 年)、《教育文摘周报》(1983 年)和教育音像出版社，编辑出版各类教育理论著作，推广科研成果，制作音像资料，为科研、教学提供技术服务，逐渐成为一个综合型、多功能的国家级教育科研机构，进入稳定发展阶段。二是重建教研室。教研室在 20 世纪 80 年代蓬勃发展，逐渐形成省、地(市)、县三级教研网络，成为集研究、管理、指导等多种职能于一身的教学业务和管理机构，专职从事教学研究的人员已达 10 多万人，是教育科研队伍中一支数量可观、业务水平较高的专业队伍，在稳定正常教学秩序、执行课程计划和教学大纲、加强教学业务管理、组织教改实验、开展教学研究、总结推广教学经验、普及教育科学知识和提高教师的业务能力等方面做了大量工作，有效地促进了教学质量的大面积提高。1990 年，教育部下发《关于改进和加强教学研究室工作的若干意见》，成为加强教研室建设和搞好教学研究工作的指导性文件。各省、地(市)、县设有教研室，负责中小学课程、教材、教法的研究和教学指导，拥有庞大的专兼职结合的教研员队伍。这些机构和人员，在稳定正常的教育教学秩序、执行国家课程计划、加强教育教学业务管理、组织教育教学改革实验、总结推广教育教学经验、普及教育科学知识和促进教师专业发展方面发挥了独特的作用。三是新研究机构不断产生，功能日趋专业化。教育部直属的教育科研机构如教学仪器研究所(1980 年)、课程教材研究所(1983 年)、教育部教育发展研究中心(1986 年)、教育部职业技术教育中心研究所(1990 年)、高等教育教学研究中心(1991 年)等相继成立。

(2) 地方新建教育科研机构。各省、自治区、直辖市也陆续恢复教育科研机构。例如，北京市于 1981 年成立了第一家地方教育科学研究所，天津市于1990年成立了全国第一家教育科学研究院。在发展过程中，教科所和教研室两大系统逐渐合并，分别服务普通教育和职业教育、成人教育的研究机构也逐渐整合，省级教育科研机构总数近40个。教育科研体系贯通地市、县区，形成全国性教育科研网络。

（3）高校教育科研机构恢复发展。以北京师大、华东师大为代表的高等师范院校教育学科陆续恢复招生，逐渐建立起侧重研究基础研究的教育科学研究所，以厦门大学、北京大学为代表的全国综合性大学率先设立了高等教育研究室（所）。

由此形成从中央到地方、从行政部门到学校的各有侧重的教育科研体系，独立设置的教育科研机构侧重教育应用和推广研究，高校侧重理论研究和人才培养，教研室侧重教学研究。

2. 建立教育科研资助体系

为进一步繁荣发展教育科学研究，学习国外科研管理先进经验，通过教育科学研究规划的制订和竞争性研究项目的实施，我国教育科学研究走上了国家规划和自主研究相结合的健康发展道路，教育学科体系得到进一步恢复和加强。

1979年，教育部筹备成立全国教育科学规划领导小组。1979年3月23日至4月13日，教育部、中国社会科学院在北京召开全国教育科学规划会议。会议主要讨论1978—1985年的《全国教育科学发展规划纲要（草案）》、评审全国教育科学规划研究项目、筹备成立中国教育学会，并明确了教育科学研究的方向和任务，提出了建立教育科学研究基地的初步设想，以及尽快建立一支又红又专的教育科研队伍的要求①。第一次全国教育科学研究规划研究项目重点在尽快恢复和重建教育科学，在一些重

① 于光远. 关于教育科学体系问题——在全国教育科学规划会议上的讲话［J］. 教育研究，1979（3）：2-10.

大理论问题上拨乱反正，总结教育工作的历史经验，为教育科研工作的发展扫清障碍。它标志着我国教育学科体系的发展进入了一个新的发展阶段，开辟了我国教育科学发展史上的新篇章，在我国教育科学发展史上写下了重要的一页，为进一步解放思想和繁荣教育科学开辟了道路。

1983 年 9 月，经教育部批准成立了全国教育科学规划领导小组。组长由教育部部长担任，统管全国教育科学研究工作，受全国哲学社会科学规划领导小组的委托，负责国家社会科学基金教育学单列学科的管理，担负着全国教育科研项目的规划、申报、评审、管理及成果评奖工作。同年，全国教育科学规划体系启动“六五”课题研究，在经费、项目、人员参与和成果贡献等方面取得长足的进步，从“六五”的五年一次 36 项课题、50 万元经费发展到“七五”的 124 项课题、278 万元经费，“八五”时期的 457 项课题、670 万元经费。省级教育科学规划设立数量不等的课题和经费，学校设立自定课题，基本形成国家教育科研项目负责研究重大教育理论与现实问题，地方教育科研项目负责研究区域教育发展问题，学校教育科研项目负责微观教育教学研究，在引领发展方向、促进学术规范、建设精品课题和提高研究质量、扩大社会影响等方面发挥了重要作用。

全国大部分省份相继成立了教育科学规划机构，逐步形成了从中央到地方的教育科学规划管理系统。全国教育科学规划与地方教育科学规划机构和基层科研管理机构实行分层规划与分权管理，形成教育科学规划全国一盘棋，统筹协调，相互支撑，共同发展。

1986 年，国家教委发布《关于制订高校“七五”哲学社会科学研究发展规划的通知》，启动了高校人文社会科学研究规划工作，其中包括教育学和心理学项目，面向高校教师，侧重理论研究和学科建设。

3. 群众性教育研究学术团体的创建

教育研究学术团体是繁荣我国教育科学、推动教育改革与发展的重要力量。1978年以后，作为群众性学术组织的教育学术研究团体如雨后春笋般地发展起来，为推广先进教育经验、增进学术交流与合作、提供教育政策咨询与决策服务发挥了不可替代的作用。

中国教育学会成立于1979年4月12日，杨秀峰、成仿吾、陈鹤琴为名誉会长，董纯才为首任会长，是全国群众性学术团体。该学会团结和组织全国有志从事教育科学研究的教育工作者，遵循“百花齐放，百家争鸣”的方针，开展学术活动，研究教育的理论和实际问题，为促进教育的改革和发展，繁荣教育科学，建立有中国特色的社会主义教育体系，实现社会主义现代化做出贡献。其会刊为《中国教育学刊》。

中国成人教育协会于1981年4月经教育部批准成立，是全国各类成人教育团体和成人教育工作者自愿组成的群众性、学术性社会团体。该协会坚持理论联系实际的原则，面向社会，开展成人教育科学理论与实际问题的研究及多种服务活动，为提高劳动者素质，培养有理想、有道德、有文化、有纪律的社会主义建设人才，为成人教育的改革发展和构建终身教育体系、创建学习型社会做出了重要贡献。首任会长臧伯平，会刊为《中国成人教育》。

中国高等教育学会是高等教育工作者及高等教育机构自愿组成的全国性研究高等教育科学的学术团体，成立于1983年5月30日。第一届会长为蒋南翔。学会开展高等教育的理论与实际问题的研究，总结经验，探索规律，为高等教育的改革与发展服务。其会刊为《中国高教研究》。

中国职业技术教育学会成立于1990年12月，是全国群众性职业技术教育团体和职业技术教育工作者自愿组成的群众性、学术性社会团体，是国家一级学术社会团体。首任会长何东昌。该学会与教育部职业技术教育中心研究所和高等教育出版社共同主办《中国职业技术教育》杂志。自成立以来，该学会在加强职业教育学术研究，扩大对外交流与合作，提高职业技术教育质量，促进我国职业技术教育健康持续发展等方面做出了积极贡献。

此外，中国学前教育研究会成立于1979年11月，主要向社会宣传、普及科学的学前教育知识，为学前教育工作者、家长及有关人员提供咨询服务，开展国际合作与国际交流，组织编写（含翻译）和推荐学前教育方面的优秀书籍，开展有利于学前儿童健康成长的活动。其会刊为《学前教育研究》。

上述各机构设立分会组织，各省、自治区、直辖市也先后成立了教育学会，形成了覆盖广泛的教育社团组织，凝聚了广大教育科研工作者，更好地发挥了群众性教育学术研究团体的“研究、咨询、中介、服务”的职能，成为教育科研的重要力量，为我国教育改革与发展发挥了不可或缺的积极作用。

4. 教育科研传播媒体恢复发展

1982年8月23日，教育部党组向中宣部报送《关于出版教育报的报告》，提出拟恢复《教师报》（1958年7月1日停刊）并将名称改为《教育报》。9月14日，中宣部批复同意。1983年3月3日，由邓小平题写报名的《中国教育报》试刊第一期出版并发行，成为教育部主办的以教育新闻为主的全国性报纸，它的宗旨是全面、准确、及时地宣传党和国家的教育方针、政策及工作部署，传播教育改革与发展的信息和经验。《中国教育报》设有教育理论和外国教育版。1995年组建中国教育报刊社，作为教育部直属的新闻出版机构，编辑出版两报四刊：《中国教育报》《人民教育》杂志、《中国高等教育》杂志（1982年《高教战线》复刊，1986年正式更名为《中国高等教育》）、《神州学人》杂志、《中国民族教育》杂志、《中国教师报》，创办了中国教育报网站、神州学人网站和中国教师报网站。中国教育报刊社秉承“为教育而鼓、为教师而歌”的办报办刊理念，在宣传党和国家教育方针政策、法律法规，报道各地教育动态、教学改革经验，研究、探讨教育热点问题、理论问题，宣传教育界先进人物等方面起到了重要的舆论导向作用和宣传指导作用，及时准确地为各级教育行政部门、学校、教师、学生和关心教育的各界人士提供权威性、专业性，全方位、大容量、多角度的教育信息服务，成为反映中国教育现状的重要窗口和了解中国教育改革与发展的权威新闻出版机构。

中国教育电视台于1986年10月1日正式播出，初名“中国教育电视”，1987年10月1日定名为“中国教育电视台”，是我国唯一的部门行业管理的国家级专业电视新闻机构，是具有教育影响力的主流电视媒体之一，成为颇具发展潜力的远程教育平台，也是传播教育科研声音的一条主渠道。

各教育科研机构、高校、教育社团纷纷创办教育学术刊物，形成了覆盖全国的教育学术期刊网络。为提高专业化水平，加强媒介与科研机构的联系，中国教育学会成立了教育期刊研究会组织。

（三）中国特色教育科研工作体系的形成

1. 教育思想观念回归本位

1977年，邓小平以教育为突破口，对教育战线上长期禁锢人们思想的“两个估计”率先进行批判，指出“两个估计不符合实际”，要甩掉“两个估计”的精神包袱。1977年11月18日的《人民日报》和《红旗》杂志第12期发表《教育战线上的一场大讨论》的文章，揭露批判林彪、“四人帮”炮制“两个估计”的罪行，教育战线上拉开了纠正“两个凡是”、解放思想、拨乱反正的帷幕。1978年，党的十一届三中全会重新确定了马克思主义的思想路线，坚决批判了“两个凡是”的错误方针，充分肯定了必须完整地准确地掌握毛泽东思想的科学体系，并开展了“关于实践是检验真理的唯一标准”的讨论，从根本上冲破了长期“左倾”错误的严重束缚，教育事业也同样拨乱反正，恢复发展，教育科学研究工作重新解放了思想，更新了观念，恢复了心理学的地位，一批教育学、心理学教材得以正式出版，满足了全国教育学科的教学需要，对纠正“文革”在教育方面的错误起了积极作用，开始恢复重建了中国的教育科学体系。

2. 开展关于“教育本质”的大讨论

1978 年，中国社会科学院于光远在一次教育座谈会上提出，教育现象中虽含有上层建筑的因素，但不能说教育就是上层建筑。他的讲话后来以《重视培养人的研究》为题发表在《学术研究》1978 年第 3 期上，引起了关于“教育本质”的大讨论。讨论集中在《教育研究》上展开，持续了十多年，发表的论文有 300 余篇。这次讨论虽然对教育的本质属性并未达成统一的认识，但极大地解放了思想，对教育有了较全面的认识，使人们逐步认识到：教育是培养人的活动，是人类发展的必要条件，是人自身发展的需要；教育对于社会，不仅有政治功能，还有经济功能、国防功能、文化功能等；教育要为社会的物质文明服务，还要为社会的精神文明服务。因此，教育具有促进人的发展和促进社会的发展两大功能，而教育促进社会的发展是通过促进人的发展来实现的，只有个体得到发展，才能为社会发展服务。教育的本质是传承文化、创新知识和促进人的发展。

在这一时期，教育界集中开展对教育本质问题的讨论，虽然形成的各种观点都带有探索性，在学术界也没有达成共识，但在全国思想解放的背景下，它的理论意义远远超出了教育理论界。它冲破了思想的束缚，为后来教育科学的繁荣奠定了坚实的理论基础，从而为新时期中国教育改革与发展做了理论上的准备。

此后，个性化教育渐成热点。例如，中央教科所胡克英大力提倡以人为本、鼓励个性与创造的教育观和教学观，提出“教育的伟大力量正在于发展个性，教育的最高价值也在于发展个性”。这一教育思想和论述影响了当时的中国教育界，深化了对教育本质的认识。

3. 教育理论研究硕果累累

在教育科学研究和规划的基础上，教育学科的理论建设在这一时期取得了相当的成就。教育学、教育史、教育心理学、各科教学法等“文革”前已有的传统学科得到了恢复和重建，并且对教育经济学、教育社会学、教育管理学、教育哲学、教学论等学科开始了新的探索和研究，开始注意并重视引进、介绍和研究国外教育学科体系中的新学科，重建教育学科体系。这种探索与构建虽然还只是初步的，但是一个良好的开端，为我国教育学科体系的建设和发展奠定了良好基础。

1981 年 4 月，全国教育学研究会第二届年会具体讨论了如何建立我国教育学科体系的问题，并提出了建立我国教育学科体系应遵循的思想原则。1983 年，《中国社会科学》杂志社为了活跃学术思想，繁荣教育科学，召集有关教育学家和社会学家对中国教育科学现状及发展问题进行了讨论①。如此活跃的学术氛围，反映了当时高师院校建设教育学的迫切要求。在这一时期，以外国教育学科的发展为参照系，许多高师院校结合教育系科的课程改革，着手教育学科的研究和建设。20 世纪 70 年代末期至 80 年代中期，首批教育学科的专著和教材陆续出版。例如，刘佛年主编的《教育学》1979 年由人教社正式出版，发行甚广，影响很大。1979—1995 年，不同学者撰写的各种版本的教育学专著 100 多部，其中 1979 年 3 部，1984 年 8 部，1986 年 13 部，

① 李克敬. 教育科学应该有一个大发展——《中国社会科学》杂志召开的“教育科学的现状与发展”座谈会发言摘要：上 [J]. 中国社会科学，1983（5）：3-14.

1987年37部，1990年20余部，基本上是逐年递增。1980—1992年，不同学者撰写的教育经济学专著30余部，教育统计学专著30余部，教育哲学专著近20部，教育社会学专著近10部①。这些教材和专著虽然还存在不够成熟的地方，但在一定程度上填补了我国教育学科领域的某些空白，为教育学科的建设与发展奠定了一定基础。这期间还编辑出版了一批教育基本文献和教育史料等教育学工具书，为系统研究我国教育提供了重要条件。这一时期的教育学科体系的建设，注意到教育学与其他社会科学以及自然科学等学科的联系、交叉与渗透，新建了教育社会学、教育哲学、教育经济学等教育学分支学科，改变了“文革”前我国教育学科体系建设仅仅囿于普通中小学教育研究领域的状况。教育学已向两个方面分化和发展，一是分化出教学论等学科，二是形成了学前教育学（或幼儿教育学）、普通教育学、高等教育学、成人教育学等分支学科。这些分支学科已于1983年正式列入国务院学位委员会的学科专业目录②。

为构建中国特色的社会主义教育体系的基本框架，适应教育“面向现代化、面向世界、面向未来”的要求，推动我国教育理论的研究和建设，国家教委师范教育司从1991年起，组织教育理论工作者、教育行政领导和优秀中小学教师等成立课题研究小组，经过5次研讨会，8易其稿，于1995年出版了《教育学学科建设指导性意见》，深刻影响了我国教育学科体系的构建，我国教育学科体系建设进入了一个新的发展阶段。

4. 教育应用研究影响力不断提升

在教育应用研究上也取得了可喜成绩，教育科研成果在社会逐渐得到普及，教育科研影响力不断得到提升。应用性研究项目

---

①② 金林祥. 20世纪中国教育学科的发展与反思［M］. 上海：上海教育出版社，2002：235，233.

在“六五”教育科研规划中占总项目的64%，“七五”教育科研规划中应用研究占大半。其中有些项目规模较大，取得了很好的社会效益和经济效益①。比如，“七五”教育科学规划的国家重点课题“中国教育发展战略研究”是由国务院教育研讨小组负责组织的，为国家制定《中国教育改革和发展纲要》提供了坚实的理论基础和实际依据。北大秦宛顺在“七五”期间做了“教育投资决策研究”，北大厉以宁、北师大王善迈、中央教科所孟明义等在“六五”期间做了“教育经费在国民收入中的比例和教育投资经济效益的衡量”课题，他们所提出的教育财政性经费应占GDP4%的结论影响至今。在社会主义市场经济体制建设过程中，教育理论工作者对于教育公益性和产业性的讨论，对于正确认清教育的本质属性具有前瞻性。

1990 年，国家教委举办首届全国教育科学研究优秀成果评选活动，有 157 项成果获奖。其中教育基本理论研究成果 56 项，应用性研究成果 78 项，综合改革或学科改革实验成果 23 项。这些教育科研活动在普及教育科学知识、支持教育决策、指导教育实践和引导社会舆论方面发挥了重要作用。

5. 教育学术交流与合作不断加强

中外教育学术交流与合作有利于教育学术的繁荣与进步。“文革”前我国对外教育研究交流活动基本限于苏联、东欧等社会主义国家。在改革开放方针指引下，我国教育上的国际交流与合作得到扩大和加强，依据“三个面向”的指导思想，选派大量的教育科研人员前往欧美等发达国家交流学习，积极邀请国外有关教育学术团体访华，进行广泛的学术交流活动和参与中外合作项目。

20 世纪 80 年代翻译出版了苏霍姆林斯基的《给教师的建

① 高奇. 新中国教育历程［M］. 石家庄：河北教育出版社，1999：336.

议》、赞科夫的《教学与发展》、巴班斯基的《教学过程最优化》等著作。在继续译介苏联教育著作的同时，也积极广泛介绍西方发达国家优秀的教育学术成果，著作的翻译与介绍更趋多元化，范围更为广泛，一些在世界范围内影响较大的国外教育学专著和教材也陆续翻译出版，为教育学的中国化做出了积极贡献。为积极引进借鉴西方教育理论和经验，1977 年 8 月，教育部在北戴河召开外国教育座谈会，讨论开展外国教育研究工作，并制订了学科发展规划。第一次全国外国教育学术讨论会于 1978 年 7 月 5—15 日在北京师范大学召开。这可以说是改革开放后教育界第一次召开的以国际教育为主题的学术会议。在这次会议的积极推动下，相继出版了一系列介绍外国教育经验的图书，比较有影响的如华东师范大学比较教育研究所 1979 年翻译出版的联合国教科文组织 1972 年发表的教育报告《学会生存——教育世界的今天和明天》，周南照、陈树清于 1985 年翻译出版的保罗·朗格朗的《终身教育引论》，还有《六国教育概况》《二十国教育概况》《今日美国教育》等。

由北师大主办的《外国教育动态》（后更名为《比较教育研究》）、中央教科所主办的《外国教育》、华东师大主办的《外国教育资料》（后更名为《全球教育展望》）、东北师大主办的《外国教育研究》、厦门大学主办的《外国高等教育研究》等学术刊物为积极宣传国外教育思想、经验与理论提供了平台。

这一时期主要是介绍美国、苏联、英国、法国、德国、日本六个发达国家的教育制度和改革发展的经验，同时引入各种教育思想。在我国最流行的有四位国外学者的教育思想，即苏联赞科夫的发展性教学理论和苏霍姆林斯基的“和谐教育”思想，美国布鲁纳的结构主义教育理论和布卢姆的掌握学习理论。此外，还大量介绍瑞士心理学家皮亚杰的发展心理理论。同时与联合国教科文组织等国际教育组织建立了广泛的联系，在众多领域开展了积极交流与合作，并取得了一批有价值的研究成果。在改革开放的大背景下，教育对外学术交流进入了具有中国特色、又置身于世界文化教育发展之中的新时期。

教育科研经过这一时期的恢复、重建与发展，思想得到了解放，观念得到了更新，教育科研系统逐步健全，教育学科体系建设取得相当成就，同时也贡献了一批有价值、有影响的教育科研成果。教育科研出现了前所未有的良好形势，为我国教育科学持续繁荣与发展奠定了坚实基础。

我国教育科研曾领世界风气之先，但后来相对封闭，长期落后。改革开放后不断融入世界潮流，经过多年的努力，已建成了集规划、机构和人才培养、学科建设为一体的具有中国特色的教育科研工作体系，在政策和法律上明确了教育科研的地位和作用，完善了教育科研机构、教育科学规划、教育学会和学校教育科研机构设置，形成了一套行之有效的教育科研管理制度，培养了一支有活力的教育科研大军，出现了一批有实力的教育学科带头人，涌现出一批有质量和有影响的教育科研成果，教育科研出现空前繁荣和发展的良好形势，对教育改革发展的支撑作用显著增强。

三、特色创新阶段（1999 年至今）

1999 年第三次全国教育工作会议以来，实施素质教育，强化自主创新，建设现代化教育强国和办好人民满意教育推动我国教育科研迈上新台阶。2011 年召开的全国教育科研工作会议具有里程碑意义，使发展方向更加明确，发展重点更为突出，科研投入大幅增加，科研机构竞争力明显增强，科研队伍不断壮大，科研成果更加丰硕，科研质量明显提高，科研影响日益扩大。

（一）素质教育和自主创新战略推动了教育科研的发展

世纪交替之际，我国加入世界贸易组织（WTO），教育科学以更加开放的姿态开始独立走自己的道路，科教兴国战略成为全民共识和一致行动。实施素质教育，提高教育质量，科技自主创新，大力促进社会科学事业发展和繁荣的思想推动了教育科研发展，我国开始创建中国特色的教育理论体系，进入特色创新的发展轨道。

1. 素质教育推动教育科研发展

1999 年，第三次全国教育工作会议颁布《中共中央国务院关于深化教育改革全面推进素质教育的决定》，致力于构建一个充满生机的中国特色社会主义教育体系，为实施科教兴国战略奠定坚实的人才和知识基础。会议明确要求各级党委和政府要"重视和加强教育科学研究，提高政府决策和管理的科学性"。《面向21世纪教育振兴行动计划》则提出"要加强教育科学研究，要统筹规划，突出重点，促进教育科研成果向实际应用转化"。

2001 年推进的新课程改革，以及教育信息化建设，积极鼓励高等院校、科研院所的专家、学者和中小学教师投身中小学课程教材改革；支持部分师范大学成立"基础教育课程研究中心"，开展中小学课程改革的研究工作，并积极参与基础教育课程改革实践；在教育行政部门的领导下，各中小学教研机构把基础教育课程改革作为中心工作，充分发挥教学研究、指导和服务等作用，并与基础教育课程研究中心建立联系，发挥各自的优势，共同推进基础教育课程改革。

《国务院关于基础教育改革与发展的决定》指出："广大教师要积极参加教学实验和教育科研，教研机构要充分发挥教学研究、指导和服务等作用。"这就明确表述了教研机构在基础教育课程改革中的职责与任务，其核心内容是研究问题、指导教师、服务一线。

2. 自主创新战略拉动教育科研发展

中央提出"建设具有中国特色、中国风格、中国气派的哲学社会科学"，明确了加快中国特色新型智库建设的要求。2004 年发布的《中共中央关于进一步繁荣和发展哲学社会科学的意见》，明确指出繁荣发展哲学社会科学事关党和国家事业发展的全局，是人们认识世界、改造世界的重要工具，是推动历史发展和社会进步的重要力量，其研究能力和成果是综合国力的重要组成部分。在改革开放和社会主义现代化建设进程中，哲学社会科学与自然科学同样重要，培养高水平的哲学社会科学家与培养高水平的自然科学家同样重要，提高全民族的哲学社会科学素质与提高全民族的自然科学素质同样重要，任用好哲学社会科学人才并充分发挥他们的作用与任用好自然科学人才并充分发挥他们的作用同样重要。2006 年发布的《国家中长期科技发展战略（2006—2020 年）》提出了“自主创新，重点跨越，支撑发展，引领未来”发展方针。这些战略思想和规划设计对促进教育科学的发展意义十分重大。

（二）教育科研综合实力的提高

1. 教育科研体系更加健全

（1）教育科研资助力度显著加强。在《中共中央关于进一步繁荣和发展哲学社会科学的意见》政策推动下，不断加大社科基金投入力度，大力实施“高校人文社会科学繁荣计划”，政府对教育科研投入大幅度增长，社会对教育科研的投入多元化，学校成为教育科研的重要基地。2012 年全国教育科学规划立项课题 400 多项、资助经费达 3 700 万元以上，省级教育科学规划立项课题近 1 万项，投入经费近 1 亿元。高校人文社会科学教育学、心理学有数百项课题获得立项资助，经费总额数百万元，资助经费和立项数均创新高。

（2）教育科研机构建设不断完善。2004 年教育部办公厅发布《关于进一步加强高等教育研究机构的意见》，高校教育科研机构因此在院系大调整中得到巩固。为推进基础教育新课程改革，需要着力加强教学研究机构，改进基础教育教学研究工作，教育部为此在北京师范大学等 18 所师范大学和中央教育科学研究所成立基础教育课程研究中心。2009 年，教育部又颁布了《关于进一步加强和改进基础教育教研工作的意见》。在教育部支持下，中央教科所于 2001 年主持召开第一届全国教育科学研究所（院）长工作联席会议，并形成年会制度。历届年会采取多种有效措施，加强全国教育科研协作网络建设，密切了各级各类教育科研机构的业务联系，促进了全国教育科研资源的整合。2011 年 11 月 11 日，中央教育科学研究所更名为中国教育科学研究院，中共中央政治局委员、国务委员刘延东出席会议并讲话。2011 年，教育部在北京大学、清华大学、中国人民大学、对外经济贸易大学、南开大学、中国教育科学研究院等单位设立教育科学决策研究中心，资助经费开展教育战略研究。

（3）教育社团组织日趋齐全。2005 年，中国教育发展战略研究会成立，这是一个主要从事教育发展全局性、战略性研究的教育学术团体，致力于组织推动教育发展战略和教育改革重大问题的学术研究与交流。2006 年，中国少数民族教育学会成立，这是全国群众性少数民族教育学术团体，以大力开展群众性少数民族教育研究、教学改革实验和学术交流活动，组织民族教育国际交流，为少数民族教育决策提供科学分析、信息反馈和咨询意见，组织少数民族教育科学研究成果和教育、教学改革实验成果的鉴定与推广，开展双语师资的培训活动等为主要任务。2008 年，中国民办教育协会成立，这是由全国各级各类民办教育机构和民办教育工作者自愿组成的群众性、行业性、非营利的社会团体。

2. 教育科研投资重点突出

为加快教育改革步伐，国家高度重视教育科研工作，完善经费资助渠道，启动重大科研项目，增加委托项目数量，瞄准制约经济社会发展的重大教育问题，重点突破，全面推进。

（1）经费来源多样化。目前，我国教育科研资助形成了包括政府、高校与学术社团三个主要渠道，投入以财政拨款为主、多渠道筹措的有效资助体系。在政府系列有科技部管理与资助的部分教育和心理研究项目、国家自然科学基金资助的有关教育研究项目、全国教育科学规划课题资助项目以及省级哲学社会科学教育学科规划课题。有关高校根据自身学校办学定位和学科发展需要，独立预算，自主设计课题，并进行组织、实施与管理。学术团体系列包括国内与境外各类教育类学术社团，前者以国家一级学术社团资助为主，如中国高等教育学会、中国教育发展战略研究会等，后者如联合国教科文组织、联合国儿童基金会和福特基金会等，资助我国学者研究中国教育问题。

（2）重大项目不断启动。1999年，为落实《面向21世纪教育振兴行动计划》和《全国普通高等学校人文社会科学研究“九五”规划要点》提出的关于加强科学研究基地建设的任务，进一步推动高等学校人文社会科学研究事业发展，教育部制订了《普通高等学校人文社会科学重点研究基地建设计划》，根据我国经济建设、社会发展和高等教育改革发展的需要，按照优化结构、合理布局、突出重点、兼顾基础和应用研究的要求，从1999年开始到2001年分三年滚动评审确定100个左右具有国家级水平的重点研究基地。2001年，又发布了《教育部人文社会科学重点研究基地重大项目招标投标管理办法(试行)》，把教育学、心理学列入其中，通过招标方式加大科研资助力度。从2006年起，全国教育科学规划突出教育科研在国家重大教育问题的引领作用，启动国家重大（重点）课题研究项目，面向优秀科研团队进行招标。这些课题针对性强、标准高、影响大，重在研究事关我国教育改革与发展的全局性、战略性、前瞻性、长远性问题，进行教育理论重大创新和集中破解教育重大现实问题研究。近年来，各部门加大重大课题招标项目资助力度，推动教育科研工作。全国教育科学规划招标国家重大课题“和谐社会视野下的教育公平和效率问题研究”“当代社会变迁中的中国农村教育发展问题研究”“改革开放以来教育发展历史性成就和基本经验研究”等，投入经费总量加大，单项资助力度多达 40 万元。教育部人文社会科学（教育学、心理学）课题每年设立若干重大攻关课题，投入经费 50 万—80 万元。2011 年，教育部设立“教育现代化进展测评、教育满意度测评课题研究”，投入经费上千万元。通过高投入资助、高标准管理、高质量建设，这些重大课题为我国当前教育改革与发展奠定了坚实的理论基础，提供了有效的解决方案。

（3）委托（招标）项目增加。除了以政府为主体通过常规课题规划及重大项目招标方式资助研究经费，学术社团参照教育科学规划课题模式定期组织课题申报，并给予一定的经费资助外，有关政府职能部门、国际基金与个人基金组织根据工作需要或章程要求，面向特定单位招标或直接指定相关单位或个人提供相应经费进行专项研究，不断增加委托项目经费。教育类委托（招标）项目通常以教育部为主体，其他职能部门适度参与。例如：2000 年，教育部师范司把“中小学教师继续教育网络课程开发”作为专项课题进行招标；2002 年，高教司委托防灾技术高等专科学校开展“高职高专教育精品教材建设研究和推广”研究；2004 年，教育部高教司委托上海市教科院对“高职高专教育市场营销类专业实践教学体系研究与实践”“高职高专教育电子信息类专业课程体系及双师型教师标准研究”“高等职业教育职业资格证书内涵与‘双证书’运行机制研究与实践”“集团化发展职业教育的研究与实践”进行研究；教育部师范司委托华中师范大学研究“吸引优秀学生报考教师教育专业和师范毕业生就业政策研究”课题；等等。2008 年，《国家中长期教育改革和发展规划纲要(2010—2020 年)》（以下简称《教育规划纲要》）在研讨与编制过程中，曾就某些专题委托中央教科所和中国教育学会、中国高等教育学会、中国职业技术教育学会、中国成人教育协会、中国教育发展战略学会和中国民办教育协会进行专题研究。一些基金组织也委托相关部门进行教育专题调研，如联合国儿童基金会和教科文组织等国际机构多次委托北京师范大学、中央教科所和北京大学等机构进行研究。

3. 教育科研机构竞争力增强

经过20世纪90年代的机构调整与重组，我国教育科研机构不断健全，形成了包括科研机构、高校与社团三支相对独立而又分工明确的科研机构体系。为提高教育科学研究水平，我国各类教育科研机构加大改革力度，注重资源整合，不断提高科研竞争力，特色优势明显。

（1）健全科研机构，激发活力。面对教育发展需要，加快健全教育科研机构，及时调整内部结构，加快科研工作转型。例如，中央教科所深化改革，按照建设一流国家教育智库战略目标，进一步明确了科研指导思想和研究方向，对接教育行政工作，着手建设调研、数据、比较、实验、合作五大平台，主攻重大教育理论问题，主动提供公共教育服务，科研工作迈上新的台阶，取得了许多有重要意义和影响的科研成果，对国家教育决策和地方教育实验改革发挥了重要作用。教育部教育发展研究中心调整内设机构，根据教育工作实际，分别成立了基础教育、高等教育和终身教育研究中心及教育舆情研究中心。

地方教育科研机构整合教育科研队伍，增加人员编制与经费预算，纷纷成立教育科学研究院，由原先主要从事教学研究、功能较为单一的研究所向从事教育理论与实践研究以及服务社会等功能多样的研究院转移。各省、自治区、直辖市及计划单列市相继建立了教育科学研究院（所），全国大部分城市也建立了教育科学研究机构。2008年，海南和青海省建立了教育科学规划领导（指导）小组，并制订了本地区的教育科学发展规划。广东省 2012 年成立教科院，积极从事教育规划、教育管理、教育政策与人力资源的研究。

高校努力改变个人研究传统，注重学术团队建设，成立了面向不同领域的教育研究所，如基础教育研究所、高等教育研究所、职业技术教育研究所等，并在原有教学研究室基础上，本着教学与研究并重的思想，整合院所力量，以学科为中心发展学术团队，形成了院所研究合力。

多种形式的社会教育研究机构相继诞生，如中国教育政策研究院（民进中央和北京师范大学合办）、职业教育研究院（北京师范大学）、21 世纪教育研究院、长江教育研究院等。

一些中央部委、行业系统和军队也建立了本部门的教育科研机构和网络。群众性学术研究团体蓬勃发展，原有国家一级教育类学会分支机构增多，内部分工明细，同时又增加了中国教育发展战略学会、中国少数民族教育学会、中国民办教育协会等国家一级学术社团，各地也相应成立了各类学会组织，形成了一支上百万人的会员队伍。

（2）综合实力增强，特色优势明显。经过资源整合以后，教育科研机构不断注入新的活力，研究积极性提高，直面挑战，立足国家教育发展需要，立足教育行政工作的需要，立足全局性或区域性教育发展的需要，及时转变被动适应的发展观念，主动到教育行政工作中寻找课题、到教育教学实践中体察问题、到前沿性学科中发现问题，不断提升科研能力，创新工作方式，应对社会发展对教育提出的新要求，解决教育发展的理论与实践问题，为教育发展提供了有力支撑。

教育科研机构立足国家或区域教育发展的全局性问题，不断攻坚克难，应对教育决策发展需要，解决重大理论问题与现实问题，科研成果在战略选择、理论发展与教育改革中发挥了重要作用。例如，中央教科所集全力，积极参与《教育规划纲要》研制工作，参与《教育大国崛起》《改革开放 30 年中国教育重大历史事件》《改革开放 30 年中国教育重大理论成果》等编写工作。地方教科院所在素质教育改革中起着示范、引领与推广工作，有力地推动新课程改革有序运行。高等院校是从事教育科研工作的主要力量，在 2006 年全国教育科学规划 229 项重点课题中，由高校教师承担 176 项，占总重点课题总量的 76.9%①。高校中从事教育科学研究的人员在整个教育学术研究队伍中最为庞大。21 世纪以来，随着素质教育改革不断深入，现实的教育问题要求高校教育科研人员转变研究范式，改变单兵作战传统，发挥学术团队力量，紧密结合当下的现实问题，如高考与素质教育、大学生心理危机与干预、大学生就业与专业建设等问题，不断加快科研方式转型，解决现实问题。以国家一级学术社团为主体，各主要教育学术社团充分利用学会平台，积极组织科研活动，推广先进优秀经验，加强学术交流，开展对外合作，强化政策咨询。

4. 教育科研队伍人才济济

业务精良、结构合理的学术队伍是教育科学研究发展的关键，随着教育科研队伍逐步壮大，学术精英不断涌现，教育科研人才的社会影响日益扩大。

（1）科研人才队伍壮大。在教学与科研相结合思想的引领下，广大教师不断增强科研意识，加大研究力度，逐步向教学与研究一体化的方向发展。教育科学研究队伍已由原有单一的专职科研人员转变为学校教师与专职科研人员并存，数量不断增加。从构成来看，一部分是长期从事教学工作的教师，具有丰富的实践经验，主要从事学校教育实际问题研究，总结教育实践经验；一部分是从教育行政岗位转入研究队伍的人员，主要从事教育决

① 全国教育科学“十一五”规划 2006 年度立项重点课题名单［EB/OL］. http: //onsgep. moe. edu. cn/edoas2/website7/level3. jspid=1205911239765232. .

策及管理研究；一部分是教育学专业及其他学科的研究人员，具有扎实的理论基础，学科研究能力较强，其中，以高校从事教育学科教师和专门的教育科研机构专业研究人员为主。1998年以来，高校教育科研队伍发展迅速，专门的教育学类教师由1998年的30 862人，占专任教师总人数的7.57%①，上升到2007年的106 159人，占专任教师总人数的9.08%②。截至2004年，中央教育科学研究所、教育部教育发展研究中心及各省（区、市）教育科学研究院（所）专职科研人员有1 366人③。在教育科研队伍中，涌现了一批做出突出贡献的专家学者，他们从事重大教育科研课题研究，形成了相对稳定的科研学术团队，成为教育分支学科创设人或教育流派的创始人。

（2）专业能力不断增强。“九五”以来，以全国教育科学规划重点课题为引领，对我国社会发展中的重大教育问题展开深入研究，不仅取得了重大理论成果，而且在重大教育问题决策与教育教学改革方面卓有成效；涌现出如《美国科学教师专业发展标准及其启示》（《高等教育研究》2005年第5期）、《高校贫困生就业思想与就业现状的调查与分析》（《中国成人教育》2008年第23期）等学术论文，出现如《从人力资源大国到人力资源强国》《教育大国崛起》《改革开放30年中国教育重大历史事件》《改革开放30年中国教育重大理论成果》等学术著作，不仅丰富了当前教育发展中的重大理论，而且为教育决策提供了有益参考。

---

① 中华人民共和国教育部发展规划司．中国教育统计年鉴：1998［M］．北京：人民教育出版社，1999：147．

② 中华人民共和国教育部发展规划司．中国教育统计年鉴：2007［M］．北京：人民教育出版社，2008：261．

③ 中央教育科学研究所．中国教育科研机构概览［M］．北京：教育科学出版社，2004：78．

（3）坚持理论与实践相结合的研究导向。更多的科研课题围绕重大社会实际问题而展开，提出相应的问题解决方案。例如：袁振国主持的国家社科基金重点课题“转型期重大教育政策问题案例研究”，以全面建设小康社会为思想基础，以社会和谐发展为理论指导，以现代化建设需要为现实依据，梳理了我国教育的突出问题，如地区差距明显——中部凹陷、城乡差距明显、阶层差距加大以及类别差距明显等，进而提出了消除贫困作为教育政策优先考虑目标，以及确立大众取向的教育政策；叶澜主持的“新基础教育理论及推广性、发展性研究”，以社会转型期学校变革为背景，紧紧围绕学校转型问题，提出了创建新基础教育理论和 21 世纪新型学校目标。

（4）社会影响不断扩大。在一批教育科研课题的带动下，经过广大科研人员的共同努力，学术研究同社会实际问题紧密结合，通过政策咨询、学术交流以及教学实践等途径，促进了教育决策科学化，引领了教育教学观念，推动了教育教学改革，对教育改革发展产生了重要影响。

（三）教育科研进入自主创新的新时期

1. 教育科研服务方向明确

1999 年，国务院批转教育部《面向 21 世纪教育振兴行动计划》，明确提出要加强教育科学研究。党的十七大提出优先发展教育、建设人力资源强国，2010 年《教育规划纲要》明确提出要提高教育决策和战略研究水平，这些为我国教育科研进一步明确了服务方向。

（1）主动服务教育决策。20 世纪 90 年代末，知识经济初见端倪。随着经济全球化趋势进一步发展和国际竞争加剧，一个国家的生存与发展越来越倚重于人才的培养和开发，人才在经济和社会发展中越来越体现出基础性、决定性的作用。人才竞争已成为国与国之间综合国力竞争的关键，成为决定竞争成败的决定性因素。为迎接挑战、抢抓机遇，许多国家纷纷制定面向未来经济竞争、社会发展、科技进步和人力资源开发的教育中长期发展战略，以谋求最大的发展空间和国家利益。从某种角度上说，21世纪的世界进入了一个“战略谋划的世纪”①。教育规划业已成为加速教育进步、促进社会可持续发展的自觉行为。

教育发展战略规划和重大政策的制定是一个相当复杂的过程，它不仅涉及教育问题本身，而且涉及政治文化背景和经济发展水平等诸多方面，涉及各个方面的利益关系。因而有一个较长时间的精心研究过程，需要从理论与现实的维度，提供教育决策参考和有益的经验支撑。教育科学研究通过多学科参与共同关注当下的教育问题，梳理教育决策面临的困境，分析国外相关问题的决策内容与实施途径，探讨教育决策的运行机制等，为教育决策出台提供依据，增强教育决策的科学性与合理性。在《中共中央国务院关于进一步深化教育改革全面推进素质教育改革的决定》《面向21世纪教育振兴行动计划》《国务院关于基础教育改革与发展的决定》中，教育科学研究都发挥了重要作用，促使教育决策更科学、更民主、更有效。

（2）指导教育实践。教育科研服务于教育实践是推进教育教学改革的现实需要，只有正确认识到为什么培养人、培养什么样的人以及怎样培养人这一基本问题，才能为改革教育教学内容、更新教育教学方式提供观念基础，深层次的教育改革实践更需要强大的理论支持。素质教育是教育事业的一场深刻变革，它贯穿于各级各类教育之中，影响到学校教育、家庭教育、社会教育的各个方面，体现在德育、智育、体育与美育的各个环节，涉及教育观念、教育内容、教育方法以及教育管理等诸多领域，这就要求切实把教育科研摆在先导性和基础性地位，加大研究力度，关

① 周满生. 21世纪教育决策的有效工具和自觉行为［N］. 中国教育报，2009-01-21.

注幼儿教育、中小学教育、职业教育、成人教育、高等教育等各级各类问题，研究影响教育发展的观念问题，探索素质教育构成与课程体系，分析传统教育方法的不足，梳理教育管理的难点与突破点。

在国家教育科学规划课题层面，直接以素质教育为关键词的课题增长迅速，如“九五”末的国家课题中有“现代素质教育目标结构与内容的理论研究”“素质教育的机制与实践模式的研究”“现代国民素质建构与基础教育改革的理论与对策研究”“面向21世纪的新基础教育研究”“为21世纪中国现代化建设培养全面发展的高层次人才的综合研究与试验”“各国基础教育改革的基本理论及其实践课题的比较研究”等重大课题①。“十五”以来，素质教育问题的研究不断深入，如“新基础教育理论及推广研究”“建设创新型国家与和谐社会背景下的素质教育研究”“素质教育中高效率学习的心理机制研究”等。这些课题分布在教育理论、高等教育与比较教育不同领域，分别从不同视角探讨素质教育问题。这些研究较好地回答了什么是素质教育、素质教育的构成要素、各国课程改革的现状与趋势、我国素质教育的问题与症结等理论问题，对加快素质教育改革步伐起到了基础作用。

（3）加强学科建设。服务于教育决策、服务于实践是教育科研的历史使命，是教育发展的现实选择，而服务于教育科学理论发展则是教育科研的根基，是提高教育决策与教育实践服务水平的关键。“十五”以来，致力于教育理论研究的课题不断增多。在国家重点课题和一般课题中，“十五”期间，教育基本理论与教育史研究的有一般课题11项，其中重点课题2项；“十一五”前四年一般课题增长到13项，重点课题4项。随着科研项目不

① 全国教育科学规划办网站. http://onsgep.moe.edu.cn/edoas2/website7/index.jsp.

断增多，科研投入力度不断加大，我国教育科研学术成果丰硕，学科体系不断丰富。现有教育学术期刊375种，占人文社会科学24个学科3 105种的12.1%，每年发表教育论文8万篇。人民教育出版社、高等教育出版社、北京师范大学出版社、华东师范大学出版社、教育科学出版社等出版社基本形成了教育学科教材体系，江苏教育出版社、北京大学出版社、山东教育出版社、广西师范大学出版社等形成了特色教育学术书系，其他出版社出版的教育学术著作逐年增加，呈现不断上升态势。

2. 教育科研成果更加丰硕

多年来，随着科研经费不断增加，科研队伍不断壮大，教育科研硕果累累，呈现出多元化发展趋势，一批有影响力的成果不断显现。

（1）总量不断扩大。通过教育期刊网索引，教育科学类期刊约为627种（含二次文献期刊和教辅资料），其中学术期刊为375种。2000—2010年，共发表教育科研学术论文150万篇。2008年，我国有580家出版社，其中大学出版社102家，大学特别是师范类大学以教育学术著作为主，其他出版社也加入到教育著作出版行列。2000—2010年，出版教育著作近万部，教育类出版社学术著作增长较快。2006、2007年出版了诸如《知识与权力》《高等教育政治学新论》《课程改革的文化研究》《教师如何做质的研究》一系列著作。翻译著作有《学会关心——教育的另一种模式》（内尔·诺丁斯著）、《教学机智——教育智慧的意蕴》（马克斯·范梅南著）和《学习的快乐——走向对话》（佐藤学著）为代表的著作多部。另外，随着教育专业研究生规模不断扩大，教育专业学位论文上升较快，一批有影响力的研究报告和教育产品也不断上升，丰富了教育科研成果。

（2）类型日益多样。一是学术论文。一般短小精练，明确表达作者对教育问题的观点与态度，是研究者在某一教育问题深入研究基础上凝练而成的，是发展教育科学理论知识体系的重要手段。二是学术著作。较为系统地对某一问题的历史发展进行系统梳理，对基础概念与范畴进行科学界定，对国内外相关研究进行分析与比较，因而对问题的研究较为全面细致。学术著作是学术创新的集中体现，是学科发展的重要载体。随着教育科学研究课题量不断增加，研究群体不断壮大，学术著作层出不穷。三是学位论文。截至2003年，我国拥有的教育学学士学位授予权的高校已经有99所，具有教育学博士学位授予权的高校有22所。目前，每年通过的教育学硕士、博士学位答辩论文近2 000篇，比较优秀的教育学硕士、博士论文通常会以学术文库的方式出版发行。四是研究报告。每项课题最后必须提交最终研究报告。研究报告有很强的综合性，它将整个研究过程、社会影响及相关数据呈现出来，包括主要结论与观点、主要研究方法、研究特色与创新、研究的突破性进展、学术价值的自我评价、成果的社会影响、研究中存在的问题以及今后的研究设想等。五是教育文化产品。近两年来，教育文化产品不断增多，如面向中小学的学习光盘，面向成人教育的教辅图书，以及面向广大读者的教育指南与案例。

(3) 质量逐渐提升。随着教育科研成果数量不断扩大，教育科研成果管理逐步加强，不断健全科研平台审查机制，完善科研成果评价方式。学术出版管理部门加大了出版物的管理，严格教育学术期刊的准入制度，提高教育期刊准入门槛。研究者所在单位也加强了科研项目结项管理以及调整成果奖励办法的规定，广泛采用同行专家评审制，把论文的转载及影响因子纳入激励范围。同时，不断改进研究方法，从经验实证主义研究范式转向定性研究与定量研究相结合，特别是随着质性研究的发展，叙事研究等方法不断被运用到教育研究的过程中，研究方法趋向多元。

根据学术影响因子和影响广度，从2004年排位前十名的期刊中抽取《教育研究》《高等教育研究》《比较教育研究》《华东师范大学学报》，以及以反映中小学教育科研为主题的《中国教育学刊》为例进行纵向比较，2009年与1999年相比，其引用网络文献、学位论文文献分别增加85%和26%；这些期刊的影响因子和引文广度不断增加。与此同时，有关中国教育重大问题研究不断加强，推动教育教学改革不断深入，在实践与公众舆论中产生了重大影响。由此可见，近来我国教育科研成果在数量增加的基础上，教育科研成果质量不断提升，呈现出良好的发展态势。

3. 教育科研成果影响面广

我国教育科研不断创新理论体系，加速教育决策发展进程，推动教育教学改革，打造新兴教育产业，学术影响日益增强。

（1）促进学科体系化。理论研究是教育科学研究的重要类型之一，其目标在于通过严谨求是的探究，对已有教育理论进行反思与批判，提出新的观点与论据，去伪存真；对新的问题加以深入研究，找出新的学科体系生长点，不断丰富教育学科体系。在新的研究工具支持下，凭借更为科学的研究方法，依托健全的信息数据库，教育科研的学术影响不断提高，获得了学界的高度认可，在报刊转摘、论文和著作引用上，教育科研成果比率呈上升趋势。特别是课题的附加值较高，以课题名义发表的论文约占期刊论文采稿率的33%（以2008年《教育研究》《高等教育研究》为例），以课题研究名义出版的书稿受到出版单位的青睐，以课题名义开展的学术活动得到了教育界的认可。

（2）推动教育决策科学化。教育在现代社会中的作用越来越大，使得教育决策在教育发展中的角色也越来越重要。教育研究与教育决策之间的联系被国外教育界看作“新形势下十分重要的联系”。进入21世纪以来，重大教育决策工作面对的问题日益复杂，更加倚重于宏观决策研究的作用。在一系列重大教育决策背后，宏观教育决策研究发挥了重要的参谋与智库作用。特别是宏观决策研究在“十一五”后进入了一个新阶段，研究队伍、成果水平都有了新的发展和提高，在《教育规划纲要》等重大政策和发展规划的研制和调整等工作当中特别明显，直接参与研制工作的教育学者达500多位，100位咨询专家有36位来自教育界。在决策服务方式上，主要体现为两个方面。一是接受中央及有关职能部门的委托，为相关单位提供建议。例如，2006年中共中央政治局第三十四次集体教育专题学习，一些教育专家发挥了国家智囊作用。二是直接通过专题研究的方式，形成完整的调研报告，为中央教育决策服务。

（3）指导教育实践理性化。指导实践是教育科研的主要任务，教育科研要解决实践中面临的“教什么”“怎样教”的问题，所研究的问题源于实践，又要高于实践。20世纪90年代末以来，受素质教育改革实践影响，随着我国人力资源强国战略不断实施，教育改革实践提出了一系列急需解决的问题，强烈要求教育科研打破传统重理论轻实践的不良倾向，在内外合力作用下，教育科研越来越重视实践问题研究，紧密联系实际，通过教育科研传播先进教育理念，输出先进教育模式，促进学校提高教育质量，促进教师专业发展，促进学生个性发展。教育部综合教育改革实验区、中央教育科学研究所、中国教育学会和北京师范大学等单位设立的教育改革综合实验区，对推动区域教育教学改革发挥了重要作用。研究者个人的教学实验，如叶澜的新基础教育实验、裴娣娜的主体性教育实践、朱永新的新教育实验等，对全国中小学改革实践产生了广泛影响。

（4）支撑教育文化产业化。以教育科研成果为支撑，带动各类文化产业快速发展，使得传媒、卡通、影视、娱乐、游戏、网络、音乐、戏剧等文化产业不断形成，公共文化服务体系不断完善。一些地方，如北京、上海、广东等地文化产业附加值不断提高，成为区域经济发展的支柱。教育科研对文化产业的影响主要体现在出版产业、报刊产业、电子音像、网络产业。2009 年，我国图书出版机构 580 家，出版图书近 20 万种，教育类出版占据优势。全国有教育期刊 627 种，占人文社会科学期刊总数的 13%。教育类电子音像出版单位占全国音像制品出版单位的一半。各种教育行业会议、论坛及培训不断增加，有的形成了具有一定影响力的教育品牌。

（5）扩大国际化影响。随着教育科研不断深入，我国教育科研的国际影响力不断扩大。这主要通过四个主要渠道。一是利用国际教育组织，通过项目合作方式。比如，与联合国儿童基金会、教科文组织、经合组织、福特基金会等机构合作，增强学术影响力。二是通过国际性学术组织，增加教育话语表达份额。比如，在国际心理学会、世界比较教育学会等发表学术观点，增进学术影响力。三是加大国际学术交流，与国外相关院校或教育科研机构建立稳定的联系，取得了国际学术认可。例如，郝克明获哥伦比亚大学教育学院 2004 年度教育与人类杰出贡献奖，刘佛年、王承绪、朱九思、李秉德、潘懋元等被加拿大学者誉为“大教育家”。四是出版有影响力的学术著作，介绍中国教育科研成果。例如，《中国教育研究前沿》积极推介中国教育研究成果，促进国际学术交流。

4. 教育科研人才辈出

教育科研队伍不断壮大。“九五”时期超过 10 万人，现在发展到 20 万人，从中涌现出一批有影响的教育学人：既有理论工作者，也有实践工作者；既有科研人员，也有一线教师；人才荟萃，人才辈出，共同为教育事业的科学发展做出了重要贡献。

（1）教育决策研究机构发挥着越来越重要的国家智库作用，专家的意见与建议在国家重大教育政策法规出台过程中发挥了重要作用。在教育决策研究方面，厉以宁、秦宛顺、王善迈等研究者所提出的教育财政性经费占GDP4%的结论影响至今。郝克明关于国家教育结构体系和独生子女教育的研究，陶西平关于素质教育的研究，闵维方关于高等教育办学效益的研究，袁振国关于教育公平的研究，张力关于教育发展战略的研究，周洪宇关于免费义务教育的研究，谈松华关于教育政策的研究等，在不同程度上影响了教育决策。2006年和2011年，中共中央政治局两次安排教育专题的集体学习。第一次学习的内容是世界教育发展趋势和深化我国教育体制改革。浙江师范大学校长徐辉、教育部教育发展研究中心主任张力就这个问题进行讲解，并谈了他们对促进我国教育发展的意见。这是教育学者第一次直接面对中央最高决策机构咨询服务。第二次学习的内容是优先发展教育、建设人力资源强国。中国教育学会常务副会长谈松华、中央教育科学研究所所长袁振国就这个话题做了讲解。2006年7月至2010年1月，温家宝先后五次主持召开座谈会，一些长期从事教育研究工作的专家与会。这些专家对高等教育扩招后的教育质量、义务教育、高级技术人才培养、高考制度改革与教育公平等问题提出了许多中肯的建议。参与《教育规划纲要》制定的专家先后有5 000多名，其中不少是教育学者。新中国历史上成立的第一个国家级教育决策咨询机构——国家教育咨询委员会，吸收了不少教育学者，直接参与国家教育重大决策咨询工作。

（2）在教育改革中长期从事理论与实践探索的专家，在教育教学改革过程中发挥了重要作用。在引领教学实践领域，吕型伟创建的两个渠道并重的教学体系、叶澜的新基础教育、林崇德的儿童发展心理研究、裴娣娜的主体教育、李吉林的情境教育、魏书生的六步教学法、卢仲衡的初中数学自学辅导教学实验、顾泠沅的数学教改实验、邱学华的尝试教学法、霍懋征的爱的教育以及朱永新的新教育实验等，在不同程度上影响了基础教育改革实践。朱九思、刘道玉、杨福家等人的高等教育办学思想，在高等教育实践领域有一定影响。在教育实践中，许多地区和学校进行了“三个面向”的综合教育改革、愉快教育、和谐教育、成功教育、参与教育、主体教育、新教育、新基础教育、目标教学以及识字教学、语文情境教学、数学自学辅导、外语教学法等实验研究，并取得了丰硕的成果。

（3）探索中国特色教育理论的大家对教育学科的创新发展做出了突出贡献。例如，于光远关于教育本质的大讨论，刘佛年关于社会主义教育学科体系建设的研究，潘懋元的高等教育研究，顾明远、王承绪的比较教育研究，瞿葆奎、劳凯声和陆有铨的教育理论研究，南国农和何克抗的教育技术研究，鲁洁和王逢贤的德育研究，李秉德、张敷荣和王策三的教学论研究，谢维和、吴康宁的教育社会学研究，钟启泉的基础教育课程改革研究，毛礼锐、王炳照的中国教育史研究，滕大春、吴式颖的外国教育史研究，朱智贤、林崇德、沈德立、黄希庭、董奇的心理学研究，等等。教育科学开始分化为许多分支学科。例如，从各级各类教育来分，在原有的普通教育学（主要面向中小学）的基础上，建立了学前教育学、初等教育学、中等教育学、高等教育学、成人教育学、职业技术教育学、特殊教育学等；从教育过程中的问题来分，建立了课程论、教学论、德育论等；教育学和其他学科结合产生了许多新学科，如教育经济学、教育社会学、教育技术学、教育管理学等。教育科学不再是一本教育学一统天下，而是组成了一个教育学科群，呈现出百家争鸣、百花齐放的局面，发挥了与教育实践沟通和桥梁作用，对教育决策的参谋与服务作用，对教育实践的指导与支撑作用。

65 年来教育科学的发展，思想解放是教育科学发展的前提，教育观念的转变是教育科学发展的动力，教育制度建设是教育科学发展的基础。从“教育是无产阶级专政的工具”到“科教兴国”“教育先行”；从“教育是阶级斗争的工具”到“以人为本”

"教育公平是社会公平的基础",这种观念的转变极大地解放了教育理论工作者的思想,促进了教育科学的繁荣。1978年的全国科学大会实际上是解放了科技生产力,为改革奠定了基础;1988年,邓小平提出科学技术是第一生产力;中央提出的创新型国家战略,更全面地推动了整个中国的发展。1956年制订科学发展十二年规划,解决人才问题,解决科学方向的问题,是第一次飞跃,1978年的科学大会是第二次飞跃,而现在建设创新型国家是第三次飞跃。

回顾新中国教育科研的发展历程,既博采众长,学习借鉴别国经验,又适应国情、教情自成体系,呈现出本土化特色,积累了以下一些基本经验。

第一,不断强化教育科研在教育发展中的重要地位。党和政府始终坚持教育科研先行的思想,把教育科研融入教育工作全局,在《教育法》等法规上得到保障,在政策上得到支持,在机构建设上得到加强,在经费投入上得到满足,在队伍上得到扩充,在成果运用上得到重视,不断推进"科研兴教"和"科研兴校",形成"向教育科研要质量,靠教育科研上水平"的优良社会风气,使教育科研成为支撑教育事业科学发展的核心竞争力之一,壮大了中国教育发展的综合实力。

第二,坚持教育科研发展的正确方向。教育科研坚持中国特色社会主义方向,坚持"百花齐放,百家争鸣"的工作方针,坚持"三个面向"的指导思想,围绕中心,服务大局,理论联系实际,注重研究教育改革和发展的重大理论和现实问题,努力为教育决策服务,为教育改革实践服务,为繁荣教育科学服务,为改良教育环境服务。改革开放之前的30年,我国教育科研队伍还局限于少数教育科研机构和师范院校的教学、科研人员,他们以研究中小学的教育教学等微观教育问题为主,很少研究教育与国家发展的关系等宏观教育问题。改革开放后,教育科研界开始对教育的本质、教育与市场经济的关系、教育与社会发展、教育结构改革、建立世界一流大学等重大问题进行讨论；同时引进国际教育新理念、新经验，研究学校教育、课程内容、教学方法和技术手段的改革。教育理论工作者积极参与教育决策活动，重大的教育立法和战略规划都有教育专家参与，教育制度的创新也渗透了教育专家的心血。理论工作者和实际工作者已经组成了相互依存的科研共同体，提高了教育科研的水平和效益。

第三，坚持专业机构和高校、社团、民间相结合。改革开放带来教育科研的开放发展，壮大了教育科研的力量，扩大了教育科研的影响。既有从中央到地方的公办教育科研机构，也有多种形式的民办教育研究机构；既有各种专业教育科研机构，还有各级各类学校教育科研机构；既有教育科研的实体机构，也有发挥联系和桥梁作用的教育学术社团机构。

第四，坚持教育科研专兼职队伍相结合。教育科研成为教育事业发展、科学决策的重要基础，也是广大教师促进自我发展、提高教育质量的主要途径。教育科研队伍从只有几千人，不断壮大，专业人员发展到十几万人。同时，广大教师加入教育科研队伍，积极参加各种教育实验，更多的是结合自己的日常教学开展研究，把科研作为自我成长、提高教育质量的主要途径。教育科研密切结合教育实际，科研人员走进学校，与第一线的教师共同开展教育实验研究。在学校开展的各种类型的教育实验如雨后春笋般地出现。各地教育部门和研究机构也都根据本地的实际，开展区域性研究，推动地方教育事业科学发展。

第五，坚持规划课题引导和奖励政策激励相结合。65 年来，加强领导是教育科研发展的关键，发展规划是重要抓手，课题立项是重要平台，鼓励奖励是重要推动。在教育部的统一领导下，教育科学规划系统和高校人文社会科学项目系统对教育科研的发展产生了重要的组织力量、凝聚方向、构筑平台、提升质量的作用，每年申报课题数达数万项，立项数达上万项，资助经费上亿元，参与人员数十万人，集中了全国教育科研的骨干力量，锻炼了队伍，提升了素质，改进了工作。同时，教育科研在教师职称晋升、评优表彰中的分量逐步加大，在教育家成长的作用日益显著。通过制订规划引导科研发展方向，通过强化管理确保课题质量，通过奖励机制促进持续发展是教育科研发展的一条重要经验。

第六，坚持教育科研突出特色和面向世界相结合。65 年来我国教育从封闭走向开放，走向世界，不仅大量引进和借鉴世界教育的新理念、新经验，促进了教育科学的发展，同时我国教育科学也在改革开放思想路线的指引下，走向国际化。我国教育科研工作者积极参加联合国教科文组织、联合国儿童基金会、经济与合作组织、世界银行等国际组织的活动；参加世界比较教育学会联合会、世界教师教育协会联合会、国际教育成就评价协会、世界心理大会等国际学术组织及其召开的各种学术会议。在国内组织了多次国际教育学术会议；科研人员也逐渐在国外刊物上发表论文；从 2006 年开始在教育部的倡导下，中国教育学会与高等教育出版社联合 Springer 出版社编辑出版了《中国教育学术前沿》（*Frontiers of Education in China*）英文版向世界发行；科研人员的交往、留学生的互换、学术资源的交流更是日益频繁。

落后就会出局，创新才能自强，特色方能立足。65 年来教育科研的成绩都是在思想解放和制度创新、道路建设的前提下取得的。当前我国教育工作面临着服务建设现代化教育强国和办好人民满意教育的历史性任务。要完成这个艰巨的任务，需要继续解放思想，更新发展观念，进行制度创新：要在整合资源上下功夫，从顶层设计上改变力量分散、各自为战、重复研究的现状，形成职责明确、特色鲜明、优势互补的教育科研体系；要在理论创新上下功夫，重视理论望远镜的作用，认真研究教育问题，积极探索教育规律，克服功利主义和经验主义，完善话语体系和理论概念，建立中国特色社会主义教育理论体系；要在基本功上下功夫，增强研究的使命感、责任感、紧迫感，加强学习，取长补短，创新研究方法，提高发现问题、分析问题和解决问题的能力；要在理论联系实际上下功夫，不唯上，不唯书，不唯洋，努力破解教育难题，提高教育科研的科学性、预见性、指导性。

第二章 教育科研体系逐步健全

教育科研是教育发展的重要推动力，教育科研机构是开展教育科研活动的基本单位，科研机构组织的专业化和多元化显示了一个国家教育科研的发展水平。从国际经验看，教育科研机构逐步从兼职性的高校、松散型的学术社团成长为专门化的研究机构。我国目前拥有 2 200 多家教育科研机构①，正在向现代科研院所制度发展，为建设中国特色的教育科学体系提供了有效的组织保障，在促进教育事业科学发展中发挥了不可替代的重要作用。

一、科研机构各有定位

设立国家教育科研机构是国家重视教育研究的重要标志，体现了国家科学决策和高效管理教育事业的需要。当今世界强国均设有国家级教育科研机构，澳大利亚最早于 1934 年成立教育研究委员会，苏联于 1943 年成立国家级教育科研机构——俄罗斯

① 中央教育科学研究所. 全国教育科研机构概况 [M]. 北京：中国广播电视出版社，2004：序言.

联邦教育科学院（1966 年改名为苏联教育科学院，1991 年更名为俄罗斯教育科学院），美国、法国、德国、日本、韩国、新西兰等国也都设立了国家教育研究院所。我党 1941 年在延安设立中央研究院中国教育研究室，1957 年正式成立中央教科所。21 世纪初混合民办教育研究机构开始涌现，以公办为主、民办为辅的多元教育科研机构不断发展壮大，形成了中国特色的教育科研院所制度，实现了课题研究、学科建设和人才队伍建设的三位一体。

（一）科研院所突出应用研究

设立专门教育科研机构是基于教育改革发展的客观需要。一是教师教育教学实践的需求不断增长，教师仅靠个体经验难以面对众多的学生和复杂的教学问题，需要不断学习教育理论和教学技巧。二是随着教育机构的丰富多样，需要研究如何提高教育管理效益。三是教育决策科学化、民主化的需求不断增大，服务国家战略需要加强宏观教育政策研究。随着教育的快速发展，关系国计民生的教育事业对教育科研的智力支持的需求不断增长，兼职型的学校科研机构因偏重教育学科人才培养和基础性研究而无法承担繁重的实践性研究任务，兼职型的行政机构侧重解决当下的教育热点难题而无法承担专业性很强的长线研究任务，迫切需要设立一批专门教育科研机构长期从事教育教学实践应用研究，迫切需要教育科研跟进工作、化解难题、谋划未来。教育科研机构专业化既是社会分工的自然表现，是社会重视的重要标志，是教育事业科学发展的必然要求，也是教育学科实践性特点的生动反映。

1. 组织正规化

新中国从 20 世纪 50 年代开始沿着五条路径建设教育科研机构。一是以 1957 年成立中央教育科学研究所（2011 年更名为中国教育科学研究院）为标志，1964 年成立教学仪器研究室（1980 年更名为教学仪器研究所，2013 年又更名为教育装备研究与发展中心），1986 年成立教育发展研究中心，1990 年成立职业教育中心研究所，形成了侧重宏观研究的中央教育科研机构基本格局。山西、北京、上海率先成立第一批省级教育科学研究所，河北、吉林、黑龙江、安徽、湖南等省份也相继成立省级教育科学研究所；1990 年天津成立第一家教育科学研究院；到 2011 年广东成立教育科学研究院，完成了省级教育科研机构的基本布局。二是以 1956 年成立教研室为标志，20 世纪 70 年代末逐步恢复重建，形成了自县级至省级的侧重中小学教学研究的教研系统。三是 20 世纪末，上海、江苏、重庆等省市先后成立了教育评估院。四是有关部委和地方政府在高校与科研机构设立教育研究机构。例如，2005 年财政部、教育部在北京大学设立中国教育财政研究所，2011 年教育部在北京大学、清华大学、中国人民大学、对外经济贸易大学、南开大学和中国教科院设立教育科学决策研究中心，北京市教委在北京师范大学设立基础教育研究院、教育经济研究院等。五是利用社会资源建设教育科研机构，兴办了一批社会教育科研院所或民办学校附设的教育科研院所，如中国教育政策研究院、国家职业教育研究院、21 世纪教育研究院、长江教育研究院等。目前，全国已设立了 2 200 多家教育科研机构，形成了整体覆盖、相对完整的教育科研组织体系。

2. 管理层级化

按照行政隶属关系设立的教育科研机构已经形成纵向上的指导关系。政府举办的从中央到地方的各级各类教育科研机构均有一定的行政级别，通过年度联席会议、课题申报和项目合作等制度，与下级科研机构结成了业务指导关系，形成了比较稳定的工作联系机制。

3. 模式多元化

决策科学化、民主化依靠多元化的决策机构支持，不仅要有国家科研机构，也要有学校、企业，甚至民间的声音。目前存在的教育科研机构模式日益多元。一是举办主体多元化。可分为行政部门举办（如中国教科院等）、学校举办（如北京师范大学国际与比较教育研究院等）、民间举办（如21世纪教育研究院、长江教育研究院、新教育研究院等）和混合举办（如中国民主促进会和北京师范大学共同组建中国教育政策研究院）等多种形式。二是机构功能多元化。可分为相对综合性（如中国教科院拥有教育研究、科学规划、高级研究人才培养和文化出版产业功能）和相对单一研究型（如职业教育中心研究所等）。多数科研院所以研究为主业，行政主管的科研院所绝大多数具有教育科学规划、评奖、评选学科带头人等职能。教科院（教研室）往往是地方教育行政最大的部门，教研员集“教练员”“命题员”“评价员”于一身，成为教育行政部门的“多面手”。三是具有师资培训功能。比如，江苏教育科学研究院、海南教育研究培训院等科研机构具有一定的教师培训功能。四是教育科研机构拥有人才培养功能。例如，中国教科院、上海教科院、湖南教科院先后设立博士后工作站，招收访问学者，培养高级教育研究人才。2013年8月，全国教育出版传媒业首家博士后工作站落户人民教育出版社。

4. 体系网络化

教育科研机构与教育改革同步发展，覆盖教育工作的方方面面，共同构建了网络化的教育科研体系。横向上包括教育体系的学段和主要领域，覆盖基础教育、职业教育、高等教育、继续教育、民族教育、特殊教育等，涉及德育、智育、体育、美育、劳动教育、国际比较教育等。纵向上不同职能的研究机构各成系统，国家级科研机构侧重教育重大理论和现实问题的宏观研究，地方科研机构侧重区域教育特色问题研究，学校科研机构侧重校本问题研究，民间教育科研机构侧重教育热点问题研究。目前，已建立起了中央、省区市、地市、县区四级教育科研机构网络，职能进一步增强，既为教育决策提供支撑，也为提高学校教育效率服务，逐步锻炼出一批具有理论视野和关注实践的创新团队，涌现出一批可借鉴、可采用、可推广的研究成果。

5. 影响社会化

教育科研机构的发展与教育发展息息相关，在不同的历史时期，在服务决策、指导实践、繁荣学术、引导舆论等方面发挥了重要作用，特别是为研制《中国教育改革和发展纲要》和《教育规划纲要》做出了重要贡献，成为国家和人民信得过、用得上、靠得住的思想库、智囊团、信息源、试验田、宣传队。教育科研机构的人员成为受人尊重的教育专家，有的成为学术大师，有的成为政府教育咨询专家，有的成为社会舆论意见领袖，对促进教育科学发展发挥了重要作用。教育科研机构充当了教育国际化的先行者，先后与世界各国及联合国教科文组织、儿童基金会、开发计划署及经合组织、世界银行、欧盟等国际组织机构合作完成了各类教育科研项目，受到了合作伙伴的高度评价，为教育改革发挥了观念更新、思想引领、制度创新、方法指导的作用。教育科研院所的进步使教育学逐渐成为有尊严的学科，成为社会科学的显学，教育学科成为师范院校的基本特色，为各级各类学校所重视，日益受到社会关注，成为文化产业创新发展的重要领域。

（二）学校科研机构着重基础研究和校本研究

学校向来是教育科研的重镇，大学教育学科向来有教育研究的“母机”之称。德国教育家赫尔巴特最早于19世纪初在柯尼斯堡大学创办教育研究所。我国1924年在中山大学设立了教育研究所，1932年在北京师范大学成立教育研究所，1933年广西省政府在桂林设立教育科学研究所，负责培养研究人才、编纂专业教材。新中国成立以来，各级各类学校逐步成为我国教育科研组织体系的重要组成部分，形成了以高等院校为主体、中小学幼儿园参与的学校教育科研组织体系。

1951年政务院颁布的《关于改革学制的决定》，确定了师范院校独立设置的体制，教育系科逐渐从综合性大学向师范院校集中，在1951年8月召开的第一次全国师范教育会议上确定教育系科的培养任务是“培养师范学校的教育学、心理学等科目的教师”，以后又扩大为“教育科研人员”和“教育管理人员”。1953年，全国共有23所高等师范院校设立教育系，学生共计3 600人，占师范院校学生总数的1/10①。不久，教育部颁布《关于高等师范学校教育、英语、体育、政治等系科的调整决定》，明确北京师范大学、华东师范大学等7所条件好的院校教育系继续招生，其他院校的教育系暂停招生。1964年，根据国务院的决定，少数大学设立外国教育研究机构。“文革”后，教育系科得以恢复发展，师范院校陆续设立了教研室、教育系、教科所、教科院、教育学院、教育学部（如北京师大、东北师大、西南大学、沈阳师大等），非师范院校设立了高等教育研究室、所、教育学院。教育部办公厅2004年4月21日下发了《关于进一步加强高等教育研究机构建设的意见》，第一次为高教研究机构的设置和发展提供了政策依据，促进了高等教育研究的迅猛发展。

目前，我国学校教育科研组织基本上是以师范院校和综合性大学为主，在其他各级各类学校设立了教科室（所）、教研室（中心）。高等学校教育科研组织机构以教育学院（教科院）和教育研究所（中心、基地）为主，前者兼具人才培养和科学研究两项职能，后者则主要以教育科研职能为主。师范院校多研究基础教育和教师教育，综合性高校以研究高等教育居多，中小学幼儿园多以校（园）本研究为主。

1. 师范院校性质的教育学院（教科院、教育研究院、教育学部）

①《当代中国》丛书教育卷编辑室. 当代中国高等师范教育资料选［M］. 上海：华东师范大学出版社，1996：24.

教师教育是教育学科的母机，一是为教育学科提供源源不断的研究人才，二是为学科发展提供知识和方法，是教育科研机构的重要组成部分。目前，这类性质的教育学院可分为两种类型。第一类为师范大学教育学部（教育学院、教育科学学院），包括北京师大、华东师大、东北师大、华中师大和陕西师大等部属高师院校教育学院（部），以及首都师大、上海师大、南京师大、华南师大、西北师大、湖南师大、山东师大等地方师范院校的教育学院（教科院）。第二类是师范院校参与合并组建的综合性大学中的教育学院，如西南大学、河北大学、河南大学、湖南科技大学等大学的教育学院，这类教育学院继续沿袭着师范大学教育学院的职能。师范院校教育学部（教育学院）主要服务基础教育，担负发展教育学科、培养多层次教育学科教学与研究人才的任务。

中国教育科学研究的桥头堡和策源地

北京师范大学1902年就开设了教育学课程，1920年首建教育研究科，1932年成立教育研究所。新中国成立初建立了教育系和教育研究所，世纪之交由系所合并为院，2009年成立教育学部。

——教育学部是中国教育科学研究的桥头堡和策源地，现设有教育基本理论研究院、国际与比较教育研究院、教育历史与文化研究院、教育技术学院、教育管理学院、课程与教学研究院、教师教育研究所、教育经济研究所、学前教育研究所（系）、特殊教育研究所（系）、职业与成人教育研究所、高等教育研究所、教育统计与测量研究所、教育心理与学校咨询研究所14个实体性学术机构，拥有《比较教育研究》《教育学报》《教师教育研究》等高水平学术专业期刊。

——教育学部承载了我国教育学科的一系列辉煌成就：全国最早设立教育学硕士、博士学位授权点，最早设立教育学博士后流动站，最早拥有教育学一级学科博士学位授予权，学科综合实力居全国领先水平。教育学部现拥有教育学一级学科国家重点学科，13个博士学位授权点，15个硕士学位授权点，5个本科专业，其中特殊教育学、教育技术学为教育部特色专业建设点。

——教育学部是国家重大教育政策的咨询中心。联合国教科文组织国际农村教育研究与培训中心、教育部人文社科基地比较教育研究中心、教育部人文社科基地教师教育研究中心、数字学习与教育公共服务教育部工程研究中心、教育部基础教育质量监测中心、教育部民办教育政策研究院、中国教育政策研究院、国家教育考试评价研究院、国家职业教育研究院、国家手语和盲文研究中心、首都基础教育研究院、首都高等教育研究院、首都教育经济研究院、首都学习型社会研究院、教育信息技术北京市重点实验室、农村教育与农村发展研究院、教育家书院17个综合交叉平台，以国家重大理论和现实问题为导向，立足学术前沿，紧扣国家需求，服务公众需要，为国家的重大教育决策提供极具价值的“智库”支持。

——教育学部是培养教育学术人才的顶尖学府。学部师资力量雄厚，现有教学科研人员216人，其中教授占37%，副教授占35%，91%的教学科研人员拥有博士学位。

——教育学部是国际学术交流的高端平台。学部已经与30多所国际著名大学和机构签订了多边或双边合作协议；作为倡导者之一，与9所世界著名教育学院组建了世界顶尖教育学院联盟。学部每年召开数次高水平国际学术会议，年均

200余位国际知名学者前来讲学。学部在校内率先开设国际硕士课程并采用全英文授课方式，为开拓学生视野、培养国际高端人才奠定了坚实基础。

——教育学部是全国校长和教师培训的重要基地。教育学部培训学院、校长培训学院、教育家书院作为全国示范性的校长和教师培训基地、全国中小学校长和教师培训的研究中心以及校长和教师培训的国际交流平台，积极开展教育行政干部、示范性校长、港澳台校长、培训者的培训和骨干教师培训，为我国基础教育的发展做出了卓越贡献，广受教育同行和社会各界的赞誉。

资料来源：www. http://fe. bnu.edu.cn/t002-c-1-49.htm.

2. 综合大学和行业大学教育学院（教育研究院、所）

这些综合性大学有的在1952年的院系大调整前设有教育学科，改革开放后逐步恢复重建，并在教科所或高教所的基础上组建教育学院，如北京大学、中山大学、武汉大学、浙江大学、清华大学等综合性大学的教育研究院均属于此类，其职能以教育科研和培养高层次研究性人才为主。行业性的高等教育研究机构基本属于改革开放后新建，如北京航空航天大学高教所、北京理工大学教育研究院、北京工业大学高教所等。

高校教育研究机构大规模发展是在改革开放后，特别是高校扩招和大规模并校之后，一些机构有所调整，在系所合并建院过程中，学校直属的教育科研机构逐渐归属院主办，发展基本稳定。到2001年，全国有700多所高校设有承担高等教育研究任务的机构，多为高教所或高教室，专职人员约2 000人[①]。现有

① 周川. 致力于高等教育学的理论发展——读《多学科观点的高等教育研究》[J]. 高等教育研究，2002（2）：101.

高教研究机构271个，专职人员1 305人，编辑出版报刊26种，硕士点83个，博士点17个①。

高校教育研究机构大致可以分为三类。一类是依托于大学的教育学院（部）的教育科研机构，以北大教育学院、厦门大学教育研究院等为代表。一类是独立于大学教育学院（教科院）的教育科研机构，如南开大学高等教育研究所、东北大学高等教育研究所、西南大学教育心理研究所等。一类是有关部委在高校设立的教育研究机构，如2005年财政部、教育部在北大成立的中国教育财政研究所，2011年教育部在北大、清华、人大、对外经贸大、南开大学设立的教育科学决策研究中心，北京市教委在北师大设立的基础教育研究院等。这些教育科研机构不仅承担大量高水平的科学研究和高层次人才培养任务，而且为国家、地方政府和高校提供政策咨询。有的成为全国重点学科和教育部人文社科重点研究基地，进入良性循环的发展状态。在研究方向上分为两类，一是北京大学教育学院等选择学科性宏观问题型研究模式，一类是清华大学教育研究院等选择校本研究模式。

我国最早的高等教育研究机构

厦门大学最早在1978年5月17日建立学校直属的高等教育科学研究室，1984年2月经教育部批准改为高等教育科学研究所，2004年4月6日更名为教育研究院，是我国第一个以高等教育学为研究对象的专门研究机构，拥有全国第一个高等教育学硕士学位授权学科（1984年）、第一个高等教育学博士学位授权学科（1986年）、第一个高等教育学国家重点

① 吴昊. 高校教育研究机构建设分析 [J]. 湖南科技学院学报，2008（3）：170.

学科（1988 年）、唯一的高等教育学国家“211 工程”重点学科（1996 年）、唯一的高等教育研究的教育部人文社科重点研究基地——厦门大学高等教育发展研究中心（2000 年）和唯一的高等教育研究国家“985 工程”创新基地（2004 年）。

高校教育研究机构根据其具体工作内容的不同，职能可分为五个方面：一是为学校提供信息资料服务及出版刊物；二是为校领导与管理层提供应用性、操作性研究及咨询服务；三是面向国内外开展教育学各领域理论研究，提高理论水平、业务能力；四是开展教育研究与教师培训活动；五是开展学术管理、学术交流活动等。

高校教育研究机构具有学科齐全、人才密集、学生众多等优势，以高层次、多样化、学科化为发展方向，是教育学科建设的主力军，学科建设的不断进步使教育学科逐渐成为受重视、受尊重的学科，成为社会科学体系中的显学。教育学科成为师范院校的基础和特色学科，一大批院校在教育学科占据话语优势，如德育（南师大）、基础教育课程改革（华东师大）、农村教育（东北师大）、教育财政（北大、北师大）、比较教育（北师大、华东师大）、高等教育（厦大、北大）、民族教育（中央民大、西北师大、西南大学）、职业教育（天津职业技术师大）、教育信息化（北师大、华南师大、西北师大）。教育学科重点研究基地，如南京师大的道德教育研究所、华东师大的基础教育课程教材研究所，以及东北师大的国家基础教育实验中心、农村教育研究所等都是教育学部（教育学院、教育科学学院）内设机构。这类学校教育研究机构除进行专职教育研究工作之外，还承担着培养学生的任务，逐步形成了特色优势。以东北师范大学农村教育研究所为例：1999 年 8 月在原普通教育研究所的基础上，吸纳教育科学学院、课程教材教法研究所、国际与比较教育研究所以及政法学院、经济学院有关专家组建成立东北师范大学农村教育研究所，2001 年被批准为教育部普通高校人文社会科学重点研究基地。农村教育研究所现为东北师范大学教育学博士后流动站“农村教育”方向博士后研究人员接收单位，拥有“农村教育”二级学科博士学位授权点和硕士学位授权点，独立招收博士研究生和硕士研究生。下设农村教育政策研究室（包括农村教育发展战略、农村教育管理、农村教育政策、农村教育评价等研究方向）、农村教育实验研究室（包括农村学校改革与发展、农村课程改革与教学实验、农村教师专业发展、农村儿童发展、农村信息技术教育等研究方向）和国际农村教育研究室（包括农村教育发展史、国际组织与农村教育、国别农村教育改革与发展等研究方向）。农村教育研究所的学科重点研究方向是城乡教育均衡发展与教育公平、农村义务教育质量和农村教育发展等。

3. 中小学教育科研机构

“没有教育科学，就没有科学的教育”已成为中小学的共同认识，不少学校坚持推行“科研兴校”取得显著成效。一方面，国家鼓励中小学教师参与教育科研活动，地方教育行政部门把学校评级和教师考核、职称评定与科研工作挂钩，在制度上保证了中小学和教师参与科研的积极性；另一方面，教育科研发挥了促进中小学建设和教师专业发展的作用，传递了教育教学改革的正能量。

实践证明，哪里重视教育科研，哪里的教育科研就搞得好，哪里的学校就发展得好。例如，北京市不断强化教育科研在基础教育的作用，2012 年首次在中小学设立正高级技术职务，打通了教师职业发展的通道，评选标准包括教书育人、课程教学、教育教学研究、影响力、学历经历五个方面，更加突出了在教育教学研究方面的要求①。

中小学的教科所（室）是学校教育科研的专门机构，在学校教育科研工作中起到协调组织作用，侧重校本研究。不少学校围绕学校发展设立小课题进行课程教学微创新，使校长、教师成为教育研究者，也是教育研究的受益者。校长以校本管理为对象深入研究逐步踏上教育家成长之路，教师以校本教学为对象深入研究逐步跨入职业幸福道路。

（三）学术社团侧重科研普及

教育研究行业学会组织的形成是教育科研发展的一个重要标志，代表着这个群体的地位、作用和影响力。世界上成立最早的教育学术社团是美国的教育研究协会（AEAR，1916年），新中国成立最早的教育学术社团组织是中国教育学会（1979年）。改革开放以来，各级各类教育学术社团纷纷建立起来，逐渐成为教育科研的重要推动力量，人数众多，联系广泛，成果丰富，成效明显，在教育界有广泛的影响，成为联系广大教育工作者的桥梁和纽带，是推动我国教育改革和发展的一支积极力量，是教育行政部门的参谋和助手。

1. 组织体系基本健全

一级教育学术性社团逐步建立，基本覆盖教育领域的各个方面。例如，中国教育学会（1979年）、中国学前教育研究会（1979年）、中国成人教育协会（1981年）、中国高等教育学会（1983年）、中国陶行知研究会（1985年）、叶圣陶研究会（1989年）、中国职业技术教育学会（1990年）、中国教育技术协会（1991年）、中国地方教育史志研究会（1991年）、中国教育发展战略学会（2005年）、中国少数民族教育学会（2006年）、中国民办教育协会（2008年）、创新人才教育研究会（2011年）等教

① 北京中小学教师可评正高职务［N］. 中国教育报，2012-12-01.

育社团成立后，我国一级教育学术社团体系基本形成。新的一级学术性社会团体的建立，扩大了教育学术社团的阵容，分工也更加明确，其中中国教育学会、中国成人教育协会、中国高等教育学会、中国职业技术教育学会是教育部给予固定编制和经费支持的教育学术社团。

新中国成立最早、规模最大的教育类群众性学术团体

中国教育学会成立于1979年4月12日，是新中国成立最早、规模最大的教育类群众性学术团体。其主要任务是：开展群众性教育科研、教育教学改革实验和学术交流活动；为教育决策提供专业支持和信息咨询；组织教育科研和教育教学改革实验成果的评价、鉴定和推广；研究、编写教材，出版学术书刊；举办实验学校；开展培训活动，助推校长、教师专业发展；开展教育专业、政策和法律咨询以及面向香港、澳门和台湾地区及国际的教育学术交流与合作。学会主办有《中国教育学刊》《未来教育家》等综合性教育学术刊物。经过30多年的发展，目前已发展成为在全国拥有51个分支机构，拥有100余万个人会员的大型教育专业学术组织，基本涵盖了教育学及其二级学科的分会、基础教育中学科教育专业委员会，以及其他专门分会。

另外，还有行业教育类的一级学术社团，如中国教育会计学会、中国教育技术协会、中国建设教育协会、中国统计教育学会、中国林业教育学会、中国航空教育学会、中国煤炭教育协会、中国冶金教育学会、中国石油教育学会、中国纺织服装教育学会、中国电力教育学会、中国学位与研究生教育学会、中国电子教育学会、中国军事教育学会等。

在一级新机构不断出现的同时，二级机构也在不断完善和充实，不断扩展分支机构，创办自己的学术刊物，各级社团活动形式也更加丰富。二级学术社团或分支机构包括中国教育学会下设的51个二级社团，中国高等教育学会下设的66个二级社团，中国成人教育协会下设的9个二级社团，中国职业技术教育学会下设的10个二级社团，中国教育技术协会下设的8个二级社团，中国学前教育研究会下设的5个二级社团，中国电子教育学会下设的5个二级社团，等等。

二级社团专业委员会(分会)涉及面较广，细化了服务范围，能够更好地满足政府和教育界的需求，更好地适应了教育事业的发展和需求。

同时，各地也形成了与一级教育学术社团相衔接而不相统属的各级各类教育学会，开展了区域性群众教育学术活动。

2. 组织活动多样

根据社团组织章程，结合经济社会发展需要，各教育学术社团认真组织科研活动，推广先进教育经验，增进学术交流，开展合作研究，提供政策咨询。

第一，组织科研活动。社团运行的前提就是组织章程，根据组织章程履行社团职能。中国教育学会、中国高等教育学会、中国职业技术教育学会、中国成人教育协会、中国教育发展战略学会与中国学前教育研究会等学术团体的组织章程在业务范围中都把开展教育科学研究活动作为第一条提出，从事科研活动成为学会的核心职能。社团从事的科研活动主要有课题研究、经验总结、教学反思等不同内容，形式多样，方式灵活。既有团体合作研究，也有个人独立研究。在章程的引领下，各学会都积极从事科研活动。比如，发布研究课题指南，组织立项申报，征集科研成果，进行课题总结，实施结题辅导，公布课题成果，等等。同时，鼓励社团成员主动进行教育科学研究，发挥学会会刊作用，扩大学术影响。例如，中国学前教育研究会从“十一五”开始发布课题申报工作的通知，公布课题指南，出台课题申报与评审办法，并分别在北京、上海和成都三地召开中国学前教育研究会课题申报指导培训会。该学会还与长沙师范学校联合主办《学前教育研究》，并作为该学会会刊，及时反映国内外学前教育研究动态，有效指导学前教育改革实践，推动了我国学前教育发展。该学会在发展过程中开展了大量的科研活动，不仅理清了学前教育科研工作思路，指明了学前教育科学研究方向，而且凝聚了学术研究队伍，提高了教育科学水平。

第二，推广先进经验。研究是为了更好地指导实践。进行大量科研活动，形成科研成果，其最终目的是把研究结果进行推广，运用到实践中。学术社团在注重学术研究的基础上，高度关注教育科研的现实影响。学会举办的学术活动、课题研究等，都强调理论联系实际，研以致用，不断提高学术研究的质量和效益。例如，中国高等教育学会关于教育教学实践方面的研究，其研究成果对专业调整、学科建设、教学管理、教学评估等方面起到了很好的指导作用。2009 年 1 月 11 日，中国陶行知研究会农村“教学做合一”教育试验创建与推广项目启动会议在北京召开。农村“教学做合一”教育试验创建与推广项目旨在运用陶行知生活教育理论探索建立师范院校服务乡村学校的模式，培养有志乡村教育的人才，缩小城乡教育差距。该学会在师范院校建立“教学做合一”试验中心，在乡村建立实验学校，将师范院校、地方政府和乡村中小学三方联合起来，共同解决乡村教师进不去、留不住、用不好的问题。该项目自 2008 年 5 月开始策划，经反复修改确定了总项目方案，全国各地师范院校积极参与申报，其中徽州师范、晋中学院、忻州师范、黑河学院、丽水学院 5 所师范院校经过至少 5 次的方案修改才被选定为试点师范院校。通过运用陶行知生活教育理论，对师范专业的人才培养目标和课程体系进行改革，突出应用型人才培养，加强教师职业技能训练，突出“农”字，为农村基础教育培养合格师资，激活农村教育，促进农村建设。一些学会不定期举行会议，总结存在的问题并推广先进经验。2009 年 4 月 9 日，由中国教育学会主办，河南省焦作市教育局、沁阳市教育局承办的“蔡林森教育管理思想研讨会”在沁阳举行。会上，沁阳市永威学校校长（原江苏泰兴洋思中学校长）蔡林森以《当校长就是要带头吃苦》为题介绍了自己如何不断探索、创新并竭尽全力办师生、家长与社会满意的学校的教育管理思想和实践体会。他认为，当校长就是要处处带头，事事走在师生的前面，尤其要能吃苦，以苦为乐。永威学校代表做了《坚持管理创新，教好每个学生》的专题发言，详细地介绍了蔡林森“先学后教，当堂训练”“教书育人责任制”的教育思想和办学经验。与会代表对蔡林森的教育思想及“先学后教，当堂训练”教学模式进行了研讨。研讨会的举行更好地推广了永威学校的成功办学经验，使其他的学校得以了解、反思及借鉴，从而促进了学校与学会经常性互动，促进了两者的良性发展。

第三，提供政策咨询。关注教育政策是教育科研的职能，也是教育科学发展的重要内容。由于学会会员大多是具有行业背景的教育工作者，他们能够从不同方面反映各自研究领域与工作实践的现状，可以为教育决策提供真实有效的信息，并在执行政策时给予及时准确的反馈。一些专门从事教育政策的研究人员，在相关课题及相应问题的引领下，通过广泛收集资料，提供解决教育实践问题的政策与建议，可以为政府决策提供较好的政策信息。2008 年，教育学会、高教学会、职教学会、成教学会、民办协会、战略学会六大学会（协会）受教育部党组委托，参与《教育规划纲要》研制工作。中国教育战略学会自成立以来，围绕“2020年中国教育发展的经济、科技和社会背景与目标展望”“教育现代化战略与体系构建、体制创新和人才培养模式改革”“教育战略规划的理论、指导思想与方法”“全国教育事业‘十一五’规划的制订与实施”“中国教育发展战略选择和重大决策模式”“世纪之交我国教育发展战略选择”“区域和高校发展战略与规划研究”“教育战略学科建设与规划的理论方法”等多个议题展开深入的研讨与交流。战略学会结合课题研究出版了多部研究成果，如《终身教育国际论坛报告集萃》《建设终身学习体系和学习型社会的研究报告》《教育·社会·未来——郝克明教育文集》《终身教育经典文献》《跨进学习社会》《当代中国教育结构体系研究》（国家社会科学基金“九五”规划重大科研项目，获得第三届全国教育科学研究优秀成果一等奖）等。《跨进学习社会》是国家社会科学基金“十五”规划重大科研项目“建设终身学习体系和学习型社会的研究”的科研成果。全书从当代我国科技、经济、文化和社会发展的要求和建设终身学习体系和学习型社会所面临的主要矛盾和问题入手，在调查研究的基础上，系统阐述了在我国建设终身学习体系和学习型社会的指导思想、基本要素和基本框架，并提出了到2020年我国建设终身学习体系和学习型社会的目标、任务和途径，以及与之相关的制度创新和政策措施等方面的建议。该书对于我国如何建设终身学习体系和学习型社会做出了有前瞻性的探索，对这个重要领域的研究和实践具有重要的参考价值。这些研究成果为教育决策科学化做出了重要贡献。此外，应上海市委、上海市教委的邀请，战略学会于2007年11月20日，对上海市教委提出的《上海市终身教育发展规划纲要（草案）》进行了咨询论证；应天津市委的邀请，战略学会于2007年12月15日对《天津教育支撑滨海新区开发开放的战略构想》进行了咨询论证；受湖南省益阳市委、市政府委托，战略学会组织课题组承担了“湖南省益阳市2020年教育发展规划研究”课题。

第四，加强学术交流。各学会十分注重学术的交流，邀请外国学者来访，积极参与国内学术讨论与合作研讨。近年来，随着国内外学术合作交流越来越广泛，学会的国内外学术交流日益频繁。例如，2007 年 6 月 23—24 日，中国陶行知研究会、山西省教育厅、中华职教社、中国教育学会、中国高等教育学会教师教育分会联合举办了师范教育与农村教育改革研讨会。来自北京、上海、四川等地的 100 余名代表参加会议。再如，由中国宋庆龄基金会、中国教育学会和台湾教育学会共同主办的“第二届两岸青少年社会教育研讨会”在台湾淡江大学开幕，两岸教育界代表近 200 人共聚一堂，围绕“优化育人环境、奠定人生基础——当前中小学生养成教育面临的困境和思考”这一主题探讨两岸青少年社会教育的热点和难点论题，交流经验，对如何优化育人环境以及当前中小学养成教育所面对的困境与思考等问题进行了深入研讨。此外，中国学前教育研究会于 2009 年 5 月 28—30 日在江苏南京举办了“中美 0—3 岁婴幼儿早期教养学术研讨会”，邀请美国资深幼教专家进行了最新研究动态的学术交流。

第五，开展对外合作。学术思想交流尤其是国际交流，有助于增进学术理解，达成学术共识，推动国际合作。例如，2006 年 7 月，世界学前教育组织（OMEP）中国委员会参加了在挪威举行的世界学前教育年会，并就世界学前教育组织的年度工作报告、财务报告、国际协作研究、会员国变更等重要会议议题进行表决和发表意见，还有意识地与各国代表进行交流，介绍中国的幼教事业，加强和世界学前教育组织及其他国家 OMEP 委员会的联系与沟通，寻求与有关机构的可能合作。再如，中国教育学会、中国民办教育协会与世界教育质量促进联盟、国际及跨地区认证委员会合作，于 2009 年 5 月 10—12 日在上海举办了“教育国际交流与合作研讨会”，秉承“合作、交流、分享、发展”的宗旨，增进国际教育交流与合作，提升学校的教育质量，进一步培养青少年学生具有全球视野、具有跨文化交往能力和分析、解决问题的能力，促进了学术思想的繁荣，扩展了学术视野，有助于更及时、准确地掌握国际最新的研究动态，为我国教育科学发展提供更高的平台。

3. 社会影响扩大

教育学术社团已成为教育科研的重要推动力量，一批国家一级教育学术社团人数众多，联系广泛，成果丰富，成效明显，在教育界有广泛影响，成为联系广大教育实践工作者的桥梁和纽带，是推动我国教育改革发展的一支积极力量，是教育行政部门的参谋和助手。

第一，行政评价。陶行知研究会总结、推广了山西省柳林县前元庄实验学校“村校一体”的办学经验。1995 年 3 月，陶行知研究会在北京召开“山西省柳林县前元庄实验学校教改经验汇报会”。李岚清在报告上批示：这个经验“符合经济不发达地区办教育的实际和方向”。山西省政府下发文件，在全省推广这个经验。2003 年 2 月 18 日，国务院组织教育部和中央电视台组成调查组，到山西省前元庄调查，并写出了调查报告。中央电视台播出了 40 分钟的新闻调查节目——学习化的村庄。温家宝等在报告上均做了重要批示。

中国教育学会自成立以来做了大量卓有成效的工作，是发展我国教育科学的一个重要方面军。中国教育学会 2004 年被民政部评为“全国先进民间组织”。刘延东在给 2012 年中国教育学会第七次会员代表大会贺信中指出：“中国教育学会紧紧围绕教育改革发展的重大理论和实际问题，积极开展群众性教育科学研究、教改实验、学术交流和咨询服务，在引领群众性教育科研、普及教育科学知识、助推教师专业发展等方面，做了大量卓有成效的工作，已成为教育行政决策的智力资源，成为助力教育科学研究的重要方面军，成为推动教育改革发展的积极力量。”

中国高等教育学会扎实工作，在高教管理体制改革中推动了高等教育研究的建设，举办了高等教育专业研究生教材、论文评奖和学术论坛等一系列活动，得到各方好评。刘延东在给中国高等教育学会第六次会员代表大会的贺信中指出：“多年来，中国高等教育学会作为全国高等教育机构及工作者自愿组成的群众性学术社团，紧密围绕高等教育改革发展的重大理论和实际问题，积极组织重大战略问题研究，努力推动群众性高等教育科学研究，广泛开展高水平学术交流和咨询服务，在引领高等教育理念创新、繁荣群众性高等教育科学研究、加强高等教育学科建设、参与高等教育治理等方面，做了大量卓有成效的工作，已成为高等教育科学研究和行政决策的智力源、思想库，成为推动高等教育改革发展的积极力量。”

中国教育发展战略学会围绕教育改革发展重大问题开展教育决策研究，参与上海终身教育发展规划、天津市滨海新区教育发展规划研究，受到国家领导和地方政府的高度认可。刘延东致信祝贺该学会第二次会员代表大会召开，指出：“中国教育发展战略学会是与教育决策和政策制定最为密切的全国性的学术团体之一。学会成立以来，紧紧围绕我国教育改革和发展的实际，对教育和经济社会发展的核心问题和重点领域，开展了具有前瞻性、全局性的教育改革发展的战略研究，对推动教育事业科学发展和政府教育重大决策，特别是为《教育规划纲要》的研究制定提供了重要的咨询服务，做出了积极贡献。学会已发展成为汇聚和发挥教育研究专家和教育工作者智慧的学术团体，成为政府教育科学决策的重要治理资源。”湖南省益阳市委第 32 次常委会纪要指出：由中国教育发展战略学会承担的“益阳市 2006—2020 年教育事业发展规划研究”和形成的规划“既有专家立足全国甚至国际教育的对比思考，又充分融入了益阳目前教育的实际，同时通过反复调研座谈，广泛征求了社会各界人士的意见，对教育发展的重大问题把握准确，提出了一系列有指导和创新意义的发展思路，立意高远，具有较强的科学性、前瞻性和可操作性。按照这一规划部署实施，益阳教育将得到持续、稳定、健康发展”。

2008年成立的中国民办教育协会组织的学术活动，引起政府和社会的关注。2009年，由中国民办教育协会主办、湖南省民办教育协会承办的“中国民办教育发展大会暨中国民办教育协会2009年年会”在韶山隆重召开。刘延东在贺信中指出：“此次中国民办教育发展大会以‘团结、鼓励、创新、发展’为主题，集思广益，广纳民智，探讨如何汇集民办教育力量，进一步优化内外环境，推动和创新民办学校自我完善与品牌建设等，很有意义。”

第二，学界影响。中国教育学会主办的《中国教育学刊》保持了学术的高水准，自1980年创刊以来，发表的论文数量极多且质量优良，在教育界树立了良好的形象，形成了广泛的影响，是教育学术界的主导期刊之一。多年来，《中国教育学刊》举办过多届评选“全国教育教学优秀科研成果”“全国教育教学科研优秀论文”“现代学校文化建设与学校和谐发展论坛”等活动，极大地调动了教育学人的科学研究热情。中国教育学会旗下的比较教育分会在2005年主办了第二届世界比较教育论坛，在国际学术界产生了积极影响。

中国高等教育学会对课题研究活动给予经费资助，受到业界好评；组织评选的高等教育博士论文在学界影响良好。

中国学前教育研究会组织的“中美0—3岁婴幼儿早期教养学术研讨会”，加强了中美早期教育领域的学术交流与专业对话，促进了婴幼儿早期教养工作的理论与实践探究，拓展了教育研究视野，促进了学术观点碰撞，深化了学术问题研究，促进了教育教学实践，推进了学科发展。

第三，社会反映。学会工作的吸引力、凝聚力、竞争力主要依靠社会评价，依靠服务对象的信任和自觉参与。例如，2009年，在由中国民办教育协会主办、湖南省民办教育协会承办的“中国民办教育发展大会暨中国民办教育协会2009年年会”上，来自全国各地民办教育界的500余位代表就如何推动民办教育发展与创新，推动民办教育事业不断向前发展等进行了深入探讨与交流。江西蓝天学院、湖南信息科学职业学院、广州市华美英语实验学校、大连万达星海人家幼儿园、新东方教育集团5家民办教育机构的代表也做了大会发言，分别介绍了各自的办学经验和办学成就。这充分展示了民办学校如何坚定信心，克服困难，坚持改革和创新，不断提高办学质量，打造品牌，彰显办学特色，全面推进素质教育的成功经验。

二、科研机构亟待协同创新

多年来，我国教育科研机构不断壮大，为党和国家教育方针政策的制定实施提供了智力支撑，为探索教育规律、促进理论创新做出了重要贡献，为教育改革发展提供了有力指导，对中国特色社会主义教育体系的形成贡献突出。但与建设现代化教育强国的迫切需要相比，与国外先进教育科研机构相比，我国教育科研机构还存在缺陷与不足，综合实力和竞争力不足，权威性、信誉度、影响力有待提升，需要改变教育研究力量分散、缺乏统一规划和指导的现状。

（一）科研力量分散

我国教育科研机构虽然比较齐全，但体制分割造成力量分散，各成体系，职能交叉，导致业内说不清，外行看不明。

第一，科研机构力量分散。一是科研和教研分离。科研头大尾小，从国家级的中国教科院到省级教育科研院所、地市县区教科所（院）、学校教科所（室）；教研尾大头小，从中小学教研所

（室）、地市县区教研室到省级教研室、教育部基础教育课程教材发展中心。北京、重庆、安徽、山西、广东等13个科研院所教育科研和教研统管，分别建制的有12家，两块牌子一套人马的有3家，教研机构设在教育学院或师范院校的有3家。二是基础教育、职业教育、高等教育、成人教育分离，职业教育与成人教育研究偏弱。教育部设有职业教育中心研究所，除北京、上海、重庆、湖南等省份外，大部分省级教科院所仅负责基础教育研究，例如，河北省教科所负责基础教育和高等教育研究，另在河北师大设立职业技术教育研究所。据教育部职业教育中心研究所统计，2007年中央和地方省级职教研究机构（所、室）为81个，研究人员由20世纪90年代末的600余人减少到400多人。从组织建设上看，独立设置的职教机构较少，大部分省职教机构附属在教科院、师范大学和教育学院，新疆、宁夏、海南3个省份尚未建立职教机构。地市一级的职教机构更少。据教育部职成司2007年职教教学专项课题“教学改革中的地方职业教育教研部门的作用”调研统计，全国仅有28.5%的地市成立了职教教研机构，1.3%的县设立了职教教研机构。三是研究和信息、统计、培训分离。多数研究机构不具有信息、统计功能，中国教科院、上海教科院掌握部分全国教育事业统计数据，云南教科院具有全省教育信息管理功能，其余的信息统计职能大都分离。四是研究与评估分离。教育部设有高教评估中心，在中国教科院、上海教科院和北京师大分别设立义务教育监测办公室（2002年）、义务教育质量监测中心（2007年）、基础教育监测中心（2006年）。上海、江苏、重庆、浙江等省份设立教育评估院，其他省级教科院有的具有部分评估职能。五是研究与技术分离。教科院所系统主要负责知识生产，教学仪器装备系统负责技术产品。六是不独立。例如，江苏省教科所合并到了省教育学院，有的地市教科院所附设在教育学院。七是名称不一，建制不同。省级为中央和地方的结合部、交叉点，最为杂乱。天津、北京、上海、重庆、黑龙江、吉林、辽宁、江苏、浙江、安徽、湖南、山西、海南、云南、新疆、广东、湖北17个省份成立了教育科学研究院或教育研究院、教育研究培训院，其余14个省份为教育科学研究所；行政级别由正处级到正厅级，其中天津、北京、江苏为正厅级，上海、黑龙江、湖南、重庆、广东为副厅级，其他为正处级。深圳、厦门、武汉、潍坊、株洲、岳阳、广州等城市教科所改院，其中，深圳教科院为副厅级。大部分地市级教育科研机构仍为教科所，行政级别在科级和处级不等。县区多为教研室、教研中心，有的附设在教师进修学院（校）。多头管理、结构不同自然影响功能发挥，过于分散的教育科研机构运行困难，作用发挥受到限制。

第二，高校教育科研机构设置不断整合，又不断分化。①组织体系不断叠床架屋。从改革开放初期的教育系、教科所、教研室建制，到21世纪初期的教育学院、教科院、教育研究院，再到2010年后的教育学部，多次变化。②多家机构几度分合。教育系院、教科所院、心理学院、教育技术学院和教育管理系院等教育科研系统时分时合，聚散不定。③内设机构逻辑不清，职能交叉。有的按照教育领域分设，有的按照学科逻辑分设，有的按照项目分设。④教育学科和学科教学法之间的关系难于确定，有的归于教育学科，有的归于母体学科，有的人事上归属母体学科、业务上归属教育学科。

第三，学术社团组织体系也比较混乱。①二级、三级机构设立过多。例如，教育学会有51个二级机构，高教学会有66个二级机构，成教协会有9个二级机构，职教学会有10个二级机构。②职能部分交叉。因划分标准多样，导致二级机构设置重叠。例如，教育学会旗下的教育史分会与史志委员会旗下的教育地方史志委员会工作业务有所交叉，教育学会旗下的幼儿教育专业委员会与学前教育研究会的工作业务有所交叉，教育学会内部的教育哲学学术委员会和教育基本理论学术委员会业务有所重叠；中青年教育理论工作者分会又以年龄划界，自然与其他研究组织的业务和人员交叉。

（二）科研创新能力和服务水平不高

研究质量是科研机构的生命线，研究特色是科研机构存在的基础。面对科技革命带来的新变化，面对我国加快教育综合改革的新要求，面对公众对多样化高质量教育的新期盼，教育科研工作还不适应，整体研究水平和服务能力有待提高。

第一，队伍构成比较单薄，难以形成创新突破。教育问题非常复杂，需要跨领域、跨学科协同。而目前的教育科研机构人员大多数来自教育学科，既缺乏经济学、人口学、社会学、管理学等社会学科人员，也缺乏心理学、生理学、信息学、统计学等技术学科人员，还缺乏数理化生等专业学科人员，就教育谈教育难免肤浅，就理论谈理论难免偏颇。

第二，理论脱离实际比较普遍，难以捕捉重要问题。科研机构忙于领导命题，长于决策解释性、论证性、应急性研究，主动关注现实不够，自觉深入基层不足，积极联系师生不紧，研究往往落后于政策和实践。学校教科研机构选题空泛，或者拾人牙慧，照搬国外的分析模型和话语方式；或是炒老问题，在故纸堆上做文章；或是做玄而又玄的后现代主义问题，或是做无病呻吟的伪问题，或是做宏大叙事研究，或是注重个体经验的行动主义研究。亡羊补牢的研究多，对症下药的研究少，未雨绸缪的研究缺。

第三，研究组织和方法比较传统，难以突破难点。在科研组织上沿袭传统的组织结构，长于各自为战，不善协同合作。科研机构多属行政组织，学校科研惯于师徒作坊。在科研方法上，缺乏长期的实验与科学的调研，惯用隐喻、内省的方法认识和解读事件。研究方法不科学，数字不准确，数据不全面，分析不客观，导致有的结论不可信，误导决策和公众，不仅没有正能量，还有副作用。

第四，科研成果评价机制落后，难以形成持续的社会影响力。现行的成果评价机制重数量轻质量，重形式轻内容，重表面轻实质，重广度轻深度，重内部轻外部，重当前轻长远，多以项目层级高低、经费多少、参与人员多寡和成果数量多少、发表刊物级别、获奖层次为标准，看重对评职晋级考核的作用，而忽视对教育教学改革发展的实际效用。这种导向造成科研投入不断增加、科研成果不断扩大的双高现象，但并没有改变“一般性成果多，优秀成果少；引进成果多，原创成果少；小成果多，标志性成果少”的现状，成果的质量和效益有限。

（三）科研实力发展不平衡

第一，机构发展不平衡，综合实力和竞争力差距不断拉大。一是教育科研机构内部发展不平衡，国家级教育科研机构和北京、上海、天津、重庆、湖南、广东等省份的科研机构运行状况较好，成为国家和地方教育决策的重要依靠。而西部青海、宁夏、贵州等教科院所运转困难，多种研究资源不断向实力强的科研机构聚集。二是高校之间差距不小，部属师大、北大、清华、浙大、厦大、华中科大，以及南京师大、华南师大、西北师大等老牌省属师大的教育学科综合实力较强，在科研资源等方面占据相对优势，集聚了全国教育科研的主要力量，具有较强的话语权和影响力。三是科研院所和高校之间发展不平衡。近年来，在“985工程”“211工程”“省部共建”等政策影响下，各种研究资源逐步向这些高校流动，与教育科研机构的差距拉大。

第二，不同科研机构人力资源不平衡。人才是科研机构的第一资源，科研机构人力资源存在以下问题。一是总比例偏低。全国教育科研专业人员约20万人，大多数在高校兼职，专职研究人员不足6万人，仅占全国专业教师数1400万人的0.4%，远低于发达国家的比例。二是结构失衡。研究力量主要集中于基础教育、高等教育，职业教育、继续教育、民族教育、特殊教育研究资源偏少。三是编制数不足，技术职务受限，实有人员经常不满员。国家级教育科研机构除中国教科院编制358人外，教学仪器所（现为教育装备研究与发展中心）100多人，其他国字号教育科研机构编制只有30人左右；省级教育科研院所实际平均人数为63.8人，过100人的只有北京（372人）、上海（174人）、重庆（140人）、湖南（110人）4个省份，青海、宁夏等省份教科所人员偏少。四是省份差距悬殊。例如，人数最多的北京市教科院编制400多人，而最少的青海省教科所不足10人。五是科研院所小而全。专业研究人员占总人数的72%左右，人员结构单一，科研来自教育学科，教研出自一线经验教师，学科背景和知识结构难以应对教育发展需要。六是高校差距悬殊。人力资源最丰富的北京师大教育学部（215人，其中教授65人、副教授76人，90%的教学科研人员拥有博士学位，2011年）、华东师大教科院（100多人，2011年）获得国家课题的能力较强，而其他高校很少有实力问津国家课题。

第三，不同科研机构研究经费不平衡。一是实行差额拨款，经费普遍不足，人均经费和人均科研经费长期偏低。二是经费主要依靠行政拨款，其他经费渠道不多，主要依靠出版、刊物、实验区（校）、项目、办学、教材教辅等收入。三是经费主要用于人头费，科研经费偏低。四是省域间差距较大，根据中国教科院的调查，2011年省级研究院所平均基本经费为724万元（不含广东，广东2012年经费预算为2 000多万元），千万元以上的只有北京（3 912万元）、重庆（2 521万元）、海南（1 676万元）、新疆（1 625万元）、天津（1 212万元）、上海（1 200万元）、辽宁（1 189万元）7个省份。从宁夏、青海等西部省区的几十万元到北京的 3 912 万元，差距较大。五是高校科研经费总体上升但差距拉大。例如，2011 年，北师大教育学科科研经费数（纵向、横向和国际项目）达到 2 726 万元（2013 年过亿元），华东师大教育学科科研经费大体在 2 000 万元以上，其他院校的科研经费都比较少。部属院校好于省属院校，省属院校强于市属院校。六是学术社团缺乏固定的经费来源。学会的生命力在于学术活动，但因为无专项经费保障，大多数需要依靠收费和募捐来解决，导致活动商业化倾向严重。无计划、无节制、无监督，活动过多过滥，影响学会的声誉。

第四，不同研究领域发展不平衡。在历史因素和市场机制综合作用下，一些研究领域越来越强，而一些薄弱环节越来越弱，出现了严重的“马太效应”。从研究类型上看，普通教育强于职业教育；从研究层次上看，基础教育和高等教育强于继续教育和学前教育；从研究范式上看，基础理论强于应用研究，历史研究强于前瞻性研究；从学科领域上看，智育强于体卫艺教育；从研究视野看，国内研究强于国际研究。

三、科研机构改进方向

习近平指出科技是国家强盛之基，创新是民族进步之魂，强调要围绕事关经济社会及科技发展的全局性问题，开展战略咨询研究，以科学咨询支撑科学决策，以科学决策引领科学发展，建设中国特色新型智库。刘延东在出席中国教科院成立大会时指出，强国必先强教，强教必兴科研，明确要求把教育科研作为促进决策科学化、提高教育质量的基础性工作，摆在全局工作的重要位置，进一步强化对教育科研工作的组织领导。《教育规划纲要》明确要求，加强教育宏观政策研究和发展战略研究，提高教育决策化水平。这些都预示着中央更加重视教育科研，更加注重发挥好教育科研院所的作用。

制定《教育规划纲要》显示了教育科研的力量，实施《教育规划纲要》更需要教育科研。成立中国教科院是中央加强教育科研工作的重大举措，新设立的中国教育政策研究院、五个大学教育科学决策研究中心、民族教育发展中心等一批教育科研机构，显示教育科研事业兴旺发达的良好形势。教育科研机构要结合建设教育强国的需要，借鉴国外教育科学机构的先进经验，加强顶层设计，出台法规文件，做出科学的制度安排，为国家和人民提供更加优质高效的教育科研服务。

（一）在事业单位改革中强化教育科研机构

教育科研是教育改革发展的基础工程，应充分认识教育科研在创新理论、服务决策、指导实践和引导舆论等方面不可替代的重要作用，把教育科研摆在教育全局工作中的重要位置。特别是在事业单位改革中要加强教育科研机构，明确公益单位性质，出台充实和改进教育科研工作的措施，在机构设置、人员编制和经费预算、信息开放等方面给予支持，着力建设充满活力的教育科研机构。

第一，机构设置是教育科研工作的基础。从国际上看，设立专业化的教育科研院所是各国的普遍做法。俄罗斯教科院是与教育部平行的教育科研机构，职能包括开展并协调联邦教育科研活动，科学预测教育发展趋势，为国家教育政策的制定提供智力支撑，并与国家和地方权力机构合作制定并贯彻教育政策，研究社会对于国家教育政策的反应，为教育政策落实提供相应的支持性服务，如人员培训、方法支持等。其院长由教科院大会提名，联邦政府任命，对议会负责。俄罗斯教科院规模庞大，功能齐全，1991 年有 1 700 人，目前根据专业方向组成教育哲学和教育理论研究院、心理学和年龄生理学院、普通中等教育研究院、职业教育研究院、教育与文化研究院 5 个研究分院，下设 24 个研究所，在全国各地设立分院，实行院士制，聘请外籍通讯院士，招收研究生，拥有实验学校、出版社、报刊社等机构。日本国立教育政策研究所为文部科学省直属教育政策研究机构，是副部级设置的独立行政法人，工作人员共158人，设立研究规划开发（部）、教育政策与评价研究、终身学习政策研究、初等与中等教育研究、高等教育研究、国际比较合作交流研究、教育资源研究中心、课程研究中心（下设基础、综合、开发、学力调查、数据统计等研究室）、教育实践指导与咨询中心、教育设备研究中心。韩国教育开发研究院成立于1972年，是与教育部平行的政府资助的官办民营性质的国家级教育研究和开发机构，专职人员200人左右，目标是"建立世界一流的国家教育政策研究中心"，此后又成立了职业教育和培训研究院（1997年）、课程和评价研究院（1998年）、教育和研究信息服务中心（1999年）。法国国家教育研究所成立于1976年，隶属教育部，拥有260名在编职员、800名兼职教师与研究人员。美国2002年年底在教育部原有的国家教育研究与改进办公室的基础上成立一个新的机构——国家教育科学研究所，编制200人，下设国家教育研究中心、国家教育统计中心、国家教育评价和地区协助中心、国家特殊教育研究中心四个国家级教育中心，具有教育研究、教育统计、教育评价、成果推广、信息传播五项职能。支持和资助12个以大学为依托的国家级教育研究和发展中心，这些以大学为依托的中心是美国教育研究的实体单位，有的以一所大学为依托，有的以几所大学为依托组成联合体，主要开展重大教育问题的研究，如改善早期阅读成绩中心、英语学习和成绩研究和发展中心、改进数学和科学学习成绩中心、教育多样性和质量研究中心等。

显然，专门科研机构、学校科研机构、社团民间科研机构三者相互不可替代。①专门科研机构不可或缺。例如，广东教育科学研究所原来附设在华南师范大学，依托高校开展工作，发展受到影响，2011年与教研室、报刊社、出版社等合并组建了专门的教科院。②学校科研机构侧重理论研究和人才培养，不可或缺。各国高校教育学院主要有以研究为主，研究生教育和研究相结合，本科、研究生教育和研究相结合三种发展方式，提高教育学科研究的整体水平，提升学科核心竞争力。③社会科研机构具有独立特点，反映民间声音，能发挥社会批评的作用，也是不可缺少的。要构建中央、地方和学校三级教育科学研究的金字塔结构，发挥各自的优势和特点，实现优势互补、共同发展。

第二，人员是教育科研机构的关键。加强科研机构人才要优先保障。从国际上看，发达国家教育科研院所规模不断扩大，如俄罗斯教科院有 1 700 人（1991 年），在全国建有分所；美国国家教育研究所编制 200 人；日本国立教育政策研究所有 158 人；韩国教育开发研究院专职人员 200 人，还有兼职人员；法国国家教育研究所在编 260 人，另有 800 多名兼职人员；澳大利亚国家教育研究委员会拥有 400 多人，在全国建有分支机构。我国应按照教师或学生数量的固定比例配置科研人员，做到编制配足、专业结构合理、整体素质优良。

第三，经费是教育科研机构运转的保障。从国际上看，俄罗斯教科院资金主要来源于联邦预算投入；美国国家教育研究所每年财政拨款 2 亿美元，实行公务员待遇；法国国家教育研究所每年政府拨款 1 900 万欧元；日本国家教育科研机构实行政府拨款为主及项目研究经费，2009 年财政总经费为 40 亿日元。我国 1983 年实施全国教育科学规划、1986 年实施高校人文社会科学项目，开通了教育科研机构的竞争性经费渠道。2007 年实施中央财政基本科研业务费，解决了国家级科研院所的基础能力建设问题。近年来逐步推行政府购买智力服务。今后还应加大经费保障力度，加强财政研究专项支持，覆盖地方教育科研机构，明确教育科研事业经费占教育经费的固定比例，鼓励产学研结合，形成多渠道的教育科研经费增长机制。

第四，数据和事实是教育科研机构运转的血液。没有科学的调查就没有发言权，没有数据就不能决策。美国、日本、澳大利亚等国家教育科研机构采集和积累了专业大数据，因而为政府决策提供了扎实有效的科研服务。我国需要加强基于网络的现代调查研究系统，形成教育调查数据库，建设教育决策模拟系统，改变目前教育统计数据不全面、不集中、不公开的状况，向科研机构开放数据资源库。

第五，绩效评估是教育科研机构发展的推进器。目前教育科研院所模式多样，发展不平衡。应当按照现代科研院所建设和公益性事业单位分类改革要求进行基线调查，完善机构体系，充实人才队伍，加强基础建设，开展绩效评估，拓展机构职能，给予特许授权，进一步提升创新研究水平和服务能力，增强公信力和影响力，充分发挥智库作用。

第六，激励奖励是科研机构的精神动力。国外教育科研机构有健全的激励奖励机制。我国应健全教育教学科学研究成果表彰制度，加大奖励力度，加大宣传力度，努力在全社会形成重视教育科研工作、关注教育科研动态、运用教育科研成果、尊重教育科研工作者的良好氛围。

虽然从整体上难以对一流教育科研机构形成科学严谨的定义，但可从如下标准来对其加以辨识。①有一批社会知名、学术界知名的学术带头人，有一批基础理论知识扎实、勇于实践、踏实研究的中青年梯队，有一支结构合理、集成整合的、高素质的教育科研队伍。②有一批站在研究领域理论与实践前沿的科研课题，把握着学科发展和教育实践发展的前沿问题。③有一套稳定并不断创新的教育科学研究方法体系，方法科学并有特色。④有一批学术价值高或社会实践效应好的教育科研成果。⑤有高效科学的管理体制、运行机制和科研支撑系统，能持续产生学术带头人、前沿课题和学术成果，形成了可持续发展的学术环境和社会条件。⑥有合理高效的成果推广机制，能迅速转化科研成果并运用到实践中产生经济效益和社会效益。“学术性”是一流研究机构的基本要素，也是一流教育科研机构的基本要素，应强调突出一流教育科研机构教育科学（教育专业）的学术性及教育科学研究的学术性。

（二）在教育事业科学发展中形成依靠教育科研机构的工作机制

整体覆盖是教育科研机构的发展方向，是壮大教育科研机构综合实力和竞争力的重要基础。从国际上看，建设强大的国家教育科研机构是发达国家与新兴国家的普遍选择。通过对美国、俄罗斯、日本、法国、英国、澳大利亚、新西兰、韩国、新加坡、以色列等国家的国家教育研究院所的功能、职责和内设机构的比较，可以发现这些国家的教育科研机构功能完备、强大，作用突出。综合来看，这些国家教育研究机构具有综合研究、数据统计、质量评估、课程教材建设、规划设计、对外合作、研究人员和教师培训等功能。有的还设立实验学校、国际学院、博物馆等。

第一，在重大政策、方案和项目出台前发挥教育科研机构的专业谋划作用。我国教育科研机构在改革开放以来的四个重要历史性文件中发挥了重要作用，特别是 2010 年的《教育规划纲要》，全国教育科研系统群策群力，11 个战略专题调研组组织了 5 000 多名专家深入调研，为研制一个符合国情、体现时代要求、满足人民期盼的教育规划发挥了不可替代的作用。同时，决策科学化要求在形成决策前进行可行性论证和风险评估，2012 年教育部在所有政策出台前都进行了调研，这就增加了对教育科研机构的需求。

第二，在决策实施中发挥教育科研机构的专业引领作用。摸着石头过河是教育改革的重要经验，开展教改研究与实验一直发挥着先行先试的作用。新中国成立以来，教育改革实验层出不穷。改革开放以来，教育改革实验迈上新台阶。2010 年以来，教育改革实验步入快车道，国家部署了 425 项改革试点，各地各校兴起了教育教学改革热潮，各项教改都离不开科研指导。

第三，在决策后发挥教育科研机构的专业评价作用。发达国家的教育科研机构受政府委托进行监测和评价，进行专业评估，发布权威报告，引领改革方向。美国教育统计中心自 20 世纪 60 年代起每年发布教育进步评价报告（NAEP）报告，旨在测量全美中小学生在阅读、写作、数学、科学、社会等学科领域的学术表现及发展趋势，既对公众发布，也提交政府部门和国会，成为家喻户晓的"国家教育报告卡"，是美国基础教育质量检测的主要依据，也是美国政策制定和调整的主要依据。日本自 2007 年恢复了在 20 世纪 60 年代建立起来的全国学力统一测试制度，由国立教育政策研究所负责测试分析，通过招标方式委托民间企业具体实施，成为监测义务教育质量的重要手段，缩小了区域学生学力水平的差距。我国组建了国家教育咨询委员会、国家教育考试指导委员会、国家教育督导委员会以及多个专业教学指导委员会，越来越注意发挥教育专家的咨询作用。

（三）在现代科研院所建设中促进专业化发展

教育学科的最大特点是应用性，教育研究的生命力在于回应和解决现实问题，增强应用性是教育科研院所的专业性特色，是每个教育科研院所的生长点，精确和负责是其生命线。美国国家教育研究所拥有统计中心、信息中心。日本国立教育政策研究所拥有信息数据，每年开展全国中小学生学力情况调查。

教育科研院所应增强使命感、责任感，建立职责明确、开放有序、评价科学、管理规范的现代科研院所制度，成为信得过、用得上、靠得住的教育智库。教育社团应坚持学术立会、服务立会、规范立会，成为服务教育系统、联系教育工作者的桥梁组带。高校教育科研应坚持把科学研究与人才培养、服务社会和创新文化相结合，培养高素质教育研究人才。中小学应坚持科研兴校，提高教育教学质量。

教育科研院所应围绕主题主线，着眼教育改革发展重大理论和现实问题，加强宏观政策和战略研究，加强前瞻性研究，提出远见卓识，发挥思想库、智囊团作用，为国家和人民提供更加优质高效的教育科研服务。要把推进解决群众关心的教育热点和难点问题作为出发点和落脚点，把回答解决现实问题作为基本要求，把引导社会舆论作为重要职责，走出书斋，贴近群众，积极回应社会关切，为办好人民满意的教育建言献策。选题要高端和影响力兼具，兼顾国际性和深度，在研究范式和研究技术手段上要突出实证研究。

一个国家教育科研机构的从业规则是真实、准确、独立、尊严。不同教育科研机构的要求不同。国家教育科研机构是我国教育科研的龙头，需要借鉴国际经验，整合资源，拓展功能，提升能力，打造具有国家水准、世界影响、专业优势的中国特色一流国家教育智库，增强综合实力和核心竞争力，提升研究质量和服务水平，提高社会贡献度和国际影响力，成为创新理论的思想库、服务决策的智囊团和传播先进理念的先锋队。智库专业性很强，特点是听得多、走得多、想得多、讨论多，敢于提出不同意见和多种方案选择，发挥出招、解惑、指路的作用。省级教育科研机构是教育科研部门的一个重要组成部分，起着承上启下的作用，急需改变力量分散的现状，加强综合性，尤其是相对落后的省份应当从多方面努力。北京模式最为综合，综合实力最强，是地方教育科研院所的发展方向。上海模式是高教所、教科所、职教所、成教所和智力所五所合一，始终把教育决策咨询研究放在各项科研工作的首位，围绕上海乃至全国教育发展中的重大问题，集中力量抓好全局性重大教育决策咨询研究，坚持用大教育的理念，从人力资源开发的高度来研究教育问题，坚持从宏观层面和经济、科技、社会、文化、统计、人口等多学科、多领域的交叉点上探讨教育发展与改革的重大理论和现实问题，对上海乃至全国的教育改革发展起到了推动作用。江苏、海南、云南模式有可取之处，教育研究加培训，便于成果宣传推广：江苏是大培训带小科研，海南模式是大科研带小培训，云南是研究加信息，各具优势。县区级教育科研机构的定位应是管理、协调、研究三位一体，服务基层、服务学校、服务教师。高校研究机构应体现学科齐全、人才密集的特点，以高层次化、多样化、学科化为发展方向。中小学校的教科室是学校教育科研的领导机构，应在学校教育科研工作中起到带头作用。

教育学术社团的定位应坚持学术性、群众性、创新性和服务性的办会方向，服务基层、服务学校、服务师生，以实施素质教育、深化课程改革为重点，开展群众性教育科研活动，为提高教师科研能力搭建平台，提升学术社团的桥梁纽带、组织协调、咨询服务、宣传普及作用，搭建教育科研的学术平台，促进人才培养模式创新，搭建教师专业发展平台，加强教育研究与实践经验的普及。今后，应当在学术立会上下功夫，把学术作为根本，强化教育研究功能，充分发挥教育决策的思想库、教师专业成长的引领者、教育创新的推动者的作用；在服务立会上下功夫，把服务作为核心价值，强化服务功能，做好其他部门“想做不便做、要做无力做”的事；在规范建会上下功夫，提高自身建设，坚持“一业一会”，减少分支学会，清理三级学会，精炼主题，精选活动，运作规范，账务公开；在品牌立会上下功夫，增强活动的专业性、权威性、多样性、高品位，提炼核心成果，推广典型经验，提升学会的公信力和影响力。

（四）在协同创新中完善科研机构的合作机制

教育教学活动有其内在的规律，具有不少共性可以相互借鉴。不同国家之间需要相互协作，开展国际合作研究。这些跨学科、跨部门、跨国别的综合化研究，是提高教育质量的重要突破口。协同创新是要打破教育科研机构之间封闭分散、低水平重复工作的状况，促进科研资源、项目、成果、信息、技术等创新要素的共建共用共享，统筹国内外资源，形成上下贯通、左右衔接的教育科研协同体系，推进科研机构内部协同、院所协同、院校协同、院地协同以及国际协同，形成合作联盟，探索建立面向学术前沿、教育改革发展、区域教育发展的协同创新模式，形成以任务为牵引的人事聘用管理制度、以质量和贡献为依据的评价方式、以交叉融合为导向的资源配置模式。在促进科研院所与行政、学校合作的同时，需要加强国际、地区合作研究。例如，2011—2014 年，中国、日本、韩国已召开了四届三国国家级教育科研院所领导人会议，就进一步增强国家教育智库之间的交流与合作达成了协议。2006 年，亚洲地区教育科研会议在日本召开，中国、日本、韩国、泰国、印度尼西亚和马来西亚等国教育科研机构的研究人员集中交流了亚洲国家教育研究机构的地位和作用，探讨了教育研究和决策与教育实践的关系，确认共同感兴趣和可供比较的优先研究领域，分享教育研究的创新经验，加强教育研究机构的地区网络建设，增强教育研究对可持续发展教育的贡献等。在教育研究创新方面，与会者交流了各自研究机构的创新项目，一致认为研究机构的合理整合是促进教育研究创新的重要因素。我国和美国、俄罗斯、澳大利亚、新西兰、以色列等的国家级教育科研机构，已经形成了良好的合作关系。

教育关系国计民生，是国家文化软实力的标志。在当今世界，教育已成为新一轮国际竞争的优先领域，教育科研对抢占知识、技术和人才制高点的支撑作用日益凸显；教育是加快转变经济发展方式、实现科学发展的深厚基础，教育科研对教育服务能力的提升作用日益凸显；教育是承载亿万家庭美好期盼的重大民生，教育科研对回答和解决群众关心问题的推进作用日益凸显；我国教育已进入由大到强、内涵发展的新阶段，教育科研对提高教育现代化水平的引领作用日益凸显。

经过65年的发展，我国教育科研机构已经具有中国特色和国际视野，正在向世界高水平方向进步。各级各类教育科研机构都应把研究工作与社会责任统一起来，加强全局性、前瞻性、调查性、国际化研究，提高社会公信力，建可信之言，献可行之策，扩大社会贡献。需要在顶层设计上统筹兼顾，整体规划，突出重点，有序推进：一是要解决科研和教研两张皮的问题，促进教研和科研一体化，以教研促科研，以科研促教研；二是整体提高教育研究水平，基础教育、职业教育、高等教育、继续教育是一个不可分割的国民教育体系，应当加强研究体系的薄弱环节，克服短板，准确揭示教育改革发展规律；三是决策、学术和实践兼顾，以决策服务为首位，实践是重点，学术是支撑，三者不可偏废；四是研究、统计和调研结合，研究是主业，统计是面上的情况，调研是点上的情况，点面结合相互佐证，有力支持立论和决策。

改革发展任务越是艰巨复杂，越是需要强大的智力支持。科研机构拥有丰富的资源（项目、经费、信息）、优秀的人才、优质的科研成果和广泛的社会影响力。应统筹推进各级各类教育科研机构协调发展，形成定位明晰、特色鲜明、规模适度、布局合理的中国特色科研组织体系。

在全面深化教育领域综合改革、促进教育决策科学化、提高治理体系和治理能力现代化的今天，教育科研机构应当抓住机遇，勇于担当，努力成为探索教育规律、创新教育理论的“思想库”，成为提出政策建议、服务教育决策的“智囊团”，成为开发教育策略、服务教育实践的“设计师”，成为引导教育舆论、更新教育观念的“宣传队”。

第三章 教育科研队伍不断壮大

事业发展在人，人才是开展教育科研活动的第一资源，是提高教育研究水平的关键。新中国成立以来，国家设立教育科研机构，发展教育学科，培养教育研究和教学人才，为教育科研人才成长提供各种机会和条件，教育科研队伍建设不断壮大，形成了一支以专职为骨干、专兼群结合的专业化教育科研队伍，涌现出一批在教育决策、教学实践与教育学科发展起重大影响的教育学人，为教育科学事业发展提供了有力的人才保障。在推进教育综合改革和科学发展的新时代，建设一支素质优良、理论功底扎实、学术作风正派、富有创新精神的优秀教育科研队伍，成为加强和改善教育科研工作的重要前提。

一、科研队伍日益扩大

伴随教育事业的深入发展，对教育科研的需求日益提高，越来越需要建设一支规模适当、结构良好、业务精湛、素质优良的教育科研队伍。多年来，教育科研队伍在实践中不断发展，数量已经基本满足需要，结构不断得到改善，质量有所提高，专业化水平和服务能力逐步提升。

（一）数量持续增长

新中国成立特别是改革开放以来，党和政府高度重视教育工作，确定了科教兴国战略，逐步确立了教育科研在教育改革发展中的先导地位，依靠教育科研振兴教育事业，科研兴教、科研兴校蔚然成风，在实践中推动了教育科研队伍的发展壮大。

1. 专职队伍稳定增长

教育科研工作的繁荣和发展，关键在于形成一支数量充足、结构合理、素质优良、充满活力的专业化教育科研队伍。各级各类教育科研机构和高等院校的研究人员构成了专职科研人员的群体，承担着决策服务、理论创新和指导实践的责任，在促进教育决策科学化和深化教育教学改革实验中起着重要的引领作用。

专职教育科研队伍数量在不断扩大。随着教育科研机构的逐步健全，专职教育研究人员数量已由新中国成立初期的几百人增至 2008 年的 5 万人①。中央教育科学研究所的一份研究材料显示，“六五”规划期间，教育科研队伍在恢复中发展，参与教育科研的人员总共只有数百人，且主要集中在中央教科所和高等师范院校②。如今，教育科研人员的数量有了很大的变化。图 3-1 展示了 1966—2008 年教育科研机构研究人员变化的基本情况。

① 曾天山，高宝立．我国教育科研成果现状及其影响力分析［J］．教育研究，2009（8）：11.

② 傅先庆．教育科研机构的现状分析［J］．教育评论，1994（4）：19.

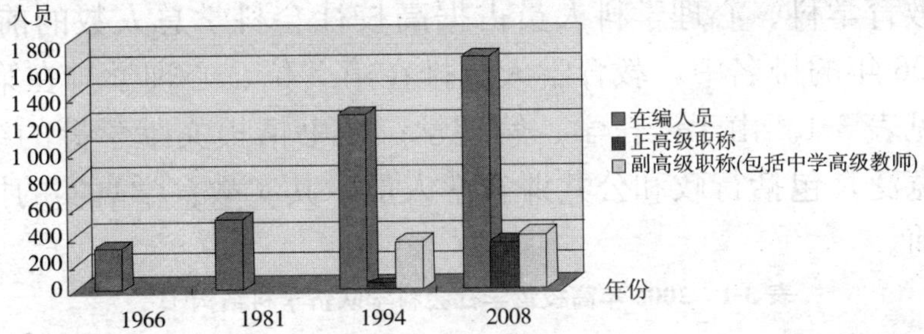

图 3-1　1966—2008 年教育科研机构研究人员变化的基本情况（单位：人）

数据来源：《中国教育年鉴》编辑部编：《中国教育年鉴（1949—1981）》，中国大百科全书出版社 1984 年版，第 655 页；傅先庆：《教育科研机构的现状分析》，《教育评论》1994 年第 4 期。由于受所掌握资料的限制，2008 年数据为不完全统计所得，仅仅包括中央国家级教育科研机构中的中央教育科学研究所和国家教育发展研究中心以及 54 个地方教育科学研究院所中的 9 个教科院所网站公布的同类数据。这 9 个教科院所具体为北京市教育科学研究院、山西省教育科学研究院、辽宁省教育研究院、上海市教育科学研究院、江苏省教育科学研究院、厦门市教育科学研究院、山东省教育科学研究所、重庆市教育科学研究院、浙江省教育科学研究院。

从图 3-1 中可以看出，随着时间的推移，科研机构研究人员的数量有了大幅度增长。1981 年全国教育科研机构研究人员比 1966 年有了较大增长；1994 年的在编人员与 1981 年相比，又有了大幅度增长；2008 年比 1994 年有很大提高。另外，教育科研机构研究人员的素质也在逐步提升，正副高级职称人员占研究人员总数的比例由 1994 年的 30％上升到了 2008 年的 46％。其中，正高级职称人员由 1994 年占总人数的 2.35％上升到了 2008 年的 22.15％，增幅很明显。虽然 2008 年的部分数据与 1994 年的全国总体数据没有多大可比性，但 2008 年的部分科研院所（中心）在编人员的数量就已多于 1994 年的全体数量，从中更能折射出科研机构研究人员数量的大幅增长；而正副高级职称人员占总人数比例的增长，体现出技术职称层次的提升。

教育学科、心理学科人员占据高校社会科学总人数的前列。在2006年的排名中，教育学人员排在第7位、心理学排在第17位，见表3-1。由于语言学、管理学、图书情报文献学等的统计口径宽泛，包括行政和公共课教学人员，其实教育学真实的排名更靠前。

表3-1　2006年高校哲学社会科学队伍学科结构①

单位：万人

学科类型	人数	百分比	学科类型	人数	百分比
语言学	6.5	18.0	政治学	0.73	2.1
管理学	4.7	10.6	哲学	0.73	2.1
经济学	3.8	10.6	外国文学	0.70	1.9
艺术学	3.7	10.4	新闻学与传播学	0.54	1.5
体育学	3.1	8.8	社会学	0.43	1.1
图书情报文献学	2.7	7.6	心理学	0.33	0.9
法学	1.8	5.1	统计学	0.26	0.7
教育学	1.8	5.1	民族学	0.09	0.3
中国文学	1.7	4.7	逻辑学	0.04	0.1
马克思主义	1.2	3.4	考古学	0.03	0.1
历史学	0.87	2.4	宗教学	0.03	0.1

中小学教研制度是中国基础教育质量保障的关键因素之一，教学研究人员是教育研究人员的主体。何东昌在1986年全国教研室主任会上评价教研工作时说“不容忽视”“不可替代”。说它“不容忽视”，是因为经验证明，它是独具中国特色的、提高学生学业成绩的法宝；说它“不可替代”，是因为教研制度在推进教

① 刘复兴. 我国高校哲学社会科学人才队伍建设研究报告［M］//高等学校社会科学科研管理研究会. 中国高校哲学社会科学管理评论：第一辑. 北京：北京师范大学出版社，2009：83-84.

育变革、实现教师专业发展、大面积提高教育质量的系统工程中具有重要作用。据统计，目前在各级各类教研部门中，专门从事教学研究工作的教研员已超过 10 万人。从省级开始，市、县、校，从上到下形成了四级完整的教研系统网络，已经自成体系。教研制度从逐步建立与形成以来，在各个阶段的教育改革与发展进程中，都起到了其独特的作用，成为保障基础教育质量的重要一环。

2. 兼职队伍不断增长

兼职教育科研人员由高校教育学科专任教师和各级教育行政领导组成，他们在做好教学和管理工作的同时投入教育研究工作。目前，全国 10 万多名各级教育行政部门的管理者逐步适应由教育管理向教育治理的转变，由经验决策向科学决策的转变，由微观管理向宏观管理的转变。教育学科教师也在结合教育实践进行教育科学研究，研以致用，涌现出一大批教育改革实验典型。各级教育行政领导高度重视教育科研，推动了群众性教育科研的蓬勃发展。“向教育科研要质量，靠教育科研上水平”已经成为各级教育行政部门及各级各类学校促进教育改革与发展的战略思想，科研兴教、科研兴校蔚然成风，研究型校长和教师队伍不断发展壮大。

3. 群众性科研队伍庞大

20 世纪 70 年代，英国著名课程论专家斯腾豪斯（L. Stenhouse）明确提出了“教师即研究者”（teachers as researchers）的思想。苏霍姆林斯基在《给青年校长的一封信》中也指出：“如果你想让教师的劳动能够给教师带来乐趣，使天天上课不至于变成一种单调乏味的义务，那你就应引导每一位教师走上从事一些研究这条幸福的道路。”教育改革发展需要以教科研为支撑，教师个人的成长需要以教科研为依托，教育科研已经成为教师发展的必由之路，要想成为优秀教师必须投身于教育科研。

中小学校及职业学校教师开展教育科研活动始于20世纪80年代初，在实践中逐步认识到教育科研对促进教育教学工作的重要性。随着知识经济社会的到来，以党和国家颁布的一系列法律法规作为保障，他们的数量和素质较之新中国成立初期、改革开放初期都有了明显提高。广大一线教师拥有丰富的教育经验，面对教育实践中的大量问题，又有强烈的研究愿望，参与教育科研的积极性空前高涨，“科研兴教”“科研兴校”“科研育师”“科研育人”的观念已得到了越来越多教师的认可，为群众性教育科研队伍的形成奠定了坚实的基础。在一线从事教育教学和教育管理活动，又直接参与教育科研活动的广大干部教师为教育科研带来巨大生机和力量，形成了世界最为庞大的群众性教育科研人员的群体，其中不乏优秀的教育学者。

以上海市为例，据不完全统计①，1996年有关院校和专业教育科研机构中从事教育科学研究的专门人员不到500名，而普教战线中能独立承担研究项目，已参与国家级、部委级及市、区县重点项目研究的教师已接近5 000人。1995—1999年上海市共批准确立市级重点项目100余项，市级项目500多项，其中70％的项目是由普教系统承担，这些研究项目中都有中小学幼儿园第一线教师参与研究，而由学校教师主持或组织的研究项目占其中的50％以上②。上海市闸北区甚至已经出现校校有课题、人人搞科研的兴旺局面③。

江苏省注重培养造就一批素质较高、乐于奉献，既有较高研究水平又有较强科研管理能力的专职科研人员，初步形成了专、兼、群结合的科研队伍。目前，全省有各类教育专职教科研人员

①② 苏忱．落实“科教兴市”战略，促进教育科研的发展［J］．上海教育，1996（1）．

③ 黄孟源．聚焦课堂：教育科研的生命力［J］．上海教育科研，2003（4）：46．

约 2 800 人、兼职科研人员约 6 000 人，全省高校有国家级教学名师 48 人、国家级教学团队 86 个。全省各市和大多数县（市、区）建立了教研科研机构，大多数高中、城区小学、实验初中、农村中心小学、职业高中建有教科室，近半数的高等院校建立了高等教育研究机构。全国各种基础教育专业刊物上，约八分之一的文章系江苏中小学教师撰写，数量居全国第一①。

辽宁省通过教育科学规划系统，先后组织实施五个五年规划，下达省级规划课题 4 402 个，有 20 多万人参与课题研究②。

（二）结构不断改善

教育科研工作的成效如何，人员素质结构是关键。素质是一个人内在品质和修养的综合反映，个体素质主要包括思想素质、科学文化素质、能力素质、心理素质和身体素质。结构决定功能，教育科研队伍的结构状况影响其功能的发挥。65 年来，教育科研队伍不断发展壮大，在学科结构、学缘结构、学历结构、专业技术结构、年龄结构等方面均有明显进步，显著改变了队伍老化、学科单一、知识结构趋同的状况。

1. 学科结构

多年来，教育研究队伍经历了从教育学单科性到多科性和综合性的发展历程，表明了当前教育科研队伍开放多元的特点。一方面，学校教育、学前教育、教育管理、教育技术、心理学等本科专业，以及研究生专业，培养了大量教育理论和应用人才，组成了教育科研的基本队伍。另一方面，大量非教育学科背景专业人员投身教育科研工作，改善了教育研究队伍结构单一的状况。

以中国教科院为例，2013 年教育学、心理学科的科研人员约占科研人员总数的 58%，而数学、经济学、财政学、统计学、

① 沈建. 在首届全国教育科研大会上的交流发言［Z］. 2012.

② 周浩波. 在辽宁省第六届教育科学研究大会上的讲话［Z］. 2011-06-15.

社会学、民族学、历史学等非教育学科背景人员约占42%，并呈增长趋势，基本上改变了教育科研人员同质化的情形。

2. 学缘结构

学缘结构是某个组织机构中，从不同学校或科研单位取得相同（或相近）学历（或学位）人员的比例，也是全体人员完成某一级学历教育的构成状态，包括毕业高校院所、所学专业等在类型、层次、分布等方面的构成情况。由于历史的和现实的原因，学缘结构不合理的现象在一定程度上具有很大的普遍性。用同一个“模子”不断地“复制”人才并成堆地集合在一起的状况，对于教育研究队伍建设和发展不利。一是不利于创新思维。缺少创新思维的民族在世界民族之林往往处于落后的地位。由于你我同窗，师从一人，彼此之间长期磨合，在学习环境、知识构成、思维方式等方面，往往具有较大的“同质性”。显而易见的普遍情形是，任何一个具有较强“同质性”的群体中，不同思想相互碰撞的情况较少，人与人之间相互激发创新思维的概率很低。二是不利于学术争鸣。无论从哪个角度看，学术研究之于科研院所是主业，具有至关重要的意义，需要碰撞出火花，辩论出灵感，争鸣出观点。学术研究不能没有学术争鸣，没有学术争鸣的学术研究很难产生高水平的科研成果。学术研究需要学术争鸣，而学术争鸣本身又需要有与之相适应的学术氛围。从总体上说，学术氛围不浓是人所共知的事实，原因固然是多方面的，但学术群体中人员构成上的“同质性”，学缘结构不合理，无疑是其重要因素之一。因为是同学关系，特别是师生关系，抑或是校友关系，“尊重”也好，“面子”也罢，不可能为了某个学术问题而认真地争论得面红耳赤。三是不利于团结合作。美国学者进行长达八年（1924—1932年）之久的“霍桑实验”的一个重要成果，就是发现在正式组织中往往有“非正式组织”的存在。“小团体”“小圈子”搞的多是宗派主义、山头主义，非正式组织一般具有较强的“排他性”。在学界，由于群体成员“同质性”的作用，其非正式组织的存在也就不可避免，由排他性所导致的“拉帮结派”现象也就不是偶然的。如此，“五湖四海”、团结合作、职业道德、奉献精神都难以存在，探索真理的成效都要受到很大影响。此外，这种人际关系环境又必然给心术不正者在本来就有诸多漏洞和弊端的人事任用、职称评定、利益分配等工作环节上提供大搞不正之风的最佳场合和有利时机。

越是追求高品质的机构，越注重在人员学缘构成上的多元化。在用人问题上，要多搞一点公平竞争，少搞一点“近水楼台”，多搞一点“五湖四海”，少搞一点“感情投资”。经过多年的努力，教育科研人员由过去的师范大学教育学科单一来源，变成综合院校和师范大学共同培养；由主要国内培养为国内外联合培养，具有海外留学经历的人员日益增多。这在教育科研机构和高校教育学科人才队伍建设上的变化尤为突出，教育研究队伍的学缘结构得到了较大改善。

以中国教科院为例，以往科研人员主要来源于北京师范大学、华东师范大学、东北师范大学、西北师范大学、首都师范大学等师范类院校，同门弟子比较普遍。近年来逐步多元化，既有来自北京大学、清华大学、中国人民大学等高校的毕业生，也有来自财政科学研究所、中央党校等机构的毕业生，来自日本、俄罗斯、马来西亚、我国香港等国家和地区的留学生日益增多。

北京师范大学等重点高校教育学科越来越注重吸纳具有海外学术背景和跨学科的人员，国际化、应用性、交叉性特点日益明显。

3. 学历结构

获得研究生学位人员占比是衡量学科人才总体水平的重要指标。随着教育学科的持续发展，研究生培养力量不断增强，使得教育科研队伍的学历结构不断优化。2006 年，心理学博士学位比例为 15%，排在宗教学、考古学、历史学、民族学、哲学、逻辑学、社会学之后第 8 位；教育学占比 8%，排名第 16 位①。

30 多年来，中国教科院具有研究生学历的人员数量不断增长，2014 年占比达到 88%，其中博士占比为 78%，显示出高学历化的倾向，从根本上改变了学历结构偏低的状况。

高校教育学科学历结构改善最为显著。例如，北京师范大学教育学部 2014 年有教师 215 人，其中 90% 的教师拥有博士学位；浙江大学教育学院 85 名教师中，博士学历 44 人，硕士学历 18 人，本科 18 人，专科 5 人②。

4. 专业技术结构

随着专业技术职务制度的逐步完善，专职教育科研人员的技术职务结构也在不断提高。2006 年，心理学科高级职称占比为 45.2%；位于第 10 位，教育学科高级职称所占比例为 38.9%，位居第 15 位③。2008 年，全国教育科研人员中，正高级职称 3 204 人，副高级职称 7 038 人，中级职称 7 873 人，有博士学位的达 2 000 多人。根据教育部网站教育统计数据，截至 2013 年，普通高校教育学科专任教师有 53 601 人，其中具有正高职称的有 4 055 人，副高职称的有 29 870 人。

在专业技术职务构成中，中国教育科学研究院有研究员（编审）29 名，副研究员（副编审）75 人，中级及以下人员 102 人。2013 年，北京师范大学教育学部 210 名专职教师中，教授 72 人，副教授 75 人，讲师 68 人。浙江大学教育学院 85 人中，正高职称 25 人，副高职称 40 人，中级及以下 20 人。

---

①③ 刘复兴. 我国高校哲学社会科学人才队伍建设研究报告 [M] //高等学校社会科学科研管理研究会. 中国高校哲学社会科学管理评论：第一辑. 北京：北京师范大学出版社，2009：84，84-85.

② 浙江大学. 2012 年浙江大学文科发展报告 [R]. 2013：10.

5. 年龄结构

一个组织机构通常由青年、中年和老年组成才可能持续发展，科研群体中一般也要求年龄的层次结构比例要恰当，老中青结合。不同年龄的人有不同的知识水平、不同的能力、不同的经验。科研群体中既要有阅历深、经验多、年龄长者；又要有年富力强、稳重成熟、能挑重担的中年骨干；同时也应考虑精力充沛、思想活跃、勇挑重担、敢于创新的年轻人。随着教育学科人才的快速培养，以及新课程改革和师资培训的需要，大量新人入职教育研究岗位，结束了教育科研人员青黄不接和日趋老化的状况，目前整体出现了队伍年轻化的趋势。例如，中国教科院2014年科研人员总数为154人，其中35岁及以下占39%，36—45岁占26%，46—55岁占28%，55岁以上占7%，显示出年轻化的趋势。

（三）专业素质不断提高

专业素养的提升以科学知识为基础，科研人员要提高道德、人文、身体、专业四个方面的素质。具体来说，道德素质包括政治道德、行为道德和职业道德三个方面；人文素养就是要有丰富的人文知识、高尚的人格与人品等；身体素质即生理素质；专业素质包含丰富的历史知识、扎实的理论知识、语言文学知识、外语及计算机知识和专业知识。一个人，如果没有丰富的历史知识就是一个头脑贫乏的人，没有扎实的理论知识就是一个思想浅薄的人，没有语言文学知识就是一个愚笨的人，没有外语及计算机知识就是一个残缺的人，而没有专业知识就是一个不务正业的人。科研人员素质测评可以分为心理测试和智能测试两类，心理测试又可以分为个性能力测试、职业能力测试、价值观测试、职业兴趣测试和情商测试。智能测试包括智力测试、技能测试、专业知识测试和情景模拟测试。

1. 在多学科比较中的专职人员水平

（1）国务院学位委员会学科评议组专家。该评议组是国务院学位委员会领导下的专家组织，根据国务院学位委员会规定的学科门类，按一级学科或几个相近一级学科分别设立，从事学位与研究生教育的指导、审核、监督、研究和咨询等工作。国务院学位委员会学科评议组成员是在教学和科研第一线工作并取得显著成绩，具有较高学术地位的专家和学者，具有教授或相当专业技术职务，年龄在50岁以下的一般应具有博士学位，应有一定的社会影响力，有指导博士研究生的丰富经验。表3-2陈列了第一至第六届国务院学位委员会教育学学科评议组成员名单。

表3-2　国务院学位委员会教育学学科评议组成员名单

第六届教育学学科评议组成员（8名，2009年组成）		
姓　名	学科专长	工作单位
陈学飞	高等教育学	北京大学
丁　钢	教育史	华东师范大学
靳玉乐	课程与教学论	西南大学
刘海峰	高等教育学	厦门大学
石中英	教育学原理	北京师范大学
王英杰	比较教育学	北京师范大学
吴康宁	教育学原理	南京师范大学
徐福荫	教育技术学	华南师范大学

续表

第五届教育学学科评议组成员（9 名，2003 年组成）		
姓　名	学科专长	工作单位
王英杰	比较教育学	北京师范大学
叶　澜	教育学原理	华东师范大学
陈学飞	高等教育学	北京大学
劳凯声	教育学原理（教育法学）	北京师范大学
丁　钢	教育史	华东师范大学
吴康宁	教育学原理	南京师范大学
刘海峰	高等教育学	厦门大学
徐福荫	教育技术学	华南师范大学
周远清	高等教育学	高等教育学会
第四届教育学学科评议组成员（6 名）		
姓　名	学科专长	工作单位
顾明远	比较教育学	北京师范大学
叶　澜	教育学原理	华东师范大学
闵维方	教育经济学	北京大学
王炳照	教育史	北京师范大学
金一鸣	教育学原理	华东师范大学
班　华	教育学原理（德育）	南京师范大学

续表

第三届教育学学科评议组成员（8名）		
姓　名	学科专长	工作单位
潘懋元	高等教育学	厦门大学
顾明远	比较教育学	北京师范大学
王逢贤	教育学原理	东北师范大学
张人杰	教育学原理（教育社会学）	广州师范学院
金一鸣	教育学原理	华东师范大学
王炳照	教育史	北京师范大学
史慧中	学前教育	中央教科所
汪永铨	高等教育学	北京大学

第二届教育学学科评议组成员（21名）			
姓　名	工作单位	姓　名	工作单位
顾明远	北京师范大学（比较教育学）	章巨林	上海体育学院（体育）
刘佛年	华东师范大学（原理）	刘竞存	河北师范大学（体育）
张瑞璠	华东师范大学（教育史）	陆绍中	国家体委体育科学研究所（体育）
胡克英	中央教科所（原理）	马启伟	北京体育学院（体育）
黄　济	北京师范大学（原理）	田继宗	北京师范大学（体育）
潘懋元	厦门大学（高教）	林笑峰	华南师范大学（体育）
曾性初	华东师范大学（心理学）	陈家琦	天津体育学院（体育）
朱祖祥	杭州大学（心理学）	李季芳	成都体育学院（体育）
陈元晖	中央教科所（心理学）	钟师统	北京体育学院（体育）
邵　郊	北京大学（心理学）	黄　震	华东师范大学（体育）
荆其诚	北京大学（心理学）		

续表

第一届教育学学科评议组成员（14名，1981年组成）			
姓　名	工作单位	姓　名	工作单位
刘佛年	华东师范大学（原理）	钟师统	北京体育学院（体育）
王焕勋	北京师范大学（原理）	李鹤鼎	北京师范大学（体育）
张敷荣	西南师范大学（教学论）	杨钟秀	东北师范大学（体育）
顾明远	北京师范大学（比较教育学）	黄　震	华东师范大学（体育）
陈　立	杭州大学（心理学）	章巨林	上海体育学院（体育）
陈元晖	中央教科所（心理学）	刘竞存	河北师范大学（体育）
高觉敷	南京师范大学（心理学）	陆绍中	国家体委体育科学研究所（体育）

注：上表依据“中国学位与研究生教育信息网”有关资料制作。

（2）国务院政府津贴专家。1990年，党中央、国务院决定，给做出突出贡献的专家、学者、技术人员发放政府特殊津贴。这是对高层次专业技术人才和高技能人才的一种奖励制度，每两年开展一次享受政府特殊津贴人员选拔工作。从1990年政府特殊津贴制度建立到2013年，共有16.6万名做出突出贡献的专业技术人员和高技能人员享受政府特殊津贴，教育学界多人获得此项奖励。他们对学科建设、人才培养、事业发展发挥了重大作用，所创新的教育理论或教学方法，经省（部）级以上的教育行政部门鉴定并普遍推广，成效显著并为同行所公认。

（3）教育部社会科学委员。教育部社会科学委员会，是教育部根据《中共中央关于进一步发展繁荣哲学社会科学的意见》的精神和《教育部关于进一步发展繁荣高校哲学社会科学的若干意见》的要求，为适应高等学校哲学社会科学研究事业发展的需要，推进科研管理决策的科学化与民主化而成立的指导高等学校哲学社会科学工作的高级咨询机构。2004 年第一届教育学和心理学学部 7 人：钟启泉，华东师范大学，比较教育、基础教育（召集人）；林崇德，北京师范大学，发展心理学（召集人）；闵维方，北京大学，高等教育学、教育经济学；顾明远，北京师范大学，比较教育、基础教育；沈德立，天津师范大学，发展心理学；吴康宁，南京师范大学，教育社会学；邬大光，厦门大学，高等教育学。第二届教育学和心理学学部 9 人：林崇德，北京师范大学，发展心理学（召集人）；钟启泉，华东师范大学，比较教育、基础教育（召集人）；邬大光，厦门大学，高等教育学；吴康宁，南京师范大学 ，教育社会学；张诗亚，西南大学，教育学原理、民族教育；沈德立，天津师范大学，发展心理学；闵维方，北京大学，高等教育学、教育经济学；莫雷，华南师范大学，心理学；顾明远，北京师范大学，比较教育、基础教育。

（4）国家级教学名师奖获得者。为了表彰既具有较高的学术造诣，又能长期从事基础课教学工作，注重教学改革与实践，教学水平高，教学效果好的教授，进而推动教授上讲台，全面提高高等教育教学质量，教育部于 2003 年组织了高等学校教学名师奖的评选工作，到 2011 年已经举办了六届。张斌贤、石鸥等多名教育学者获得此项奖励。

（5）长江学者奖励计划特聘教授。这是教育部与香港李嘉诚基金会为提高中国高等学校学术地位，振兴中国高等教育，于 1998 年共同筹资设立的专项高层次人才计划。该计划包括实行特聘教授岗位制度和长江学者成就奖两项内容。北京师范大学石中英、张斌贤，厦门大学刘海峰，西北师范大学王鉴，东北师范大学邬志辉，浙江师范大学眭依凡，华中科技大学张应强，华东师范大学李政涛等人获得教育学类特聘教授岗位。

(6) 百千万人才工程①。列入国家人才支持行列，如北京师范大学的董奇（1997 年）、庞丽娟（2004 年）等人。

(7) 教育部跨世纪人才。其中有北京师范大学的庞丽娟（1997 年）、董奇（1997 年）、张斌贤（2000 年）、申继亮（2000 年）等。

(8) 新世纪优秀人才②。其中有褚宏启、石中英、檀传宝、方晓义（2004 年）；毛亚庆、项贤明、陈英和（2005 年）；周作宇、刘复兴（2006 年）；杜育红、刘宝存、辛涛、刘力（2007 年）等。

(9) 教育部人文社会科学研究优秀成果奖③。例如，第四届教育学一等奖有 4 项：《变革社会的教育权与受教育权：教育法学基本问题研究》，著作，劳凯声主编，教育科学出版社 2003 年版；《高等教育运行机制研究》，著作，闵维方主编，人民教育出

① 该工程是根据国家科技发展规划和经济社会发展需要制定的，旨在加强中国跨世纪优秀青年人才培养的一项重大举措。1994 年 7 月由国家人事部提出，1995 年年底由人事部、科技部、教育部、财政部、国家计委、中国科协、国家自然科学基金委员会七个部门联合在全国范围内组织实施。其宗旨是：到 20 世纪末，在国民经济和社会发展影响重大的自然科学和社会科学领域，造就一批不同层次的跨世纪学术和技术带头人及后备人选。百千万人才工程坚持以培养（而不是选拔）为主的原则。

② 该计划由过去的“高校青年教师奖”“跨世纪优秀人才培养计划”“优秀青年教师资助计划”“高等学校骨干教师资助计划”四个人才计划集合而成，主要着眼于培养一大批学术基础扎实、具有突出的创新能力和发展潜力的优秀学术带头人，支持他们开展创新性研究工作，承担国家重大科研任务，为培养他们成为优秀学科带头人搭建台阶、创造条件。该计划每年遴选 1 000 名左右的优秀青年学术带头人。自 2004 年实施以来，培养、支持了一大批学术基础扎实、具有创新能力和突出发展潜力的优秀青年学术带头人。

③ 1995 年，教育部设立了中国高校人文社会科学研究优秀成果奖。2008 年，经国务院批准，更名为高等学校科学研究优秀成果奖（人文社会科学）。这是教育部为表彰奖励高校人文社会科学工作者取得的突出成绩，鼓励高校科研人员严谨治学、勇于创新、铸造精品，推动高校哲学社会科学事业繁荣发展的一项重大举措。该奖项每三年评选一次。

版社 2002 年版；《中国教育学发展世纪问题的审视》，论文，叶澜，《教育研究》2004 年第 7 期；《中国教育的文化基础》，著作，顾明远著，山西教育出版社 2004 年版。第四届心理学一等奖有 1 项：《学生汉语阅读过程的眼动研究》，著作，沈德立主编，教育科学出版社 2001 年版。再如，第六届教育学一等奖有 4 项：《现代高等教育思想的演变——从 20 世纪至 21 世纪初期》，著作，潘懋元主编，广东高等教育出版社 2008 年版；《中国学前教育立法：思考与进程》，论文，庞丽娟、韩小雨，《北京师范大学学报（社会科学版）》2010 年第 5 期；《中国科举文化》，著作，刘海峰著，辽宁教育出版社 2010 年版；《中国中西部地区农村中小学合理布局结构研究》，著作，范先佐等著，中国社会科学出版社 2009 年版。第六届心理学一等奖有 1 项：《中外心理学比较思想史》，著作，车文博总主编，上海教育出版社 2009 年版。

2. 教育学科拔尖人才

学者是研究的主体，研究成果的多少说明对教育科研的产出能力，成果的引用说明学界的影响。可通过中文社会科学引文索引（Chinese Social Sciences Citation Index，简写为 CSSCI）对学者的发文量和被引量考察学术影响力，分别从“量”和“质”两个方面进行衡量。

2000—2006 年，发表论文作者人数逐年增长，从 9 080 人增长到 14 949 人，增幅为 64.64%；作者个数（合并同名作者）由 7 004 人增长到 11 062 人，增幅为 57.94%；被引作者数由 9 701 人增长到 27 637 人，增幅为 184.89%[①]。2000—2004 年，发表论文在 14 篇以上的有 63 位，如钟启泉、顾明远、潘懋元、叶澜、何克抗、吴康宁、杨启亮、胡建华、眭依凡等；被引量最

① 龚放. 中国教育研究领域学者、论著影响力报告——基于 2005—2006 年 CSSCI 的统计分析 [J]. 复旦教育评论，2009 (2).

高的5位学者是钟启泉（670篇次）、王承绪（610篇次）、何克抗（510篇次）、叶澜（458篇次）、顾明远（449篇次）。2005—2006年，被引用7篇以上的有62位学者，年均发表论文量都在3.5篇以上。排名在前的学者有钟启泉（23.8篇）、顾明远（18篇）、王毅（17.4篇）、叶小兵（17篇）、何克抗（16.7篇）、刘宝存（14.8篇）、钟志贤（13.8篇）、冯建军（13篇）、陈桂生（12篇）、傅立沪（12篇）、李政涛（12篇）、袁婷婷（12篇）。被引情况更有说服力，钟启泉（382篇）、何克抗（352篇）、叶澜（322篇）、顾明远（229篇）、潘懋元（221篇）、鲁洁（154篇）、丁兴富（150篇）、祝智庭（148篇）、张华（146篇）、吴康宁（123篇）[①] 等作者显示了强劲的影响力，分别代表了课程与教学、教育技术、教育原理、比较教育、高等教育、德育、教育社会学的领军人才或骨干。课题组研究表明，研究人员在2009—2010年CSSCI教育学来源期刊发表论文数量排名靠前的学者为聂幼犁（24篇）、钟秉林（16篇）、王建华（16篇）、刘献君（16篇）、王佑镁（15篇）、周建松（14篇）、刘小强（14篇）、别敦荣（14篇）、张楚廷（13篇）、王洪才（13篇），中青年和非教育学科人员比例上升。

对教育学权威人才的奖励是教育研究突出贡献奖。全国教育科学研究优秀成果评选活动由教育部在1990年设立，迄今共举办过四届，目的在于检阅我国教育科研战线所取得的工作成就。第四届全国教育科学研究优秀成果评选活动首次设立了“突出贡献奖”，要求获奖者必须从事教育科研工作50年以上、在创建教育理论体系、探索教育发展规律、促进教育事业科学发展等方面做出了突出贡献。经过评审专家的严格筛选，郝克明、顾明远、

① 龚放. 中国教育研究领域学者、论著影响力报告——基于2005—2006年CSSCI的统计分析 [J]. 复旦教育评论，2009 (2).

潘懋元、黄济、吕型伟、瞿葆奎、南国农、沈德立、汪永铨、鲁洁、张厚粲 11 人获得全国首届教育研究突出贡献奖，以下有代表性地介绍 3 位专家。

郝克明是国内教育政策研究权威，现任国家教育咨询委员会委员、中国教育发展战略学会会长，是教育科研领域获得国家级教育科研成果最高奖项最多的专家之一。她主持的“走向 21 世纪的中国教育”课题获国家哲学社会科学基金优秀成果一等奖，是我国教育科研领域唯一获此奖项的成果。郝平副部长在郝克明教育科研优秀成果座谈会上指出，郝克明投身我国教育事业 61 年，30 多年来全部精力用于改革开放后教育发展和改革重大战略问题与宏观决策研究，做出了杰出贡献。第一，开我国教育发展战略研究先河，取得了一系列具有重大实践和理论意义的成果，承担的“中国高等教育结构研究”“应用学科高层次专门人才培养研究”“构建终身学习体系和学习型社会的研究”“中国独生子女与民族竞争力问题研究”等多项重大课题，产生了较大社会影响。第二，对改革开放以来我国教育重大决策的研制做出了重要贡献，是《中共中央关于教育体制改革的决定》《中共中央关于完善社会主义市场经济体制若干问题的决定》《中国教育改革和发展纲要》《教育规划纲要》等文件的重要起草人之一。第三，推动了国家教育发展研究中心、中国教育发展战略学会的成立，培养了一支从事教育发展战略研究的骨干队伍。第四，重视和积极推动教育研究领域的国际交流与合作。第五，坚持以马克思主义科学理论和方法为指导，秉持“大教育观”，努力打破就教育论教育、从概念到概念的研究模式，把教育重大问题放在历史进程和社会发展大背景下进行研究，取得了丰硕成果。

鲁洁是德育理论研究权威，曾任南京师大教育系系主任、教育科学研究所所长多年。现为教育部人文社科重点研究基地南京师大道德教育研究所名誉所长、南京师大教育科学学院名誉院长、全国教育科学规划德育学科组成员。她长期致力于教育基本理论、教育社会学、德育学等方面的研究，站在时代的高度，立足于中国的发展，提出了许多原创性的、有中国特色的教育理论，形成了独特的学术观点和学术体系。其代表作有《德育新论》《道德教育的当代论域》《小学德育课程标准与教材》等，其中《德育新论》1998 年获教育部人文社会科学优秀成果一等奖，1999 年获国家哲学社会科学规划优秀成果三等奖。

潘懋元是高等教育学创始人，曾任厦门大学副校长。从教 70 多年来，在高等教育学科建设与发展方面做出了突出成就与贡献，形成了丰硕的学术成果。中国高等教育学会授予潘懋元"高等教育科学研究特别贡献奖"①。他数十年如一日，躬耕教学科研第一线，每年仍以数量不菲的思想成果服务于高等教育这一他为之毕生奉献的事业，以 94 岁高龄获得 2014 年度全国十大教书育人楷模。

3. 群众性科研人员

我国在第一线从事教育教学和教育管理活动，又直接参与教育科研的 10 多万名各级各类教育行政人员和 1 400 多万名教师为教育科研带来巨大生机和力量，形成了世界上最为庞大的兼职教育科研人员的群体。

中小学教师及职业学校教师是教育科研的主力军，他们科研素质的高低直接决定着科研水平的高低、教育实验的成败，是区分研究型教师和经验型教师的分水岭。

中小学教师教育科研素质的主要表现是以教育科研知识为核心的教育科研能力②。教育科研能力又从教育理论知识、捕捉教

① "高等教育科学研究开拓贡献奖"是我国高等教育学术界的最高荣誉之一，由中国高等教育学会授予为高等教育学科发展做出杰出贡献的老一辈学者。迄今为止，国内只有王承绪教授、潘懋元教授和汪永铨教授三位学者获得此类奖项。

② 钟启泉．现代教育学基础［M］. 上海：上海教育出版社，2003：156.

育教学问题、教育科研方法和教育科研管理知识中得以体现。为了真正实现从教书匠到研究者的转变，教师们正在不断完善自身的知识结构，努力丰富自己的理论基础。同时，以校本行动研究为基本范式，在行动中研究，在研究中改进行动，并通过反思进一步改进教育过程，力求科研教研一体化，使研究能更有效地改进教育实践。

改革开放后，教育科研日趋繁荣，传统的教学研究工作也得到加强。目前，中小学已经建立了完整的教科室体系，大多数学校都有专职或兼职从事教学研究的人员，是中小学教师队伍中一支数量可观、业务水平较高的队伍。近年来，中小学校及职业学校教师学历合格率较之以前有了明显的上升，学历的提升为教师开展教育科研奠定了良好的基础。中小学校及职业学校教师的教育科研活动主要围绕课题研究展开。随着课题研究的不断深入，一批优秀研究成果在全国范围内相继产生。与此同时，一批优秀科研型教师也脱颖而出，涌现出了霍懋征、马蕊兰、李吉林、魏书生、顾泠沅、张思中、李希贵、窦桂梅等一批名师大家。而这些名师大家又带动了一所学校、一个区县、省市甚至全国一大批科研骨干，形成教育科研梯队并迅速成长。

二、科研队伍结构亟待优化

目前教育科研工作的基础建设还比较薄弱，反映在队伍数量相对不足、结构失衡、待遇不高、培训不足、管理薄弱等方面。

（一）数量相对不足

科研人员占比低。根据 1987 年的调查材料，全国的教育科学研究所共有人员 14 415 人①。绝大多数教科所编制都未满，其中有 14 个教科所是和教研室合在一起的，人数少的教科所不

① 孙毓洁. 建设教育科研队伍刍议 [J]. 科学学与科学技术管理，1988 (8).

足十人。从数量上看，专业人员人数甚少，不足全国教职工的千分之一，不及美国和苏联的1%—2%。到2013年，全国省级教育科研院所机构基本健全，但人员数量并没有多大变化，编制依然偏少，且缺编情况依然存在，这种状况在中西部省区教育科研机构反映尤为突出。仅仅依靠这样少数的专业人员，很难胜任一个13亿人口大国的教育科研任务。近年来，虽然研究队伍水平有一定提高，但与教育事业的快速发展还不相称，与教师队伍的专业化发展还不相称。

（二）结构失衡

一是基础教育人才和高等教育研究人才较多，学前教育、职业教育、民族教育、特殊教育和继续教育研究人才短缺。学前教育处于跨越发展阶段，更加需要学前教育研究力量的支撑。全国具备学前教育专业硕士学位授予权的高校有十余所，但其中同时具备博士学位授予权的只有北京师大、南京师大、华东师大三所。三所学校中，北京师大与南京师大学前教育专业分别于20世纪80—90年代开始培养硕士与博士研究生，这两所学校一直被视为学前教育专业高层次人才的培养基地。华东师大的学前教育专业虽比北京师大、南京师大起步晚，但是近年来学科发展速度比较快，学术研究实力增长显著。学前教育领域还有两股强大的研究力量，一是各省、区、市的专门学前教育研究机构，如地方教育科学研究所、教育厅（局）教研室、幼儿教师师范（进修）学校，另一个是幼儿园。教育部职业教育中心研究所的调查表明，目前有两个国家级职业教育科研机构，省级科研机构中，除宁夏、新疆、海南三省区外，均已建立省属职业教育科研、教研机构；市级科研机构有如南京、青岛、广州、宁波、厦门等。据统计，目前共有中央级和省级职教研究机构（所、室）81个，中央级和省级专职研究人员约400余人，初步形成从中央到地方，从部门到行业，中央、地方、学校三级覆盖职业教育各个领域的科研机构组织结构。但总体来看，职教科研人员数量严重短缺，职业教育研究机构人员编制不足，没有形成一支支撑职业教育事业发展的科研队伍。1990 年成立的教育部职业教育中心研究所作为国家级职业教育专门研究机构，具有承担国家重大职业教育研究项目及组织、统领全国职业教育科研工作的双重任务，但目前此机构仅有专职科研人员 20 余人。相比之下，德国 8 200 万人口，其联邦职业教育研究所专职研究人员有 500 余人。依据同年教育部职教中心研究所的统计，全国省属职业教育教研、科研机构平均在岗人数约为 10.82 人[①]。职业技术教育核心研究队伍也亟待加强，由核心作者分布的情况得知，五年间人大复印报刊资料《职业技术教育》共有核心作者 26 人，发文量占该刊总载文量的 21.12%，他们是职教研究的学术带头人，其研究成果往往代表了职教的最新研究动向，但这种状况也显示出研究力量过于薄弱且难以持续发展。

二是理论研究人才较多，数据分析和测评人才短缺。从事思辨定性研究的人员多，能够开展一些理论建设、形势评论和决策论证工作，而从事定量研究的人员少，难以适应大数据时代开展基于数据的前瞻性研究的要求，难以适应教育治理体系和治理能力现代化发展的新要求。

三是教研人员较多，科研人员较少。在省级教育科研机构以下，教科所和教研室往往合并在一起，越往基层，人员配置越侧重教学研究工作，注重各种教学辅导和考试、培训等具体工作，不能集中精力搞科研，更难承担科研和教研的双重任务。

四是知识结构不完善。研究人员大多数为师范院校的毕业生，缺少理、工、经济、统计、社会等科、系毕业的人才，不利

① 孙琳：我国职业教育科研体系建设的成就与问题［N］. 人民政协报，2008-12-17.

于教育科学中边缘学科和交叉学科的发展。地方教育研究人员大部分来自中小学和教育行政部门，他们的实际工作经验比较丰富，但教育科研的专业知识和经验相对不足。

五是区域分布不均衡。北京、上海、天津、广东、江苏、湖南等教育发达省份聚集了大量的教育科研人员，教育科研水平较高，而中西部省区教育科研人员稀少，教育科研水平相对落后。从人大复印报刊资料《职业技术教育》2005—2009 年的作者地区分布情况来看，排名前八位的省份作者人数占 77.94%，说明这些地区是职教研究的重要基地。其他各地区要么作者人数较少，要么作者人数为零，这与职教研究事业发展需求不相适应[①]。

六是年龄结构不合理。一些基层单位科研骨干逐步老化，具有高级研究职称的人多在 55 岁以上，具有中级职称的人年龄也多接近 50 岁，后继乏人。

（三）待遇不高

教育科研人员既不属于公务员系列，没有行政人员的福利待遇；也不属于教师系列，没有教师的绩效工资，处于比较尴尬的地位。

（四）培训不足

教师培训、校长培训、干部培训先后纳入国家培训规划，但从未有过教育科研人员的专门培训规划。研究者的培训滞后，经费上没有保障，组织制度上没有安排，基本上靠单位自行组织和个人自觉，严重影响教育科研队伍的专业化和可持续发展。

（五）管理薄弱

科研管理干部队伍严重老化，专业人员少，普遍缺乏现代教

① 康红芹. 我国职业技术教育研究队伍的状况——基于 2005—2009 年人大复印报刊资料《职业技术教育》作者群的研究 [J]. 职教通讯，2011 (1).

育科学管理知识，管理水平低，不能适应当前教育科学事业快速持续发展的要求。

教学研究工作一度缺乏顶层设计、宏观研究、整体协调和工作评估，各省级教学研究工作缺乏业务指导单位，工作开展呈现出各自为政、缺乏主流声音，难以形成共同深化教育改革、落实立德树人根本任务的强大合力。部分地区教育行政部门对教研工作不重视、不了解、不检查，缺乏总体规划，教学研究工作相关制度建设与政策制定比较滞后；部分地区教研工作基本工作经费和专项工作经费保障力度严重不足；部分地区教研人员的专业发展、职称待遇等问题迟迟得不到有效解决。

这种状况影响了教育研究队伍的专业化发展，独立的教育学学派难以形成，也很少有观点的交锋。

三、科研队伍建设方向

2011 年 1 月 10 日，刘延东到中央教科所考察并明确提出，中央教科所作为国家级教育研究机构，肩负着服务决策、创新理论、指导实践的重要使命，在新形势下，要加强人才队伍建设，不断提高科学研究的水平和质量。要健全体制机制，激发创造活力，营造良好环境，培养凝聚一批功底深厚、作风优良的综合性研究队伍，努力建设中国特色的高水平教育战略研究智库。袁贵仁在 2012 年召开的首届全国教育科研工作大会上指出，教育科研工作最重要、最复杂、最艰巨、最困难，要把教育科研作为教育改革发展重要的基础工作来抓，着力建设一支充满活力的高素质专业化教育科研队伍；教育科研系统要抓住机遇，勇于担当，努力成为探索教育规律、创新教育理论的“思想库”，成为提出政策建议、服务教育决策的“智囊团”，成为开发教育策略、服务教育实践的“设计师”，成为引导教育舆论、更新教育观念的“宣传队”。刘利民在 2012 年召开的首届全国教研工作会议上对全面加强教学研究工作进行了部署，提出要全面加强教研队伍建设，建设一支能直接走进学校、走进课堂，进行研究、指导、服务的专业化水平高的教研队伍。这些都给今后的教育科研队伍建设指明了方向。

从我国教育科研事业发展的现状看，为了使教育科研队伍建设取得成效，应重点完成下列任务。

（一）切实加强对教育科研工作的组织领导

加强对教育科研工作的组织领导，改变教育科研工作松散、无序的状况，是促进教育科研工作健康有效发展的重要保证，是规范教育科研队伍的首要工作。近年来，各级领导已认识到教育科研工作的重要性，一些地区的教育科研工作已初具规模，小有名气，有的甚至取得了较高的科研成果。但也应清醒地看到，加强教育科研队伍的制度性保障依然不完备，一些领导在进行教育决策时依靠教育科研的主动性还不够高，对教育科研的重视程度不够，有些地方的教育科研工作流于形式，不求深入，效果甚微；教育科研队伍建设薄弱，水平参差不齐，结构不合理，机制不健全，严重阻碍了教育科研事业的健康持续发展，加强领导、完善制度已刻不容缓。黑龙江、湖南、江苏、辽宁等省份已先后出台了促进教育科研工作、加强教育研究队伍建设的相关的政策文件，为出台全国性政策文件奠定了实践基础。

（二）在教师编制总数中确定教育科研人员的比例

组织一支强有力的教育科研队伍是开展教育科研工作的前提。教育科研的突出特征是应用性，以发现问题和解决问题为使命。开展教育科研需要依靠一大批专业人士，需要以广大教师为基础，实现专业研究人员与广大教师的紧密结合，这样才会使教育科研建立在广泛的群众基础上，才能使教育科研植根于深厚的实践土壤之中。邓小平曾强调指出：在广泛的群众基础上，才能不断涌现出杰出人才。也只有有了成批的杰出人才，才能带动我们整个中华民族科学文化水平的提高。因此，组织一支专兼群结合、素质优良、结构合理的教育科研队伍已成为加强教育科研建设的紧迫任务。

目前各级教育行政管理人员大约为 10 万人，教职工总数为 1 600 万人，专业教师 1 476 万人，分布在 52 万所学校，服务 2.57 亿名学生，总体呈增长趋势①。如果按照教职工总数 2%的低配比例，应当配备 32 万名专业研究人员；如果按照每所学校 1 人的配置比例，应配备 52 万人。对比发达国家，我国研究人员占比偏低，需要形成稳定增长机制。

（三）造就教育科研骨干队伍

开展群众性的教育科研，并取得研究上的成功，没有一支骨干队伍不行。研究骨干有两种，一种是指专职教育科研人员，另一种是指能独立承担研究课题任务的教育实际工作者。他们都应具有良好的素质和研究能力。要注意通过各种途径培养科研骨干，不断提高他们的科研水平，以带动广大教师深入开展教育科研。要特别重视和发展培养中青年教育科研优秀人才，他们是未来教育事业的希望。

（四）健全教育科研激励机制

为加强教育科研队伍建设，应形成一整套选拔、培养、考核、职务晋升和奖惩等人事管理制度。应逐步形成并全面实行教育科研人员的聘任制、课题责任制、人才流动制、绩效工资制，形成人尽其才、才尽其用的合理机制。应建立物质激励和精神激励相结合的方式，调动教育科研人员的积极性。应采取切实可行的措施，增加教育科研投入，努力改善科研人员的工作、学习和生活条件，切实提高他们的社会地位和生活待遇，尽量使其报酬

① 柴葳. 立教之本 兴教之源——教师节设立 30 年来我国教师队伍建设成就综述[N]. 中国教育报，2014-09-03.

与所从事的工作相称，使他们全心全意地从事教育科学研究，为教育科研事业的繁荣做出贡献。

（五）提高教育科研人员素质

教育科研的成功固然要遵循科学的研究方法，但起决定性作用的还是研究人员的素质，主要包括思想素质、知识素质和能力素质等。

第一，注重思想素质。思想素质关系到研究人员的研究方向、研究动力和研究态度。科研人员应具备过硬的政治理论素养、科学的世界观、高尚的道德品质、强烈的事业心和责任感，是科研人员素质中最重要的核心组成部分，是进行教育科研的基本保证。从事教育科研的人大多不会获得巨大的财富，也不会获得显赫的地位和声望。科研人员更多的是把毕生的精力奉献给平凡而又具有重大意义的“育人”的事业，而不是获得诱人的名与利。教育科研本来就是一种让人献身的事业，只有具备不计时间、不计报酬、不畏劳苦、百折不挠的献身精神，才会乐于和安于长期在教育科研这块长满荆棘的土地上开垦。“捧着一颗心来，不带半根草去”，一生为人民的教育事业奔走呼唤、探索创立的陶行知先生，就是研究人员学习的楷模。第二，改善知识素质。教育科研需要以知识为基础。研究人员广博的知识和较为完善的知识结构，是进行教育科研的必要条件，为教育科研的成功提供了业务上的保证。第三，提高能力素质。进行教育科研是一个复杂的认识过程。了解一些科学知识，掌握一些具体研究方法，只是为进行科学研究提供了基础。还应该将学习到的教育科学知识转化成教育研究操作技能，再将操作技能转化为研究能力。教育研究能力是一个综合的能力结构，具体包括以下六种能力：定向能力、思维能力、创造能力、实践能力、评价分析能力、组织科研活动的能力。

（六）加强教育科研队伍培训

教育科研相对其他领域的科研而言，比较年轻，尤其是广大教师参加教育科研，无论思想观念的更新、专业知识的深化，还是科研方法的运用，都需要加以指导。为了提高教育科研队伍的素质，推进教育科研事业的健康发展，就必须加强对教育科研队伍的培训工作。鉴于专职研究人员与广大教师研究队伍所处的地位、任务和特点不相同，应采取不同的培训方式。第一，专职人员培训列入国家培训计划。把科研人员培训列入国家培训计划，突出教育研究方法和技术内容，增强针对性和实效性。第二，教师增加教育科研专题培训。在教师培训中，增加教育科研专题培训，结合教学工作，开展校本教研，走研究性教学之路。

经过多年探索，我国找到了一条“理论与实践相结合，普及与提高相结合，在各级教育行政领导下，以专业科研组织和科研人员为核心，以广大教师为基础的群众性教育科研的正确道路”。在各级教育行政部门领导的积极倡导下，通过专业研究人员、理论工作者的传帮带教，帮助广大一线教育工作者掌握教育基本理论、科学研究方法，结合工作实践开展研究活动，目前教育科研已经由高不可攀逐步走向大众普及，形成了专兼群结合、人数众多、结构合理的教育科研队伍。这样一支庞大的专兼群结合的教育科研队伍，不仅造就了蓬勃健康的教育科研氛围，为科研成果的有效应用提供了基础，更重要的是促进了教师队伍整体素质的全面提高。今后，要着重从完善制度上促进教育科研队伍可持续发展。第一，教育行政部门对教育科研部门的建立、教育研究队伍的建设应有明确规定，确立编制，制定章程，提高待遇，明确各级教育行政部门在教科研工作中的职责，使各地教科研工作有章可循。第二，应把教育研究人员的在职进修培训纳入各级骨干教师进修培训计划之中，不断提高教科研队伍的研究素养、指导水平和服务能力。要从促进教育公平、整体提高教育质量的目标出发，更加重视、支持、加强农村地区的教育科研工作。第三，成立全国性的教育科研组织。应建立行业的自律机制，指导、规范各级教育科研工作。

第四章 教育科研经费基本保障

经费支持是开展教育科研活动的基本保障。国家对教育科学事业的领导，一方面通过政策法规，明确教育科研在教育事业和科学事业中的重要地位与不可替代作用，以引导有关各方投身教育科研活动；另一方面通过教育科研项目资助来聚集力量聚焦主题，以实现国家意志和社会需要。经过多年的探索，我国已形成了以政府主导、学校参与、社会支持的教育科研资助体系，逐步完善了资助机构的基本业务费资助和个人课题的资助两套教育科研资助制度，有效融合了各方面的科研资源，极大地调动了社会各方面参与教育科研的积极性，有力支撑了教育科学事业的健康发展。随着教育科研经费的不断增长，如何优化配置资源，加强经费管理，提高经费使用效益成为需要解决的突出问题。

一、科研经费多元筹措

科研离不开强大的经费支持，离不开政府的长期稳定资助。伴随科研活动逐渐由个人兴趣转变为国家和社会的需要，科研资助也逐步由个人自费和社会组织支持转变为国家制度化项目支持。社会科学在19世纪和20世纪兴起，与现代国家的出现密切相关。社会科学研究的主导模式基本上是以国家为核心进行科研设计、组织安排，建立基础设施和调拨经费。教育科学研究财政拨款始于苏联1943年设立的国家教育科学院。新中国成立后，我国政府拨款支持教育科研机构。改革开放后，学习借鉴国（境）外科研制度的经验，逐步改革科研制度，1984年发布《中共中央关于科技体制改革的决定》后，对科研单位的拨款制逐步改变为项目竞争制，科研项目的引领作用越来越重要，逐渐形成以全国教育科学规划项目和高校人文科学研究项目资助为主体，其他基金组织、行政等部门项目委托为辅的多元教育科研资助体系。2006年实行中央财政性科研公共基金资助制度，覆盖中央科研机构和部属高校。因此而形成目前政府主导、学校参与、社会支持的覆盖机构和个人的科研资助体系，既有中国特色的相对独立，又与国际有所接轨。在这个体系中，保障性和竞争性共存，政府资助和社会支持并举，机构和个人共同发展，既发挥了政府资助经费的主导性、权威性、导向性，重点支持教育改革发展的重大理论和实践问题的研究，也发挥了社会资助覆盖广泛和自主性强的特点，开展破解区域教育和基层学校具体问题的多样性研究。

（一）资助经费来源多元化

改革开放以来，我国财政性教育科研经费逐步增长，重点支持科研机构和个人从事长期性、基础性、关键性研究，其特点是常规化、稳定增长、可持续，而社会提供的教育科研经费则体现分散化、波动大、间歇性的特点，形成了政府主导、学校参与和社会为辅的多元化教育科研经费筹措体系（如图4-1所示）。

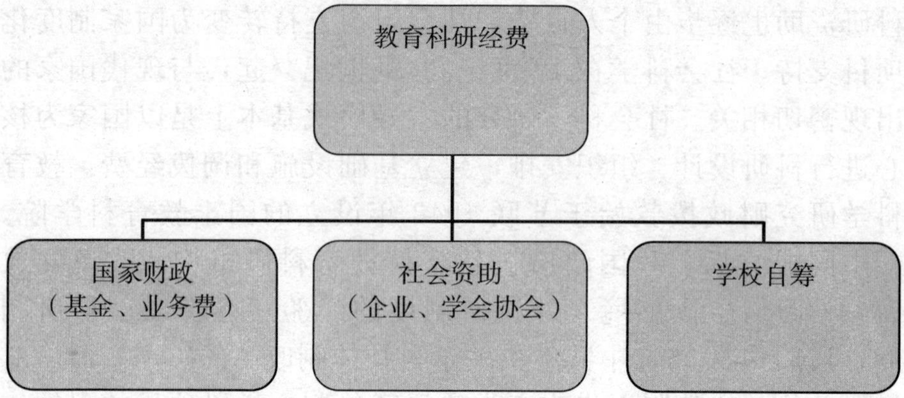

图 4-1　中国教育科研经费结构

这种体制与其他国家的相同之处在于政府经费资助占据主要成分，保障了教育科研机构的基本需要；不同之处在于我国财政性社会科学经费和自然科学经费分列，财政性教育科研经费既有社会科学部分，也有自然科学成分，还有自成系列的教育科学规划。此外，群众性科研活动活跃，学校自筹教育科研经费也有中国特色，行业企业社会对教育科研也有支持。

1. 国家财政资助制度

1984 年的科技体制改革，在维持科研机构基本运转的基础上，资助个人的竞争性基金制度逐渐成为主流。1978 年，教育部在中国社会科学院的支持下，成立全国教育科学规划领导小组，1983 年设立全国教育科学规划领导小组办公室，开始启动"六五"全国教育科学规划，课题经费主要来自国家社会科学基金和教育部，资助对象覆盖教育全领域。1986 年，教育部实施高校人文社会科学研究项目，主要面向高校教师，逐步从部属高校扩大到所有高校。此外，还有教育部、科技部、自然科学基金等其他部门出资的教育科研项目，共同构成教育科研基金项目资助体系。国家财政性教育科研基金构成如图 4-2 所示。

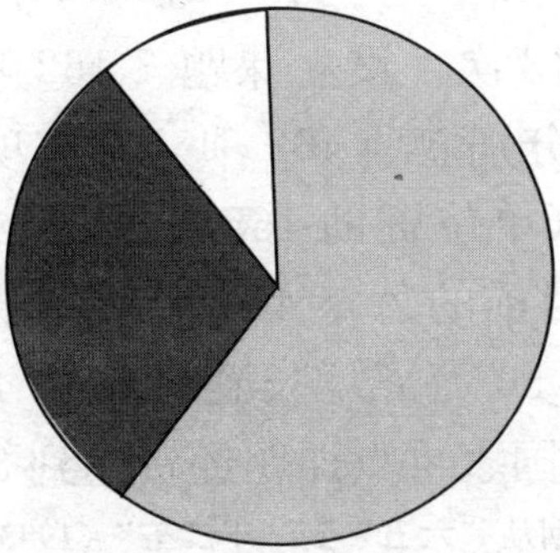

图 4-2 国家财政性教育科研基金构成

（1）基金课题（项目）资助形式多元化。

一是教育科学规划系统。教育科学规划系统是教育科研资助体系的核心主干，权威性高、专业性强、覆盖面广、历史长、影响大。

多年来，在以教育部部长为组长的全国教育科学规划领导小组的领导下，已先后组织和制订实施了全国教育科学“六五”至“十二五”规划，系统不断壮大，项目类型逐渐完善，立项数持续增长，资助力度不断增强，在教育界具有广泛的社会影响。

第一，项目类型逐渐完善。全国教育科学规划该系列现分为：①国家社会科学基金教育学课题，包括重大课题、重点课题、一般课题、青年课题；②教育部课题，包括重点课题、规划课题（单位资助）、青年专项；③特别合作项目与教育部司局（人事司、职成教司、基础教育司、体卫艺司）、直属机构（教育考试中心）、教育学术社团（中国成人教育协会）、教育文化企业合作（外语教学与研究出版社、北京师范大学出版社）的研究专项等；④后期资助项目，等同于国家一般课题；⑤中华学术外译项目。

第二，立项数持续增长（见表 4-1）。自 1983 年以来，全国教育科学规划从“六五”到“十一五”（不计合作项目的课题数），累计评审课题 13 次，设立课题 7 162 项。“十二五”规划的 2011 年、2012 年分别立项 402 项（合作项目 165 项，单位资助 165 项）、420 项（单位资助 165 项）。从中可见，从“六五”的 36 项稳定增长到目前的每年 400 多项，显示出持续发展的趋势。经费也由最初的 50 万元增长到目前的 4 000 多万元，单项资助经费明显提高，国家重点课题经费达到 30 万元。

表 4-1　全国教育科学规划从“六五”到“十二五”（1983—2012 年）立项课题数

年份	六五	七五	八五	九五	十五	十一五
评审次数(次)	1	1	1	2	3	5
课题数（个）	36	124	457	864	2 841	2 840

第三，项目覆盖全国各地。从东部发达省份到西部欠发达地区，通过公平竞争和最低保障，使 31 个省（自治区、直辖市）都能受益，使教育科学规划课题确实成了全国性项目。“十五”期间，分省（不含所在地的教育部直属院校和国家级教育科研机构）立项课题共 1 914 项，其中江苏、北京、广东、上海、浙江、天津、湖南、辽宁、山东、河南名列全国前十位；“十一五”期间，江苏、北京、上海、湖南、广东、浙江等名列前茅。新疆、西藏、宁夏、青海、贵州等西部省（自治区）也有底线保障。

第四，项目涉及各级各类教育。包括高校、科研机构、中小学幼儿园、教育行政部门、教育社团、党政军警院校等。从表 4-2 可见，“十五”规划分部门立项课题及其占比。高校和科研机构承担比例分列第一、第二位。在“十一五”期间，高校获得立项课题数量和比例逐年上升，达到 89%左右，科研机构有所上升，教育行政部门基本稳定，中小学、幼儿园下降到 2%

以下。

表 4-2 全国教育科学规划“十五”期间立项课题按部门所占比例一览表

分部门	高校	科研机构	中小学	教育行政部门	军事教育机构	教育学院和行政学院	教育社团	其他
十五	1 812	404	234	223	37	78	19	33
	63.8%	14.2%	8.24%	7.85%	1.32%	2.81%	0.669%	1.16%

第五，形成三级项目体系。教育科学规划从中央到省、地市构成了三级教育科学规划体系。各省教育厅（局、委）多照此体制和运行模式设立地方教育科学规划机构，覆盖所属辖区。从1983年北京市成立教育科学规划领导小组办公室至2008年海南省、青海省成立教育科学规划领导小组办公室，全国省级教育科学规划机构全部建立。在运行中，既有共性，即在当地教育主管部门领导下，负责本地的教育科研规划工作，同时也体现出不同特点，侧重应用性研究。省级教育科学规划基本上与全国教育科学规划同步，北京等部分省市实施资助。在“十五”期间，共立项31 409项，平均每省1 013项，投入经费6 307万元，平均每省203.45万元。各省在“十一五”期间的2006—2008年，分别立课题15 390项、4 562项、10 557项，平均每省984项，立项数较“十五”期间有所下降。湖南省在“十二五”期间，年度科研经费由200万元逐步增加到300万元、500万元，课题立项由“五年一规划，二年一评审”改为“五年一规划，每年一评审”①。从2012年起，国家社科基金把教育学科纳入后期资助项目，级别为国家一般课题，资助经费12万元。同时，把教育学科纳入中华学术外译项目。

① 我省教育科研枝繁叶茂花果飘香［N］. 湖南教育科研报，2014-07-01.

二是教育部高校人文社会科学研究项目。该项目是教育部面向全国普通高等学校设立的各类人文社会科学研究项目的总称。逐步扩大到面向全部 2 600 余所普通高校（含民办高校）组织申报，改变了以往只接受本科高校申报的规定，极大地调动了教育研究人员的积极性和主动性。

第一，项目数量增多。教育部自“六五”规划起，拨专款支持高校人文社会科学研究工作，其项目实行分级管理，由社会科学司具体负责管理高校人文社会科学研究项目的规划。1986 年国家教委发布《关于制订高校“七五”哲学社会科学研究发展规划的通知》，设立重点科研项目 81 个（含 590 个研究课题）青年科研基金，96 个研究课题，资助专项经费，使高校人文社会科学研究步入规范运行轨道。这一科研项目的特点是主要面向高校教师，有全额资助和自筹经费两种形式，层次上有规划基金项目、博士点基金项目、青年基金项目和专项任务项目，覆盖 23 个学科。“八五”期间资助项目 1 438 个，“九五”期间资助项目 1 884 个。自《教育部关于进一步发展繁荣高校哲学社会科学的若干意见》发布后，“十五”时期的高校研究项目跨上新的台阶，各类立项课题约 3 500 个，其中重大项目约 1 000 项。“十一五”期间（2006—2008 年），各类立项课题约 1 800 个，其中重大项目约 800 项。上述项目中（25 个学科：马克思主义/思想政治教育，哲学，逻辑学，宗教学，语言学，中国文学，外国文学，艺术学，历史学，考古学，经济学，管理学，政治学，法学，社会学，民族学与文化学，新闻学与传播学，图书馆、情报与文献学，教育学，心理学，体育学，统计学，港澳台问题研究，国际问题研究，交叉学科/综合研究），教育学、心理学科比例约占十分之一。

第二，项目类型多样。先后设立重大攻关项目、重点项目、研究基地项目、一般项目（规划基金项目、青年基金项目、自筹经费项目、专项任务项目)、后期资助项目等。

第三，项目经费数迅猛增长。自“六五”规划起每年拨付专款200万元支持高校人文社会科学研究工作，“七五”期间经费稳定增长，“八五”期间资助经费1 648万元，“九五”期间资助经费2 268.7万元。教育部启动实施了“高校哲学社会科学繁荣计划”，“十五”期间的高校研究经费跨上新的台阶，投入经费约2.4亿元。“十一五”期间，教育部人文社科研究经费从每年几千万元迅速增长到4亿元。

第四，形成两级高校人文社会科学研究项目体系。各省级教育行政部门也设有相应的人文社会科学研究项目和奖项，给予经费资助。领导重视和经济发达省份的投入比较多，而领导忽视和经济欠发达省份的投入比较少。

三是其他科学基金。如自然科学基金、社会科学基金、博士后基金、软科学基金等，教育研究项目包含在其中。

第一，国家自然科学基金。1986年成立的国家自然科学基金委员会主要面向基础研究和研究人才，经费持续增长，其管理科学部涉及教育管理，医学科学部涉及心理学研究部分。

第二，省级社会科学基金。国家社会科学基金将教育学单列，委托教育部（中国教育科学研究院）管理，而全国31个省（自治区、直辖市）也相继成立了哲学社会科学规划领导小组及其办公室（大多数附设在省委宣传部，北京市独立设置为局级单位，四川省设立在省社会科学院，广东设在省教育厅，上海设在市教委，浙江省设立在社会科学联合会）一般实行年度评审。北京、上海科研经费最多，每年达到1 000多万元，个别省没有经费支持。一般设有重点资助课题和一般自选课题。除广东省将教育研究项目委托给省教育科学规划办公室外，上海市教育科学研究重点项目设立为市哲学社会科学规划教育学课题，其他各省均设立教育学、心理学研究课题。

第三，国家博士后研究基金项目。人力资源和社会保障部设有博士后研究项目，项目分重点和一般。面上资助项目是对博士后研究人员从事自主创新研究的科研启动或补充经费，资助比例为全国每年进站人数的三分之一左右；资助等级分为两档，一等资助 8 万元，二等资助 5 万元。设立“西部地区博士后人才资助计划”专项，扶持西部高级研究人才。

第四，国家出版基金。设立于 2007 年，是继国家自然科学基金、国家社会科学基金之后的第三大国家设立的专项基金，面向出版社，支持国家优秀出版项目，间接支持教育研究。基金规模从 2008 年起每年 2 亿元增加到 2012 年的 3 亿元。5 年来，中央财政共投入 12 亿元，通过四次专家集中评审，资助了 900 多个出版项目，目前已有 300 多个项目推出了成果，在打造精品、引领方向、繁荣文化、促进发展等方面发挥了一定作用。

第五，国家软科学基金。国家软科学研究计划项目分为重大项目、面上项目和出版项目三大类，由科技部设立，包括人力资源、公众科学素养、心理健康标准等软科学科研项目，资助教育科研人员开展教育研究。

第六，国家留学基金项目。资助包括科研人员在内的可造之才赴国外高校和科研机构做访问学者，开展研修工作。

(2) 基本科研业务费资助逐步健全。2006 年，科技部、财政部实施中央高校和国家级科研机构基本业务费制度，按年度拨款，直接资助 40 岁以下的中青年科研骨干，开展自主研究，重在培养人才。中国教育科学研究院、教育部教育发展研究中心、教育部职业教育中心研究所等国家教育科研机构得到的资助均不断增长，北京大学、北京师范大学等高校也受到资助。这些资助有力地加强了科研机构和高校教育学科的基础能力建设。

(3) 其他政府部门资助多元。

一是教育部行政委托项目。随着政府管理教育职能的转变，加大了对教育研究的需求，教育部及其司局办根据宏观决策和战略管理的需要，采取项目方式委托有关高校、科研机构等单位完成，多数由行政部门出资或筹措经费，少数申请部分专款，与委托方签订研究合同，购买智力服务。如 2007 年，教育部成立教育改革和发展战略决策领导小组，面向部内行政和直属机构设立研究专项，分设重大课题 30 万元、一般课题 3 万元和自筹经费课题。2008 年，教育部为研制《教育规划纲要》，委托国内外教育研究机构和学会协会开展研究。2011 年，教育部先后在北京大学、清华大学等 6 所高校和中国教育科学研究院成立了教育科学决策研究中心。2012 年，教育部委托教育科研机构开展教育行风评议调查。2013 年，教育部委托有关教育研究机构开展教育现代化、教育满意度、考试升学制度改革、教育质量监测、立德树人教育体系等专题研究。教育部有关司局委托高校和科研机构开展研究工作，如师范司委托华东师范大学开展教师教育标准研究、政策法规司委托中国教育科学研究院开展“教育标准体系框架研究”等。

二是地方教育行政部门资助研究项目。中共北京市教育工作委员会、市教育委员会设立委托项目，由“两委”主管领导和处室出题，委托市教育科学规划领导小组办公室负责向全市公开招标，分为重点课题和一般课题。2013 年，重庆市教育委员会出资面向社会设立重大招标课题“教育发展对重庆市经济发展的贡献率问题”。2011 年，贵州省教育厅十大教育课题研究面向全国招标，从民办教育的发展、中小学教育布局、职业教育的产教结合到高等学校的布局结构，并且还含带农村教育及旅游文化等相关问题，中标人可以到贵州省挂职，无单位的自由职业人可以参与投标。

2. 社会资助项目多元化

社会资助教育科研项目是教育研究受到社会重视的反映，是社会文明进步的标志。

（1）大型企业资助项目。企业是经济活动的主体，现代企业承担了越来越多的社会责任，对教育研究开始投入经费。如宝钢设立教育基金会资助项目“教育发展战略研究”；中国移动通信集团投入 3 000 多万元，设立科研基金，资助教育信息化和信息技术前沿研究；外语教学与研究出版社支持的全国教育科学规划“大学英语教学研究”专设项目；北京师范大学出版社资助全国教育科学规划“数学教学研究”专设项目；上海外语教育出版社和中国外语教材与教法研究中心合作的“全国高校外语教学科研项目”；英语辅导报社支持“中小学外语教学研究”；等等。

（2）学会协会资助项目。学会协会募集资金，资助有关机构和人士从事教育研究，如中国科协青少年部的科普教育项目——青少年科学教育、中学生奥林匹克竞赛的作用分析等，如中国发展研究基金会 2007—2008 年度资助项目“中国贫困地区寄宿制学校管理与实施研究”，如中国高等教育学会筹集资金支持高等教育研究课题、高等教育教材建设、高等教育学博士后优秀论文评选。

（3）民办学校资助项目。民办学校也出资支持教育研究。如西安外事学院七方教育研究所资助开展民办教育研究，厦门大学等高校获得资助。

3. 境外合作项目来源多样

改革开放后，伴随教育的交流与合作的加强，国（境）外一些国际组织、国际基金组织和私人基金会纷纷进入我国，开展合作研究，强调发掘先进经验，增强人的能力建设，选择特定项目资助科研机构和人士进行教育科研，使得我国现行教育科研资助体系呈现出更加多元的特性。

一是联合国教科文组织支持的中国教育研究项目。该组织是国际政府组织，发展教育是其工作重心，常设机构有国际教育局、国际教育规划研究所、教育研究所、欧洲高等教育中心等。1990 年，在泰国召开了世界全民教育大会，提出的扫盲和普及初等教育的目标对国际社会未来 10 年的教育发展产生了深刻影响。1998 年 10 月，在巴黎首次召开了“世界高等教育大会”，通过了《面向 21 世纪高等教育宣言：观念与行动》及《高等教育变革和发展的优先行动纲领》。1999 年 4 月，在韩国召开了“国际职业技术教育大会”，提出职业技术教育不是终极教育和简单的技术培训，而是终身教育体系中的一个环节，是提高人的能力与技能、面向就业和发展人的创造性的一种教育。2000 年 4 月，在塞内加尔举办了“全民教育论坛”，总结了过去 10 年扫盲和普及初等教育过程中存在的不足并制定今后工作的新战略。作为一个国际智力合作机构，联合国教科文组织在教育方面开展的活动形式主要是：①举办各种类型的国际会议，促进政策性对话；②开展教育研究，对当今世界教育方面的某些热点问题进行探讨；③促进教育人员与教育成果交流，通过发行出版物和建立信息网促进信息传递与交换；④举办培训活动；⑤开展实验项目。自 1972 年与我国恢复联系以来，设立了中国联合国教科文组织全国委员会。从 1993 年起，对中国西部一些地区的扫盲、成人技术培训、女童教育研究、少数民族教育研究和基础教育革新等都给予各种支持，包括举办研讨会、培训班、资助开发乡土培训教材和资助试点项目等。如甘肃省教委在教科文组织帮助下，于 1986 年开始实施“提高小学生教育质量联合革新计划”，在提高贫困地区小学生学习成绩方面取得了积极成果。支持在河北、河南、贵州、云南、青海扩大实施该计划。北京、山西和陕西三省（市）从 1991 年起开展了“提高中学教育质量综合试验计划”。计划的主要目的是研究大教学班全面提高中学生学习质量的原则和规律，实施与之相适应的整体策略，探讨适合我国基础教育现状的有效途径与措施。资助实施了一批新的教育试验项目，如在贵州省黎平县茅贡乡实施“促进青壮年扫盲试验项目”，在广西龙胜县实施“少数民族妇女扫盲及扫盲后教育项目”，在甘肃省陇西县实施“满足农村成人接受教育与培训的需要试验项目”，在安徽省实施“扫盲和扫盲后继续教育试验项目”，在河北省实施“全民教育行动计划”，在甘肃、贵州开展信息技术教育的实验项目等。1994 年在中国成立“联合国教科文组织国际农村教育研究与培训中心”，在全球范围内推进“环境人口与可持续发展教育项目”(UNESCO Project on Education for Environment Population and Sustainable Development，EPD)，资助开展全国民办中小学现状调查研究、中国高等教育治理变革研究等项目。

二是联合国儿童基金会资助的中国教育研究项目。该组织于 1979 年起与中国开展合作，主要成就包括显著加强扩大了的免疫计划、妇幼保健项目，广泛开展了学前及小学教师的培训以及国家儿童发展中心的建立，以保护儿童权利为主线。主要工作范畴包括：①倡导儿童权利；②提高女童受教育及其他平等机会；③为辍学女童提供校外教育。以“3－A”模式为指导，将儿基会资助作为“种子经费”，只限于在一些模式探索中和国家级活动中提供服务，在合作伙伴中开展在技术、计划和管理方面的能力建设，在示范地区和国家级项目中进行交流、宣传教育及早期儿童关爱合作项目。项目制定原则侧重于对儿童的关注，部门间相互支持，要求用以知识为中心的项目为儿童服务。目的是提高质量，减小差异，关注儿童早期教育，帮助校外青少年发挥其潜力。通过教育部、中国科协开展了流动儿童就学政策研究、中国农村免费义务教育监测与评估研究、农村校外青年学习需求调查等一系列研究项目。

三是世界银行的中国教育研究项目。世界银行的一项首要任务是推动“全民教育计划（EFA）：快速通道倡议（FTI）”。其重点关注的问题包括四个方面：①帮助那些未上小学的、最底层的10%—15%的儿童；②教与学；③测评与监察；④教育财政。如教育部世行贷款21世纪初高等教育教学改革项目，北京大学中国教育财政科学研究所得到了世界银行专项研究基金的支持，自2006年起着手建立教育研究网络，其创立理念是用实证研究的方法去探讨EFA/FTI优先关注领域内的教育问题，同时帮助中国年轻教育研究者进行研究能力建设。建立这个网络的目标是扶助中国教育研究学术资本的积累，营造健康的学术氛围，并深入了解“全民教育计划”在中国的实施状况。还有世界银行赠款西部地区基础教育发展评估项目等。

四是福特基金会的中国教育研究项目。该基金会以寻求推进民主、减少贫困和不公、促进社会所有成员平等的实现、关注弱势人群的需要和福利为宗旨，关注长期困扰着偏远、欠发达地区的贫困问题，致力于教育改革与文化多样性。2001年增加了教育和文化项目。为了在上述领域中使基金会有限的资源产生最大的效应，根据所申请项目的目标和实施方法来确定是否给予资助，基金会鼓励所有社会部门之间进行合作，如草根组织、非政府组织、研究中心、大学及政府部门，目的是对每一类问题都能有多种角度的考虑，对全国有重要意义的紧迫问题和可能会对国家产生影响的项目给予特别的关注，把与所有资助领域有关的一些前沿问题作为重点，如促进社会性别平等、关注贫穷和弱势群体、强调以参与方式作为核心理念、加强社区工作重视权利、推动公民社会、尊重多样性。该会先后资助了中央教育科学研究所的义务教育财政体制问题研究、社会参与现代学校制度建设研究，中国高等教育学会的“中国高等教育十年跨越发展改革成效经验的纪实研究”（1999—2009年）等教育科研项目。

五是霍英东教育基金会研究项目。该基金会旨在鼓励中国高等院校青年教师脱颖而出和出国留学青年回国内高校任教，对从事科学研究和在教学与科研中做出优异成绩的青年教师进行资助和奖励。基金会设立高等院校青年教师基金，支持优秀青年教师从事研究工作；设立青年教师奖，对在教学和科研工作中做出突出贡献的青年教师个人进行奖励。从2003年起，设立“优选资助课题”，由符合申报条件的青年教师公开申报，共资助115项。其课题项目分为两类：①青年教师基金基础性研究课题，主要资助基础研究和应用基础研究课题；②青年教师基金应用研究课题，主要资助在指定领域内具有应用价值或能产生经济和社会效益前景的应用研究课题。

六是田家炳基金会研究项目。该基金会以“安老扶幼，兴学育才，推广文教，造福人群，回馈社会，贡献国家”为宗旨，致力在中国内地及香港捐资推动教育等社会公益事业，实践“取诸社会、用于社会”的理念；倡导并创造条件促进香港与内地的学术交流；建立一个理想和谐、充满爱心的社会，宣扬中华传统文化和推广道德教育；协力为国家的繁荣昌盛做出贡献。先后资助教育部“高等师范教育面向21世纪教学内容和课程体系改革计划”，资助北京师范大学、华中师范大学、南京师范大学举办“21世纪学校道德教育发展路向”，委托中央教育科学研究所设立“学校德育发展及研究计划”，在香港多所大学设立中国学者访问基金，赞助内地田家炳中学举办各类交流考察活动。

此外，欧盟、韩国教育开发研究院等组织曾经设立面向我国的教育研究资助项目。如中央教育科学研究所承担的2000年欧中高等教育合作项目管理办公室招标课题“欧盟—中国高等教育合作项目执行效果评估”、中央教育科学研究所承担的韩国教育开发院资助的国际合作全球发展网络（GDN）项目“中国进城务工农民子女义务教育问题研究”等。

4. 单位自筹经费占相当比例

自筹经费和群众性科研是我国教育科研的两大特色。自筹经费以弥补财政性科研经费的不足，如中央教育科学研究所从“八五”起设立所级课题，起初覆盖面比较广泛，后集中在短线研究项目上，缩小规模，每年设10项左右。2005年，出台了《中央教育科学研究所课题管理办法》和《中央教育科学研究所课题经费管理办法》。教育部考试中心自“九五”起就设立了科研项目，每年从其事业费中拨出一定的经费作为教育考试科研课题资助费用，并拨出部分经费作为优秀科研成果的奖励基金。国家教育行政学院每年设置研究专项。研究生与学位教育发展中心在各研究基地立项课题，2005年发布《科研课题管理暂行办法》。再如中央广播电视大学（现名国家开放大学）从2000年开始，不定期按照专题设立研究课题，分设子课题，面对本校教师，聚合系统力量。大中小学校是开展教育科研活动的一大主体，各级各类学校特别是中小学幼儿园重视教育科研工作，长期自筹经费或配套经费开展专题研究或校本研究，有的依托无经费资助的课题，有的完全是自主命题开展研究。

（二）资助经费不断增长

随着我国经济的飞速发展和科教兴国战略的深入实施，国家支持科研的经费以每年20%的速度快速增长。仅在2007到2012年的五年间，中央财政用于科研的投入累计8 729亿元，年均增长超过18%。全社会研究与试验发展经费支出占国内生产总值的比例由2007年的1.4%提高到2012年的1.97%，企业研发活动支出占比超过74%。

作为国家支持基础研究的重要渠道，国家自然科学基金自1986年设立至2006年，经费总额从当年的8 000万元增长到34亿元，经费投入增长了40倍，累计投入180亿元。择优资助10万余个项目。“十一五”期间，经费达到200亿元。2012年中央财政对国家自然科学基金投入继续大幅增加，投入资金超过150亿元。

主要来源于国家财政拨款的国家社会科学基金经费不断增长

（见表 4-3）。1986 年设立国家社会科学基金，由国家财政拨款资助社科研究项目。这是党和国家为繁荣发展我国哲学社会科学事业所采取的一项重大举措。国家社科基金设立之初为 500 万元，之后逐年增长。特别是近些年，基金数额大幅度增加，从 1998 年的 2 800 万元增至 2012 年的近 12 亿元，增加了 42 倍多。目前，国家社科基金设置马列·科社、党史·党建、哲学、经济学、政治学、社会学、法学、历史学、文学、管理等 23 个学科及教育、艺术、军事三个单列学科。

表 4-3　1991—2012 年国家社会科学基金增长情况

单位：万元

年　度	1991	1992	1993	1994	1995
基金额	1 300	1 400	1 600	2 000	2 250
年　度	1996	1997	1998	1999	2000
基金额	2 350	2 500	2 650	3 800	4 950
年　度	2001	2002	2003	2004	2005
基金额	6 000	10 000	10 000	12 500	17 400
年　度	2006	2007	2008	2009	2010
基金额	22 700	23 000	30 600	38 401	59 954
年　度	2011	2012			
基金额	79 766	119 589			

近年来，国家社科基金开始直接资助教育学科，主要有四种途径。一是招标项目中，西部专项有教育社会学、教育经济学等交叉学科。二是后期资助项目申报范围为国家社科基金目前设立的全部 26 个学科，从 2012 年开始，教育学、艺术学、军事学（涉密成果除外）三个单列学科纳入受理申报范围，由各单列学科规划办分别受理。教育学科第一批后期资助项目共 9 项，资助 15 万元（相当于国家社科基金一般课题）。三是国家社科基金教育学科学术期刊资助，宗旨是：通过有重点、持续性的资助，促

进我国学术期刊改善办刊条件，提高办刊质量，扩大学术传播力和社会影响力。第一批入选名单5项（见表4-4），每种期刊每年资助40万元。年度考核优秀或者经费缺口确实较大的，可适当奖励或增加10万—20万元。四是2012年《国家哲学社会科学成果文库》入选教育学科1项，资助出版。

表4-4　国家社科基金教育学科学术期刊第一批资助对象

编号	期刊名称	主办单位
12QKA001	北京大学教育评论	北京大学
12QKA004	比较教育研究	北京师范大学
12QKA013	高等教育研究	华中科技大学 中国高等教育学会
12QKA026	教育研究	中国教育科学研究院
12QKA035	课程·教材·教法	人民教育出版社 课程教材研究所

1. 国家财政支持力度加大

一是全国教育科学规划资助经费不断提高。国家社会科学基金教育学作为国家社会科学基金的单列学科，其项目名称、项目层级和经费资助与国家社会科学基金标准相同。教育部级课题经费资助标准不断提高，自2004年起取消了自筹经费课题，实现了所有课题均有一定的经费资助。自2009年以来经费总量迅速增长，年平均增长率为31.57%①。

自1983年以来，全国教育科学规划从“六五”到“十一五”，总经费数从50万元逐步增长到7 540万元，增长了150多倍。增速较快的“十一五”（7 540万元）是“十五”（2 820万元）的2.67倍。“十二五”期间经费迅猛增长，2011年达到

① 高宝立，刘贵华．教育研究年度报告：2012［M］．北京：教育科学出版社，2014：18.

2 800 万元，2012 年增长到 3 900 万元，2013 年为 4 230 万元。投入经费详见表 4-5、表 4-6 和图 4-3。

表 4-5　全国教育科学规划从“六五”到“十一五”投入经费和立项课题数

年份	六五	七五	八五	九五	十五	十一五
评审次数	1 次	1 次	1 次	2 次	3 次	5 次
课题数（个）	36	124	457	864	2 841	2 840
经费（万元）	50	278	670	1 049	2 820	7 540

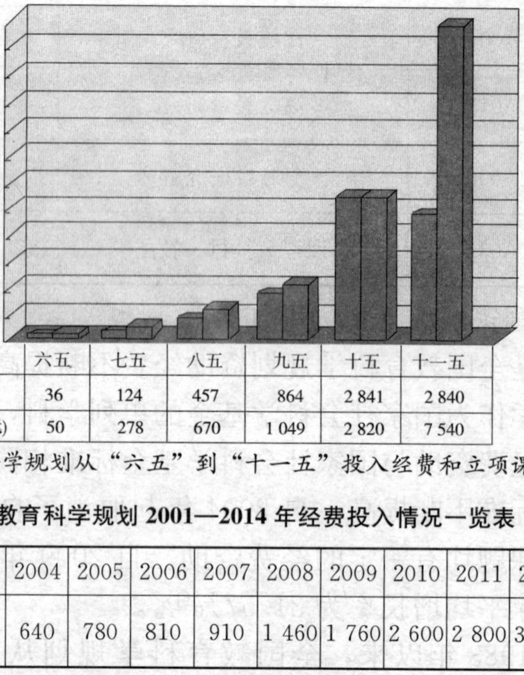

图 4-3　全国教育科学规划从“六五”到“十一五”投入经费和立项课题数

表 4-6　全国教育科学规划 2001—2014 年经费投入情况一览表

年度	2001	2002	2003	2004	2005	2006	2007	2008	2009	2010	2011	2012	2013
经费（万元）	340	530	530	640	780	810	910	1 460	1 760	2 600	2 800	3 900	4 230

从经费投入结构看，教育部经费投入保持稳定，国家社科基金投入逐年增加，年均增长率为 44.14%，到 2012 年占全部经费的 84.62%①。

① 高宝立，刘贵华．教育研究年度报告：2012［M］．北京：教育科学出版社，2014：18.

省级教育科学规划经费也明显增长。2006—2008 年，各省投入经费 3 118.5 万元、2 142 万元、1 805 万元，平均每省 227.92 万元，经费数较“十五”有所提高。依据经费资助力度大小，依次为上海、北京、江苏、湖南等。增速明显的如北京市，其教育科学规划经费由 2011 年的 250 万元增至 2012 年的 600 万元；湖南省“十一五”省本级教育科学规划专项经费投入比“十五”增加 1 200 万元，投入总金额居全国第四位。2014 年，广东省教育科学规划本级经费接近 1 000 万元，单项重大招标课题经费达到 20 万元；北京市教育科学规划项目经费达到 750 万元（其中规划课题经费 500 万元，重大课题资助 30 万元，优先关注课题资助 15 万元）；湖南省教育科学规划本级经费创历史地达到 500 万元。

二是高校人文社会科学研究项目资助经费不断提高。教育部人文社科研究项目发展成为由一般项目、重点研究基地项目、重大课题攻关项目和后期资助项目等构成的适合不同研究水平、不同职称结构、不同年龄结构、不同研究方式的项目资助体系，呈现出目标明确、层次分明、基础研究和应用研究相互补充、协调发展的格局。

“十一五”期间，教育部人文社科研究经费从每年几千万元迅速增长到 4 亿元，项目资助体系不断完善，立项规模和资助力度不断加大。

三是基本科研业务费逐年增加。近年来，国家加大对中央级公益性科研机构科研事业的支持力度，逐步形成了稳定的专项科研经费拨款机制。如中国教育科学研究院从 2006 年的 385 万元增长到 2014 年的 1 050 万元。

四是其他政府部门投入增长。国家出版基金资助力度不断加强。2013 年度国家出版基金资助项目，资助 340 项，所有项目的资助总额为 35 866.82 万元。教育科学出版社申报的“教育科研成果资源建设”项目获得600万元资助，“中国少数民族教育政策研究”系列丛书、“中国欠发达地区农村幼儿园多媒介语言教育资源”受助金额达30万元、208万元。

博士后研究资金重点项目和一般项目，资助力度在3万—5万元。2012年，重点项目提高到10万元。

中共北京市教育工作委员会、市教育委员会“两委”委托项目分为重点课题和一般课题，每年经费达到200万元以上。重庆市教委设立面向全国的招标课题“教育对重庆经济发展的效益”资助经费达到40万元。贵州省教育厅面向全国的招标课题每项课题研究费由投标人自填，最高不超过8万元，对于无责任单位的投标人，课题立项暂不付费，待课题获认可后，按其中标金额的1.5倍支付课题经费，这也是此次招标活动的一大创新。

2. 社会企业支持力度加强

从全国教育科学规划的合作项目看，社会企业的投入从2006年的20万元提高到2010年的334万元，五年累计达到770万元，是“十五”时期的3.13倍，表明社会对教育科研的认识明显提高。

此外，英语报刊社长期支持英语教学研究。多年来，为适应我国经济社会和高等教育发展的新形势，推动我国高校外语教学改革，鼓励和支持高校外语教学和科研，提升教学、科研质量和教师综合素质，催化优秀研究成果的出版，上海外语教育出版社和中国外语教材与教法研究中心设立了“全国高校外语教学科研项目”。

3. 境外经费支持力度加强

福特基金会资助21世纪教育研究院、中国高等教育学会等机构开展教育研究，单项经费上百万元。

4. 单位自筹力度加强

中央教育科学研究所从“八五”起设立所级课题，从平均每项几千元增加到平均资助1万元。教育部教育考试中心设立专项经费，资助本部门人员开展教育考试研究；研究生与学位教育发展中心设立20 000—30 000元的重点课题和2 000—5 000元的一般课题。

（三）单项资助力度逐步提高

随着教育科研从经验思辨走向调查和数据，对研究经费产生了越来越大的需求。大投入大成果改变了教育科研不需要多少经费的观念，直接刺激了单项科研经费投入力度。

1. 全国教育科学规划

经常性经费的增长加大了对单项课题的资助力度。一是资助水平逐年提高，最高标准从1983年的最高2万元增长到2014年的30万元；二是平均资助标准逐年升高，从“六五”期间的平均每项1.38万元提高到“十一五”期间的4.21万元；三是重点项目与国家社会科学基金同类项目逐步缩小差距，资助标准基本相当，2011年国家社科基金教育学重点课题资助标准为30万元，一般课题资助标准为18万元，青年基金课题资助标准为15万元；四是教育部级别课题资助经费标准提高，取消了自筹经费，实现了全资助，教育部重点课题平均为3万元，教育部青年专项课题平均为2万元。

2. 高校人文社会科学研究项目

“十一五”期间，教育部人文社科研究经费从每年几千万元迅速增长到4亿元，项目资助体系不断完善，立项规模和资助力度不断加大。2012年度教育部哲学社会科学研究重大课题攻关项目招标课题共50项，从最初的无经费资助到设立重大攻关项目，每个项目的资助经费原则上为30万—80万元。

3. 其他科研项目

科技部于2007年启动了首次全国性的科技基础性工作专项①“中国儿童青少年心理发育特征调查”项目，由北京师范大学董奇、林崇德主持，组织全国40多所高校的80多名心理学领域的专家联合开展为期三年的调查工作，对我国十多万名6—15岁儿童青少年进行认知能力、学业能力和心理健康三大领域的心理发育状况测查，以建立儿童青少年各阶段心理发展的标准与常数，编制儿童青少年心理发育手册，建立标准化的心理测查工具与功能完备的数据库，并在此基础上撰写儿童青少年心理发展状况分析报告和相关政策建议报告，获得资助经费3 000万元。2012年获得国家自然科学基金重点项目资助的北京师范大学钟秉林承担的“中国教育资源配置理论与重大现实问题研究”项目，是首次在教育管理领域获得的重点项目资助，也是国家自然科学基金委员会在该领域批准的为数极少的重点项目之一，重点项目平均每项资助300万元。

4. 社会资助项目

霍英东基金会高等院校青年教师基金，每项提供5 000—20 000美元的资助，青年教师奖，每项奖金1 000—5 000美元。从2003年开始设立“优选资助课题”，其青年教师基金基础性研究课题，资助额不超过20 000美元；青年教师基金应用研究课题资助额为20 000美元。

二、科研经费缺乏稳定增长机制

多年来，科研经费不断增长。2012年，全社会研发支出达

① 科技基础性工作是通过对科学数据、物质资源、科学标本、资料、信息的采（收）集、整理、保存、传输以及制订相关技术基础标准，为科学研究与技术开发提供共享资源和条件的工作。2007年启动的科技基础性工作专项，有30个项目正式实施，项目总经费约2.5亿元。

10 298.4 亿元，居全球第二，占 GDP 的比重由 2002 年的 1.07%跃升为 2012 年的 1.98%。其中，财政科学技术支出为 5 600.1 亿元。2013 年全社会研发支出占 GDP 的比重超过 2%。2011 年，科技部提出未来五年国家综合创新能力世界排名“从目前的第 21 位上升至前 18 位”。教育科研经费却没有成比例地增加，而对教育科研创新能力和服务水平的要求不断提高，形成了投入不足而要求升高的状况。近年来，在深入实施科教兴国战略的背景下，国家逐年加大了对科研的经费投入。近年来研究经费持续以 20%的比例增长，但这种增长没有对科学研究起到应有的强大的促进作用，现行科研经费分配体制甚至在某种程度上阻碍了中国创新能力的发展。庞大的科研经费往往并没有转化成真正的生产力，一个投入几万元的科研项目最后只换来一两篇垃圾论文的实例举不胜举。科研投入财政项目分散重复，管理不够科学透明，资金使用效益低下，跑、冒、滴、漏现象十分严重，科研经费监管不力、使用不透明、缺乏审计等问题比较突出。科研经费甚至成了部分人的私有福利，蜕变为“圈钱”的工具。

（一）经费总体不足

科学基金的运作模式是我国政府资金管理一个成功的样本，这笔资金投入产出效率很高，但是强度仍然偏弱。

自然科学基金和社会科学基金不成比例，很难做到同等待遇，实现共同发展。2012 年中央财政对国家自然科学基金投入继续大幅增加，投入资金超过 150 亿元。而同期社会科学基金投入 12 亿元，两者之比为 12.5∶1。

全国教育科学规划课题总经费不足。“六五”期间，教育科学规划课题经费只有 50 万元，立项数为 36 个。“十一五”期间国家计划投入资金 4 000 万元，如果加上省、地配套经费，其经费总量将达到 1 亿元。尽管经费总量大幅增加，但单项课题经费相对不足。以 2009 年为例，全国教育规划教育部重点项目单项经费为2万元，而同期国家社科基金的同类项目经费是8万元，国家自然科学基金同类经费达到18万元，教育科研课题经费明显偏低。各省份教育规划研究的课题经费更少，至2009年底，全国还有10个省的教育规划项目投入经费为零，其他各省份年平均投入经费为90.35万元，年平均立项数500项左右，其单项投入经费不足2 000元。2012年教育部重点课题、教育部青年课题也只有3万元、2万元。还有一些省份没有常设经费，依靠临时拨款或自筹经费，难以保证课题研究质量。

教育部人文社会科学研究还有自筹经费项目。2013年度教育部人文社会科学研究一般项目分为：①规划基金项目，资助经费不超过10万元；②青年基金项目，资助经费不超过8万元；③自筹经费项目，经费由申请者从校外有关部门或企事业单位自筹，自筹经费不低于8万元。

1. 与教育科研事业的需要相比

强国先强教，强教必先兴科研。与教育科研大国的需求相比，与国际先进水平相比，我国教育科研投入水平长期偏低，人均教育科研经费更低，难以支撑和促进教育大国向教育强国的历史性转变。

2. 与教育经费的比例相比

教育经费因为有占GDP 4%的指标约束，2012年国家财政性教育经费历史性地达到2.2万亿元。《教育规划纲要》提出“将中小学教师培训经费列入各级政府预算”，建立教师培训经费保障的长效机制，按照“学校年度公用经费预算总额的5%安排教师培训经费”规定，足额专款用于农村学校教师培训。近年来，建立健全财政投入为主体、社会投入和个人出资相结合的教师培训经费投入机制，确保教师培训计划的实施，教师培训经费历史性地达到8亿多元。但教育科研经费一直缺乏与教育经费相挂钩的稳定机制，增长缓慢，不成比例。

3. 与科研经费的增长比例相比

从 2007 年到 2012 年，中央财政用于科技的投入累计达 8 729 亿元，年均增长超过 18%。但对于教育科研的支持力度，年增长幅度相对缓慢，无论是基本经费还是科研专项经费区域差距都较大，北京、上海和广东等发达省份的经费投入比较充裕，大多数中西部省区教育科研投入相对不足。

4. 与教育科研的从业人员相比

教育科研参与人员众多，其中仅专业人员就达 10 多万人，而每年的稳定性教育科研经费大约 1 亿元，人均仅 1 000 元左右。

5. 与其他项目立项比相比

2011 年，国家自然科学基金面上项目（面大量广），重点项目平均每项 200 万元，一般面上项目每项达 20 多万元，平均资助率为 20.15%。2012 年平均资助率为 19.24%，管理科学部为 15.88%（面上项目合作研究单位不得超过 2 个）。2014 年一般面上项目进一步增长到 80 万元。

"十一五"期间，教育部社科项目立项比持续上升。其中，一般项目（包括规划基金项目、青年基金项目和自筹经费项目）共申报 69 816 项，总体立项数为 11 376 项，立项率为 16.29%，受益高校达 725 所，覆盖 31 个省（自治区、直辖市）；西部与边疆地区项目共立项 501 项，使西部地区 12 个省（自治区、直辖市）的 100 多所高校受益。而教育科学规划项目立项比长期徘徊在 8%左右。

6. 与国（境）外相比

一是与教育科研基金相比差距很大。全国教育科学规划总经费刚过 4 000 万元，加上地方教育科学规划，以及其他口径的教育研究经费，总经费在 1 亿元左右。这个数字与发达国家一个项目的经费数相近。

二是与国外教育科研机构科研经费相比差距悬殊。如美国教育科学研究所设在教育部，约200人，院长由美国总统任命，负责全国的教育统计、评价、成果推广和信息传播，事业经费由国家预算投入，年度预算为2亿美元。日本国立教育政策研究所隶属日本文部科学省，共158人，按公务员管理，负责组织开展教育决策及法案起草的基础性调研和大型项目研究，年度拨款37亿日元，约合人民币3亿元。俄罗斯联邦教育科学院直接对联邦政府负责，在职人员1 700余人。参与制定国家教育政策、战略、目标及规划，培养高层次的教育科学人才，参加教科书、教育发展计划、教学用具、教育创新的鉴定，研究、总结和发布国内外的教育情报。韩国教育开发研究院，是政府资助的官办民营性质的国家级教育研究和开发机构，200人左右，主要承担开展教育政策和教育发展战略研究，提供教育咨询和信息服务，教育评估和咨询，国内外教育统计，国际合作研究，出版研究报告、杂志和简报，国家投入每年约4 000万美元，约合人民币2.6亿元。需要关注的是，我国台湾地区2011年成立了“教育研究院”，主要职能是开展课程纲要、学力指标和课程发展的研究，教材研究编辑实验及推广；标准化测验工具研究，学科试题开发、学业成就评估资料库建设，教育长期追踪资料库建设；教育指标研究，教育制度及政策研究，教育民意调查与资料库的建置等，每年经费预算26亿新台币，折合人民币约6.5亿元。而中国教育科学研究院2013年，各种财政拨款在3 000万元左右，基本科研业务费不足1 000万元。

（二）多方重复投入

多年来，教育科研经费增速较快但总量不大，又存在多头资助的状况，不同资助机构主要是按人群划分而非主题划分，中央和地方资助同口径，层层重复，又缺乏统一的数据库查重，导致严重的重复投入、重复建设，经费使用效益低下，投入产出比降低，每万元论文和10万元著作产出不断下降。

1. 政府不同部门重复投入

最明显的是全国教育科学规划和高校人文社会科学项目资助有所交叉，除了申报人群有所不同，项目之间无多大区别，经常出现一题两报、一人两报现象。

2. 中央和地方重复投入

由于中央和地方只有层级区别而无功能区别，因此造成国家社会科学基金（教育学）和省级社会科学基金、全国教育科学规划和省级教育科学规划项目重复，教育部高校人文社会科学项目与省级高校人文社会科学项目重复。

3. 历史前后重复投入

立项科研课题缺乏查重机制和信息公开渠道，导致有的课题多次被立项，反复炒冷饭。

4. 国内外重复投入

有的立项课题了无新意，或照抄国外已经完成的研究课题，或搬用国外的成熟技术与方法做验证性研究。

（三）经费使用结构不合理

项目经费是指在项目研究过程中发生的与研究活动直接相关的费用，项目内容包括资料费、数据采集费、差旅费、会议费、国际合作与交流费、设备费、专家咨询费、劳务费、印刷费、管理费等 10 项。

1. 劳务费比例过低

劳务费是指在项目研究过程中发生的支付给直接参与项目研究的在校研究生和其他课题组临时聘用人员等的劳务性费用。劳务费集中体现科研活动特别是人文社会科学研究脑力劳动的特点，但目前劳务费的支出总额有明确的限制，专家咨询费规定为在项目研究过程中发生的支付给临时聘请的咨询专家的费用，不得支付给课题组成员及项目管理的相关人员。国家社科基金规定，专家咨询费和劳务费均规定重大项目不得超过项目资助额的

5%，其他项目不得超过项目资助额的10%。从收入分配的角度看，我国绝大部分科研人员都分布在研究型大学和科研院所，收入格局属于典型的事业单位体制下的管控型工资体系。和发达国家的研究型大学和科研院所的科研人员相比，单靠工资收入的科研人员很难维持有尊严的科研生涯。为此，很多科研人员转而从科研经费中寻求一定的补贴，获得补贴的过程必然会涉及违规报销等问题。此外，我国财政性科研经费中对于人员性经费的严格限制（包括比例限制和身份限制等），使得科研人员的智力劳动得不到必要的补偿和认可，也会转而通过违规报销等渠道获得一定的补偿。根据规定，自然科学基金重大项目与面上项目（一般项目）劳务费上限分别为资助经费的10%与15%，社科基金重大项目与其他项目劳务费上限分别为5%与10%，且劳务费“指用于直接参加项目研究的研究生、博士后人员的劳务费用”，有薪酬的大学教师不能获取劳务费。美国国家科学基金会（NSF）规定：大学教师担任项目高级研究人员，工资补贴不能超过相当于他们两个月的常规薪水，给大学教师劳务费。但美国大学教师一年通常只有9个月薪水，假期无薪，所以美国国家科学基金会对科研人员的激励考虑了这一点。中国公立大学教师一年发12个月薪水，按理不能再从国家科研项目中取得工资补贴，但薪酬低又是事实。

2. 调研费和实验费比例过低

调查研究和实验研究是获得准确信息的重要来源，也是教育科研的基本方法。但目前的课题立项重层级轻内容，按统一标准拨款，不分工作性质和难度，很难支持大规模的调查研究和长期的实验研究，研究者也不愿进行费事费力费时费钱的调查研究和实验研究。

3. 缺少配套资金支持

现行的科研项目设计建立在已有支撑条件的基础上，由课题承担人所在单位支付基础设施和配套资金。但对课题承担单位项目管理费的支出总额有严格限制，严禁超额提取和重复提取。管理费是指在项目研究过程中对项目负责人所在单位为组织和支持项目研究而支出的费用，如重大项目每项不超过 5 000 元；其他项目不得超过项目资助额的 3%，其中年度项目中的重点项目每项不超过 3 000 元，年度项目中的一般项目、青年项目和西部项目、后期资助项目每项不超过 2 000 元。这样课题承担单位很难有积极性。

（四）管理粗放

近年来，国家越来越重视科研管理的规范性，要求科研管理部门不断完善项目评审，实行了匿名评审、同行评审、评审回避、评审专家信誉保证、评审结果公示和信息反馈等多项制度，避免非学术因素对项目评审的影响。修订项目管理办法、成果鉴定和结项办法等管理文件，从项目开题、中期检查、成果鉴定与推广等各环节实施制度化、规范化管理，提高管理的科学化水平。强化科研经费预算和决算管理，项目经费专款专用，经费使用效益显著提高。入围国家社科基金/国家自然科学基金等政府资助的科研项目，必须树立学术标准。就社科项目而言，最起码是真学术，即是要解决一个界定清晰且有学术价值的具体问题。而不能像某些本科生写敷衍性质的毕业论文：话题必定宏大，立意必定高远，什么材料都可以往里凑，搞出来的必然是大而无当的伪学术。

管理粗放，信息不对称、不公开，任意对外划拨经费，随意调整预算，超范围支出，挪用经费，报假账等情况时有发生。政府资助机构必须对科研项目进行全过程的精细化监管。2002 年《国家自然科学基金项目资助经费管理办法》只有 30 条，2007 年《国家社会科学基金项目经费管理办法》内文只有 24 条另加 11 条说明，尚缺乏具体的实施细则。

1. 经费管理标准不一

国内各主要资助机构经费管理标准情况见表 4-7。

表 4-7 国内各主要资助机构经费管理标准比较

资助部门	经费开支	专家咨询费	劳务费用	管理费用
《国家自然科学基金项目资助经费管理办法》（财教〔2002〕65号）	研究经费（科研业务费：测试、计算、分析费，动力、能源费，差旅费，调研和学术会议费，资料、论文版面费和印刷费，文献检索、入网等信息通讯费，学术刊物订阅费。实验材料费：原材料、试剂、药品等消耗品购置、种植、养殖费，标本、样品的采集加工费和包装运输费。仪器设备费、实验室改装费）、国际合作与交流经费、劳务费和管理费	面上项目国际合作与交流经费不得超过自然科学基金资助经费的15%；重点项目、重大项目国际合作与交流经费不得超过自然科学基金资助经费的10%。	劳务费是指用于直接参加项目研究的研究生、博士后人员的劳务费用。面上项目劳务费不得超过自然科学基金资助经费的15%，重点项目、重大项目及各类专项的劳务费不得超过自然科学基金资助经费的10%。	管理费不得超过自然科学基金资助经费的5%，协作单位不得重复提取。

续表

资助部门	经费开支	专家咨询费	劳务费用	管理费用
《国家社会科学基金项目经费管理办法》(2007年4月发布) 《全国教育科学规划课题经费管理办法》(2012年)	资料费、数据采集费、差旅费、会议费、国际合作与交流费、设备费、专家咨询费、劳务费、印刷费、管理费	咨询费的支出总额，重大项目一般不得超过项目资助额的5%，其他项目不得超过项目资助额的10%。	重大项目不得超过项目资助额的5%，其他项目不得超过项目资助额的10%。	重大项目每项不超过5 000元；其他项目不得超过项目资助额的3%，其中年度项目中的重点项目每项不超过3 000元，年度项目中的一般项目、青年项目和西部项目、后期资助项目每项不超过2 000元。
《教育部人文社会科学研究项目管理办法》	资料费、数据采集费、差旅费、会议费、国际合作与交流费、设备费、专家咨询费、劳务费、印刷费、管理费、其他	重大项目一般不得超过项目资助额的5%，其他项目不得超过项目资助额的10%。		一般项目的管理费每项不超过2 000元，重大重点项目每项不超过3 000元。

2. 预决算制度不合理

国家审计署2014年第8号公告曝光了科研经费使用乱象中的典型案例和常用手法，如使用与课题无关的票据报销科研经费、编造劳务人员名单冒领劳务费。究其根源，既有制度设计和诚信体系等方面的原因，也有收入分配和科研文化等深层次的因素。从制度设计角度看，从中央到地方，各级政府和科研项目承担单位都陆续出台了一系列的科研经费管理和使用制度，而且很多规定还非常严格。但由于科研活动的特殊性，课题负责人和经费管理者之间存在着明显的信息不对称，经费管理者往往很难判断票据与科研活动之间是否真实对应，按照行政意图设计的硬性预算很难体现科研的变化要求。再加上现有的法律法规对违规报销科研经费行为的惩处标准缺乏权威统一的规定，有的仅仅是退还了事，有的是行政记过处分，只有极少数因贪污罪而被判刑，从而导致违规报销科研经费的机会成本很低。现行课题拨款按照立项级别，而非实际需求，导致研究经费用需不匹配；课题负责人认为拿到项目就是自己的钱可以随意支配，通过虚报、冒领报销剩余经费。

预算不完整，监管有漏洞；预算不真实，缺乏公信力；预算不精细，难以执行；预算不实际，编制时间短。预算承袭传统的基数加增长模式。

结余经费规定不一。自然科学基金经费管理办法规定，结题项目的结余经费，仍用于项目依托单位的自然科学基础研究或部分应用研究工作。有的项目管理单位虽要求返还，但实际上又无法操作。

3. 财务监管不到位

财务报销审查不严格，报销流程存在漏洞。科研经费报销审核流于形式，从财务角度，只管审核票据的合法性而不问合理性，对单位配套资金和横向合作经费管理更为宽松，遇到麻烦，一般通过技术处理大多可以“通融”。

从诚信体系建设的角度看，我国科研领域还存在着明显的多头申请、重复资助等现象。这样就必然导致科研项目申请过程中的虚假承诺屡见不鲜，预算交叉在所难免，经费执行也就不可能是真实的科研活动支出了。再加上长期以来形成的重立项轻过程、重经费轻成果的科研管理格局，使得科研经费支出的监管往往流于形式。监督事后查处多，事前监控少，一些被监控单位摸准了这“老一套”行动规律，也采取相应对策，想方设法躲避监督，致使一些突击的检查监督每每流于形式，难以深入①。

4. 责任追究机制不健全

课题管理出现“重立项、轻监管、淡成果”的问题，科研管理部门“只管拨钱，而对效果不甚重视”的做法，管理重程序轻绩效，助长问题经费的发生。虽然对经费管理制定了操作办法，但不少在执行中容易大而化之。对违反经费管理规定的惩处，有的是进行“内部通报”，有的要求课题负责人把违规资金退回了事。惩处力度不足、弹性空间大使得违法成本低，是问题科研经费屡有发生的原因之一。

5. 评价方式单一

从科研文化的角度看，我国传统文化中的很多观念在科研领域也有鲜明的体现。例如，“官本位”文化使得科研资源的配置过程中，行政权力明显大于学术权力。“人治”文化导致科研项目的立项、经费分配和成果鉴定等环节都成为人情的“衍生物”，从而使得部分学者不得不通过寻租方式以获得科研项目，寻租成本最终还得通过违规报销等方式转嫁到科研预算中。重层级轻内容，经费多少、课题级别成为主要的评价尺度。资助单位关注争取经费，课题承担单位关注经费，课题负责人关注经费，很少关注成果的数量和质量。全国教育科学规划课题成果从无明确规定（研究报告）到明确规定（研究报告加公开发表），从统一要求到分类要求。《全国教育科学规划课题成果鉴定结题细则》（2012

① 姜刚，李放. 一些知名教授频陷“问题科研经费门”透视 [N]. 中国青年报，2014-06-24.

年）规定，国家重大（重点）课题应在国家一级出版社出版 40 万字以上学术专著 1 部，并在 SSCI 或 CSSCI 期刊上发表 3 篇以上系列论文；国家一般课题应在国家一级出版社出版 30 万字以上专著 1 部、在 CSSCI 上发表 3 篇系列论文；国家青年基金课题应在国家一级出版社出版 20 万字以上专著 1 部、在 CSSCI 期刊上发表 2 篇系列论文。教育部重点课题应出版 20 万字以上学术专著 1 部，或者在北京大学图书馆版核心期刊上发表 3 篇系列论文；教育部青年专项课题应出版 20 万字以上专著 1 部，或者在北京大学图书馆版核心期刊上发表 2 篇系列论文；教育部规划课题应出版 20 万字以上专著 1 部，或者在北京大学图书馆版核心期刊上发表 1 篇论文。鼓励课题研究成果在国外学术期刊发表。这样就做到了分类要求和基本质量保障。

《教育部人文社会科学研究项目成果鉴定和结项办法》（2007 年）则规定：①重大项目最终成果先鉴定后出版，鉴定和出版工作由教育部社科司统一组织；②一般项目成果鉴定和结项工作，地方高校以省（自治区、直辖市）教育厅（教委）为单位，中央部委所属高校以学校为单位，由各单位社科研究管理部门负责组织实施；③后期资助项目最终成果可免予鉴定，由教育部社科司商有关出版社统一装帧编辑出版。显然对不同投入的成果并没有相应的数量要求，但明确所有鉴定和结项情况在“中国高校人文社科网”（www. sinoss. net）等媒体公布。项目成果转入项目成果库集中保存、展阅，鼓励成果作者将项目成果电子版上传“中国高校人文社科网”项目成果电子库公开发表。成果和成果摘要除择优选报有关部门外，还向有关媒体推介，或结集出版。这样就使研究成果纳入社会监督。

三、科研经费改革方向

教育科研经费改革既要考虑我国国情，也要吸取国际经验，着重制度建设，管住长远、管住根本，经费重点从筹措到管理，经费管理是手段，出成果出人才是目的，管理服务于目的，要把经费管理和目标管理紧密结合起来，以经费管理促进目标管理，以目标管理带动经费管理。2011 年 9 月 14 日，财政部、科技部联合发出《关于调整国家科技计划和公益性行业科研专项经费管理办法若干规定的通知》，就调整课题经费开支范围，强化预算编制和评估评审要求，加强资金拨付和结存结余经费的管理等问题做出新的规定。调整课题经费开支范围方面，建立课题间接成本补偿机制，将课题经费分为直接费用和间接费用。间接费用使用分段超额累退比例法计算并实行总额控制，按照不超过课题经费中直接费用扣除设备购置费后的一定比例核定。强化预算编制和评估评审要求方面，课题申请单位应科学、合理、真实地编制课题经费预算。课题直接费用各项支出不得简单按比例编列。课题经费预算评估评审中，不得简单化地按比例核减课题直接费用预算。建立健全课题经费预算评估评审的沟通反馈机制。2014 年 1 月 22 日国务院常务会议，决定改革中央财政科研项目和资金管理办法，使财政科研资金突出助优扶强，流向能创新、善攻坚的优秀团队和符合经济社会重大需求的项目，提高资金配置效率，把政府引导支持和企业主体作用有效结合起来。财政资金积极支持基础前沿、战略高技术、社会公益和重大共性关键技术研究，建立财政投入与社会资金搭配机制，发挥“四两拨千斤”的撬动作用。因此，教育科研投入要顺应国家科研投入多元化的大趋势（“十二五”期间，财政科技投入和全社会研发投入年均增长超过 20%，全社会研究开发投入占国内生产总值的比例由 1.39%提高到 1.76%，社会投入比例越来越占据优势，研究开发投入来源和支出结构已经接近经合组织国家，企业研究开发投入占全社会的份额高于欧美发达国家的平均水平，政府投入的比例下降，企业正在向创新主体转变，处于企业研究开发投入快速增长阶段）。在努力增加政府投入的同时，注意调动学校和企业、社会支持教育科研的积极性。近日国务院印发《关于加强中央财政科研项目和资金管理的若干意见》，对改进中央财政科研项目和资金管理做出全面部署，要求“坚持遵循规律，坚持改革创新，坚持规范高效”的原则，加快建立适应科技创新规律、统筹协调、职责清晰、科学规范、公开透明、监管有力的科研项目和资金管理机制。

（一）合理分工

一是在顶层设计上合理分工，建议教育科学规划着重应用研究，高校人文社会科学项目侧重基础研究，省级项目侧重区域性和民族性特色研究，这样有利于避免各种形式的小而全、大而全，在制度上避免重复建设。二是建立查重数据库，在技术上避免人为地重复申报，还要从信息上避免非人为的重复申报。三是按课题研究类型（理论、应用）而非课题级别（国家级、省部级）进行拨款，综合考虑工作量、难度和创新要求等。

（二）管评适度分离

一是加强管理，明确标准。重视过程管理，不断完善项目评审，实行匿名评审、同行评审、评审回避、评审专家信誉保证、评审结果公示和信息反馈等多项制度，避免非学术因素对项目评审的影响。修订项目管理办法、成果鉴定和结项办法等管理文件，从项目开题、中期检查、成果鉴定与推广等各环节实施制度化、规范化管理，提高管理的科学化水平。美国科研经费虽也包含人员费用，但其用途只包括相关人员的劳务费、培训费、学术交流费。更重要的是，美国从事前、事中和事后对科研经费进行全程监管。以世界上最大的医学研究机构、每年预算超过300亿美元的美国国家卫生研究院为例，事前监督主要是严格项目立项申请和审查，避免人情项目、欺诈项目；事中监督主要是审查项目进度、成果发表、经费使用等情况，确保科研经费使用正当；

事后监督主要是经费审计。一旦发现问题，受资助单位必须纠正或退还资助款项，并可提交司法处理。美国很多大学开设有科研职业道德课程。某个科学家一旦被发现有违规行为，即使够不上法律制裁，在同行中也会身败名裂，吃不上“科学饭”。美国国家科学基金会资助除医学之外的社会科学、自然科学与工程项目，其《申请、资助政策及程序指南》是一本 168 页的书，对每项费用是否合法、如何支出，都尽可能做到细致具体、易于操作。如对经费的利息如何处理、到外地参加会议乘坐哪种交通工具都有明文规定[①]。该资助多少钱，不宜一刀切。应根据每个项目研究性质与研究方法的不同，有针对性地编制预算，将资助金额精确到一元钱。大额资助应学习风险投资，按项目进度定期评估，分期拨付。

二是强化科研经费预算和决算管理，实行零基预算、绩效预算，保证项目经费专款专用，显著提高经费使用效益。

三是实施第三方专业绩效评价。2011 年，国家自然科学基金引入国际组织进行第三方绩效评价，社会科学包括教育科学基金也适当引入第三方绩效评价，以增强社会公信力。2006 年，国家审计署对国家社会科学基金项目经费 2005 年度预算执行情况实施了审计。2011 年聘请会计师事务所对项目经费预算、经费使用审批、财务审核报销、固定资产管理和结余经费使用等情况进行全面独立的审计，突出了对项目经费支出范围、支出比例、支出合规性以及科研关联度的数据分析，增强了针对性和实效性。2012 年，国家社会科学基金项目开始实行第三方研究经费审计。这些都是向着规范管理、科学管理方向的进步。

（三）明确劳务经费和单位基础支持经费

美国国家科学基金会明确规定科研项目直接费用八大项，比

① 陈斌. 别把科研经费当肥肉 [N]. 南方周末，2014-07-10.

较强调人力资源的作用，研究中劳务成本占据40%—60%，包括课题负责人及行政管理和辅助人员的工资和津贴。明确规定支付高校教师劳务费用最多不超过2个月。

（四）着重成果质量导向

建立和完善科研预算审核和科研经费会计核算制度。各高校和科研机构应在财务管理部门或科研管理部门设立专职岗位，协助项目负责人，按照政策相符性、目标相关性和经济合理性的原则，科学、合理、真实地编制项目预算，并加强财务监督，提供全过程服务。学校财务部门应加强科研项目的核算，确保核算内容和财务信息的真实、准确和完整。

（五）健全科研项目经费信息公开制度

增强财务信息的透明度，规范财务支出管理。应逐步探索建立项目绩效情况公示、项目信息公开以及违规使用科研经费行为公开制度，接受同行和社会的监督，堵塞挪用、挤占科研经费的漏洞。近年来，国家自然科学基金和社会科学基金经费用途信息全公开，接受社会监督，收到了较好的效果。定期对科研经费的使用和管理进行检查，及时发现问题并尽早予以解决，确保科研经费合理使用。

（六）完善科研经费管理奖惩机制

相关部门应出台权威而统一的科研经费违规报销惩处办法，提高违规报销者的违法成本。对科研经费使用的相关性、真实性、有效性和合理性承担相应责任。对规范、科学、有效使用科研经费并做出突出成果的项目、单位或个人应给予表彰和奖励。对组织不力或行为不当的项目和单位，有权进行管理和干预，对有关责任人进行批评教育，并报告项目委托单位。在科研经费使用、管理中有违法违纪行为的，应追究有关单位和人员的相应责任。要把科研经费管理好、运用好，发挥最大效益，就需要加大公开、透明、审计、监督的力度。在项目管理改革方面，项目申报阶段应拓宽项目推介的渠道，项目评审阶段应推广应用网络评审。净化答辩环境，节约科研人员答辩时间；把项目评审管理过程全部录音录像，做到可申诉、可查询、可追溯。按照科技人员的需求，加快拨款速度，加强项目经费预算评审，每一个课题结题后百分之百地审计。建立权威的科研信息公开平台和制度，形成一个透明的、各部门在一起的科研信息部署平台；进一步推行成果报告制度，要把结题验收后的项目放到网上；加强经费的巡视，建章立制。做到课题项目有预算及预算调整规矩，发挥法人的重要作用。对于在课题项目申报中失败的，要告知专家评审结果及失败原因，使他们下次申报的机会更大；要调整经费投入比例，在技术前沿方面增加持续稳定支持。要整合科技、财政、审计等部门力量，确保经费公开、透明、高效使用。

对课题经费的管理和使用应由行政监管转向科学管理，建立全程监管机制。应建立科学有效的经费评价机制，通过引入第三方监督评价机构，全程对科研过程和成果进行考评，并根据结果对课题经费进行适当调整。可根据贡献程度，对科研人员实行公开奖励，让科研资金释放出更大效应，激发科研人员的科研活力。综合运用“支付宏观管理＋主管部门监督＋架构内部监督＋审计部门事后监督”的模式。没有健全的预防和惩治腐败的制度，神圣的科研殿堂也会沦为精英硕鼠的乐土，难以摆脱腐败的阴影。打破研究经费管理中的各种潜规则，建立健康的科研文化。一个简单但重要的起点是所有新的研究经费必须基于学术优劣分配，而不再依赖社会关系。建立健全一种让科研机构精英群体不敢腐败、不能腐败、不愿腐败的制度环境，才是根治科研腐败的根本所在。应从国家层面建立并不断完善科技报告制度，推动科研过程和科技成果的开放共享。从科技发达国家的经验看，国家科技报告制度从建立到完善一般需要十到二十年的时间。随着我国科研经费投入不断增长，科研活动日益活跃，建立并完善国家科技报告制度将成为提高科研经费使用效率、助推创新型国家建设的重要选择。国家一方面要改革事业单位现有的工资体系，完善有吸引力的科研人员薪酬机制；另一方面应改革科研经费管理办法，适当放开财政性科研经费管理中的比例限制和身份限制等。借助于制度建设、舆论引导和国家奖励等多种方式渐进式推进。只有建立在完善的制度和诚信体系基础之上，不断完善科研人员的收入分配体系，优化我国的科研文化，按照多管齐下、标本兼治的原则，才能循序渐进地解决我国科研经费使用中的违规乱象。只有科研经费的分配和使用在阳光、法治、高效的轨道上进行，才能不断提高科研经费的使用效率，解除悬在科研人员头上的达摩克利斯之剑，焕发科研人员的无穷创新潜力①。

① 康小明. 科研经费使用“病症”须标本兼治［N］. 中国教育报，2014-06-26.

第五章

教育学科体系相对完整

教育科学是认识教育活动本质和规律的重要工具，是促进教育改革发展的基本保证。教育学科是社会科学体系的重要组成部分，是教育科学的学科化体系，是教育研究的结晶，是教育教学与研究人才培养的基地，是教育改革发展的思想库。我国教育学科既古老又年轻，在改革开放后走出了一条中国特色、国际视野的自主创新发展道路，从开放借鉴到自主创新，从关注理论建设到改革实验，完成了学科历史、译介、学科专业学位、教材教参、名词术语、技术方法、词典辞典、实验室、资源库、数据库等基础设施建设，培养出大批专业化人才，总结传播了中国教育经验，探索教育教学规律，为当代中国教育改革发展提供了理论指导，发现、思考和解答了一系列教育改革发展中的重点热点难点问题，推动了教育科学事业的发展，但在新的历史起点上面临一系列新的机遇和挑战，需要提高科学化水平。

一、学科体系臻于成形

（一）学科综合化特性明显

教育学是以“教育事实”为基础，在教育价值观引导下形成“教育问题”，归纳总结人类教育活动的思想经验，探索解决教育活动产生、发展过程中遇到的实际教育问题，其目的在于探索和揭示教育活动的规律性联系，以服务于教育实践的一门社会科学。教育是一种广泛存在于人类社会生活中、有目的地培养人才的活动，教育实践具有广泛性、丰富性，教育的问题及其影响因素纷繁复杂，如教育与社会的政治、生产、经济、文化、人口之间，教育活动与人的发展之间，教育内部的学校教育、社会教育、家庭教育之间，小学教育、中学教育、大学教育之间，中小学教育中教育目标与教学、课外教育之间，教育、教学活动中智育与德育、体育、美育、劳动技术教育之间，智育中教育者的施教与受教育者的受教之间，学生学习活动中学习动机、学习态度、学习方法与学习成绩之间等，都存在着规律性联系。教育学的任务就是要探讨、揭示种种教育的规律，阐明各种教育问题。作为教育科学体系中一门独立的学科，是在总结人类教育实践经验中逐步形成，经过长期积累而发展起来的，形成教育学理论体系。

1. 教育学科的共同特性

在科学研究领域，教育科学、自然科学和社会科学的研究问题和研究方法极为不同，但科学研究的本质特点却基本相同，都有一个连续而严密的推理过程，科学知识的发展经历了一个长期的、不断自我调节的过程。教育科学同样具有一定的客观性、必然性、稳定性、重复性，同样具有科学研究的一套指导原则：提出重要的可以进行实证研究的问题，研究与相关的理论相联系，使用能直接研究所提出问题的方法，提供合理、明确的推理过程，进行各种验证性研究与推广性研究，发表研究成果以鼓励专业人员的检查和批评[1]。

2. 教育学科的特殊性

教育科学也有不同于其他学科的一些具体情况，这些特点就其个别而言与其他专业领域和学术领域相比并不特殊，但一旦这些特点结合在一起时，就形成了教育研究的特殊过程。无怪乎有领导认为教育科学最重要、最紧迫、最复杂、最困难。教育科研在教育改革发展中的基础性、先导性和保障性作用，是教育事业科学发展的重要支撑。在整个社会科学和自然科学门类中，教育科研的重要性不亚于任何一门学科。

（1）教育科研的复杂性要求综合化。教育科学以人为根本研究对象。人是世界上最复杂的存在，把自然现象、社会现象、思维现象集于一身，社会性教育又是制度化教育的发展要求。从事教育研究，首先要懂得生物学、生理学。要研究人的成长发育规律，顺势而为。其次要懂得文化学、社会学、政治学。人是社会性动物，关涉家庭、群体、民族，也不能脱离国家的政治、文化的要求。再次要懂得思维科学、认知科学、心理学。最后，教育不仅仅是教育部门自身的问题，还是个社会问题。

（2）教育科研的应用性要求实验实践。教育学科重在研以致用，各种学术观点和理论学说、技术方法，都有待于教育教学实践历史的、群众的长期检验，必然体现在落实在促进学生身心健康发展上。充分认识任何教育实践都是蕴含着教育理论的，不存在不受教育理论制约的教育实践；坚信任何真正的教育学研究都应以教育问题的确定、分析、解释或解决为目的，不应是抽象的、空洞的和无味的概念思辨和事实分析；明了教育学研究之所以能够对教育实践起指导作用，是因为它是反思教育实践的知识基础，

[1] （美国）国家研究理事会．教育的科学研究［M］．北京：教育科学出版社，2006：10．

并为之提供新的教育知识，作为转变观念、创新制度和规范行为的基础。教育有自身的规律，孩子的成长等不得、拖不起，错过年龄段、错过时间，就会影响孩子的发展，甚至影响一生的发展。教育无小事，教育研究成果要反复试验，要经得起实践的检验。

(3) 教育科研的道德性要求个性化。教育充满了价值的驱使，各种不同的群体和政治力量都会对教育的政策和行为产生重要的影响，人人都是教育家。教育研究不仅要从科学理性的角度进行，而且要为每个受教育者提供适合的教育方式。

3. 教育学科的成熟标准

构建学科体系的目的，是将人类零散的认识根据其内在特征组成特定的知识结构以形成对世界的整体理解。它不但有利于在学科体系内部形成交叉综合效应，而且还是人类对自身认识活动的一种自我约束。在现代学术活动中，学科已经成为一种资格。只有特定的学问才可能被称为学科。

(1) 教育学独立的条件。历史上前教育学时期教育知识的丰富积淀，17—19世纪教育实践特别是师范教育发展的客观需要，近代以来科学分门别类发展的总趋势和一般科学方法的奠定，近代一些著名学者和科学家的不懈努力，使教育学独立具备了一定的条件。教育学独立的标志主要有：研究对象方面，教育问题成为一个专门的研究领域；使用的概念和范畴方面，形成了专门反映教育本质和规律的教育概念、范畴以及概念和范畴的体系；研究方法方面，有了科学的研究方法；研究结果方面，出现了一些专门的、系统的教育学著作；组织机构方面，出现了专门的教育研究机构。如果按照这个标准，教育学的独立是一个历史过程，前后经历了两百多年的时间。也有人认为只有符合“三独立”标准（即独立的概念系统、独立的研究方法和独立的研究对象）（陈桂生，1998）的知识体系才是学科。还有人认为，专门的学术共同体以及该学科的思想、方法在实践中被应用（侯怀银等，

2006）也是学科的评判依据。学科知识的体系性，要求知识体系内部的知识之间具有内在的逻辑一致性，即新旧知识是按照一个统一的逻辑框架组织起来的。

实际上，只要有明确的研究对象，研究方法、研究范围、概念系统等方面都会随着学科发展而明确化。也就是说，研究对象是学科诞生的标志，是存在性特征，而其他特征则是发展性特征。只有当一种知识体系演化到一定水平，这些学科的发展性特征才会清晰起来。学科的本质是知识体系，因此学科的独立性最终表现为知识体系的独特性，可以从学科的附属性特征来判断学科的独特性。

（2）知识积累是一门学科发展的基石。教育学科有一个从不成熟到成熟的发展过程。在实践中清晰显现出教育学逐步获得成为独立学科的重要标志：在研究对象方面，教育问题成为一个专门的研究领域；在概念和范畴方面，形成了专门的教育概念与话语体系；在研究方法方面，有了科学适用的研究方法；在研究结果方面，有了一些专门的系统的教育学著作；在组织机构方面，出现了专门的教育研究机构；在研究人才方面，涌现出一批代表性人物；在培养后人方面，拥有在高校开设专门学科的地位。

学科建设

学科一般是指在整个科学体系中学术相对独立，理论相对完整的科学分支，它既是学术分类的名称，又是教学科目设置的基础。它包含三个要素：构成科学学术体系的各个分支；在一定研究领域生成的专门知识；具有从事科学研究工作的专门的人员队伍和设施。学科本身具有两重含义：知识体系或学术分类；为培养人才而设立的教学科目。学科建设是教育科学的基础性建设，着重在知识积累、教材建设和人才培养，表现在加强组织领导，制订发展规划，投入资源。

（二）学科逐步发展

教育学科是一门古老而又年轻的学科。论其古老，是因为在两千多年前，由于教育实践的不断发展，人们已开始对教育实践中所积累的经验做出一定的总结和概括，反映在孔子、孟子、苏格拉底、柏拉图、亚里士多德等人的言论和著作中，在约公元前403年至前221年期间的《学记》是中国乃至世界最早的一部专门论述教育问题的专著。说其年轻，是说教育学开始从哲学中独立出来，成为相对独立的学科的时间不长：培根在《论科学的价值和发展》（1623）中首次明确提出建立教育学；夸美纽斯撰写了近代最早一本教育学著作《大教学论》（1632）；1776年，康德在哥尼斯堡大学开始讲授教育学，在《康德论教育》（1803）一书中明确提出“教育的方法必须成为一种科学”和“教育实验”的主张；赫尔巴特被认为是“现代教育学之父”或“科学教育学的奠基人”，他的《普通教育学》（1806）被公认为第一本现代教育学著作。

我国在引进学习国外教育学的过程中确立了中国教育学的学术地位，逐步形成中国特色的教育学科。20世纪后，世界主要教育学说、思潮和流派逐渐传入国内，程度不同地影响着中国教育理论和实践，如夸美纽斯教育学说、赫尔巴特教育理论、新教育思想、实验教育学、文化教育学、实用主义教育学、制度教育学、批判教育学和马克思主义教育学都通过不同途径影响中国教育。1901年，罗振玉创办中国最早的教育专业刊物《教育世界》。王国维翻译的日本学者立花铣三郎的《教育学》作为传入我国的第一部完整的教育学著作，曾连载于《教育世界》第9、10、11期，对我国近现代教育实践产生了重要影响，成为中国教育学发展的开端。民国时期，大学普遍设立教育系科，以借鉴、吸收和运用国外的教育理论和方法为主。新中国成立以来，早期学习借鉴苏联凯洛夫主编的《教育学》，在20世纪60年代后期则提出了建设

“有中国特色的教育学”问题，致力于教育学的本土化，以适应有中国特色的社会主义政治、经济和文化发展的要求。教育学逐渐奠定了特定的研究领域，形成了适宜的研究方法和研究技术，逐步从“自在”走向“自为”，学科化水平不断提高。

1. 教育学科的研究领域不断分化细化

与很多学科不同，以现实问题研究为中心的教育学科在理论上有着非常丰富的多样性，有理念探索的理论，有社会行动筹划的理论，有技术开发的理论。《中国大百科全书·教育卷》在“教育科学的分支学科”条目中，列举了教育学、教育哲学、教育心理学、教育管理学、中外教育史（两门）、比较教育学、教育社会学、教育经济学、教育统计学、学校卫生学、教育工艺学、教育未来学、分科教学法等 14 门学科①。瞿葆奎主编的 26 卷《教育学文集》是一项为我国教育科研铺垫道路的基础工程，主编的教育科学分支学科丛书包含了教育社会学、教育测量学、教育卫生学、教育评价学、教育心理学、教育哲学、教育技术学、教育生态学、教育行政学、教育统计学等。在这种教育科学分类体系中，涉及教育学科与其他学科的关系问题②，认为教育哲学、教育逻辑学、教育伦理学、教育美学等分支学科是把被运用的学科作为理论分析的框架，教育史学、比较教育学、教育统计学、教育评价学等学科是直接采用被运用学科的方法来分析教育问题，教育卫生学、教育技术学、课程论、教学论等分支学科则是综合运用多种学科门类解决实际的教育问题。这些学科群的出现，足以说明教育学科已能主动结合其他学科，不断扩大问题领域，研究日益专业化，并且取得了阶段性成果。

① 王坤庆. 20 世纪西方教育学科的发展与反思［M］. 上海：上海教育出版社，2000：2-3.

② 唐莹，瞿葆奎. 教育科学分类：问题与框架［J］. 华东师范大学学报：教育科学版，1993（2）.

按照教育部颁发的《普通高等学校本科专业目录（2012年）》，新版目录分设哲学、经济学、法学、教育学、文学、历史学、理学、工学、农学、医学、管理学、艺术学12个学科门类，规定了专业划分、名称及所属门类，是设置和调整专业、实施人才培养、安排招生、授予学位、指导就业、进行教育统计和人才需求预测等工作的重要依据。教育学分为3个一级学科（教育学、体育学、心理学）、17个二级学科〔教育学包括教育学原理、课程与教学论、教育史、比较教育学、学前教育学、高等教育学、成人教育学、职业技术教育学、特殊教育学、教育技术学（可授教育学、理学学位）；心理学可授教育学、理学学位，包括基础心理学、发展与教育心理学、应用心理学；体育学可授教育学、理学、医学学位，包括体育人文社会学、运动人体科学、体育教育训练学、民族传统体育学〕。以往属于教育学门下的交叉学科教育经济学、教育管理学设在管理学科门下。

2. 教育学科越来越成为高校的重要专业课程

在大学开设教育类专业课程并培养高层次教育人才是教育学科建设兴旺发达的重要标志。北京师范大学作为教育学科的发祥地，以1902年京师大学堂设立师范馆开设教育学课程为肇端，教育学科逐渐进入高校课程，成为师范生的公共必修课和教育专业学生的基础课。

（1）形成了若干品牌教材。新中国成立以后，北京师范大学等设立教育系科，学习苏联凯洛夫主编的《教育学》，编写出几套供师范院校使用的教育学教材。改革开放后，师范院校和综合大学陆续设立教育学系（院、部），开设教育学课程，出现了数百种教育学教材。迄今为止，人民教育出版社、高等教育出版社、教育科学出版社各自形成了较为完整的教育学教材体系，出版的约110多种教育学专著或教科书，基本满足了教学需要。其中，华中师范大学等五院校合编的《教育学》（人民教育出版社

1980年版），根据教育部1978年文科教材编选计划编写，自1980年出版以来，受到广大师生的好评，曾获全国高等学校优秀教材奖、全国哲学社会科学优秀学术著作奖、国家图书奖提名奖，为全国十大畅销书。经多次印刷并修订再版，已累计发行600余万册，创造了教育学教材史上的一大奇迹，成为20世纪80年代以来经典性的公共课教育学教材。由十二所重点师范大学合编的《教育学基础》（教育科学出版社出版）纳入普通高等教育“十一五”国家级规划教材，自2002年7月出版到2013年12月已印刷二版27次103.5万册，成为国内印数较多的教育学教材。此外，形成了分支学科品牌教材，如潘菽1963年编写的《教育心理学》多次出版，成为经典教材；李秉德1986年编写的《教育科学研究方法》先后印刷17次，在全国30余所师范院校使用，是目前国内影响最广的教育科学研究方法教材之一。王策三编写的《教学论稿》是新中国第一部受国家教育部委托编写的教学论专业教材，供全国高等学校教育类专业使用，自1985年初版以来，受到广大师生的好评，对提高师范生素养和教育学专业人才培养发挥了重要作用，成为我国20世纪80年代中期以来经典性的教学论专业教材。

（2）奠定了国家重点学科的地位。成为国家重点学科是教育学科在国内外学术地位的重要反映，也代表了国内教育学科发展的最高水平。国家教委（教育部）分别于1986年、2001年、2006年在全国高等院校中开展三次重点学科评选。教育学国家重点学科和国家重点（培育）学科名单见表5-1和表5-2。

表5-1 教育学国家重点学科名单

类别	学科代码及名称	学校名称
一级学科	0401 教育学	北京师范大学
		华东师范大学

续表

类别	学科代码及名称	学校名称
二级学科	040101 教育学原理	东北师范大学
		南京师范大学
		华中师范大学
	040102 课程与教学论	西南大学
	040103 教育史	浙江大学
	040105 学前教育学	南京师范大学
	040106 高等教育学	厦门大学
		华中科技大学
	040110 教育技术学	华南师范大学

表 5-2 教育学国家重点（培育）学科名单

类别	学科代码及名称	学校名称
二级学科	040101 教育学原理	山东师范大学
	040102 课程与教学论	南京师范大学
		西北师范大学

教育部学位与研究生教育发展中心自 2002 年起连续 10 年来三次发布学科评估报告。在三次学科评估中，北京师范大学、华东师范大学、南京师范大学连续占据优势，见表 5-3。

表 5-3 2004 年、2009 年、2012 年教育学科评估排名

排序	2004 年	2009 年	2012 年
1	北京师范大学	北京师范大学	北京师范大学
2	华东师范大学	华东师范大学	华东师范大学
3	华中师范大学	南京师范大学	南京师范大学
4	浙江大学	华中师范大学	东北师范大学
5	厦门大学	东北师范大学	华中师范大学
6	北京大学	北京大学	北京大学 首都师范大学

续表

排序	2004年	2009年	2012年
7	西南师范大学	浙江大学	
8	清华大学	厦门大学	浙江大学
9	华中科技大学	华南师范大学	厦门大学
10	首都师范大学	华中科技大学	华南师范大学

注释：2009年评估中，教育学本一级学科在全国高校中具有“博士一级”授权的单位共10个，本次参评9个；具有“博士点”授权的单位共16个，本次参评7个。还有3个具有“硕士一级”授权和15个具有“硕士点”授权的单位也参加了本次评估。在2012年的评估中，教育学本一级学科中，全国具有“博士一级”授权的高校共24所。相同得分按学校代码顺序排列。

与教育学相关的心理学本一级学科中，全国具有“博士一级”授权的高校共16所，2012年共有14所参评，还有部分具有“博士二级”授权和硕士授权的高校参加了评估，参评高校共计32所。以下是在心理学领域排名前10名的高校：北京师范大学（97分），北京大学（83分），华东师范大学、华南师范大学、西南大学（82分），浙江大学（77分），天津师范大学、华中师范大学（75分），南京师范大学、中南大学、陕西师范大学（73分）。

由上可见，北京师范大学、华东师范大学、南京师范大学、华中师范大学等师范大学和北京大学、厦门大学等重点综合大学在教育学科占据相当优势，发展比较稳定。而其他高校之间的竞争比较激烈，起伏不定。

3. 教育学科越来越成为专业人才培养体系的重镇

学位点建设反映学术能力和培养能力，是对科研和教学人员进行统一培养的体系。学士是体现初级从业资质的大学毕业学位，硕士、博士是培养中高级专门人才的毕业学位。在西方国家，一般都以学位制为主，淡化甚至取消学历的概念。但在我国，学历制仍然是主体，在研究生阶段比较强调学位。教育学科的发展后劲来自后继人才的源源不断，来自高校和科研机构的培养培训。学科点的扩充有力地推动了教育人才培养的工作。

学位体系

学位是标志被授予者的受教育程度和学术水平达到规定标准的学术称号，一般分学士、硕士、博士三级。经在高等学校或科学研究部门学习和研究，考试合格后，由有关部门授予国家和社会承认的专业知识学习资历。学位制起源于欧洲中世纪。专业技术人员拥有何种学位，表明他具有何种学术水平或专业知识学习资历，象征着一定的身份。

我国的学位制，严格说来是近代才开始建立的。中国引进西方学位制始于 20 世纪 30 年代。1935 年 4 月，当时的南京国民政府仿效英美等国的学位体制，制定并颁布了《学位授予法》，但并未能全部实施。1949 年之后，曾先后三次拟实施学位制度，但由于种种原因也一直未能真正实行。1980 年 2 月，第五届全国人民代表大会常务委员会第 13 次会议正式通过了《中华人民共和国学位条例》，明确规定我国实行世界上大多数国家推行的三级学位制，并从 1981 年 1 月 1 日起开始施行。1982 年 6 月首批博士学位产生。至此，我国的学位制度才全面趋于完善和成熟。教育学科作为重要学科，学位点建设起步较早，人才培养纳入了学历和学位相衔接的培养体系，并开始与国外学位体系相衔接。

新中国成立后，培养教育学科人才一直是高校的重要责任。由师范大学和综合大学承担，从 1952 年院系调整后统一归口师范院校负责。1977 年恢复高校招生，北京师范大学等一大批师范院校开始恢复招收教育学本科专业学生。随后，师资雄厚的北京师范大学、华东师范大学和北京大学等高校开始着手教育学科的硕士和博士研究生人才培养，有的甚至和国外高校合作培养教育学科高级人才。20 世纪 90 年代，一批重点院校和教育科研机构开始教育学科博士后人才的培养工作。

(1) 学位层级逐渐健全。目前已经建立起包含专科、本科、硕士与博士研究生四个层次，学术学位与专业学位两种学位制度并存的教育专业人才培养体系，培养了一大批高层次教育应用与研究型人才。

据教育部公布的统计数据，2009 年普通高等学校教育学门类的专业点数为 2 800 个，专业种数达 46 个，与 1999 年相比 (859 个专业点数，19 个专业种数) 获得成倍增长。

2012 年，全国具有“博士一级”授权的高校共有 24 所，构成全国教育学科高级人才培养的主力军。目前我国教育学一级学科博士点共有 24 个：北京师范大学、华东师范大学、华南师范大学、华中师范大学、南京师范大学、西南大学、东北师范大学 (2005)、西北师范大学 (2005)、北京大学 (2005)、浙江大学 (2005)、清华大学 (2010)、北京理工大学 (2010)、首都师范大学 (2010)、天津师范大学 (2010)、辽宁师范大学 (2010)、哈尔滨师范大学 (2010)、上海师范大学 (2010)、厦门大学 (2010)、山东师范大学 (2010)、河南大学 (2010)、华中科技大学 (2010)、湖南师范大学 (2010)、四川师范大学 (2010)、陕西师范大学 (2010)。

(2) 学位类型基本齐全。1980 年《学位条例》颁布以后，教育学科作为十大科学门类之一，列入研究生培养专业目录。1997 年 6 月国务院学位委员会、国家教育委员会颁布了《授予博士、硕士学位和培养研究生的学科、专业目录》(以下简称《目录》)，该目录将授予学位的学科划分为 12 个门类 88 个一级学科，381 个二级学科。据此，教育学下分教育学原理、课程与教学论、教育史、比较教育学、学前教育学、高等教育学、成人教育学、职业技术教育学、特殊教育学、教育技术学（可授教育学、理学学位）、心理学（可授教育学、理学学位）、基础心理学、发展与教育心理学、应用心理学和体育学、体育人文社会学、运动人体科学（可授教育学、理学、医学学位）、体育教育训练学、民族传统体育学。截至2006年8月，全国教育学学位授权单位共有一级学科博士点9个、一级学科硕士点29个（拥有一级学科授予权的单位，教育学一级学科之下的所有二级学科均可招生）；教育学原理专业博士点15个、硕士点68个，课程与教学论专业博士点14个、硕士点86个，教育史专业博士点12个、硕士点34个，比较教育学博士点9个、硕士点34个，学前教育学专业博士点9个、硕士点32个，高等教育学专业博士点16个、硕士点90个，成人教育学专业博士点9个、硕士点39个，职业技术教育学专业博士点9个、硕士点48个，特殊教育学专业博士点9个、硕士点30个，教育技术学专业博士点9个、硕士点79个。还有教育经济与管理专业博士点17个、硕士点107个。教育学一级学科博士点（9个）：北京师范大学、东北师范大学、华东师范大学、华南师范大学、华中师范大学、南京师范大学、西北师范大学、西南大学、浙江大学。以上基本代表我国教育学科基地和研究人才培养基地。

（3）专业学位制度和学术学位制度并举。专业学位制度的建设与完善是教育学学科建设中人才培养模式的有益创新，是学习国外教育制度的重要尝试。1996年开始实行教育专业学位制度，从招生、培养到学位授予等方面逐渐完善。教育硕士学位的院校数量由最初的16所院校扩展为73所，招生人数从1997年的191人发展到年招生数万名，远超过同期学科研究生的增长速度。2009年，国务院学位委员会增设教育博士学位，2011年开设教育博士学位专业计划的试点院校数共计15所。专业学位制度的建立，不仅有效提升在职教育工作者的专业素养与能力，而且为基础教育的改革与发展培养出相当一批应用型高级人才。

教育部 2011 年 5 月颁布《普通高等学校本科专业目录》（修订一稿），明确教育学科门类分为科学教育、人文教育、教育信息技术（可授教育学、理学、工学学位）、艺术教育（可授教育学、艺术学学位）、学前教育、小学教育、特殊教育、华文教育、高等教育管理（部分）。

据北京师范大学统计，2000—2009 年，高校教育院系和科研机构共培养出专科、本科层次的人才达到 207 万人。2000—2009 年，高校教育院系和科研机构共培养出研究生层次人才约 6 万人。另据中国教育科学研究院统计，仅 1994—2011 年高校教育院系和科研机构培养出共计 283 万多名教育专业人才，其中专科、本科层次的人才达到 273 万多人，研究生层次人才约 10 万人。

1996 年 4 月，国务院学位委员会通过决议设置教育硕士专业学位，并于 1997 年开始招生试点工作。教育硕士专业学位在我国的设置，为中小学教师获取研究生学位开辟了渠道。开设教育硕士专业学位，教师可以系统地学习新知识，掌握学科的前沿，得到教育研究能力的培养。教育硕士与教育学硕士是两种不同性质的学位，前者是职业性学位，在我国被称为专业学位，后者是学术性学位。专业学位培养目标和培养方式与学术性学位有所不同。学术性学位的培养方式以研究性为主，学位课程只要求学习三到四门，最后以研究论文为主要成果；专业学位则以课程为主，同时也要求撰写论文，一般需要学习十二门必修课和选修课。

2000 年以来，各高校持续扩招教育学相关专业硕士、博士研究生，2009 年招收的研究生总数是 2000 年的 4 倍，在校生人数比为 6.4∶1，毕业人数比达到 10∶1，从 2000 年的 1 221 人增长到2009年的13 406人，其中博士毕业人数增长5倍，硕士毕业生人数增长近12倍。

（三）学科影响扩大

教育学科在理论建设和实际应用两方面不断取得进展，影响从内部扩大到外部，从国内延伸到国外。

1. 教育学科越来越成为社会科学体系中的显学

教育学科专业人员达5万多人，约占社会科学人员的1/10；作为国家社会科学基金的单列学科，每年设立的课题数（含心理学）在总项目中约占1/15；教育学科（包括心理学）在教育部人文社会科学项目中的立项率约占1/10，教育类刊物数排第三位（630种），仅次于政治学（730种）、经济学（700种），占人文社科期刊总数的12.7%，其中学术期刊340多种，约占人文社科24个学科2 700多种学术期刊总数的12.55%，仅次于经济学（450种，占16.7%），排第二位。在CSSCI期刊中，教育学科37种，排名在经济学（72种）、政治学（39种）之后。从教育学科的著作（含教育学最高学术水平的本科及研究生教材）数、成果（SSCI，SCI，CSSCI期刊上发表学术论文）数、获奖（全国高校科技奖、全国优秀教学成果奖、全国教育科学研究优秀成果奖、百篇优秀博士论文）数、学术论坛（国际会议）、社会影响（长江学者、教育部新世纪人才支持计划、国务院特殊津贴）来看，它与经济学、管理学等共同成为热门社会科学。

北京师范大学、华东师范大学等重点师范大学均把教育学科建设作为发展重点，力图建成国内具有引领和示范作用、国际上具有互动和对话实力的教育理论与实践的科学研究重镇、人才培养高地、决策咨询中心、资源技术信息库和学术交流平台。

2. 教育学科越来越有力地影响教育实践

教育学科承担社会责任，通过知识创新和人才培养、社会服务和文化影响等途径，积极回应当代中国教育改革中的重大理论和现实问题，提供理论支持、行动策略和人才支撑，对教育改革发展发挥越来越大的引领、支撑和指导作用。

多年来，教育学科积极发挥应用性强的特点，服务教育大局，理论联系实际，深入基层学校，积极研究和宣传国家教育方针政策，主动介入教育思想观念变革（如素质教育）、教育规划研制（如教育改革和发展规划纲要、国家和地方的中长期教育改革和发展规划纲要、五年发展规划）、教育标准、教育现代化指标体系、教育制度建设（如现代学校制度）、教育投入（教育财政性经费占 GDP 的 4%）、课程教材改革（如基础教育课程改革、职业教育课程改革、高等教育课程改革）、教学改革实验、教育信息化建设、学校特色发展、教师专业标准和培训、学生健康成长、教育质量评价、大学生学情调查、教育行风评议调查、教育满意度评价等一系列研究活动中，越来越广泛深入持续地影响教育实践的走向。

3. 教育学科越来越成为国际学术交往中的重要平台

教育是人类共同的事业，教育学成为国际学术交往的重要平台，推动了中国教育与世界教育的互动融合发展。在我国教育学百余年的发展历史中，引入、效仿、借鉴国外教育学说、实践方法与技术一直是我国教育研究的重要活动之一，也成为各个教育学分支学科在建立初期和发展过程中的必由之路。百年来，中外教育学科交流持续发展，即使在“文革”时期也没有停止对外国教育的研究。在改革开放之初，面临当时教育理论贫乏和我国当时教育实践凸显的问题，外国教育研究机构相继成立，相关专业期刊也开始创办，比较教育学科受到一定重视，关注外国教育动态，出版和发表了一批以发达国家为主的外国教育论著，如人民教育出版社出版《外国教育丛书》（35 册），开阔了多年被禁锢的教育研究思路，为当时重大教育问题的理论探讨提供了有益参考。20 世纪 80 年代以来，随着我国教育发展进入改革阶段，出现了许多迫切需要改革的重大问题，对国际教育的研究从情况介绍转向结合义务教育、农村教育、高等教育等实际问题进行专题研究，或是对发达国家教育实践和经验的国别研究，以期借鉴国际在应对同类重大教育问题和教育发展时的有效经验。20世纪90年代后期，中国教育进入深化改革阶段，迫切需要在未来发展的战略高度上借鉴国际教育经验来加快我国教育改革发展。新世纪以来，更加注重与世界各国教育的学术交流与合作，在人才培养及课题研究等方面开展深度合作，派遣专业人员进行国际考察与交流，越来越多的留学生在海外学习。

在近百年的历史长河中，我国教育学目前已经拥有了近100门二级、三级分支学科的学科群，勾画出比较清晰的理论框架体系，在学术自觉中不断进行着学科体系的建构，从每年都有增加的教育科研项目资金支持、大量研究论文、报告来看，教育学科有创新、有发展、有自我的追求，正处于学科建设的繁荣期。教育学拥有了专门的概念体系与范畴，教育学科体系逐渐确立。随着教育理论研究的深入及教育实践的繁荣发展，各类教育学分支学科在教育学母体学科的孕育下逐渐独立、成熟，比较教育学、教育技术学、高等教育学、教学论、课程论等学科纷纷出现，教育学分支学科框架逐渐形成。相应分支学科的研究机构相继成立，其专业人才培养计划与体系也逐渐完善。这些学科培养的专业人才不仅更加聚焦教育理论与实践问题，而且在更广泛的学科体系汲取营养，能够整合更多其他学科的视角、理论、方法与技术，全面而深刻地审视教育实践，发现和研究教育问题，探寻教育规律，辅助教育决策，管理教育变革，开展教育创新。这些分支学科人才培养体系的发展、培养模式的完善，有力地推动了教育专业人才培养体系的健全与发展，更好满足教育发展与改革对各类专门人才的需求。

二、学科科学化水平亟待提高

我国教育改革已站在历史新起点上，加快从教育大国向教育强国的重大转变，对教育学科提出了新的更高期望。但教育学科建设还不能够完全适应新形势新要求，与国际先进水平存在明显的差距，在体系建设、学科范式、队伍建设、国际化合作交流、跨学科研究和人才培养定位六个方面，面临诸多严峻挑战。

我国教育学是在不断接受外来教育学冲击波的影响下成长起来的，“舶来品”的痕迹浓重，学科体系建设缺乏明确定位，出现了做法窄化、发展局限和部分学科体系发展滞后的情况。如过于关注学位点和重点学科建设，而忽略了对学科发展愿景的共识和阶段发展目标的设定以及学科发展目标的探索；更多关注学科概念、边界和学科逻辑发展脉络，关注学科体系建设的严谨特征，热衷自我圈地运动，把体系完善当作学科发展的终极目标，而忽视了学科实质的内容，忽略了学科体系之外的世界，阻碍了教育学科的不断拓展和深入。

（一）学科特性模糊

1. 学科独立性之争

涉及有无独立的学科术语、独特的学术规范，包括方法、主题等争论。当前教育学科存在不同的关注重点：一是以教育学家和教育家的活动、观点为核心的教育学论述。通常所谓的教育学经典作品，绝大多数是以这种方式来组织的。二是以教育理论基础为内容主题的教育学论述。主要以哲学、历史学、社会学、心理学、经济学等学科，作为理解和分析教育问题的理论基础。三是以教育学体系化为努力方向的教育学论述。这种教育学常常也表现为一个专门的教学内容门类。四是以教育问题为关注点的教育学论述。诸如教育目的问题、师生关系问题、校本课程设计问题等。对于这些问题的专门研究，构成这种教育学论述。根据这种定位，但凡对这些问题领域有所贡献的研究，都可以称之为教育学研究，对这些领域的研究做出贡献的研究者，都可以称之为教育学研究者。在这种定位下，所谓的教育学标准，将不是单数概念，而是复数概念。教育学研究所遵循的标准，将类同于其他学科，诸如哲学、社会科学甚至自然科学门类的研究标准，教育学科不再设有专业“守门人”的角色。另外一些学者则将教育学科作为一个独立学科。根据这种定位，教育学需要有自己独特的学术规范，包括方法、主题等。教育学者一方面要建立和维护自己的学科传统、学科标准，一方面也承担了专业“守门人”的角色。

作为问题领域的教育学，将接受并且欢迎具有不同知识背景的研究者，共同对教育问题给予关注。这种开放，容忍新的研究方法，乃至新的研究主题、新的研究范式。作为学科门类的教育学，也将接受来自不同学科的教育研究，其实是来自不同学科的教育同业者，多样性是其最大的特点。

2. 学科归属之争

学科性质的定位牵扯教育学的人文科学或社会科学之争①。如果认为教育学是人文科学，则注重个性，重视个体研究，偏重内省思辨研究方法；如果认为教育学归属社会科学，则强调共性，强调类研究，注重实证定量研究方法。其实，从西方教育研究史看，教育研究存在科学和文学两种基本表达方式，科学主义和人本主义各有其优势和缺陷。历史地看，教育学学科属性发生了很大变化，它由纯粹的人文科学逐渐转向复杂的社会科学。而在20世纪中叶之后，教育学出现了向综合科学方向发展的态势。这说明教育学既具有人文科学的禀赋，也具有社会科学的倾向，

① 张楚廷．教育学属于人文科学［J］．教育研究，2011（8）；王洪才．教育学：人文科学抑或社会科学？——兼与张楚廷先生商榷［J］．教育研究，2012（4）．

当前则呈现多元化发展态势。

（二）学科研究方法比较传统

我国教育学科研究范式还不成熟，具有一定的窄化和狭隘性，理论研究偏多，实证研究尚未得到广泛应用，跨学科研究少，国际合作研究缺乏。郑日昌（2001）等通过对1989—1998年我国教育研究方法及分析资料方法的研究，指出多年来定性研究在整个教育研究中占有重要地位，定量研究逐步受到重视；我国教育科研方法存在以下问题：不注重方法论，研究方法单一落后①。这是我国较早的关于教育学科教育研究方法运用情况的综合分析与研究。

在高等教育研究领域内，丁洁（2005）以有关高等教育研究的5种主要期刊在1999—2004年发表的3 909篇论文为研究对象②，田虎伟（2007）③ 和赵炇蓉（2010）④ 分别以85篇和258篇高等教育学博士学位论文为样本，丁学芳、周燕（2009）使用人大复印资料高等教育收录的1980—2007年的论文⑤，钟秉林（2009）等以2006—2008年的教育类核心期刊中涉及高等教育论文的1 720篇文章为样本⑥，高耀明、范围（2010）以CNKI中国引文数据库（新）收录的1979—2008年高等教育专

① 郑日昌，崔丽霞．二十年来我国教育研究方法的回顾与反思［J］．教育研究，2001（6）：17-21.

② 丁洁．我国高等教育现行研究方法分析［J］．高教探索，2005（4）：77-80.

③ 田虎伟．高等教育研究博士学位论文中研究方法的调查分析［J］．学位与研究生教育，2007（8）：31-37.

④ 赵炇蓉．2000年以来我国高等教育学博士学位论文文献计量分析［D］．苏州：苏州大学，2010.

⑤ 丁学芳，周燕．高等教育研究方法的演变——基于人大复印资料《高等教育》（1980—2007）的分析［J］．理工高教研究，2009（2）：27-32.

⑥ 钟秉林，赵英生，洪煜．我国高等教育研究的现状分析与未来展望——基于近三年教育类核心期刊论文量化分析的研究［J］．教育研究，2009，（7）：14-21.

题论文中 4 253 篇被引论文所使用的研究方法为研究对象①，分别对高等教育研究方法的类型和演变进行了统计描述和分析。在学前教育研究领域，刘晶波（2007）等抽取三所高校学前教育专业 1996—2006 年的硕士、博士学位论文 273 篇，采用内容分析法对我国学前教育领域研究方法的运用状况进行了统计分析②。在职业教育领域，何文明（2009）以人大复印报刊资料《职业技术教育》杂志 2008 年 1—12 期刊发的全部论文为研究对象，对其所用的研究方法进行了分类统计③。

重学科中心研究范式，轻问题中心研究范式。在研究话语体系上呈现出一种比较艰涩的痕迹明显的翻译语言特征，大量引进国外的教育理论和移植国外的教育问题，对我国自身的教育特殊问题关注不够，多为跟随、模仿、验证等重复劳动，在研究成果上鲜有原创性的发现和理论。

思辨研究仍是我国教育领域主要的研究方法，量化研究呈现逐年上升趋势，质性研究和混合研究比例很小；研究者主要来源于高校和公立教育研究机构；思辨研究主要以理论思辨为主；量化研究呈现多样化发展；质性研究主要以个案研究为主。通过研究发现，我国教育研究领域存在学术研究缺乏规范、教育研究方法单一化、教育研究者分布不广泛等问题。针对所发现的问题，应加强我国教育研究方法体系建设，提高教育研究者研究方法运用的学术素养，并加强教育研究的多元化研究取向。

① 高耀明，范围．中国高等教育研究方法：1979—2008——基于 CNKI 中国引文数据库（新）“高等教育专题”被引论文的内容分析［J］．大学教育科学，2010（3）：18-25.

② 刘晶波，丰新娜，李娟．1996—2006 年我国学前教育领域研究方法的运用状况与分析［J］．学前教育研究，2007（9）：15-23.

③ 何文明．职业教育研究方法的现状分析——以 2008 年人大复印报刊资料《职业技术教育》为例［J］．江苏技术师范学院学报：职教通讯，2009（4）：14-23.

（三）学科发展相对滞后

1. 落后于教育实践

教育学科缺少基础性、前瞻性、全局性、国际化的研究工作，对教育重点难点热点问题缺乏深入细致持久的研究，所提出的理论和方法信不过、靠不住、用不上，难以提供可信可行的政策建议。

2. 落后于国内先进学科

当代中国教育学科的发展，相对于经济学、管理学、社会学的持续繁荣，缺少的是根植于本土的中国教育学派，最突出的三大问题是学派阵营尚未成形，领军人物后继乏人，梯队发展仍需努力。

3. 落后于国际先进同行

中国现代教育学深受国外影响。五四运动以前，京师大学堂就设立有译书局，出版了《垤氏实践教育学》、《独逸教授法》等教育学术译作①。可以说，我国教育学自产生之初，就是一个舶来品。此后，教育学在中国的不同发展时期，或多或少都受到国外教育理论的影响。例如，早期的蔡元培等人，很明显受到德国教育思想的重要影响。随着杜威、孟禄等人的访华，以及一批外国教育专著和教科书在中国的流传，美国人的教育思想，对中国教育的影响变得日益重大。1949 年以后，凯洛夫主编的教育学，马卡连柯、苏霍姆林斯基的教育实践，赞科夫、巴班斯基的教育研究，都先后成为影响当时中国教育学发展的重要思想源泉。20 世纪 80 年代以后，中国教育学术界开始重新关注美国等国的教育研究，如布鲁纳、布卢姆、加德纳等。进入 21 世纪以后，这种趋势未见明显消退，英语教育文献作品及其使用的术语，成为中国教育学者的重要表达方式，中国教育学过往的发展历程，主

① 陈元晖. 中国教育学七十年［J］. 北京师范大学学报：社会科学版，1991（5）.

要还是“进口教育学”占据了主流。

在SSCI期刊当中，“教育及教育研究”的来源期刊，达到108种（2006年数据）。期刊数量在学科排名上，“教育及教育研究”名列前茅。但从期刊的来源国家来看，主要是美国、英国、荷兰等国。中国尚没有自己的SSCI期刊。从收录论文数量来看，2001—2011年中国在教育学各主题领域中的SSCI论文份额及排名都还较低。可以说，仅从SSCI的期刊来源及收录论文数量来看，中国教育学科的学术输出还处在起步阶段。由于语言障碍、学术规范障碍、学术标准障碍等，目前在SSCI中中国教育学者的贡献率还较低。因此，教育学的问题是中国的，而理论、方法却比较依赖外国。

（四）学科人才培养模式偏于单一

1. 规模发展过快

恢复高考制度以来，全国高校已培养了300多万教育学科本专科生，10多万研究生。从本科生扩招到研究生扩招，培养量远远超出实际工作的需要，教育学科发展过快已经是不争的事实，导致教育学专业毕业的学生存在较为严重的学非所用、用非所学现象。

2. 人才结构失衡

一是层级结构的偏斜。本科生招生数量过多，这与国外教育学院侧重研究生教育的模式大相径庭。二是类型结构的偏斜。教育学科是应用之学，本应侧重学科教育人才培养和专业学位培养。但长期以来，偏重理论人才培养和学术专业学位培养。即使是应用专业学位人才也按照学术专业学位人才培养模式培养。三是学科结构的偏斜。在传统专业（教育史、教育基本理论、课程教学、德育）招生数量过多，而在教育经济学、教育统计学、教育技术学等新兴学科和交叉学科方面的招生过少。

3. 质量整体不高

一是学生来源单一，出自教育专业本科招生数量过多，没有专业依托，难以开展深入的应用研究。二是师资条件不足，师生比过高，导师没有发挥应有的指导作用。三是学习内容老化，脱离现实。四是出口要求过低，淘汰率偏低，就业困难，导致获得各种学位的研究生质量普遍下降。

三、学科建设发展方向

目前的教育学科虽然呈现发展迅猛不断繁荣之势，但创新不足的问题日渐突出，开始重视中国教育学建设、加强对中国教育学发展的反思之时，中国教育学学科发展如何本土化、科学化，就成为应当反思的重要问题。

结合教育学科发展的趋势，进一步缩小与国际先进水平的差距，立足本土教育实践，凝练学科研究方向，聚焦素质教育战略主题、教育公平基本政策、教育质量核心任务，以创新理论和方法为重点创新学科体系，创建有中国特色和国际视野、经得起时间和实践检验的教育学科。

学术建设的基本内容是：强化学术意识、确立问题意识、健全学术规范、开展学术对话以及增强研究者的主体意识。学术建设的灵魂是学术意识，强化学术意识是近年来许多教育学者的共同心声。“教育学不等于教育观念”，“教育学不等于对领导人教育理论的诠释”，“教育学不等于对教育经典的注疏”，应当把“教育学的研究”与“教育（问题）评论”区别开来。

（一）在独特的问题研究中丰富教育学科的内涵

教育学科能否作为一个独立学科取决于其科学的内涵和解决问题的能力。在讨论跨学科合作研究的问题上，应当将教育学科理解为独特的问题领域。不是所有的教育问题都是教育学问题，也不是所有的教育现象都是教育学应该和能够关注的。教育学在中国的引进、教育学中国化、教育科学化、教育学的学科独立性、教育学学科体系的构建，是20世纪中国教育学发展面临并一直未能很好地解决的五个问题。这五个问题直接涉及中国教育学发展的未来方向。这种独特的追求，就是实现教育学"学科化"。

在教育科学与自然科学和其他社会科学领域中，科学研究的本质特点基本相同，只是不同领域的研究问题和研究方法各不相同。实际上，在英语文献中，很难读到有关教育学是不是一个学科的讨论，可以读到许多社会科学方法论和社会科学研究方法，而更少有所谓教育科学研究方法论和教育科学研究方法，有时可以找到的只是一些社会科学研究方法在教育领域中的应用。

（二）在拓展全局性研究中发挥教育学科的影响力

教育是一项全社会的事业，与政治、经济、文化、科技、人口紧密相关。经济社会发展制约教育发展，教育发展支撑经济社会发展。教育学科不能满足于就教育论教育，要深入研究各行业、各领域对教育的未来需求，增强教育学科为现代化建设全局服务的意识和能力，为统筹教育的规模、结构、质量、效益提供科学的依据，推动教育事业在新的历史起点上科学发展，为经济建设、政治建设、文化建设、社会建设以及生态文明建设做出重要贡献，为服务现代化建设大局提供有力支撑。

（三）在增强国际性研究中提高中国教育学科的竞争力

当前全球正在掀起新一轮的教育改革浪潮，美国、欧盟、日本等发达经济体相继推出改革举措，主要取向是提升教育质量，保持教育领先地位，增强国家竞争优势。许多发展中国家也在进行教育改革，主要取向是解决教育公平和提升学生素质。这些经验和做法需要吸收和借鉴，以服务于中国教育的发展。教育学科的发展历程显示，改革开放是教育学科跨越发展的根本经验，中国教育学者始终应保持开放的国际视野，在教育开放中提高教育学科的国际化水平：立足国情而不自我封闭，开放包容而不盲目崇拜；改变对外交往的师生关系为平等关系；积极吸收借鉴世界各国教育思想精华和办学经验而非少数发达国家；博采众长，为我所用，着重建立自己的理论体系，培养自己的教育家；提高“请进来”的水平，着力实施“走出去”战略，以人才培养为突破口，推出高素质优秀人才，解决瓶颈问题，以文化传承为主线，推出优秀成果，解决话语体系问题，以平台为抓手，提高国际合作水平，解决渠道问题，深化改革，整合优质资源，解决机制问题。

（四）在加强前瞻性研究中增大教育学科的贡献度

科学研究的重要作用在于事前预测、超前谋划。自古不谋万世者，不足谋一时；不谋全局者，不足谋一域。目前，我国经济发展进入了中高收入国家水平，社会对教育问题的关注度、敏感度、期望值空前提高，不同利益群体矛盾凸显，教育改革进入了“深水区”，新老问题交织，各种矛盾纠结。教育学科应立足当前，牢牢把握教育发展的阶段性特征，以正在做的事情为中心而不是以本本为中心，直面现实问题而不能回避矛盾，为教育改革发展把脉确诊，选好突破口，抓住关键环节，集中破解教育难题，为教育改革攻坚克难服务。教育学科更重要的任务是要着眼国家长远发展，担当社会责任，在研究工作中超前部署预测性研究，围绕影响国家长治久安的基础性、全局性、先导性的教育问题开展战略性、前瞻性研究，关注国际教育发展趋势，分析经济社会发展走向，为国家教育决策发挥参谋智囊作用。当今世界，国内外局势复杂多变，可以预见和难以预见的新情况新问题不断出现，信息化、国际化、终身化已经成为未来教育发展的重要趋势。要加强研究在信息化、网络化条件下教育和学习的特征，研究人人学习、处处学习、时时学习的学习型社会建设；要加强国际化人才素质研究，加强对国际教育质量标准和专业互认的研究，及时追踪和分析世界教育的动态和趋势，提高我国教育国际化水平；要加强与终身教育理念相适应的新观念、新思想、新模式研究，为实现人的终身发展开辟道路。

（五）在加强实证性研究中增强教育学科的实效性

理论创新包括学科体系、学术观点和科研方法创新。学科体系创新是关键，学术观点创新是核心，科研方法创新是保证。教育学科要深刻认识当代中国教育发展的新特征，全面了解人民群众的新期待，准确把握世界教育发展新趋势，以研究回答重大问题为逻辑创新教育学科体系，以敏锐的洞察、深刻的思想和可行的建议创新学术观点，以把握证据和依靠数据为取向创新科研方法。研究方法应该取决于研究问题。要鼓励深入基层开展调查研究，开展跨学科研究和比较研究，充分利用现代技术手段，把定量研究和定性研究结合起来，以方法创新推进理论创新；实证证据是对研究结果的不同解释进行正确排除的基础，也是得出合理推论从而积累新知识的基础。

教育学科建设应担当起三大任务，一是为中国特色社会主义教育道路提供坚定的学理支撑，去除教育发展中的泡沫现象，发掘与认识其中的规律性的内容，进而不断增强中国特色社会主义教育道路的感召力、吸引力与说服力；二是要实现学理支撑的目标，需要进行系统梳理与研究，对创造中国教育成就的发展道路做出深刻阐述，对国际社会广泛关注的中国教育经验做出科学概括；三是努力形成与中国教育与发展实践相适应的有中国特色、中国风格和中国气派的教育学术话语体系，争创世界一流学科。

学科体系建设是一项十分重要的基础性工程。需要外部支持，更需要加强自身建设，要坚持以科学发展观为指导，针对教育改革发展中的重大理论问题加强基础研究，以更大的精力和投入重点建设增强原始创新能力的、探索客观规律和理论发展的基础学科，注重建设与学科发展趋势相适应，具有前瞻性和影响力的新兴、交叉学科，采取切实有效措施，加大对学科带头人和学术团队的扶持，造就一批学养深厚、熟悉政策、了解实践的一流教育学者，逐步建立起有时代特点、结构合理、门类齐全的教育学科体系。

（六）在加强应用性研究中创新教育学科人才培养制度

人才培养是学科建设的重要任务，而完善的学位体系是教育学科人才成长发达的重要标志。现代学科发展史说明，一门学科的发展必须以大学的院（系）为基地，以培养后续研究者的学科和专业为基础；没有院（系）做依托，后续研究者匮乏，教育学终将被边缘化。当前，教育学科人才培养制度在促进教育科学发展、建设教育强国的历史转折中面临重大机遇和严峻挑战。一方面，教育事业的发展需要大量的高素质专业化教育研究人才，教育学科繁荣发展，高校教育学科机构纷纷合并升格为院、部；另一方面，教育研究队伍比较庞杂，同时折射出教育学的学科化程度不高、规范性不强、理论性和学术性较弱等问题，反映出教育学科人才培养制度的改革亟待进行。近年来，国外高校教育学本科专业不断萎缩，招生量越来越少，教育学院（系）存在的合理性不断受到质疑，存在停办和合并的情况。由于杜威的缘故，芝加哥大学教育学院在美国教育研究领域具有重要而独特的象征意义。1996 年，已有 100 多年历史的芝加哥大学教育学院却被迫停办了。哈佛大学教育学院 1974 年因经费困难而一度停办，到 1983 年又重新开办。芝加哥大学教育学院从辉煌走向衰落的命运和哈佛大学浴火重生的事实启示我们，教育学必须回归实践，服务教育，要么做出“顶天”的创造性理论成果，要么到学校教育现场开展教育教学研究和教学改革指导，做出“立地”的实践成果；否则，大学的教育学院系也会走入困境，陷入“怀疑—追求学术性—脱离教育实践—引起更多的怀疑”的恶性循环。

第一，从源头上改变招生来源，实现由以本科教育为主向以研究生教育为主的转变。借鉴西方国家教育学院的招生模式，减少并逐步停止本专科生招生，改为从本科生四年级招生，具有学科专业和研究能力，授予双学士或硕士学位。同时，调整研究生教育结构，减少教育学科学术性招生，扩大应用专业研究生教育规模。

第二，从培养模式上实行“双师制”，强化实践育人环节。教育研究提供的主要成果，可能不是特定的知识，不是认识教育，而是实践智慧，着重改变现状，要由学科导师和实践导师（科研、行政、学校）合作教学，增进对现实问题的把握、理解和认识，提高理论分析能力，促进理论和实践的结合，促进研究与实际的结合，密切联系学校师生，承担引领教育改革方向的责任。

第三，提高育人质量。提高质量是人才培养的重中之重，人才培养是一项长期性、系统性、基础性工作，既要从长远着眼，又要从基础着手，从最突出的问题抓起，形成“厚基础、宽口径、高素质、创新型”的现代人才培养思想，向教育教学全过程要质量，提高入门标准，强化退出机制，改革课程内容，提高能力要求，加强现场实验教学，加强实证研究能力，加强合作研究能力，既要仰望星空，了解国家教育大局和世界教育格局，善于数据分析；也要脚踏实地，关注现实的教育世界和学生的教育生活。

教育学是一门从哲学母体中分化出来的现代学科。经过数百年的演化和发展，教育学已经从经典教育学（以研究儿童的教与学及其关系为中心）发展到大教育学（如社会教育学），从理论教育学发展到实践教育学，从专家的教育学发展到大众的教育学。在此过程中，教育学科快速分化，形成了教育学学科群，并且与其他学科，尤其是哲学、心理学、社会学、人类学、政治学、经济学、管理学等不断交叉融合，形成了有别于传统教育学的学科形态。教育学科是一门大学科，教育学科研究和教学人才的规模、结构、质量均有很大的变化，数量上相对充足，年龄结构、职称结构、学缘结构、学历结构均有显著改善，学术能力显著提高，外语和计算机水平能力增强，国际交流合作水平提高，正在成为教育科研的主力军，发挥着骨干作用。

教育学最基本的学科功能是提供人们对教育实践的整体理解，而不是仅仅从人口学、社会学、心理学、管理学等学科角度的局部理解；最重要的是提出问题、分析问题和解决问题的能力，而不纯粹是思辨科学。这种理解必然是一种在"目标—手段—结果"框架下的理解。只有"目标—手段—结果"框架才是教育实践者急需的理解框架。教育系统被定义为教育者、受教育者之间流动教育交往信息的闭合网络。教育系统虽然不是教育实践的全部，却处于教育实践的核心。21 世纪教育学的发展趋势是：教育学问题领域的扩大，教育学科基础的扩展，教育学研究范式的多样性，教育学的进一步分化和综合，教育学与教育改革的关系日益密切，教育学术的国际交流与合作日益广泛。从研究方向上看，要在宏观研究、学校管理、课程教学、语言学、教育心理学和教育技术等领域取得重点突破。

第六章

教育科研成果日益丰富

研究成果是科研工作劳动价值的重要体现。新中国教育科研事业取得了显著发展和进步，涌现出了大量优秀的科研成果，对教育理论和教育实践层面都产生了广泛而深入的影响，极大地推动了我国教育事业的发展。在新的历史条件下，需要进一步加强教育研究的针对性和实效性，提高成果质量。

一、优秀成果不断涌现

65年来，广大教育科研工作者生产了数量丰富、形式多样的教育科研成果，呈现出繁荣景象。按服务对象大致可分为服务决策类、理论创新类、教改实践类；按成果形式大体可分为论文、著作、研究报告、数据库、软件等；按成果内容可分为理念、标准、规划、模式、教材、评估等。

（一）成果数量直线上升

新中国成立后特别是改革开放以来，教育科研成果丰富，涌现出了许多优秀成果，有的成为标志性成果。

1. 教育类图书大量涌现

据有关机构对 528 个教育研究机构成果的专门调查，截至 20 世纪 90 年代初期，已出版各类研究著作和实验教材 3 191 种①，这从一个侧面反映了我国教育科研取得的丰硕成果。据统计，“我国从 1979 年开始，共正式出版教育学教材 111 本（种），其中 1979—1981 年，共出版 11 本（种），平均每年出版近 4 本（种），每隔三四个月，有 1 本面世；1983—1990 年，共出版 100 本（种），平均每年出版 12—13 本（种）；特别是 1986—1989 年，共出版 77 本（种），平均每月将近两个本子出世”②。

目前我国教育科研成果用“铺天盖地”来形容，丝毫不为过③。2002 年全国前 100 位的 100 家出版社出版的教育理论和教育知识类图书达 9 582 种。十几年来仅教育科学出版社出版的教育理论图书就有 800 余种，2 000 余万册。一批重要的工具书、译著和有较大社会影响的丛书、专著先后问世。一是工具书的出版，如《中国大百科全书·教育》《中国教育年鉴》《教育大辞典》《英汉教育大词典》《中国教育大百科全书》等；二是文献资料建设，如《中国教育大系》《中国古代教育论著丛书》《中国近代教育论著丛书》《中国近代学科史料》《中国近代教育史资料汇编》《教育学文集》等；三是引进和翻译的一批较有影响的国外教育书籍，如《比较教育译丛》、凯洛夫的《教育学》、大河内一男的《教育学的理论问题》、G. 米亚拉雷的《教育科学导论》、奥恩斯坦的《美国教育学基础》、《学会生存——教育世界的今天和明天》等；四是一大批对教育学科发展产生重大影响的专著出

① 王明达. 中国教育科学研究概况 [M]. 北京：教育科学出版社，1995：6.

② 瞿葆奎. 建国以来教育学教材事略 [J]. 华东师范大学学报：教育科学版，1991 (3).

③ 全国教育科学规划领导小组办公室. 中国教育科学规划的回顾与展望 [M]. 北京：教育科学出版社，2006：503.

版发行，如瞿葆奎主编的《教育科学分支学科丛书》、叶澜主编的《教育学科元研究丛书》、顾明远主编的《中国当代教育理论丛书》《比较教育丛书》《比较教育论丛》、钟启泉主编的《学科教育展望丛书》、丁钢主编的《中国文化与教育研究丛书》、顾明远主编的《比较教育丛书》等。这些基础性建设为教育学科的发展奠定了坚实的基础。

2. 论文发表数量增长

论文数量是教育研究成果丰富的重要标志。有研究显示，1986—1990 年，82%的教育科研人员至少在国内正式学术刊物上发表过一篇论文，半数以上的研究人员平均每年发表一篇以上论文①。随着教育评价体系的规范和科研人员能力的提高，科研论文数量不断增长。

3. 课题研究成果增长明显

课题研究成果是教育研究成果的重要方面。据《中国教育科学规划回顾与展望——从“六五”到“十五”》统计，近年来教育课题数量不断增加，“六五”规划课题为 35 项，“七五”规划课题为 123 项，“八五”规划课题为 592 项，到“十五”期间增加到 1 500 余项。此外，还列有一大批地方课题。这种有组织有资助有要求的基金课题，研究内容覆盖教育各领域，产生了一大批课题成果。

为了有一个更为直观和清晰的认识，可从横剖面角度采用量化的方式显示教育科研的成果。据统计，2004 年，各级各类的课题数量达到 8 938 项，当年拨入经费达 945 699 万元②。这一年出版的著作，包括编著教材、出版的工具书和参考书、引进和

① 王明达. 中国教育科学研究概况［M］. 北京：教育科学出版社，1995：6.

② 教育部社会科学司. 2004 年全国高校社科统计资料汇编［G］. 北京：高等教育出版社，2006：535.

翻译的外文书籍，合计 1 446 部，发表论文19 983篇；在国内外公开发行的刊物上发表文章 19 983 篇；获国家级或省市级奖励达 489 项①。时隔两年后，这些数字又有了明显增长。2006 年高等院校各级各类的课题数量就达到13 550项，当年拨入经费 1 257 660 万元②，出版著作 1 604 部，发表论文 24 106 篇③。其中，教育学课题经费和成果占较大比例。

（二）成果种类丰富多样

教育科研成果日渐丰富，以下按照成果的作用将其划分为服务决策、教改实践、理论创新三类科研成果。

1. 服务决策成果

教育科研是教育决策的思想库和智囊团，是教育决策科学化的有力支撑。决策者应充分意识到科研在制定符合实际的政策中所起的工具性作用，使研究者参与政策的制定、实施和评估过程④。改革开放以来，我国制定的重大教育方针政策得到了教育科研的有力支撑，提高了决策的科学性和可行性。

以教育改革发展的全局性、长远性和根本性问题为研究对象，以服务教育决策为主要任务，产生了一批有影响的战略研究成果。如“中国高等教育结构研究”课题，为国家调整高等教育的科类、层次、形式、管理体制布局等结构提出了重要政策建议，并被教育主管部门采纳。“多种途径培养应用性高层次专门人才研究”课题，对实际工作部门所需要的高层次人才的培养规格和途径进行了较深入的调查研究。李鹏曾在该项目的阶段成果“应用学科高层次专门人才培养途径的调查报告”上批示：“这份报告写得很好”，并要求教育主管部门和人事部门组织实施，为

①②③ 教育部社会科学司. 2004 年全国高校社科统计资料汇编 [G]. 北京：高等教育出版社，2006：616-617，530，616-617.

④ 周南照. 在加强教育科研与教育决策和教学实践联系方面存在的若干问题 [EB/OL]. http：//news. tenglong. net/jgzh/pxjh _ view _ 62. html，2009-03.

这一时期深化研究生教育和高层次人才培养模式的改革、开辟规范化继续教育途径的宏观决策提供了咨询意见[①]。此外，“走向21世纪中国教育发展战略若干问题研究”“我国高等教育体制改革及其综合效益分析”“21世纪初中国教育结构体系研究”“不同地区教育现代化的理论和实践研究”“高等教育办学管理体制改革理论与实践问题研究”等重大应用课题，均取得了具有重要价值的成果，一部分成果得到了中央和教育部领导的肯定，对决策产生了积极影响[②]。

有关区域性教育发展战略的问题得到重视，如“珠江三角洲教育发展战略研究”“上海教育发展战略研究”“苏南地区教育发展战略研究”等课题纷纷立项。其中较有代表性的是“苏南地区教育发展战略研究”，该课题鲜明提出了在苏南地区率先推进教育现代化战略的构想，比较适时、恰当地提出了苏南地区教育发展和改革的战略指向和主要目标，较为深入地回答了苏南地区教育发展和改革中的若干重大问题。江苏省教育主管部门采纳了该课题的研究成果，印发了《关于在苏南地区组织实施教育现代化工程试点的意见》，对苏南地区的教育现代化工作进行具体部署，积极进行教育现代化的试点工作。又如，为了改变我国农村贫困落后的面貌，促进当地教育和经济发展，在教育科研中有关农村地区特别是西部落后地区的教育改革和发展的课题始终被放在重要位置。此类研究促使国家决策层面对农村教育和处于弱势群体的人群投入更多关注，制定相应政策发展农村教育、提高农民素质，实现农村现代化。如全国社科基金“八五”重点课题“农村教育综合改革与农村社会全面进步研究”历时十年，深入探讨了

① http：//www. moe. edu. cn/moe-direct/fazhanyjzx/zdyj4jccn. htm，2009-05.

② 全国教育科学规划领导小组办公室. 中国教育科学规划的回顾与展望［M］. 北京：教育科学出版社，2006：212.

农村教育发展和农村教育综合改革与农村社会全面进步的关系，对农村教育综合改革的宏观背景、基本经验、发展趋势等问题做了全面总结和系统剖析。该课题在部分省区促进农科教结合、三教统筹和实施“燎原计划”等方面取得了明显进展，为建立符合不同地区特点的教育体系做出了重要贡献。再如“七五”重点课题“西部八省（区）普及九年义务教育研究”，所提出的在西部地区实施义务教育的可行性对策，对推动西部地区义务教育的健康发展及为国家实行分类指导提供了重要的理论依据和具体指导，对全国顺利推进义务教育也有重要的借鉴意义，对各级党政机关和教育行政部门的决策也起到了重要参考作用。

义务教育也是一大研究重点，如“八五”重点课题“全国不同地区普及九年义务教育进展情况及发展水平的比较研究”向教育主管部门提出建议，全国 2000 年实现基本普及九年义务教育地区的人口覆盖比例和初中生入学率应由 95%调整为 85%；协助教育主管部门重新测算和修订 2000 年普及义务教育的规划目标。1995 年，课题组将关于义务教育发展目标预测及师资供求分析的研究成果提供给教育主管部门，为制定师范教育发展规划起到了重要咨询作用。课题中关于实现基本“普九”目标的教育资源不足与地区不平衡的研究对推进义务教育发展提出了有价值的建议。

教育经费问题研究有了突破。国家社科基金研究项目“教育经费占国民生产总值合理比例研究”，选择了 39 个对象国进行比较研究，得出的最后结论是：按照邓小平提出的 2000 年中国人均 GDP 达到 800—1 000 美元标准和当时的实际汇率计算，中国政府的教育支出应占 GDP 的 3.87%①。这一研究报告分别报送国家领导人和教育部、财政部和国家计委，引起全国人大和国务

① 课题组. 教育大国的崛起［M］. 北京：教育科学出版社，2008：49.

院的高度重视，由中央政治局决定国家财政性教育经费支出占国民生产总值的比例到2000年末达到4%，并写入1993年的《中国教育改革和发展纲要》①。这一决策明确了教育经费的投入比例，对于落实教育优先发展的战略地位，明确中央和地方各级政府在教育经费支出中的责任，构建与社会主义市场经济相适应的、满足公共教育需求的、稳定和可持续增长的教育投入体制都具有重要意义。曾获第一届教育科学研究优秀成果一等奖和首届社科基金项目优秀成果三等奖的“教育经济学研究”是一项高校理论工作者取得的具有重大理论及方法创新价值和重要决策咨询价值的成果。其主要贡献是首次在系统的科学实证分析的基础上回答了教育投资决策的两个基本问题，即教育经费在国民经济中的合理化比例和各级各类教育系统中经费的合理分配及有效利用，并通过国际比较分析总结出教育投资变动的若干重要规律。这项成果还首次在国内教育经济学研究领域运用了经济计量模型，使定性的理论分析建立在科学的定量分析基础上②。其结论“教育经费应该占国民生产总值的4%”，为政府教育投资决策提供了重要依据，在国内产生了广泛的影响③。

教育改革发展进入到新的历史时期，面临着农村教育问题、流动人口子女教育问题、网络环境下教育问题、教育公平与效率、构建终身教育体系、人才培养模式及人力资源开发、教育体制与方式的变革、民办教育、农村职业技术教育办学模式、基础教育课程改革等问题，在《国家中长期教育改革和发展规划纲要(2010—2020年)》制定过程中，关于这些问题的研究和探讨紧密联系时代背景，有力地促进了决策者同研究者之间的对话和交流，

① 课题组. 教育大国的崛起 [M]. 北京：教育科学出版社，2008：49.

②③ 金宝成. 全国第二届教育科学优秀成果评奖活动综述 [J]. 教育研究，2000(1)：70-73.

对提高教育决策的科学和民主化水平，提高教育政策的效能都具有重要价值。许多研究成果或被有关行政部门采纳，或为教育政策的制定提供了咨询，对教育立法和决策都具有重要的科学价值。

素质教育研究不断深入。1987 年柳斌在《努力提高基础教育的质量》一文中正式使用"素质教育"一词。燕国材的《关于素质教育的几个问题》一文，产生了较大影响。自此有关素质教育的文章呈指数增长，在"九五"期间，出现了一系列关于素质教育的研究课题，如"素质教育运行机制与实践模式的研究""素质教育目标导向的理论与实验探索""素质教育中的生活教育模式实验研究""中小学班主任与学生素质发展的研究""新世纪实施小学素质教育目标的课程实施研究"等。2005 年由八部委组成的素质教育调研组产生了重要影响，其研究成果《共同的关注——素质教育系统调研》是这一领域的代表性成果，形成了推进素质教育的对策建议，包括落实各级政府实施素质教育的领导责任，努力构建有利于人才多样化成长的宏观教育结构，加强改进青少年思想道德建设，采取有力措施贯彻落实"健康第一"的要求，加大考试评价制度和用人制度改革力度，全面推进基础教育课程改革，大力提高教师实施素质教育的能力，把教育信息化作为推进素质教育的战略举措，积极鼓励各地因地制宜改革创新，着力加强教育督导和教育质量保障体系建设。素质教育的研究探讨引起了党和国家的高度关注。1997 年国家教委颁发了《关于当前积极推进中小学素质教育的若干意见》，将全面推进素质教育确定为基础教育的重要任务。1999 年《中共中央国务院关于深化教育改革全面推进素质教育的决定》提出，要以提高国民素质为根本宗旨，以培养学生创新精神和实践能力为重点，将素质教育贯穿于教育各个领域和教育教学的各个环节。这一文件的颁布标志着素质教育成为国家的教育政策，也标志着素质教育政策框架基本形成。进入 21 世纪后，党的十六大、十七大和十八大报告都明确提出要深化改革，全面推进素质教育。2006年新修订的《义务教育法》对实施素质教育做了明确的法律规定，标志着素质教育已步入依法推进的轨道。

人力资源强国研究逐步兴起。“从人口大国迈向人力资源强国”是教育部人文社会科学研究重大项目的研究成果，是我国第一份关于教育与人力资源战略问题研究的国家报告。该研究由10多家科研单位和高校的近百名专家跨系统、跨部门、跨学科联合攻关完成。通过理论、实证分析和国际比较，剖析了教育与人力资源开发存在的问题，并预测了未来50年教育与人力资源开发的发展框架和宏伟蓝图，提出第一战略、“三次跨越”和“两次提升”的战略构想，提出制度创新的公平性、效率性、竞争性、开放性四大原则；首次创立了教育与人力资源发展的动态指标体系；考察了教育与人力资源发展现状与特点，同时收录了联合国开发计划署、联合国教科文组织、经合组织、世界银行等权威机构公布的世界主要国家教育与人力资源的统计信息①。该研究产生了重要的社会影响。教育部办公厅召开新闻发布会，50多家媒体参会并在显著位置予以报道，教育部主要领导出席会议并讲话。在2003年“全国十大教育新闻”评选中，“我国公布教育与人力资源战略问题研究报告”新闻名列榜首。《新华文摘》等对其中的主要内容进行了转摘。该研究得到了中央的肯定，对国家决策层面产生了积极影响，一些政策建议被国家决策采用。胡锦涛在十六届五中全会讲话中首次提出，要把建设人力资源强国作为我国建设小康社会的重要战略举措。《国民经济和社会发展第十一个五年规划纲要》提出“推进人才强国战略”。教育发展“三次跨越”战略建议被教育事业“十一五”规划采纳。报告

① 全国教育科学规划领导小组办公室. 第三届全国教育科学研究优秀成果奖获奖成果概览［M］. 北京：教育科学出版社，2007.

提出的在西部和财政困难地区加大中央支付力度、保障义务教育的实施这一建议已被国务院采纳，到2009年实现全国义务教育全免费。报告提出的实施农村转移人口教育与培训工程的建议被教育部、农业部、劳动保障部等采用，在《2003—2007年教育振兴行动计划》中就提出实施以就业为导向的“职业教育与培训创新工程”。党的十七大报告明确提出“优先发展教育，建设人力资源强国”的发展目标。该研究的学术观点被多次引用，取得了重要的理论成果和积极的社会效益，是近年来涌现出的产生广泛社会影响和学术影响的优秀成果。

教育公平研究成为热点。教育公平问题既是古老的话题，也是现代的热点问题。1994年，谈松华率先发表关于教育公平的论文①。进入21世纪后，农村和西部地区与城市间教育发展不均衡问题、农民工子女上学难问题、择校问题、高等教育入学不公平等问题进入研究视野。国家社科基金“十五”规划重点课题“转型期中国重大教育政策案例研究”是这一时期该领域的重要成果。该研究在以下方面取得了突破性进展：从城乡、地区、阶层和类别差距四个方面全方位地揭示了教育差距的严峻现实；首次揭示了教育差距大于经济差距的事实；从宏观的角度深入分析了造成教育差距的政策原因，并开拓了教育政策学研究的领域与方法。课题组提出了加快城乡一体化进程，消除城乡二元结构；建立公共财政制度，改变公共教育财政制度缺位状况等十大政策②。课题鉴定组认为该课题研究成果“是近年来教育科研领域高水平的研究成果之一，对我国教育的改革和发展有重要的参考价值”。《缩小差距——中国教育政策的重大命题》是“转型期中

① 谈松华. 论我国现阶段的教育公平问题［J］. 教育研究，1994（6）.

② 全国教育科学规划领导小组办公室. 国家重点课题“转型期中国教育重大政策案例研究”研究成果述评［J］. 当代教育论坛，2006（22）.

国重大教育政策案例研究”课题组的重要成果，由人民教育出版社出版，经全国社科规划办专报有关中央领导，对推进教育公平发挥了重要作用。还有“十五”规划课题“中国高等教育公平问题的研究”及其成果《中国教育公平的理想与现实》、“十五”规划重点课题“我国教育经费筹措和分配的公平与效率问题研究”、“十五”规划重点课题“高等教育大众化与缩小社会阶层高等教育差异的研究”等课题研究对教育公平的内涵、教育公平与教育平等和教育机会均等之间的区别和联系、影响教育公平的因素、教育公平的判断原则、教育公平与社会和谐发展的关系、确保教育公平的举措等一系列问题形成了初步认识。这些研究成果引起了党和政府的高度关注，加快了推进教育公平的步伐：2006 年新修订的《义务教育法》首次明确义务教育阶段免收学杂费；以法律形式保障义务教育经费投入，并将其列为各级人民政府的一项重要责任，逐步完善资助经济困难学生政策体系，建立健全国家奖学金和助学金制度。党的十七大提出，教育公平是社会公平的重要基础，要求坚持教育公益性质，健全学生资助制度，保障经济困难家庭、进城务工人员子女平等接受义务教育。党的十八大指出，要大力促进教育公平，合理配置教育资源，重点向农村、边远、贫困、民族地区倾斜，支持特殊教育，提高家庭经济困难学生资助水平，积极推动农民工子女平等接受教育，让每个孩子都能成为有用之才。

创新教育研究逐步发展。在国家实施创新战略的时代背景下，中央教科所于 1998 年提出了“创新教育”的理念，并联合 20 多个省市的教育研究机构、大中小学校开展“创新教育研究与实验”①。该研究构建以培养人的创新精神和创新能力为基本

① 课题组．改革开放 30 年中国教育重大理论成果［M］．北京：教育科学出版社，2008：214.

价值取向的教育内容和方法体系，着力创设民主和谐的教育环境；开发多样化的课程与有创新价值的学习内容；倡导自主合作学习，不断探究创新；开展有利于培养创新精神和创新能力的实践活动；不拘一格为培养拔尖创新人才打好基础①。实验研究转变了教师观念，提升了教师水平，促进了课程教学改革，激发了学生的创新精神，提高了教育质量。一批有关创新教育和创新人才培养的课题，如“教育与发展——创新人才的心理学整合研究”“培养中小幼学生创新精神—实践能力的实验研究”“教师教育发展的国际比较及我国教师教育创新发展的对策研究”，分别对创新教育的定义、创新教育与素质教育的关系、课程改革与创新人才培养的关系、实施创新教育以及培养创新人才的途径与方式等方面都进行了探索。这些研究引起了国家决策层面的关注，对国家制定创新教育和创新人才培养政策提供了借鉴。胡锦涛在党的十七大报告中指出：“进一步营造鼓励创新的环境、努力造就世界一流科学家和科技领军人物，注重培养一线的创新人才，使全社会创新智慧竞相迸发、各方面创新人才大量涌现。”②2004年，教育部制定和实施了“高层次创造性人才计划”。

学生体质健康标准研究受到关注。“十五”规划重点课题“学生体质健康标准的研究”探讨了在我国新的历史条件下如何建立以及建立什么样的学生体育锻炼制度与评价体系问题，探讨了实施学生体质健康标准的若干理论与实践问题，分析了针对我国学生的实际情况如何推进学生进行自我评价与自我锻炼的方法

① 课题组. 推进创新教育　培育创新人才［J］. 教育研究，2007（9）：16-22.

② 胡锦涛. 高举中国特色社会主义伟大旗帜　为夺取全面建设小康社会新胜利而奋斗——在中国共产党第十七次全国代表大会上的报告［M］. 北京：人民出版社，2007：22.

和理论①。课题组在营口、嘉兴进行了干预实验，并在12省市和2所大学进行了实验，采集了31 943名学生的数据，形成了《学生体质健康标准（试行方案）》，分析了国际体质健康评价的演变与发展趋势，研制了“学生体质健康标准智能服务系统”，突出了“健康第一”的指导思想，测试内容的选择考虑了与身体健康状况关系密切的身体健康素质要素；增强了《学生体质健康标准》的适用性；实现了教考分离，有利于促进学生综合素质的提高；评价表定量指标和定性等级相结合，强调针对学生个别差异的激励和促进作用；评价表采用4等级（优秀、良好、及格、不及格）7段制（优秀、良好、及格等级中各分为两段）；增强了学生强身健体的责任感；加快了学生体质健康状况监测工作的科学化合现代化进程②。该成果对制定国家学校体育卫生工作发展规划和干预策略具有参考意义。2002年7月，教育部、国家体育总局颁布《学生体质健康标准》。

构建学习型社会和终身学习体系的研究引起关注。重点课题“构建学习型社会和终身学习体系的研究”进行了终身学习体系与学校教育发展和改革、中国社会转型时期重大结构性变化与培训和继续教育的供求、教育信息化的发展与建立终身学习体系等八个方面内容的研究③。该课题提出了2020年我国建设终身教育体系和学习型社会的目标、任务与主要途径，并提出了建设终身学习体系和学习型社会的体制保障和制度创新的具体措施。根据对这些问题的研究，课题组撰写了《关于建设终身学习体系和学习型社会的研究报告》《构建中国特色的学习型社会和终身学习体系的理论研究》《终身教育体系下的学校教育研究》等研究

①② 全国教育科学规划领导小组办公室. 第三届全国教育科学研究优秀成果奖获奖成果概览［M］. 北京：教育科学出版社，2007：23，24.

③ 全国教育科学规划领导小组办公室. 国家重点课题“构建学习型社会和终身学习体系的研究”成果公报［Z］. 2007：5-7.

报告。这些研究报告对构建终身学习和学习型社会具有重要参考价值。陈至立于2006年6月23日批示："研究深入，数据翔实。有理论高度，也有现实针对性。建议把其中的重要理念和观点吸收到正在制定的教育纲要中去。"周济于2006年6月26日批示："请纲要组同志阅办。请党组同志们传阅学习。"① 党的十七大明确提出要建设全民学习、终身学习的学习型社会。党的十八大要求完善终身教育体系，建设学习型社会。

高校规模扩张的形式与办学效益研究影响显著。20世纪90年代，高等教育规模、结构与效益协调发展问题受到关注。课题组提出我国高校规模偏低，应当通过挖掘潜力，扩大招生规模，通过调查研究，得出我国高等院校的适度规模平均大约在4 000人。实际上我国高校平均规模直到1999年才基本接近4 000人（实际3 815人）。1999年扩招之后，2007年普通高等学校本科（不含独立学院和分校点）、高职（专科）全日制在校生平均规模提高到8 571人。部属重点大学校年均规模均已达到万人，许多高职院校在1999年前只是中专、中技学校，自主办学规模大都不到2 000人，而现在许多学校发展到8 000人甚至1万人以上。从学校增长数量来看，1978年全国共有普通高等学校598所，2007年则增加到1 908所，普通高校数目持续增长。扩大规模和提高效益的理论对促进高等教育大众化做出了重要贡献。

其他再如农民工随迁子女问题研究、农村教育研究等成果，受到中央领导和部委领导的关注，有的也转化为政策。

2. 教改实践成果

教育科学是一门实践性、应用性强的学科，活动最活跃、范

① 全国教育科学规划领导小组办公室. 国家重点课题"构建学习型社会和终身学习体系的研究"成果公报［Z］. 2007：5-7.

围最广泛、成果最丰富、影响最深远的当属基础教育实践领域①。

一是大学和科研院所专家学者深入中小学做研究，如“主体教育视野下课堂教学改革的深化研究”“面向21世纪新基础教育研究”“新基础教育理论及推广性、发展性研究”“基础教育课程改革的基本理论与实证研究”“和谐教学法”等课题，推动了教学改革，取得了良好效果。新基础教育研究取得了较大的社会反响，先后被列为全国教育科学规划“九五”“十五”重点课题。研究成果获得全国优秀教材一等奖、国家级优秀教学成果二等奖、曾宪梓优秀教学奖二等奖、上海市哲学社会科学优秀论文优秀著作一等奖。

二是开展教育实验，如情境教育、自学辅导教学法、青浦数学教改、小学数学尝试教学法、小学语文的“注音识字、提前读写”、初中语文的“六步教学法”以及愉快教学、目标教学、成功教育等一系列教学实验。②

在开展素质教育过程中，很多学校都进行了有益尝试，出现了一批开展素质教育的先进典型，极大地推动了实践发展，不仅提升了学校教学质量，还使学生的综合素质和能力得到提高。如上海一师附小、北京一师附小等七所学校发起的“愉快教育”，从探索学生的认知发展规律向探索学生认知、情感、意志、行为的整体规律发展；从课堂教学向校园环境、学校管理、德育等多个领域发展；从经验总结向深化理论研究的方向发展。上海市闸北区开展的“成功教育”模式，帮助和促使学生获得成功，树立自信，使学生形成自我学习、自我教育的内部动力，成为学习生活的主人。

①② 全国教育科学规划领导小组办公室．中国教育科学规划的回顾与展望［M］．北京：教育科学出版社，2006：213，200．

小学语文“注音识字，提前读写”教学改革实验是一项小学语文教学整体改革实验。该实验自1982年诞生以来，在全国迅速发展，在不同地区都取得了成果，显示了它的科学性、可行性和广泛的适应性，得到了国内外有关专家的肯定，并产生了深远的影响，成为我国语文教学改革的一个重要流派。教育部曾多次开会、发文件推广这项教改经验，为普及义务教育，提高义务教育教学的质量，推进素质教育的实施做出了突出贡献。

“先学后教，当堂训练”是江苏省泰兴市洋思中学提出的教学模式。“先学后教”对学生自学能力的培养有促进作用，洋思中学教师在课堂教学中把引导学生学会学习放到教学的首位，教师在引导自学和发现、帮助学生克服学习困难上下功夫，这种先学后教的教学要求有效地制约了习惯于“满堂灌”的教师，这对建立“以学生为主体”的教学基本模式是十分重要的。

山东省茌平县杜郎口中学提出的“三三六”教学模式“三、三、六”自主学习模式，即课堂自主学习三特点——立体式、大容量、快节奏；自主学习三模块——预习、展示、反馈；课堂展示六环节——预习交流、明确目标、分组合作、展现提升、穿插巩固、达标测评。以学生在课堂上的自主参与为特色，课堂的绝大部分时间留给学生，教师仅用极少的时间进行“点拨”。

在英语教学领域，形成了一批重要研究成果。如“十六字教学法”实验，即适当集中，反复循环，阅读原著，因材施教，将教法实验的经验上升到理论高度，利用规律提高外语教学效率。

我国的教育实验起步晚但起点高。从1979年“教育科学的生命在于教育实验”这一命题的提出，经过多年的探索，教育实验形成了波澜壮阔的改革洪流并孕育了自己的特色。教育实验的类型层次具有丰富多样性。这些教育实验中，既有借鉴和引进国外程序教学、暗示教学、情境教学等理论加以改造、变通使之适合中国国情的改革实验，也有基于学校教育教学实践中存在的问题及个人经验而生发的实验研究课题；既有单科单项教学改革实验，也有综合、整合的区域性改革实验。人文与科学结合，形成了教育实验的多种范式。在国外，尽管早在1423年维多利诺创办的“快乐之家”就首开定性实验研究的先河，直至杜威的芝加哥学校实验，形成了从教育实践活动中生发出的教育实验类型，而坎贝尔和斯坦利专以“准实验设计”来处理这种类型实验不能完全做到被试随机选择处理的难点。但至今，在国外占主流地位的仍是科学主义控制下的教育实验的规范。在我国，多样丰富的课堂教学实验呈现出不同类型。正是课堂教学的丰富多样性，导致了教学改革实验形态的多样性。无论哪一种形态，其共同特点都是将人文与科学加以整合，从而远远超出了“定量研究追求科学性、定性研究追求实用性”的含义。立足本土教育教学实际，为探寻教与学规律而进行的教学实验远不止这些，这只是选择了其中不同类型的代表。从这些不同类型的教学改革实验中，可以看出一些共同的追求：以学生的学为着眼点，突出学生学习的主体性，探寻学生学习的最佳途径；让学生学会学习，主动地学习，减轻学生学习负担；力图使学习规律变成课堂上可操作的办法，找到符合自己学派教学主张的教学模式。这在当时的历史条件与教育发展状况下，体现了教育教学的发展方向，体现了作为教学实验的先进性，实现了对以往课堂教学的新突破。教学实验的产生与发展与当时的大环境和教育发展水平密切相关，随着时代的进步必然会流露出一些局限性。诚如一位研究者所言，任何一项教学实验都不能故步自封。这些实验中的大部分都是围绕“如何更好地掌握知识”来进行的，实验的主题虽有所超越，但深化不够，拓展不够。新课程为教学实验的发展提供了可能和机会，新课程改革也需要在新理念下的有自己教学主张和操作途径的教学实验的支撑。新理念的可操作性，应该成为新课程走向教师、走向学生的现实途径。

德育研究取得明显进展。如“我国中学德育整体改革的研究”课题对德育的概念及其在中学教育中的地位和作用、中学德育的内容、途径、德育队伍和领导管理体制等内容进行了深入探究，取得了理论和实践上的丰硕成果，确定了中学德育的地位、目标以及实现目标的方针、政策、方法和措施等，产生了具有可操作性的《中学德育大纲》，对推进中学德育工作的整体改革，进一步加强中学德育工作的管理，实现德育工作科学化、规范化和制度化具有重要的指导作用，推动了中学德育实践工作的进行和开展。“整体构建学校德育体系的研究”“教育哲学的当代转型与德育课程的创新”“欣赏型德育模式的建构研究”等课题，对德育实践也产生了积极影响。

高校教育质量的评估问题引起社会关注。如“新形势下系统的高等教育评估制度的研究与实践”课题对新形势下高等教育评估体系、评估机制、评估政策、评估信息系统等方面进行了系统研究，并制作了由基本情况库、办学资源库、教育教学库、科研库和学校代码库 5 个基本库和 14 个衍生数据库组成的高等学校教育评估信息系统，对我国高校评估工作的科学化和规范化运行有着积极作用。该成果已经在高等学校教育评估实践和高等教育管理实践中得到初步运用。

3. 理论创新成果

一批优秀的教育科研成果应运而生，极大地推动了教育学学科的发展。其间不但教育学的传统研究领域取得了丰硕成果，一批新兴学科和交叉学科也逐渐繁荣发展起来，极大拓展了教育学的学科领域。

在教育基本理论领域中，一批教育学教材和专著纷纷问世，如 1976 年刘佛年主编了《教育学（讨论稿）》，1978 年北京师范大学教育系编写了《教育学讲授提纲》，1988 年王道俊、王汉澜主编了《教育学》，南京师范大学教育系编写了高师教育专业教材《教育学》，顾明远、黄济主编了中师《教育学》教材等。这些教材为教育学发展做出了贡献。自20世纪80年代后，教育学研究中出现了一个重要趋势，即大教育学的分化。首先分成的是“教育原理”“教学论”“德育原理”，自此“教育学原理”作为一门分支学科开始了学科建设，并先后出版了叶澜的《教育概论》、成有信主编的《现代教育引论》、孙喜亭的《教育原理》与黄济、王策三主编的《现代教育论》等。这些著作基于不同的视角、理论立场和知识文化背景、思维方式，对教育学的基本范畴和问题进行了重新探讨，发表了各具特色且个性鲜明的观点和见解，推动了这一学科的蓬勃发展。在诸多成果中，南京师范大学教育系编、鲁洁等著的《教育学》探索了中国特色教育学的发展之路，为全国高等师范院校教育系广泛采用，先后获吴玉章基金一等奖、国家教委第一届全国普通高校优秀教材一等奖，印数数十万册，获得了社会的认可。

在教育史领域中，沈灌群1956年所著的《中国古代教育和教育思想》，1958年曾被译成俄文，在苏联出版发行。陈景磐编写了《孔子的教育思想》（1957年）、《中国近代教育史讲义》（1961年）、《中国近代教育史》（1979年）；北京师大教育史教研室编写了《中国古代教育史》（1962—1964年）；毛礼锐、瞿菊农、邵鹤亭编写了《中国古代教育史》（1983年）。20世纪80年代中后期，毛礼锐、沈灌群共同主编的《中国教育通史》和《中国教育家评传》，代表了当时中国教育史研究的最新水平①。20世纪90年代王炳照和其他学者一起完成了两部大型通史性著作——《中国教育思想史》和《中国教育制度通史》，努力使教育思想史变成教育家、教育思想流派和教育思潮的形成、发展、

① 叶澜. 20世纪中国社会科学：教育学卷［M］. 上海：上海人民出版社，2005：38.

演变以及相互之间争鸣融合的历史，从纵横两方面展示出中国教育思想发展的整体面貌①。《中国教育思想史》不少内容填补了中国教育思想史研究的空白，如专门研究了前秦阴阳法家、探讨了宋代一些文学家的教育思想，梳理了新中国的教育思想等。该书的撰写和出版推动了中国教育史学科建设，凝结了20世纪90年代初期本学科的最新进展。《中国教育制度史》是对中国教育制度发展的一次系统总结，在很大程度上改变了该领域研究的相对落后状况。在外国教育史领域的研究中，以滕大春主编的六卷本《外国教育通史》和吴式颖主编的《外国教育史教程》影响尤为突出，代表了这个时期外国教育史教材建设“中国化”的最高水平。滕大春主编的《外国教育通史》对研究内容的拓展、编写体例的创新，以及对当代史的强调和科学研究方法的重视，使其在众多版本的外国教育通史著作中独树一帜，影响深远。《外国教育史教程》在编写体例上尝试从“学科教育史”转向“问题教育史”，在谋篇布局上考虑到了系统性，又突出了特殊性，在研究模式上从单线研究过渡到多线研究，在风格特色上融合学术性与教学性于一体；由于作者对“问题教育史”研究特征的追求，以及作者宽广理论视野与厚重学术功底，使该书体现出鲜明的研究风格和独到的学术观点，具有较强的学术性，是外国教育史领域研究的一部代表性著作②。

在比较教育领域中，王承绪和顾明远的一系列研究对该学科的发展起到了积极而重要的作用。早在20世纪70—80年代，王承绪、朱勃和顾明远就主编了《比较教育》一书。本书是比较教育学科的基本教材，其最显著特征就是基础性。它涵盖了比较教育学科的最基本内容，以及当代国外教育的最基本事实，从学科

①② 叶澜. 20世纪中国社会科学：教育学卷［M］. 上海：上海人民出版社，2005：143，184.

的最基本发展脉络到学制比较、各级各类教育比较和世界教育发展的展望等，是比较教育的一部奠基之作，是新中国第一部比较教育专著和教科书，极大地推动了比较教育学科的发展。此后王承绪和顾明远等人又分别承担了全国教育科学“六五”规划课题“战后各国教育研究”中部分内容，其研究成果《战后国际教育研究丛书》，对了解当时国外的教育起到了重要的引领作用。进入 90 年代中后期，由顾明远主编的《世界教育大系》又将比较教育学科的研究向前推进了一大步。由 20 卷本构成的《世界教育大系》可谓这个时期的一部恢宏巨著。这套书分国别教育和类别教育两部分，在国别教育中选取了美国、英国、法国等 10 国，在类别教育部分选择了幼儿教育、初等教育、高等教育、妇女教育等 10 个类别。这套书本着“洋为中用”的原则，中外结合，弘扬借鉴，纵横交错，各具特色，绘成一幅世界教育的雄伟画卷①。

在教学论领域中，李秉德、王策三等学者的研究取得了广泛影响。李秉德运用系统论观点，分析了教学现象的构成要素和相互关系，明确了教学研究的主要范围，主编的《教学论》比较系统地表达了他的主要思想，构建了现代教学论学科体系，对教学论学科的发展做出了贡献。王策三的《教学论稿》是新中国第一部受国家教育部委托编写的教学论专业教材，供全国高等学校教育类专业使用，主要特色在于系统探讨了“教学论逐步科学化的历程的基本线索”和“当前世界范围教学论科学化”的问题，以此为基础系统阐发了作者关于如何建设和不断完善具有中国特色的马克思主义教学论的主张，自 1985 年出版以来，受到广大师生的好评，对提高师范生素养和教育学专业人才培养发挥了重要

① 顾明远，梁忠义. 剖析世界发展变化，刻绘世界教育雄伟画卷 [J]. 外国教育研究，2001 (2)：1-3.

作用，成为我国 20 世纪 80 年代中期以来经典性的教学论专业教材。

在高等教育研究领域中，潘懋元发挥了开创性作用。1978 年，他在《厦门大学学报》和《光明日报》先后发表了《必须开展高等教育的理论研究——建立高等教育学科刍议》，在教育界产生了巨大影响。此后，他主编的《高等教育学》探讨了近现代高等教育的发展与改革、高等教育思想体系与基本理论、教育宏观结构与运行机制、高等学校的专业与课程、高等学校教学方法和成绩考核、高校德育及高等教育改革等问题，为高等教育学这一新兴学科的建立打造了一个雏形，标志着中国高等教育进入科学研究的新水平，为高等教育的改革发展提供了理论依据。

教育教学实践产生对教育科研的实际需求，形成了一批推动教育学科发展的重要理论成果。如自 1978 年开始的教育本质问题大讨论以来，主要有这样几种观点：上层建筑说、生产力说、统一说、多重属性说、特殊范畴说以及社会实践活动说。这些观点又主要归结为两大派之间的争鸣：一是上层建筑说，一是生产力说。坚持上层建筑说的代表人物有李放、陈信泰等人。坚持生产力说的代表人物有于光远、李克敬和胡德海等人。两种主要本质属性的争论，使人们看到了不同本质属性争论的焦点及问题所在。从社会发展来看，上层建筑说与生产力说都有其合理性，但又具有片面性。上层建筑说在看到了教育为政治所制约，教育必然在一定条件下为政治服务的同时，夸大了教育的政治功能。生产力说在看到教育与经济之间的关系，教育既受经济制约，又为经济发展服务的同时，夸大了教育的经济功能。尽管教育本质大讨论未从根本上解决教育的本质问题，但通过争论进一步澄清了人们关于教育本质属性的认识，以及分析教育本质属性的方法，不仅拓宽了人们分析教育基本理论的视野，而且超越了形而上的思维方式，从根本上扭转了人们认识教育本质的观念，使教育摆脱了作为政治附庸的错误思想，推动教育本质问题的探讨沿着唯物主义的方法论向前发展，为教育基本理论的发展，也为教育战略地位的确定奠定了基础。再如教育与个性发展理论，胡克英关于教育与个性关系理论反映在《教育与个性发展》《社会主义人道主义与教育改革》《人的呼唤》（1989 年）等系列论文中，较早地形成了完整的教育与个性之间的关系构想与理论体系，以一位教育家、教育思想家所特有的洞察力和预见力，通过反思站在一个更高的立场上，实现对教学改革发展历程的把握。他承认儿童独立自主性及其发展可能性，给儿童应有的自由权，实现教育的最高价值，实现人的发展和个性发展的思想，进而完善了教学论体系。他认为在处理学习知识与发展能力关系方面，既要教给孩子知识，又要促进他们的能力发展；既要以教师为指导主体，又以学生为学习主体，实现教学相长；既要传授特定的知识，又要引导学生成为独立的探索者。这些思想成为教学论理论体系的内核，为进一步拓展与丰富教学论学科体系起着导向作用。再如叶澜的代表作之一《让课堂焕发出生命活力》（发表于《教育研究》1997 年第 7 期）。该文对传统课堂知识中心教学观进行了有力批评，开启了动态生成的生命教学观，奠定了生命教育学派的基石，因应形势，成为解放教学观念、引领生命教育理论、推动教学理论转型的杰作。该文被多次转载和频繁引用，引领着生命教学为主题的研究方向。关注生命，关注生活成为素质教育研究的宏大主题。在生命意义感召下，聚集了一批中青年学者，形成了生命教育学派，推动教学理论不断发展。

林崇德的思维结构理论全面系统地分析了智力或认知本质，形成了《思维发展心理学》（1986 年）、《学习与发展》（1992 年）、《教育与发展》（2003 年）等系列研究成果，逐步完善了思维结构理论，为人类认知或智能研究提供了重要理论框架。该理论认为，目的性是人类智力的根本特点之一，反映了人类智力的自觉性、有意性、方向性和能动性。从过程的角度看，智力活动包括确定目标、接受信息、加工编码、概括抽象、操作运用、获得成功这样一系列的环节。从材料的角度看，包括感性材料和理性材料。从品质的角度看，包括深刻性、灵活性、独创性、批判性和敏捷性五个方面。在思维结构中，还有一个发挥着自我意识功能的监控结构，负责对智力活动进行定向、控制和调节，非智力因素对智力活动有重要影响。该理论的提出及理论研究的不断深入，不仅激发了大量的后续实证研究与理论探索，为拓展心理学与教育心理学理论与实践研究提供新的生长点，不断推动创造性理论、学科能力、品德发展与心理健康教育、教师素质理论与师德等方面的研究，为学科体系的发展奠定了基础，还引发了国际同行的学术兴趣，为国外很多认知心理学家和理论研究所认同。

中华人民共和国教育史研究是共和国史研究的重要组成部分，是教育部党组根据中共中央办公厅和国务院办公厅统一部署而承担的一项重要任务。课题先后被全国哲学社会科学规划办公室确认为全国教育科学“八五”和“九五”规划哲学社会科学重大课题。该课题研究运用文献法收集、鉴别、加工整理了大量文献资料，从 4 000 万字的资料中精选整理成了 1 600 万字的 4 卷本《中华人民共和国重要教育文献》。其中有大量原始的宝贵文献，成果填补了缺少新中国教育史系统资料的空白，不仅为新中国教育史学科建设做出了重要的理论贡献，而且对教育改革发展具有现实的指导意义。

石中英的《知识转型与教育改革》以阐述知识与教育关系为主要内容，拓展了教育哲学研究的新领域，为知识社会的教育改革奠定了认识论基础，是教育哲学理论发展中的重要学术著作。该书从“知识”“知识型”“知识转型”等概念的界定入手，考察了由古至今的知识类型与知识更迭，从纵横两个方面进行了多视角的考察和研讨。作者通过对三次知识转型的分析，即古代知识型、现代知识型与后现代知识型，为研究人类知识的增长和教育思想的演化提供了较为坚实的理论基础；通过对现代知识的客观性、普遍性与价值中立性的批判分析，动摇了现代知识观中的绝对化和教育模式的公式化，对于知识创新与教育改革有着重要指导作用；关于“缄默知识”和“本土知识”的讨论，使人们更多地思考知识的多样性与传统文化的重要地位；关于自然知识、社会知识与人文知识的差异及其相互关系研讨，不仅是对知识统一性传统信念的挑战，更深化了当前有人文精神和人文教育的讨论。

《朱永新教育文集》（十卷本）是近年来人民教育出版社推出的一套大型教育图书，荣获全国教育理论优秀畅销书奖、首届教育学会奖、全国高校出版社优秀畅销书奖等奖项。这套文集的中文版自 2004 年以来，曾在全国教育新书销售排行榜上名列前茅。2008 年，韩语版权输往韩国，这是我国当代教育学者的个人教育理论著作首次输往海外。

（三）成果精品不断呈现

教育研究杂志社于 2009 年 6 月起举办了创刊 30 周年论文评选活动，本着“公平公正公开、好中选优”的原则，根据文章的创新性、学术价值、社会影响、时代意义等进行评选，经过网络投票、特邀专家评选、评审委员会评审等严格程序，共评选出杰出论文 39 篇，参见表 6-1。

表 6-1　《教育研究》创刊 30 周年杰出论文（按发表时间排序）①

期号	题　　目	作　者
197901	论“结构主义教育”	张焕庭

① 教育研究杂志社. 教育研究的时代足音——《教育研究》创刊 30 周年杰出论文 [M]. 北京：教育科学出版社，2011：506-507.

续表

期号	题　　目	作　者
197904	三十年来我国对教育规律的探索	刘佛年
198002	要把增加教育经费作为实现“四化”的重要战略措施	千家驹
198005	瓦·阿·苏霍姆林斯基智育观点简介	杜殿坤
198005	关于教育是生产力的问题	于光远
198107	论现代教育的本质	成有信
198107	马克思的异化理论与人的全面发展	王逢贤
198112	掌握知识技能与发展认识能力	裴文敏　董远骞
198111	赞科夫和凯洛夫的教育思想有何不同	丁酉成
198203	开展教育社会学的研究	费孝通
198301	马克思关于教育对社会生产发展作用的学说	孙喜亭
198404	略论世界新的技术革命与智力开发	何钟秀　关西普
198609	布卢姆的教学论及其现实意义	钟启泉
198610	七十年代以来国外教育经济学的新发展	曾满超
198712	中国高等教育结构改革的探讨	郝克明　张　力
198811	十年来我国教育经济学研究的回顾与展望	厉以宁
198811	我国教育哲学建设的回顾与前瞻	黄　济　陆有铨
198811	教学论十年	王策三
198903	“人”在呼唤	胡克英
198907	要为21世纪社会主义中国设计我们的教育事业	钱学森
198909	让学生真正成为教育的主体	王道俊　郭文安
199010	高等教育规模扩展的形式与办学效益研究	闵维方
199410	当代情感教育的基本特征	朱小蔓
199602	论教育之适应与超越	鲁　洁
199709	让课堂焕发出生命活力——论中小学教学改革的深化	叶　澜

续表

期号	题目	作者
199806	我国教育发展不平衡的实证分析	王善迈 杜育红 刘远新
199812 199901 199902	中国教育学百年	瞿葆奎
199906	活动道德教育模式的理论构想	戚万学
199907	中国教育发展地区差距研究——教育发展不平衡性问题研究	吴德刚
200009	我们究竟需要什么样的教育取向研究	吴康宁
200103	世纪之交中国高等教育办学模式的变化与走向	潘懋元 邬大光
200107	课程改革的世纪回顾与瞻望	顾明远
200203	谈情境教育的课堂操作要义	李吉林
200302	面临挑战的教育公益性	劳凯声
200304 200305	大国兴衰与人力资本变迁	胡鞍钢 熊义志
200407	教育公平是一个独立的发展目标——辨析教育的公平与效率	杨东平
200502	时代呼唤教育智慧及智慧型教师	田慧生
200707	中国基础教育均衡发展实证分析	翟 博
200802	西部地区农村学校义务教育教学质量研究	王嘉毅 李 颖

这39篇杰出论文是从《教育研究》杂志创刊30年发表的6 000多篇论文中评选出来的精品，是教育研究的代表性成果，反映了教育研究30年的认识轨迹，见证了中国教育科研的发展史。这些学者的认识成果，深入探讨了教育改革发展中的重要理论和现实问题，对教育观念更新和方针政策制定发挥了先导作用，对发展教育学科发挥了推动作用，对破解教育热点难点问题发挥了释疑解惑作用，对促进中外教育理论成果和先进经验的交流发挥了桥梁作用，对传播先进教育知识和方法发挥了普及作

用。敏锐的问题意识、深厚的理论功底、强烈的时代感、深刻的洞察力、严谨的分析方法，为深化教育理论研究提供了历史范本。

此外，王雁等人的《中国特殊教育教师培养研究》、马健生等人的《高等教育质量保证体系的国际比较研究》、霍力岩等人的《美、英、日、印四国学前教育体制的比较研究》入选国家哲学社会科学成果文库，显示了教育学界的竞争力。

由上可见，我国教育科研硕果累累，不仅数量众多而且影响广泛，产生了一大批有社会影响、有重要价值的研究成果，这些成果或对领导决策产生影响，或发挥着指导一线教学实践的作用，或对教育学科发展产生了积极的推进价值。

二、成果质量亟待提高

在看到教育科研累累硕果的同时，也要正视成果质量普遍不高和贡献不大的现实。在我国目前许多重大科研项目存在着"捆绑申请、分散研究、合并交账、以数量充质量"等问题。正如《关于提高高等学校哲学社会科学研究质量的意见》所言，低水平重复现象比较严重，理论脱离实际比较普遍，应对重大社会问题的能力还不强。教育科研成果同样不同程度地存在以上问题。

（一）平庸化

一是原创性成果不多。一些人缺乏理论自信，依然搬用西方的教育研究模式，不加批判地运用西方的理论模型和话语体系去研究中国教育问题，这样的研究成果缺乏原创性，西方人看不上，中国人看不懂。

二是成果质量不高。从各种基金课题的按时结题率低（50%左右）和优秀率低（如全国教育科学规划课题优秀结题率7%左右）看，从发表论文著作少人评论的情况看，从各种评奖名额普遍空缺的情况看，教育研究成果质量不高是一个普遍问题。虽然主管部门和社会越来越重视质量，但因为评价成果质量依然缺乏明确标准，以质量为导向的评价体系还没有发挥杠杆作用。在实际研究工作中，重投入轻产出、重数量轻质量、重形式轻内容等弊端依然存在，研究者时间投入不足和精力投入不足的问题依然没有解决，由于急功近利所导致的粗制滥造、应付差事，甚至假冒伪劣之不良风气未有根本性好转。

（二）不实用

一些教育研究成果着眼宏大视野，看起来很美很洋，理念先进，头头是道，但缺乏深入细致的实证研究，终年不断的辩论总脱离不了抽象的谈论范围。他们既不想弃问题于不顾，也不想真正加以探究，提的是一些操作性不强的方案，很难运用于实际。“天下课题万万千，浓妆艳抹讲意义，轻描淡写说过程，最后结论一个样。”这样的研究自然是同行信不过，行政看不上，学校用不上。与之相反，国外教育研究非常追求具体实用，如国际学前教育研究热点领域，集中在儿童入学准备与早期教育研究、儿童语言习得的认知理论研究、儿童道德培养中的品德障碍、婴幼儿自闭症早期研究等①。特殊教育研究的热点领域有建立有效学习障碍支持系统的研究、阅读障碍中快速命名和工作记忆的研究、对孤独症儿童早期密集干预的研究等②。

（三）不管用

还有一些教育研究成果“假大空”，喊口号，出新词，贴标签，缺少数据和事实为依据，说的是一些正确的废话，传播的是不良的风气，甚至有抄袭现象。这样的成果既不能有效发现问

① 邱淞，等. 21世纪国际学前教育研究的热点领域和前沿演进——基于SSCI中最有影响力的五种学前教育期刊的计量和可视化分析［J］. 学前教育研究，2014（6）.

② 邱淞，等. 国际特殊教育研究的热点领域和前沿演进——基于SSCI中最有影响力的十种特殊教育期刊文献的计量和可视化分析［J］. 中国特殊教育，2013（7）.

题，更不能提供解决教育教学实际问题的思路，有的甚至起误导负向作用。

（四）不均衡

学术成果的非均衡性是客观存在的社会规律。1963年，普赖斯（D. de Solla Price）考察了学术论文数量在作者分布中的非均衡状况，得出普赖斯定律，表明科学的发展是非均衡的。1968年，默顿（Robert K. Merton）发现科学发展中也存在着“强者越强，弱者越弱”的马太效应现象，他认为这是优势累积的结果。一项研究发现，只有不到1%的科学家能够做到每年都发表一篇论文。这些占研究者总数不到1%的150 608人统治了各类学术杂志，他们的名字在所有发表论文中出现的比例高达41%；在引用次数最多的论文中，这群精英作为合著者的比例更是高达87%。究其原因在于现行的科研体系不合理，资源过度集中在学术专家手中。这种现象在教育研究界也比较普遍，如《教育研究》和《新华文摘》核心作者基本固定；课题组开展的全国教育科学规划课题的结题状况分析中发现，副教授和博士按时结题率最高，等级最高，评价最好①。

教育科研成果发表主要集中在高等院校和科研机构。从2000—2004年的情况看，高校发表26 424篇，占71.81%，排名前10的单位有北京师大、华东师大、浙江大学、南京师大、华南师大、清华大学、华中科技大学、教育部、东北师大、华中师大。根据被引论文机构排名，排名前10的单位为北京师大、华东师大、华南师大、南京师大、北京大学、浙江大学、清华大学、厦门大学、教育部、华中师大；而据篇均被引率机构排名前10的单位为厦门大学、北京大学、北京师大、华东师大、中央

① 曾天山，丁杰，张彩云. 从战略高度提升教育研究质量——基于2010年全国教育科学规划课题成果鉴定的实证分析 [J]. 教育研究，2011（7）.

教科所、上海教科院、苏州大学、华南师大、深圳大学、国家教育行政学院①。2005—2006 年，高校共发文 22 812 篇，占总数的 82.46%，比前 5 年增长 10 多个百分点；各类研究机构 971 篇，占 3.51%。年均发文 40 篇的 56 个机构中，高校 54 所，占 96.4%，其中师范院校 21 所，占三分之二，北京师大和华东师大占据优势。排名前 10 位的机构是北京师大（1 487）、华东师大（1 215）、浙江大学（603）、东北师大（541）、华南师大（476）、南京师大（464）、清华大学（462）、华中科技大学（437）、西南大学（398）、华中师大（385）。上海教科院（192，第 18）和中央教科所（163，第 29）进入 30 强，显示了教育科研机构的实力。从被引情况分析更能准确反映机构的学术影响力。2000—2006 年，指标攀升明显，年均被引 16 篇次以上的机构从 24 个增长到 49 个，年均被引 50 篇次以上的从 5 个扩展到 21 个。2005—2006 年排名前 10 的机构有北京师大（1 624）、华东师大（1 086）、南京师大（432）、华南师大（393）、浙江大学（362）、华中科技大学（301）、清华大学（288）、北京大学（266）、东北师大（242）、西南大学（241）。中央教科所（147，第 15）和上海教科院（126，第 18）进入 20 强，显示了教育科研机构的实力。香港中文大学以被引 52 篇次跻身第 33 位，显示内地与港澳的学术联系加强。从篇均被引率分析，0.5 以上的机构从 2000 年的 9 个上升到 2006 年的 22 个。排名前 10 位的机构是北京师大（1.092 1）、厦门大学（1.013 1）、南京师大（0.931 0）、中央教科所（0.901 8）、华东师大（0.893 8）、华南师大（0.825 6）、北京大学（0.783 4）、湖南师大（0.753 9）、

① 龚放，邵旭．2000—2004 年我国“教育学”研究报告——基于 CSSCI 的机构和区域学术影响力分析［J］．教育发展研究，2006（9）．

上海教科院（0.692 7）、华中科技大学（0.688 8）[①]。由此可见，上述机构是我国教育学领域的学术重镇。课题组延伸研究教育科研机构在CSSCI教育学来源期刊（2009—2010年）发表论文数量排序，排名前10位的分别是北京师大（1 160）、华东师大（897）、西南大学（524）、华南师大（511）、南京师大（434）、东北师大（431）、华中科技大学（347）、华中师大（344）、浙江大学（337）、北京大学（320）。同期出版学术著作前10位的依次为华东师大（150）、华中师大（72）、北京师大（62）、南京师大（29）、浙江师大（38）、浙江大学（32）、华南师大（28）、湖南师大（28）、上海师大（23）。科研机构出版的著作也处于上升状态，中国教科院2013年学术著作达到30多部。

教育科研成果主要集中在东部发达省份。2000—2006年，排名前6位的省份是北京、上海、江苏、浙江、广东、湖北。其中，2005—2006年，京（4 951）、沪（3 189）、苏（2 777）、浙（2 228），年均发文量超千篇，香港特区居第25位（121篇）、台湾排第34位（27篇）。而青海（19）、西藏（9）排名落后。从被引情况分析，地区被引量的梯度比较陡峭，京（4 098）、沪（1 841）、苏（1 192）为第一方阵；第二方阵有粤、鄂、浙、闽、湘、渝、吉、陕、鲁、甘、津、辽12个省份，年均被引量100—500篇；第三方阵为皖、川、冀等10个省份，年均被引量25—100篇；第四方阵为其他省份，年均被引量低于25篇。京（4 098）、沪（1 841）、苏（1 192）、粤（921）、鄂（899）、浙（851）、闽（369）、湘（336）、渝（330）、吉（299）排名前10。北京的年均被引量几乎是10名之后所有省份的总和。黔、新、

① 龚放. 我国教育学研究领域机构、地区学术影响力报告——基于2005—2006年CSSCI的统计分析［J］. 清华大学教育研究，2009（2）.

琼、青、藏等省份都是个位数①。

从人大复印资料《教育学》论文转摘的情况同样如此。综合2009年、2011年到2012年的数据，高校处于主体地位，占比90%左右，其中以师范院校为主，其次是科研机构。排名前列的机构是北京师大、华东师大、南京师大、华中师大、华南师大、东北师大、首都师大、陕西师大、山东师大、西南大学、北京大学、香港中文大学等②，中国教科院、北京教科院、上海教科院、天津教科院、江苏教科院等均有一定量的论文入选。

出现上述问题的主要原因在于，对教育研究作为应用学科的特点缺乏深刻认识：一是缺乏理论创新、方法创新和学科体系的创新，研究能力需要提高；二是评价导向急功近利，学风浮躁，需要改革评价体系，促进学术规范，改善学术氛围。

三、成果质量提高方向

科学研究成果的质量代表着一个国家的创新能力，教育研究的质量影响着教育教学水平，是建设现代化教育强国和办好人民满意教育的重要保障。研究者大力弘扬察实情、说实话、出实招、办实事、求实效的“五实作风”，形成一批有用、实用、管用的优秀成果，避免特权和利益团体的左右，成为国计民生公共教育政策和基层实践创新的重要引领者、参与者、推动者。

（一）完善以质量和贡献为导向的评价体系

党的十八大提出，要完善科技创新评价标准、激励机制和转化机制。中共中央、国务院《关于深化科技体制改革加快国家创新体系建设的意见》指出：要深化科技评价和奖励制度改革；根

① 龚放. 我国教育学研究领域机构、地区学术影响力报告——基于2005—2006年CSSCI的统计分析［J］. 清华大学教育研究，2009（2）.

② 宣小红，等. 教育学研究的热点与重点——对2012年人大复印报刊资料《教育学》转载论文的分析与展望［J］. 教育研究，2013（2）.

据不同类型科技活动特点，注重科技创新质量和实际贡献，制定导向明确、激励约束并重的评价标准和方法；基础研究以同行评价为主，特别要加强国际同行评价等；还明确要求开展重大成果产出导向的科技评价试点。

中国科学院既有基础研究类的研究所，也有应用基础研究和战略高技术的研究所。以前，虽然说没有一个统一的科技评价系统，但能发表SCI论文几乎是中科院各研究所、研究人员均认可的高水平科研的评价标准。2012年，中科院党组把科研评价作为改革的重要突破口，提出要建立重大成果产出导向评价体系。重大成果是体现中科院基础性、战略性、前瞻性的重大创新成果，包括解决重大科学问题，开辟新研究方向，突破关键核心技术，提供系统解决方案，成果转移转化产生重大社会经济效益，提出有重大影响的咨询建议，以及在引进和培养具有国际国内重要影响的领军人才方面取得的重大成效，在促进科教融合等体制机制方面有重大创新。重大成果产出导向评价的核心其实就是确立新的价值导向，摒弃数量评价和单纯的论文导向，强化了同行专家和用户专家独立的咨询评议环节，设计了函评、会评和国家部门咨询评议三个阶段。其中，函评侧重小同行对科技内涵和质量的评议；会评侧重战略科技专家对项目的整体战略评估；国家部门咨询评议侧重接受国家有关部门的指导，使研究工作更紧密与国家需求相衔接，防止重复布局，加强协同创新。这些重要举措对于提高教育科研质量有借鉴意义。

以2004年《中共中央关于进一步繁荣发展哲学社会科学的意见》为开端，标志着社会科学评价体系的重大转型，更加强调哲学社会科学的质量和创新能力。教育部2006年就出台了《关于提高高等学校哲学社会科学研究质量的意见》。

（二）提高成果质量的验收标准

主管部门应提高成果的验收标准，变课题项目“严进宽出”

模式为“严进严出”模式，功夫下在出口验收上。坚持基于标准的质量，既要达到基本工作量，更要达到一定水平，提高质量指标在评价体系中的分量；推动分级评价，投入与贡献相匹配，大投入大产出，大项目高要求；实施分类评价，基础研究要求创新，应用研究注重成效；坚持把创新作为衡量成果质量高低的核心要素，把是否发现新材料、采集新数据、提出新观点、采用新方法、构建新理论作为评价成果质量高低的主要内容；坚持同行评价和成果受益者评价相结合，国内专家和国外专家相结合，小同行和大同行相结合；权威部门评价和社会独立机构评价相结合；注重评判科学，匿名评价和公开评价相结合，全程评价和重点评价相结合，形式规范和内容创新要求相结合，百分制和等级制相结合；调整教育科研经费使用结构，稳定前期创意资助，加强后期资助和奖励力度，扶持资助有长期研究和阶段性成果的项目，提高成果质量。

（三）公开成果信息

信息公开是对研究成果最好的质量监督，是杜绝劣质之作和学术不端行为的有效防腐剂。把信息公开作为增强研究成果质量的重要保障，坚持“公开是常态，不公开是例外”，不仅公开各种研究成果，也要公开专家的评审意见，既让更多的人受益，也接受社会的监督，还能强化同行专家的信誉责任。国内外的实践证明，成果（研究报告、学术论文、学位论文、著作）信息有效公开是一条行之有效的质量保障措施。

（四）经过实践检验

实践是检验真理的唯一标准。教育研究的最大特色是源于实践而高于实践。优秀的教育研究成果要能够可复制、可试验、可推广。既要经得起实践的检验，能够对改进教育教学产生积极效用；也要经得起群众的检验，能够对广大师生发挥正能量；还要经得起时间的检验，能够持续影响几代人。

（五）加大奖优惩劣力度

提高教育研究成果质量功在当代，利及千秋。鼓励潜心研究，加大优秀成果奖励力度，依法保护科研团队的知识产权，赋予科研团队研发成果的使用权、经营权、处置权和收益权，提高科研成果的实效性，使研究者受人尊重、令人羡慕，使优秀成果广泛使用，形成中国教育研究品牌。如湖北省创新科研成果转化机制，率先规定高校院所对于科研成果只拥有名誉权，科研团队可获得不低于70%、最高达90%的受益①。

同时，要大力促进学术批评，维护学术尊严，遵守学术规范，抵制粗制滥造；加大假冒伪劣成果打击力度，强化违规者退出淘汰机制，驱除学术伪劣产品。

促进教育科研成果不断丰富是运用综合手段的结果，提高教育科研成果质量更需要发挥综合改革的效用，完善以质量、贡献和影响为核心的成果评价体系。这是提高教育科研成果质量的关键。

① 湖北取消高校院所科研成果转化行政审批［N］．人民日报，2014-06-24.

第七章

教育科研传播形式多样

德国哲学家黑格尔曾说："人是靠思想活着的。"教育科研成果需要传播才能为人知晓发挥作用产生影响。我国是一个教育科研生产和消费大国，教育科研活动形成了以论文、研究报告、著作、软件等成果形式，激活了教育报刊出版、广播电视网络和论坛会议培训、教改实验基地（区、校）为主要形式的传播体系。

一、传播形态多样

教育研究的载体伴随教育研究成果形式的丰富和技术的进步而不断发展，产生了多元化的表现形式。在我国，学术期刊、学术著作出版和学术论坛是教育科研传播的主要表现形式。

（一）学术期刊众多

教育学术期刊是发表研究成果的平台，又是研究成果转化的中介。对教育学术期刊的学术水平、编辑质量和学术影响力的评价，就成为教育科研评价的重要内容。

据统计，我国教育学期刊总计约 630 种，约占人文社科期刊总数（4 900 多种）的 12.7%，在人文社科 24 个学科中，仅次于政治学（730 种，约占 14.8%）和经济学（700 种，约占 14.3%）。其中，学术期刊 340 种，约占人文社科类 24 个学科领域 2 700 多种学术期刊总量的 12.55%，仅次于经济学（450 种，占 16.7%）①。

1. CSSCI 收录的教育学期刊

CSSCI 收录的教育学期刊从 29 种（2000—2003 年）增加到 30 种（2004—2005 年，占总数 461 种的 6.5%）、34 种（2006—2007 年，占总数 493 种的 6.9%）、37 种（2012—2013 年）。仅 2004—2005 年收录的论文就有 19 314 篇，发文篇数仅次于经济学（41 631 篇），其中本学科发文 14 627 篇，占 75.73%，反映出教育研究队伍庞大，成果丰硕。

2014—2015 年 CSSCI 确定的源刊为 36 种：《教育研究》《高等教育研究》《北京大学教育评论》《电化教育研究》《华东师范大学学报（教育科学版）》《比较教育研究》《清华大学教育研究》《教师教育研究》《教育与经济》《中国电化教育》《教育研究与实验》《教育发展研究》《课程·教材·教法》《中国远程教育》《全球教育展望》《中国高等教育》《开放教育研究》《教育科学》《外国教育研究》《学位与研究生教育》《复旦教育评论》《现代教育技术》《中国高教研究》《大学教育科学》《中国教育学刊》《中国特殊教育》《江苏高教》《教育学报》《高教探索》《高等工程教育研究》《现代大学教育》《国家教育行政学院学报》《远程教育杂志》《教育与现代化》《学前教育研究》《湖南师范大学教育科学学报》。来源集刊为《中国教育法制评论》《中国教育：研究与评论》《中国教育政策评论》。

从主办机构看，中国教科院、华东师大、清华大学、华中科

① 龚放. 2005—2006 年我国教育学期刊影响力评价——基于 CSSCI 的统计分析 [J]. 北京大学教育评论，2009 (1).

技大学、华中师大各占2种，显示出一定的集中度，其他均为知名高校、科研机构、学会、出版社主办的刊物，有的是学会与实体机构联合主办。

从刊物覆盖面看，《教育研究》是综合性刊物，办刊时间最长，名列前茅；《高等教育研究》侧重高等教育领域，《课程·教材·教法》面向基础教育课程教学改革，具有不可替代性和权威性；教育信息化刊物占比较大。

从被引总数分析，2005—2006年名列前10位的期刊是《教育研究》(1 450次)、《高等教育研究》(859次)、《电化教育研究》(781次)、《中国电化教育》(747次)、《比较教育研究》(628次)、《中国远程教育》(609次)、《教育发展研究》(592次)、《中国特殊教育》(562次)、《全球教育展望》(450次)、《中国高等教育》(441次)。这个数据表明了教育学术期刊过去所有刊载论文产生的影响，《教育研究》高居榜首，年均被引从2000—2004年的近500篇提高到700多篇次。

从影响因子分析（这个指标反映期刊论文的篇均被引率，更具可比性），2005—2006年平均名列前10位的期刊是《教育研究》(0.635 7)、《北京大学教育评论》(0.534 4)、《高等教育研究》(0.473 6)、《中国特殊教育》(0.393 4)、《电化教育研究》(0.375 3)、《教育与经济》(0.279 1)、《中国电化教育》(0.263 4)、《华东师范大学学报（教育科学版）》(0.246 3)、《清华大学教育研究》(0.245 8)、《开放教育研究》(0.241 8)。排名前位的大多数是CSSCI教育学来源期刊，《教育研究》保持领先，《北京大学教育评论》后来居上；教育学影响因子与过去相比虽有上升，但明显低于经济学。

从被引广度分析，2005—2006年平均名列前10位的期刊是《教育研究》(62.8)、《高等教育研究》(44.6)、《教育发展研究》(42.7)、《比较教育研究》(36.8)、《中国高等教育》(35.5)、

《教育理论与实践》(34.0)、《全球教育展望》(27.6)、《清华大学教育研究》(27.0)、《中国高教研究》(26.6)、《课程·教材·教法》(25.4)。这个指标主要反映引用该期刊的学者分布广度和学者群，对综合性刊物比较有利。

综合三项指标分析，《教育研究》均名列前茅，《高等教育研究》位居次席。《比较教育研究》《电化教育研究》《中国电化教育》《教育理论与实践》《清华大学教育研究》《全球教育展望》《华东师范大学学报（教育科学版）》《课程·教材·教法》《北京大学教育评论》等位居前20。

这些办刊质量和影响一流的刊物受到各方关注和支持。2012年，经专家评审和全国哲学社会科学规划领导小组批准，国家社科基金第一批学术期刊共有27个学科100种期刊入选，资助金额为每年40万元。资助宗旨是：通过有重点、持续性的资助，促进我国学术期刊改善办刊条件，提高办刊质量，扩大学术传播力和社会影响力。资助对象主要是学术水平较高或者专业和地域特色突出、具有国内统一连续出版物号、公开发行的哲学社会科学学术期刊。《教育研究》《高等教育研究》《课程·教材·教法》《比较教育研究》《北京大学教育评论》5种刊物受到年度40万元资助。《教育与经济》《清华大学教育研究》《心理科学》3种刊物获得第二批资助。

2. 人大复印报刊资料教育学转摘论文

对人大复印报刊资料教育学转摘论文的统计分析，也是分析期刊影响力的一个重要窗口。从2003—2007年的教育学系列7种期刊全文转摘8 271篇的数据分析看，源刊物所占篇目前10位依次为《教育研究》(286)、《教育发展研究》(252)、《比较教育研究》(181)、《当代教育科学》(172)、《教育理论与实践》(155)、《高等教育研究》(144)、《外国教育研究》(136)、《心理科学》(136)、《中国教育学刊》(136)、《当代教育论坛》(129)[①]；在同时期《教育学》全文转摘前10名源刊排序为《教育研究》(123)、《教育理论与实践》(90)、《当代教育科学》(70)、《比较教育研究》(67)、《教育发展研究》(65)、《全球教育展望》(62)、《教育研究与实验》(52)、《外国教育研究》(52)、《华东师范大学学报（教育科学版）》(44)、《北京师范大学学报（社会科学版）》(41)。在《教育学》2009年全文转摘的278篇论文中，源刊物所占篇目前10位依次为《教育研究》(20)、《教育理论与实践》(11)、《全球教育展望》(11)、《外国教育研究》(8)、《教育学报》(8)、《教师教育研究》(8)、《北京大学教育评论》(8)、《比较教育研究》(8)、《教育学术月刊》(7)、《教育发展研究》(7)[②]。在《教育学》2011年全文转摘的275篇论文中，源刊物所占篇目前10位依次为《教育研究》(27)、《全球教育展望》(18)、《教育发展研究》(16)、《教育学报》(13)、《教育学术学刊》(11)、《教育理论与实践》(10)、《外国教育研究》(10)、《课程·教材·教法》(9)、《教育研究与实验》(8)、《比较教育研究》(8)[③]。在《教育学》2012年全文转摘的270篇论文中，源刊物所占篇目前10位依次为《教育研究》(29)、《教育发展研究》(21)、《全球教育展望》(18)、《课程·教材·教法》(13)、《比较教育研究》(9)、《教育理论与实践》(9)、《北京师范大学学报（社会科学版）》(8)、《电化教育研究》(7)、《华东师范大学学报（教育科学版）》(7)[④]。

① 苏新宁，宣小红. 复印报刊资料教育学系列期刊学术影响力分析 [J]. 教育研究，2009 (4).

② 宣小红，等. 人大复印报刊资料《教育学》2009年度转载论文分析与综述 [J]. 教育研究，2010 (3).

③ 宣小红，等. 教育学研究的热点与重点——对2011年度人大复印报刊资料《教育学》转载论文的分析与展望 [J]. 教育研究，2012 (2).

④ 宣小红，等. 教育学研究的热点与重点——对2012年度人大复印报刊资料《教育学》转载论文的分析与展望 [J]. 教育研究，2013 (2).

2013年，教育学科涉及被全文转摘的刊物217种，转摘全文总量为1 194篇，占全部转摘量12 569篇的9.5%，其中，排名前30的期刊转摘量占全部转摘量的5.4%。转摘量排名前10位的刊物分别是《教育研究》(70)、《教育发展研究》(38)、《中国教育学刊》(34)、《职教论坛》(31)、《教育学术月刊》(29)、《高等教育研究》(28)、《全球教育展望》(27)、《中国高教研究》(26)、《中小学管理》(25)、《清华大学教育研究》(24)、《外国教育研究》(24)、《中国职业技术教育》(24)。综合指数排名前10名的期刊是《教育研究》(0.866 189)、《北京大学教育评论》(0.677 192)、《清华大学教育研究》(0.585 193)、《教育发展研究》(0.572 788)、《全球教育展望》(0.553 247)、《高等教育研究》(0.551 203)、《教育学报》(0.545 456)、《教育学术月刊》(0.509 158)、《教育研究与实验》(0.505 328)、《外国教育研究》(0.502 914)。

由此可见，10年来被全文转摘的核心期刊基本稳定，《教育研究》始终独占鳌头，《北京大学教育评论》后来居上，《教育发展研究》和《教育学报》保持良好势头。

3. 国外教育学术期刊

我国教育学科注重吸收国外教育学术成果，2000—2004年有教育心理、教育技术、教师教育、儿童发展等方面的6种外文期刊进入被教育学论文引用最多的前62种期刊行列，占9.68%。2005—2006年，增长到11种，占13.4%，且有3种外文期刊的年均被引超过了50篇次。《哈佛大学教育评论》(*Harvard Educational Review*，哈佛大学教育学院主办)和《教育研究者》(*Educational Researcher*，美国教育研究会主办)首次入选，说明国外高水平刊物对我国教育研究的影响正在持续扩大。

根据JCR(汤姆森路透集团的期刊引证报告)对美国科学情报研究所 Web of Science 2012年收录期刊影响的分析，排名在前10位的国际教育学期刊有：《管理学习与教育》(*Academy of Management Learning and Education*)、《学习与指导》(*Learning and Instruction*)、《教育研究评论》(*Review of Education Research*)、《教育研究者》(*Education Researcher*)、《阅读研究季刊》(*Reading Research Quarterly*)、《科学教育研究杂志》(*Journal of Research in Science Teaching*)、《计算机教育》(*Computer Education*)、《美国教育研究杂志》(*American Educational Research Journal*)、《教育研究评论》(*Education Research Review*)、《教师教育杂志》(*Journal of Teacher Education*)①。

此外，在学前教育研究领域，综合被引频次、发文量及影响因子，目前排名前5位的刊物有《儿童心理学与精神病学杂志》(*Journal of Child Psychology and Psychiatry*)、《儿童发展》(*Child Development*)、《早期儿童研究季刊》(*Early Childhood Research Quarterly*)、《儿童发展展望》(*Child Development Perspectives*)、《小学教育杂志》(*Elementary School Journal*)。

我国教育学者在这些刊物发表的论文日益增多，重点高等院校尤为明显，其中北京师范大学、华东师范大学、北京大学等高校贡献较多。

（二）学术出版畅通

截至2013年，全国有582家出版社，其中中央级221家，地方361家。教育著作在出版总体格局的地位上升。

按经济规模、生产能力、市场份额、专业特色、文化贡献、行业地位等多项指标，新闻出版总署等级评估办公室自2008年6月正式启动首次评估工作，组织协调各出版单位及主管部门和

① 高宝立，刘贵华．教育研究年度报告：2012［M］．北京：教育科学出版社，2014：148-150.

社会专家积极参与，并委托中央教育科学研究所（中国教育科学研究院）、中国编辑学会和中国版协科技委员会3家中介机构，对全国500家经营性图书出版单位2006—2007年度出版综合情况和整体水平实施了等级评估。此次评估按照社科、科技、大学、教育、古籍、少儿、美术、文艺8个类别，共评出一级出版单位100家，占20%；二级出版单位175家，占35%；三级出版单位200家，占40%；四级出版单位25家，占5%。其中，新闻出版总署授予前100家出版单位“全国百佳图书出版单位”荣誉称号。首届入围的有6家教育类出版社。

根据国家新闻出版广电总局发布的《2012年新闻出版产业分析报告》，全国图书出版单位总体经济规模排名前10位依次为人民教育出版社、高等教育出版社、重庆出版社、外语教学与研究出版社、科学出版社、人民卫生出版社、机械工业出版社、江苏教育出版社、中国轻工业出版社和北京师范大学出版社。其中，人民教育出版社主要出版中小学教材，高等教育出版社主要出版高等教育、职业教育教材，重庆出版社主要出版当地中小学教材，外语教学与研究出版社主要出版中小学、大学公共英语教材，科学出版社以出版科技类图书为主，是前五名内唯一一家科技类出版社。

《2013年新闻出版产业分析报告》显示[①]，2013年全国共出版图书44.4万种，较2012年增加3.0万种。图书出版实现营业收入770.8亿元，增加47.3亿元，利润总额118.6亿元，增加3.4亿元。受文化科学教育体育类图书品种增速显著回落影响，图书品种增速回落4.7个百分点。这表明新闻出版管理部门采取多种措施引导图书出版单位由追求数量转向提高质量，已初见成效。

① 田园. 2013年全国出版社各类排名揭晓［N］. 新华书目报，2014-07-21.

报告选取图书出版单位财务报表中的主营业务收入、资产总额、所有者权益和利润总额 4 项经济规模指标，采用主成分分析法，对全国 552 家图书出版单位的总体经济规模进行了综合评价，前 10 位依次为：人民教育出版社、高等教育出版社、重庆出版社、外语教学与研究出版社、商务印书馆、人民卫生出版社、科学出版社、知识产权出版社、机械工业出版社和北京师范大学出版社。与 2012 年相比，商务印书馆和知识产权出版社跻身前 10，江苏教育出版社和中国轻工业出版社跌出前 10；前 10 位中，科学出版社和机械工业出版社排名下降。

35 家教育类图书出版单位的前 10 位依次为：人民教育出版社、高等教育出版社、浙江教育出版社、江苏教育出版社、四川教育出版社、教育科学出版社、山西教育出版社、内蒙古教育出版社、安徽教育出版社和湖南教育出版社。与 2012 年相比，湖南教育出版社跻身前 10，甘肃教育出版社跌出前 10。前 10 位中浙江教育出版社、教育科学出版社、山西教育出版社和安徽教育出版社排名上升，江苏教育出版社和内蒙古教育出版社排名下降。

教育理论著作是教育研究工作者在实践中总结、升华并形成文字以便于传播的非连续性出版物。一个国家或地区的教育理论图书出版物一定程度上反映了这个国家或地区的教育活动总体状况。可以使用文献计量学的方法研究一个国家或地区在一定时间段内教育理论出版物状况，并通过出版物状况反映这个国家或地区的教育总体状况。由于各出版社分工并不十分明确，市场化程度日益发达，混业出版现象比较普遍，各出版社在教育理论著作丛书方面均有一定份额和贡献。如中国轻工业出版社与美国万国集团合作出版的“万千教育丛书”和“万千心理丛书”（策划出版图书 1 000 多种），江苏教育出版社出版的“当代教育新理论丛书”和“教育科学精品教材译丛”（从海外引进规模最大、门类最全的教材建设)、浙江教育出版社出版的“汉译世界高等教育名著丛书”、四川教育出版社出版的“当代课题教学系列”丛书，山东教育出版社出版的《21 世纪教育展望》、江西教育出版社出版的“教学论丛书”“战后国际教育研究丛书”，上海教育出版社出版的“学校教育科研丛书”“教育管理前沿译丛”等译著，北京大学出版社出版的“北大高等教育文库·学问之道丛书、教学之道丛书、大学之忧丛书、大学之道丛书”和“古典教育与通识教育丛书”，清华大学出版社出版的“世界一流大学研究译丛”、华中科技大学出版社出版的“21 世纪高等教育管理研究丛书”，广东高等教育出版社出版的“高等教育经济学丛书”“当代国际教育发展研究丛书”“国家 985 工程中国特色高等教育体系研究丛书”“中国高等教育学会高等教育学优秀博士学位论文丛书”等，中国海洋出版社出版的“国际比较高等教育丛书”（其中《为美国大学辩护》等 6 部著作为美国著名教育学家菲利普·G. 阿特巴赫主编)，中国邮电出版社出版的《心理学与生活》和《教育心理学：理论与实践》等。

在教育理论、教师教育图书和教育学教材建设的出版社中，有五家最具代表性和影响力：人民教育出版社、高等教育出版社、教育科学出版社、北京师范大学出版社、华东师范大学出版社。其中，人民教育出版社以出版教育理论图书和教育学、心理学及相应分支学科教材为主，是业内出版教育理论著作和教育心理学教材历史最长、规模最大的出版社，出版了《外国教育名著丛书》《中国古代教育论著丛书》《中国近代教育论著丛书》《教育学文集》《比较教育丛书》《教育科学分支学科丛书》《当代德育新理论丛书》《汉译世界教育经典丛书》等大型教育理论丛书。高等教育出版社也出版了一些教育学教材和教育著作。其中，较有影响的如《从人口大国迈向人力资源强国》《中国教育研究前沿》（英文版）等。教育科学出版社是出版教育理论图书较多的出版社，先后出版了《教育大国的崛起》和“中国教育国情发展报告”“教育学博士文库”“世界课程与教学新理论文库”“教育与国家发展译丛”等。北京师范大学出版社先后出版了《教育技术学》等著作和“京师教师教育论丛”等作品，华东师范大学出版社先后出版了《躁动的百年：20 世纪的教育历程》等著作和“当代心理科学名著译丛”“影响力教育理论译丛”“21 世纪人类学习的革命译丛”等译著。

借助 CSSCI 的统计数据对著作进行分析，能够发现各学科重要学术著作和具有重要参考价值的文献资料与出版社的关系，衡量出版社对学术研究的贡献。

当前，图书文献仍然是仅次于期刊论文的教育学论文引用量重要来源①。2005—2006 年教育学论文引用最多的 10 本著作分别是《为了中华民族的复兴，为了每位学生的发展：〈基础教育课程改革纲要（试行）〉解读》[华东师范大学出版社，2001（83 次）]、《从人口大国迈向人力资源强国》[高等教育出版社，2003（67 次）]、《教师角色和教师发展新探》[教育科学出版社，2000（58 次）]、《教师专业化的理论与实践》[人民教育出版社，2002（57 次）]、《知识转型与教育改革》[教育科学出版社，2003（49 次）]、《课程与教学论》[上海教育出版社，2003（49 次）]、《走进新课程：与课程实施者对话》[北京师范大学出版社，2002（46 次）]、《课程理论：课程的基础、原理与问题》[教育科学出版社，1999（44 次）]、《教育社会学》[人民教育出版社，1990（44 次）]、《教育技术学》[北京师范大学出版社，2002（42 次）]。由此可见，经典之作名副其实，叠加在著名高校、知名学者、学术共同体和著名出版社身上，华东师

① 龚放. 中国教育研究领域学者、论著影响力报告——基于 2005—2006 年 CSSCI 的统计分析 [J]. 复旦教育论坛，2009（2）.

大、北京师大、北京大学、南京师大群体优势明显，聚焦在课程教学改革、高等教育研究和教师专业化领域，具有强劲的生命力和持续的学术影响力。

2005—2006年引用最多的10本外国教育学术著作分别是《学会生存——教育世界的今天与明天》[教育科学出版社，2003（141次）]、《高等教育学》[浙江教育出版社，1999（132）]、《教育——财富蕴藏其中》[教育科学出版社，2000（117）]、《高等教育系统——学术组织的跨国研究》[浙江大学出版社，1994（113）]、《民主主义与教育》[人民教育出版社，1991（103）]、《什么是教育》[生活·读书·新知三联书店，1991（98）]、《后现代课程观》[教育科学出版社，2003（78）]、《高等教育新论：多学科的研究》[浙江教育出版社，1999（68）]、《正义论》[中国社会科学出版社，2001（53）]、《学习环境的理论基础》[华东师范大学出版社，2004（47）]。从列举引用最多的53本著作分析（最少20次），涉及联合国教科文组织和10个国家（美、英、加、德、法、俄、西、日、巴西、伊朗），其中美国21本占比45.28%；经典之作凸显，年均被引超过50次的如《学会生存——教育世界的今天和明天》《高等教育哲学》《教育——财富蕴藏其中》《高等教育系统——学术组织的跨国研究》《民主主义与教育》；跨学科著作受到借鉴，如《正义论》《第五项修炼——学习型组织的艺术和实务》等10本著作入选，大多数是符号学、现象学、存在主义哲学、制度经济学等新学科力作①；知名出版社和优秀专家的组合出精品，如由王承绪担纲，浙江教育出版社出版的“汉译高等教育名著丛书”12本有10本入选。

① 龚放. 中国教育研究领域学者、论著影响力报告——基于2005—2006年CSSCI的统计分析[J]. 复旦教育论坛，2009（2）.

案例：教育科学出版社出版的教育理论图书分析

教育科学出版社从成立时起，就非常注重教育理论图书的出版。在引进国外图书方面，每年引进版权约50种。引进的“联合国教科文组织教育丛书”“20世纪苏联经典译丛”等一大批十几年畅销不衰的优秀作品。《从现在到2000年教育内容发展的全球展望》、“世界课程与教学新理论文库”和“苏霍姆林斯基选集”分获第一届和第六届国家图书奖，近年来，在版权交流的深度和广度上不断拓展。随着对外合作触角的延伸和原创学术品牌影响的扩大，近年来在图书输出方面也颇见成效，陆续输出了褚宏启的《教育现代化的路径》，陈向明的《质的研究方法与社会科学研究》《教师如何作质的研究》，袁振国的《教育新理念》，谢维和的《教育活动的社会学分析——一种教育社会学的研究》等多种图书。对外交流逐步多元化，逐步从单纯的“版权引进输出”向“学术互访、项目合作”的模式发展，与联合国教科文组织、经济合作与发展组织、世界银行、美国国家科学资源中心、澳大利亚教育研究委员会等多家国际组织以及众多国际出版机构建立了长期的合作关系。

采用文献计量分析，以教育科学出版社《2010年教育理论图书目录》《2011年教育理论图书目录》为分析对象，透视我国2008—2011年教育学类图书出版物状况和教育科学研究创新状况。我国教育理论图书当前呈现出个人原创性专著少、合作著作多，图书品种较多但图书影响力较小，国内原创性著作少和经典性著作少而译著的经典和原创性多的特征①。由此反映出当前我国教育研究创新能力仍明显不

① 滕瀚，曾天山．从教育科学出版社2008—2011年著作出版分析我国教育研究创新能力［J］．国家教育行政学院学报，2012（4）．

足，需要加强我国教育科研能力创新。

教育出版事业的快速发展为我国教育改革源源不断地注入了生机与活力。教育出版事业涉及教育科学知识的传承与传播，学术界对教育出版倾注了较高的关注。但学界关于教育出版问题的研究，多是针对某一学科领域的某一专门性方向进行文献分析或者是针对某一连续性出版物的文献计量分析，其目的也多是为某项研究进行文献综述或进行某一期刊的质量分析，对于非连续性出版物的教育理论图书著作却缺乏足够的分析。以“教育文献分析”为“篇名”，以“核心期刊”为检索条件，在中国学术期刊网“2003—2011 年”的时间段进行检索，“教育文献分析”的文章共有22篇，其中某一学科领域内的文献综述分析有19篇，对连续性期刊进行期刊质量分析的有3篇，缺乏对教育理论著作的专门性分析。

这里尝试使用文献计量法对教育科学出版社《2010 年教育理论图书目录》《2011 年教育理论图书目录》中 2008—2011 年出版的教育理论图书进行分析，并试图由此反映中国教育类图书出版现状以及四年内我国教育理论研究的总体状况。

(1) 选择分析理论著作文献计量指标。在文献计量学领域，通常使用文献的年出版刊发载文量、图书文献的主题分布、图书文献的作者分布、出版的图书吸纳各类基金资助量、所出版图书的被引用率作为图书出版社的统计指标。其中，文献的每年出版刊发载文量表示出版社吸收、传递信息的能力，在研究中，使用出版社的每年出版的教育理论图书在版编目卷册数表示；通过图书文献的主题分布可以分析图书著作的主题，对研究领域中的研究重点和研究方向有一个较为准确和全面的把握；图书文献的作者分布可以反映著作者的合作情况、第一作者的系统分布、职称分布及论文作者的合作度和合作率；而基金图书率的数值大小，可反映出版社吸纳基金论文能力的大小，同时也从一个侧面反映出版社出版本专业领域内最新研究能力的强弱。出版图书的吸纳基金论文率高，说明图书学术水平较高，这是评价出版社和图书质量与学术水平的较为重要而客观的指标。但是在本研究中，由于教育科学出版社《2010 年教育理论图书目录》《2011 年教育理论图书目录》仅呈现出版年代、出版题名、出版的著译者状况，而没有详细呈现出每本图书是否接受基金资助，也无公开数据反映出图书的被引用率。因此，这里选择用文献的年出版刊发载文量、图书文献的主题分布、图书文献的作者分布作为文献统计的指标。

（2）教育科学出版社 2008—2011 年教育理论类图书的计量分析。

第一，2008—2011 年教育理论类图书出版年卷册数。图书出版的编目年卷册数是某一出版社在一年内出版图书的数目，它反映图书在版编目（CIP）数据的完成数目，可以把它当成出版社图书出版物吸收和传递情报能力的主要指标，一个出版社一年内出版完成的书目类别越多，其向社会传递的信息就越多，图书出版的年卷册数也应该是鉴定某一出版社的基本数据。出版社在版编目数、每一本书籍的平均载文量等都较为充分地反映了出版社吸纳和传递信息的能力，它们可以较为充分的表示某一出版社的知识产出量。表 7-1 是教育科学出版社 2008—2011 年的在版编目数统计。

表 7-1　2008—2011 年教育科学出版社图书在版编目数统计

年份	年在版编目数（单位：本）	年在版编目累积数（单位：本）
2008	155	155
2009	175	330
2010	302	632
2011	196	828

从表 7-1 可以看出，自 2008 年开始，教育类图书的年出版数量开始呈明显上升趋势，2010 年达到顶峰，年在版编目数为 302 本，而 2011 年的年在版图书编目数下降为 196 本。但是年在版编目累积数呈绝对上升趋势，由 2008 年出版 155 本上升到 2011 年的 828 本。

在科学计量学领域，一般认为“科学知识量的增长及其规律与科学文献的增长及其规律是紧密联系的，科学文献的数量变化直接反映了科学知识量的变化情况，因此科学文献的数量是衡量科学知识量的重要尺度之一”①，教育科学文献的数量变化也直接反映了教育科学知识量的变化。在文献增长规律研究中一般以文献累积数据为依据，图 7-1 是 2008—2011 年教育科学出版社出版的教育理论类图书量，由图 7-1 可以看出 2008—2011 年教育科学出版社出版的教育类图书数量是以线性方式增加。如果仅以教育科学出版社 2008—2011 年出版为个案，按照普赖斯的逻辑曲线增长理论推测，那么教育类图书出版和教育理论研究已经从最初诞生和发展时期过渡到相对成熟时期，但是教育理论研究尚未发展到成熟时期，还有较大的发展空间。

第二，2008—2011 年教育科学出版社教育理论图书主

① 邱均平. 信息计量学 [M]. 武汉：武汉大学出版社，2007：45-55.

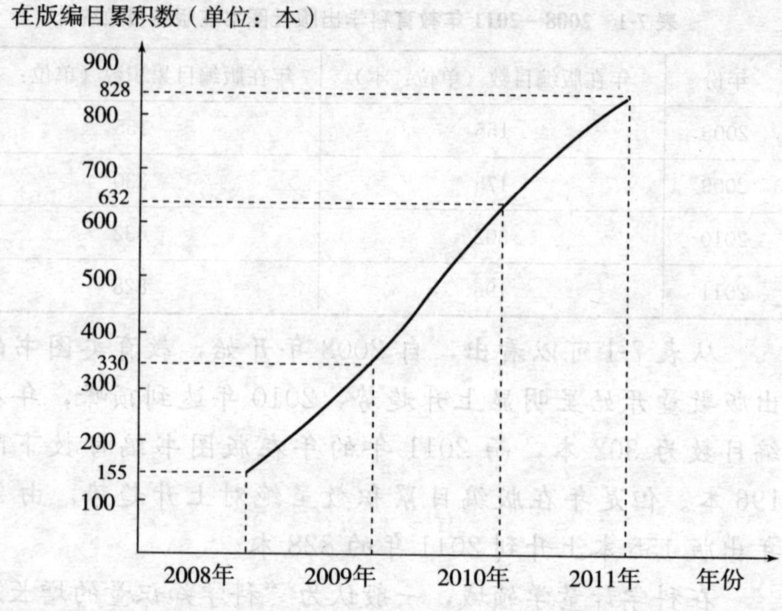

图 7-1　2008—2011 年教育科学出版社出版教育理论图书数量

题分布。通过分析图书著作的主题，可对本研究领域中的研究重点和研究方向有一个较为准确和全面的把握。在著作主题分析中，可以通过出版物的主题关键词年度变化趋势，显示学科热点，以及一定时间内已有研究著作的学科偏向与交叉综合趋势。在主题分析过程中，研究者先将 828 本图书名称中的关键词进行汇总分析，通过同义词合并，并按语义相近程度将关键词分成不同词群，再将词群归类，最后共分成教育哲学与教育思想、教育政策与教育发展报告（含教育研究评价性报告）、课程与教学、学校管理与建设、心理学类（含发展与教育心理、学校心理、心理健康）、教师成长、教育史、高等教育、职业教育、教育经济与管理、教育研究方法、学前教育、教材建设 13 类研究主题。

表 7-2 是教育科学出版社 2008—2011 年出版的教育理论图书的主题分布表，由该表可见，在四年期间，图书主题

排序第一的是“考试用书”。在《2011年教育理论图书目录》中，考试用书集中在2011年出版，说明教育理论图书随着市场经济的深入，对考试文化、考试指导和考试研究日趋重视，一定程度上反映了教育科学出版社对现实需求的及时回应。主题排序第二的是“教师成长”，说明教育科学出版社持续不断地关注“教师成长与发展”。随后的主题排序依次是“课程与教学论”“教育政策、实证、评论和报告类”。

表 7-2　2008—2011 年教育科学出版社图书主题分布

主题		数量（种）	比例
考试用书		147	17.75%
教师成长		140	16.91%
课程与教学论		102	12.32%
教育政策、实证、评论和报告类		99	11.96%
教育思想与教育哲学		78	9.42%
学校管理		66	7.97%
学前教育		48	5.80%
教育史		32	3.86%
高等教育		32	3.86%
心理学		24	2.90%
教育经济与管理		23	2.78%
职业教育		18	2.17%
研究方法		15	1.81%
教材系列		48	5.80%
译介类	经典类译介类	22	2.66%
	新书译介类	118	14.25%

教育科学出版社《2010年教育类图书征订书目》《2011年教育类图书征订书目》中2008—2011年时间段共有在编书号图书828本，本表统计数据1 012本，是因为部分图书在归类上存在交叉，很多书籍既属于A集合，又属于B集合。统计结果表明很多图书和学科类别并非都是一一对应的，常常一本图书分属多个学科类别，从而反映出教育学学科的学科交叉性，很多图书都是跨学科研究，教育学术研究呈现出综合化、整体化和国际化趋势。

在出版的译介类著作中，其主题集中于教育思想、教育与经济社会关系、教育变革、课程与教学、教师成长5个主题，结果与中文关键词分类主题范围相比较为狭窄，且国外教育学类图书译介中包含有苏霍姆林斯基、赞科夫、夸美纽斯、赫尔巴特、杜威、富兰等人的经典性译著再版，2008—2011年经典性译著再版仅22本，国外新书初版译介118本。这一方面说明国内学者注重当前国内外教育的比较研究，注重国外研究成果经验的介绍，也说明国内教育学术研究中在跟踪译介国外学术研究的同时，注重国外经典的再版与重译，注重国外经典的筛选。

由表7-2可以看到，在2008—2011年教育科学出版社出版的教育类图书中，可以看到另一个显著的现象是教育政策、教育实证类、教育的综合性评价类图书多达99本，占总量828本的11.96%，说明在教育研究、教育实践领域中，通过实证研究、计量研究服务社会政策制定的趋势日趋明显。另一方面，在图书主题分布中，涉及教师成长的图书140本，占总量的16.91%，课程与教学图书102本，占总量的12.32%，而教育哲学、教育思想78本，占总量的9.42%，学校管理类图书66本，占总量的7.97%，学前教育类图书48本，占总量的5.80%。数据说明在当前的教育学研究领域中，教师成长和发展、课程与教学仍是教育学领域中的热点和关注点，但是教育学研究已经凸显为政策制定服务，强调以实证和定量的方法研究社会关注中的热点和难点问题。如果再加上“研究方法”主题中的15本，可以看到在教育学研究领域，已经形成多种研究方法被广泛采用的局面，新型研究方法和研究技术不断引入到教育科学研究领域，教育科学研究方法呈现丰富多样的趋势。学前教育领域由于是我国当前教育领域中的一个短板，伴随国家对学前教育的持续投入和关注，有关学前教育主题的图书显得颇为丰富。

第三，2008—2011年专著和编著分布分析。专著和编著作者分布分析也即是合作者分布分析，其统计指标一般包括：作者的合作情况、第一作者的系统分布、职称分布及论文作者的合作度和合作率。由于教育科学出版社的《2010年教育理论图书目录》《2011年教育理论图书目录》反映不出作者的系统分布及其职称分布，因此分析过程中仅对目录中图书著者的合作情况分析，不再对合作者的分布系统与职称结构进行分析。一本著作如果有适度的作者合作，那么在研究问题的理论深度、研究方法及作者本身具有的知识结构方面可以取长补短，充分发挥团队智能，提高研究效果和研究水平。随着对合作者问题研究的深入，人们对其规定了合作度与合作率两个计量指标，以此反映某学科领域内作者合作智能发挥程度，数值越高，合作智能发挥越充分①。在情报科学领域，论文作者的合作度是在确定时域内某种或某类期刊每篇论文的平均作者数，是期刊论文作者合作研究程度的重要指标，反映了一种刊物的作者合作

① 邱均平. 信息计量学 [M]. 武汉：武汉大学出版社，2007：44-55.

智能的发挥程度①。论文的合作率是两个或两个以上作者的论文数与总的论文篇数的比值，它是衡量学科发展的主要标志，也是研究学科交叉、渗透，以及衡量论文研究深度、广度的重要因素。借鉴文献计量领域中的“论文作者合作度”和“论文作者合作率”概念，把著作的合作度界定为在确定时间内某个出版社每本著作的平均作者数，把著作的合作率界定为两个或两个以上的出版著作数与总的出版著作数的比值。

合作度=(一定时期内相关文献）作者总数/(一定时期内相关文献）图书总数

合作率=(一定时期内相关文献）合作图书数目/(一定时期内相关文献）出版图书总数目

表 7-3 是 2008—2011 年教育科学出版社教育理论图书著作的著者人数状况。

表 7-3　2008—2011 年教育科学出版社图书的著者合作状况

作者人数	1人	2人或2人以上
图书数（单位：种）	293	535
比例	35.38%	64.62%

表 7-4 给出了 2008—2011 年教育科学出版社图书的合作度与合作率。从表 7-4 可知，教育科学领域的劳动规模较大，平均合作度为 1.85；合作智能发挥比较充分，平均合作率为 64.62%，与其他学科领域相比较高，这是因为教育科学出版社作为中国教科院的学术性出版单位，承担教育部的一系列重大政策解读出版、实证调研以及经典的考试用书、各种教材出版，这些都需要广泛的著者合作群。因此，

① 刘宁南. 2005 年《情报科学》的文献计量学分析［J］. 情报科学，2006（2）：214-217.

从教育科学出版社2008—2011年的教育理论图书出版看，教育领域的科研人员要注重科研合作才能取得更好的成果。

表7-4 合作者数据分析

年份	2008—2011年
作者总数（单位：人）	989
合作图书数（单位：种）	535
图书总数（单位：种）	828
合作度	1.85
合作率	64.62%

第四，2008—2011年教育科学出版社教育理论图书的重印率和再版率分析。图书重印率和再版率是指一个出版社全年出书种数中重印书与再版书种数之和在年出版总种数的比例。图书的重印一般对初版书籍很少做改动，从而加快了出书的速度和生产数量，通过生产数量的提高扩大知识的传播。再版是指对原书作较多、较重大的修改后重新排版制作的印制，书籍的再版涉及内容的修订，是对知识的一种创造性生产。图书的重印和再版对出版社而言，有利于生产成本的降低，可以扩大市场占有率等，从而提高社会经济效益。但是对于文化、学术、知识传播而言，图书的重印和再版是品牌图书的一种标志。重印和再版的图书往往具有重要学术价值或重大实用价值、社会价值和历史价值，它反映了一个出版社的品牌意识，也反映了学术界、文化界对再版图书的创造性和经典性的高度认可和接受。一定程度上，重印或再版图书在某个领域内的知识生产或传播过程中具有高度的经典性、权威性和创造性。

表7-5是教育科学出版社2008—2011年再版和重印的教育理论图书数目。

表 7-5　2008—2011 年重印和再版数据分析

出版国内图书	出版国内图书总数（单位：种）	688
	重印和再版国内图书数目（单位：种）	12
	国内图书重印和再版率	1.75%
译介国外图书	译介图书总数（单位：种）	140
	译介图书重印和再版数目（单位：种）	22
	译介重印和再版率	15.71%

由表 7-5 可以看出重印和再版国内图书数目 12 种，占出版国内图书总量的 1.75%，国内教育理论图书的重印和再版率很低，一定程度上说明国内教育理论图书的精品力作和经典著作缺少。在出版的译介内图书中，出版图书 140 种，重印和再版 22 种，重印和再版率为 15.71%，显著高于国内著作群的图书重印和再版率。重印和再版的图书中，国内著作显著低于国外译介著作，说明国内图书出版要加强精品力作出版，教育科学研究者要注重原创性研究。

(3) 教育理论著作出版现状对加强我国教育研究创新能力的启示。通过对教育科学出版社 2008—2011 年出版的教育理论图书为分析对象，以教育理论类图书的出版年限分布、主题分布、合作者分布以及图书的重印率和再版率为统计指标，可以得出以下几点启示。

第一，以出版年限分布作为统计指标，按照普赖斯的逻辑曲线增长理论推测，发现教育类图书出版和教育理论研究已经从最初诞生和发展时期过渡到相对成熟时期，但是教育理论研究仍有很大空间，需要我们结合教育发展和改革实际，面对社会迫切需要解决的重要问题，进行跨学科、多学科的交叉综合研究，并以此拓展和推动教育理论创新和教育科学发展。

第二，以教育图书的主题分布为统计指标，发现在当前的教育学研究领域中，教师成长和发展、课程与教学仍是教育学领域中的热点和关注点，但是教育学研究已经凸显为政策制定服务，强调以实证和定量的方法研究社会关注中的热点和难点问题，这在未来的教育科学研究中，仍将是一个显著趋势。突出方法创新，以方法创新带动教育科学研究创新，已经成为一个显著特征。另外，由于学前教育是我国当前教育领域中的一个短板，伴随国家对学前教育的持续投入和关注，有关学前教育研究主题的图书显得较为丰富。

第三，以合作度和合作率作为分析指标对目录中图书著者的合作情况进行分析，发现教育理论图书中个人著作少，合作著作多，说明教育科研领域的劳动规模较大，教育科研的合作智能发挥比较充分。合作度和平均合作率都较高，说明教育科研人员提高科研合作、发挥团队优势能取得更好的研究成果，但是也说明教育理论的个体原创能力降低。

第四，以教育理论图书的重印率和再版率进行分析。重印和再版的书籍中，国内书籍的重印和再版量小、重印和再版率低，而国外译介书籍的重印和再版量多、重印率和再版率高，一定程度上说明国内教育理论著作的经典原创少、影响小，与国内教育理论著作相比，国外译介的教育理论图书中的经典原创多，影响也大，因此教育科学研究界需要加大原创性研究，加强精品研究。

总体上，对教育科学出版社 2008—2011 年教育理论图书进行文献计量分析，可以得出教育理论著作中，呈现出个人专著少、合作著作多，图书品种较多但图书影响力较小，国内原创性著作少和经典性著作少、译著经典和原创性多的特征。针对这种情况，一方面要求加大公益性出版支持力度，加大精品图书、原创图书的推荐和审查，创造图书品牌，但最为重要的是，教育理论研究界要加强原创性研究，加强重大问题研究，加强精品研究，以便为出版社提供精品力作，满足国家和社会对教育理论图书精品力作的需要，进而推动教育科学知识的生产和传播，满足国家和社会对教育科学知识的需求。

（三）学术论坛和大众媒介活跃

（1）综合型论坛。如中国教育科学论坛（中国教育科学研究院主办）、基础教育改革与发展论坛（人民教育出版社主办）、未来教育家成长论坛（中国教育学会主办）、南方教育论坛（广东教育科学研究院主办）。中国科学家教育家企业家论坛（中国未来研究会、中国管理科学研究院、北京大学教育学院主办）等。

（2）学会年会。如各种教育学术社团举办的学术年会，常以主题、专题研讨形式活动。

（3）培养培训。如通过讲座、报告等形式培养学生，培训校长教师和教育行政管理人员。

此外，大众媒介反映教育研究的声音。报纸是以刊载新闻和时事评论为主的定期向公众发行的印刷出版物，是大众传播的重要载体，具有反映和引导社会舆论的功能。根据《2006 年全国新闻出版业基本情况》，当年全国共出版报纸 1 938 种。2013 年，全国出版各类报纸 1 915 种，总印数 482 亿份。在最具代表性和影响力的报纸中，《参考消息》《人民日报》《南方都市报》等上榜。与教育相关的报纸中央媒介包括《人民日报》《光明日报》《学习时报》《中国社会科学报》。专业报纸如《中国教育报》《现代教育报》《教育文摘周报》等。其中，《中国教育报》是教育部主办的以教育新闻为主的全国性日报，是国内唯一一份国家级的，面向全国教育界的教育日报，是迄今为止中国最具权威和最有影响力的教育新闻媒体之一。它及时地报道各级各类教育改革和发展的动态、经验与成就，就各类教育热点问题开展评论，宣传和赞扬人民教师无私奉献的精神与业绩，所开设的“教育科学”和“教育调查”等栏目反映了教育研究成果。

广播电视网络即时发布教育研究成果，反映专家意见。在宪法和法律允许的范围内自由表达自己的见解和意愿，发表教育研究、创作成果。随着经济社会的发展，公众实现教育议题言论自由的手段日益丰富，获取信息的需求得到更好满足，言论自由空间不断扩大，言论自由权利不断发展。广播依然是一种主要的传播手段，中央人民广播电台和中国国际广播电台，以及省、市、县三级地方台，构成庞大的广播网络。2013 年，全国广播节目综合人口覆盖率为 97.8%。电视是一种主要的传播工具，以中央电视台、中国教育电视台和地方电视台，构成为发达的电视网络系统。2013 年，全国有线电视用户为 2.29 亿户，有线数字电视用户为 1.72 亿户。电视节目综合人口覆盖率为 98.4%。互联网成为公民表达意见和发表言论的重要渠道之一。20 年来，中国投入大量资金建设互联网基础设施，建起了覆盖全国、惠及全民的互联网基础设施，促进了互联网的普及和应用。中国互联网发展与普及水平居发展中国家前列。这些为教育研究成果的及时广泛传播提供了便利条件。

二、传播有效性有待提高

调查发现，教育学界从业人员众多，研究成果不断增长，但公众对此了解不多，甚至教育界人士也不大关注，这就需要分析原因。

（一）经典著作少

教育学综述论文的篇均引文量（4.85 篇次，2005—2006 年）不仅低于同期社科综述型论文，而且低于教育学评论性论文和研究性论文。这种现象并不正常，说明教育学科尚不成熟，没有帮助学者了解研究的动态，把握研究前沿领域，分析研究的热点和学科发展的生长点，聚焦学者、学派的分歧点，刺激进一步研究探索的启迪。

存在重复出版现象。如瑞典学者胡森主编的《教育百科全书》，先后由教育科学出版社、西南师范大学出版社、贵州教育出版社出版。如教育学教材先后出版数百种。如教育研究方法教材先后出版 130 多种。

原创成果少。类似于光远的《关于教育是生产力的问题》、胡克英的《人在呼唤》、闵维方的《高等教育规模扩展的形式与办学效益研究》、叶澜的《让课堂教学焕发出生命活力》、李吉林的《谈情境教育的课堂操作要义》以及郝克明、张力的《中国高等教育结构改革的探讨》等前瞻性、基础性的原创成果不多，难以形成学术流派。

（二）国际传播差

自 2003 年新闻出版走出去战略实施以来，走向国际图书市场的步伐不断加快，从 2003 年到 2012 年，我国版权输出总量为 40 498 种，输出数量由 1 427 种增至 9 365 种，版权贸易逆差从 2003 年的 15∶1 减少到 1.9∶1①。但深入分析后发现，这些出版物大多数在华人文化社区传播，很少真正进入西方主流图书发行渠道，没有走进国外主流读者群，很难被海外读者认可。长期以来，我国对外输出主要是反映传统文化书籍和工具书，而引进的是反映西方学术思想的书籍，如商务印书馆出版的“汉译世界学术名著丛书”包含政治法律、经济、哲学、历史、地理以及语言六大领域。丛书自 1981 年 1 月出版第一辑，至 2012 年 10 月出版第十四辑，共 599 种，实为我国文化出版的心血之作。每年出版 4 万多种中文学术书籍，真正能被主要发达国家大学图书馆收藏

① 周蔚华，钟悠天. 中国出版走出去要有六个转向 [J]. 中国出版，2014 (7).

的不足2万种，被译成英文进入西方主要流通领域的不到2 000种[①]。教育研究成果的国际传播能力较低，更难进入欧美发达国家。

（三）数字化水平低

目前，我国版权贸易以纸质图书为主，输出方式单一。2012年，版权输出9 365种中，图书占81%，而录音制品、录像制品、电子出版物等分别为97种、51种、115种，占输出总数的2.8%[②]。而数字出版可使制作成本在保持给作者版税不变的情况下降低75%。教育研究成果的数字化水平偏低，大部分是音像、视频方式。

此外，也与成果统计分析报告制度不完善有关，更与学术争鸣不浓有关。

三、传播模式改进方向

教育研究成果的生产目的是要让公众理解，才能服务社会，因此需要改进传播方式，侧重话语方式，表现形式、内容体系、互动模式等方面的改进，让教育研究成果及时公布、广泛传播。

（一）增强精确性

传播是信息的共享，是有意图地施加影响，是信息交流的互动过程，是社会信息系统的运行，是社会关系的体现。无论是从哪个角度对传播下定义，其基本意思是“与他人建立共同的意识”。

精确传播是在充分了解受众信息的基础上，针对特定人群的偏好，有针对性地进行一对一的传播形式。精确传播往往由直复营销、数据库营销等多种手段的结合，前提是掌握精确的传播信

① 谢寿光．学术出版与中国国际话语体系的构建［J］．出版发行研究，2014（5）．

② 周蔚华，钟悠天．中国出版走出去要有六个转向［J］．中国出版，2014（7）．

息，精确的目标受众资讯以及有效的手段。

针对科研共同体和社会公众，教育研究机构应当学习借鉴发达国家普遍采用的科技项目档案管理和交流的科研报告制度①，通过整套流程和规范，使政府资助项目所产生的科研成果以科研报告的形成得以完备保存和广泛传播。美国的科研报告制度较有特色，由国家专业技术情报中心负责搜集、编目、保管、收藏、印发，向用户定制输送。这种做法有利于积累科学知识，明确研究前沿，体现出高度积累的链状连续性模式。

（二）促进国际化

一个国家出版产业在全球市场的地位，是一个国家文化感染力的直接指标，是一个国家软实力的突出象征。教育学界过去盯的主要是国内，现在需要面向国际，更多的关注点和注意力要放在国际交流合作上。从人员走出去到成果走出去，加强本土人才翻译外文能力的培养，也要重视外国人才翻译中文能力的培养；从走出去到融进去，在境外建分支机构，与国外出版社合作；从周边国家地区输出到全球流动，特别是注重对发达国家的输出，形成以发达国家和周边国家为重点，以发展中国家为基础覆盖广泛的走出去新格局；从满足好奇心到实用，我国经济社会的迅猛发展，使国际社会对中国关注的兴趣点逐步从原来的历史、哲学、武术、中医等传统文化扩大到当下中国社会现实，这就为输出中国教育研究成果创造了良机。

因此要大力推动教育学术期刊国际化，传播我国教育研究新思想、新方法、新成果。如 2006 年，中国教育学会与高等教育出版社联合 Springer 出版社编辑出版了《中国教育学术前沿》（*Frontiers of Education in China*）英文版，2014 年，《北京大学教育评论》与国外教育机构合作，推出英文版。

① 石颖. 美国科技报告制度的经验［J］. 科技管理研究，2014（10）.

（三）加快数字化

《教育规划纲要》提出了教育信息化和资源数字化的发展方向，对教育出版的数字化建设有重要指导意义。国家新闻出版广电总局也把发展电子书包作为“十二五”重点项目来推进，上海、江苏等多地的电子书包、数字化校园项目试点也陆续开展。国内教育出版社的数字化探索大体都围绕内容、平台、终端三个方面来展开，包括内容资源库建设、数字平台建设、电子书包的开发。今后线上的课程教学、课外辅导、家庭作业、虚拟体验等方面应该会有盈利前景。另外，在移动互联终端比如手机、iPad等平台上会有更多的教育应用软件，比如教育游戏、电子书、案例库等，尤其是手机应用未来可能会是盈利的突破点。

成功传播模式的标准是要体现呈现性、整体性、新颖性、启发性和实用性，以实现构造、解释、引导、简化和预示功能，为此教育科研传播模式应从单向传播变为双向传播，从供给主导模式变为需求主导模式，从传统纸质模式变为现代网络模式。

第八章 教育科研评价制度齐备

科研评价具有重要的导向和激励作用，直接关系到科研工作健康发展，关系到创新型国家建设战略目标的实现。科研评价制度体现了国家和社会对科研人员的鼓励与支持，激发他们对教育科研工作的主动性、积极性和创造性，提高他们从业的自豪感，对推动行业发展具有重要意义。65 年来，我国逐渐形成了政府、社会共同支持的具有行业特点的教育科研评价制度，在一定程度上促进了教育科研事业的发展。但现行科研评价制度在许多方面与教育科研工作的发展还不完全相适应，未能充分发挥应有的积极作用。科研管理体制改革首先应推动科研评价制度的改革，坚持以评促建，以奖促优，努力实现从以数量评价为主向以质量、贡献以及影响评价为主的转变，从关注短、浅、快的形式化评价向更加注重实践检验和历史性评价转变。

一、评价体系健全

教育学科是社会科学的组成部分，在评价体系上既受自然科学和人文社会科学的影响，又体现教育学科应用性和普及性的特点。

（一）课题评审规范化

课题评审的主要功能是在公平竞争前提下择优立项，根本目的是把合适的课题交给合适的人，保证课题研究的结项和质量，这是科研管理的重要关口。各种项目资助均要求严把政治关和质量关，防止重复立项，在定量评价上有所侧重。

1. 全国教育科学规划课题评审

评审方式是限额申报加专家会议评审，采取以经费为基础设计项目，以项目多少择优立项，宁缺毋滥。

评审标准主要有以下五个方面。第一，研究价值（20 分）：指所申报课题的理论创新意义和实践应用价值。第二，研究基础（15 分）：指与所申报课题相关的研究经验和研究成果，主要与课题负责人有关。第三，研究设计（40 分）：指所申报课题的研究目标、研究思路和研究内容。第四，研究方法（15 分）：指所申报课题运用的研究方法和技术。第五，研究条件（10 分）：指所申报课题的支持条件，如个人和单位所拥有的社会资本、技术资源和人力资源等。根据不同类型的研究赋予不同的权重，评审专家按此标准分为四组对申报课题进行综合评分。

2. 教育部高校人文社会科学课题评审

评审方式采取通信评审，采取以经费为基础设计项目，以项目多少择优立项，宁缺毋滥。

评审标准主要包括研究内容的意义和前沿性（20 分）、主要创新和学术价值（30 分）、学术影响或社会效益（30 分）、研究方法和学术规范（20 分）四个方面。

（二）成果评价专业化

受科研评价体系的影响，教育研究成果评价的发展大体分为三个阶段：一是改革开放以来实行的数量评价阶段；二是世纪之交兴起的核心期刊评价阶段；三是目前重点高校推行的代表作评价阶段。第一个阶段以数量替代质量，是初级阶段的必然要求；第二个阶段以期刊影响因子替代质量，也是过渡时期的自然反映；第三个阶段则是教育研究成果评价的高级阶段。

在目前条件下，许多单位依然沿用核心期刊作为成果统计和科研管理的主要依据。在人文社会科学领域，核心期刊的评价体系主要以南京大学的CSSCI、北京大学图书馆的《中文核心期刊要目总览》以及中国社会科学院文献信息中心的《中国人文社会科学核心期刊要览》为主。CSSCI是1998年由南京大学评价中心受教育部委托开发研制的引文数据库，用来检索中文人文社会科学领域的论文被收录和引用的情况。如今，这个数据库已经被大多数高校、科研院所视为最权威的中文人文社会科学学术评价机制。CSSCI在创办之初曾参考“国内一部有较大影响的中文期刊目录，根据该目录提供的某学科类期刊数量，通过定量与定性相结合的评价，确定各学科来源期刊的数量”。CSSCI每两年发布一次来源期刊目录，此外还包括扩展版来源期刊和学术集刊的目录，遴选采用定量（引文量、总被引频次、影响因子等文献计量指标）评价与定性评价（同行评议）相结合的评审办法。2009年CSSCI公示的来源期刊遴选原则之一是“来源期刊总量控制在全国人文社会科学学术性期刊总数的20%”。

目前，我国出版的学术期刊5 000多种，CSSCI源刊500多种。其中，教育学术刊物340种，CSSCI源刊基本保持在37种左右，并有所变动。2014—2015年，CSSCI确定的源刊为36种。其中，《教育研究》《高等教育研究》《课程·教材·教法》《比较教育研究》《北京大学教育评论》等刊物最具影响，并受到国家社会科学基金年度资助。

代表作的评价方法在清华大学、北京大学、北京师范大学、华东师范大学等高校开始推行，把有质量的成果要求引入科研管理之中，起到了遏制学术浮躁的作用。如清华大学要求提供代表作，北京师范大学要求三年内有一定数量的成果。

（三）评奖项目体系化

在我国人文社会科学领域目前设置的奖励中，国家社会科学基金项目优秀成果奖和高等学校科学研究优秀成果奖（人文社会科学）是级别最高、最具代表性的，获奖项目均对我国经济和社会发展有突出影响，是具有全局性、前瞻性、战略性，社会效益高，战略价值大的优秀研究成果。在这两个奖项上的获奖数量是衡量社会科学贡献力的重要尺度，是反映改革开放以来我国哲学社会科学领域基础研究和应用研究创新力的重要标志，客观地反映了哲学社会科学的创新强度、学术水平和社会影响。全国教育科学研究优秀成果奖是教育部对教育研究成果的专项奖励，以历史久，时效长，具有综合性、权威性而受社会重视。有的专业社团也会组织面向全国的评奖活动，在教育界具有一定的影响力。

1. 科研成果奖

(1) 国家社会科学基金项目优秀成果奖。国家社会科学基金项目优秀成果奖是由全国哲学社会科学规划领导小组颁发的，在全国社科界影响重大。1999 年，经中央宣传部同意，全国哲学社会科学规划领导小组举行首届评奖活动，对“六五”至“八五”时期国家社会科学基金项目的优秀成果进行奖励。郝克明、谈松华主编的《走向 21 世纪的中国教育——中国教育发展战略研究》获得专著类一等奖。王炳照、阎国华主编的《中国教育思想通史》(8 卷) 获得专著类二等奖。厉以宁主编的《教育经济学研究》，秦宛顺主编的《教育投资决策研究》，鲁洁、王逢贤主编的《德育新论》获得专著类三等奖。朱智贤主编的《心理学大词典》获得工具书、译著、学术资料类二等奖。王明达等的《深化农村教育综合改革促进农村社会全面进步》和卓晴君等的《关于促进中小学教育与生产劳动相结合的行动建议》获得论文和研究报告类三等奖。

为集中展示国家社会科学基金项目优秀研究成果，全国哲学社会科学规划领导小组决定组织出版《国家社科基金成果文库》，每年评审一次，均为已经完成但尚未出版的研究成果。2006年3月，第一批优秀成果问世，共10部专著，主要涉及哲学、中国历史、中国文学、语言学、考古学、文献学等学科。2010年，《国家社科基金成果文库》进一步拓展为《国家哲学社会科学成果文库》。2011年，该文库首次将教育学等三个单列学科纳入，北京师范大学王雁的《中国特殊教育教师培养研究》首批入选。这批优秀成果具有导向正确、立意高远、视野开阔、论证深刻、观点清新、文风良好、原创性强、学术价值高等特点。

（2）高等学校科学研究优秀成果奖（人文社会科学）。中国高校人文社会科学研究优秀成果奖于1995年由教育部设立。从2008年开始，高等学校科学技术奖和中国高校人文社会科学研究优秀成果奖合并为高等学校科学研究优秀成果奖。其中，高等学校科学研究优秀成果奖（人文社会科学）主要表彰在高校人文社会科学研究中做出突出贡献的研究人员，鼓励广大高校研究人员以马克思主义为指导，坚持理论联系实际，积极开展科学研究，勇于创新，大力推进学科体系、学术观点、科研方法创新，更好地为党和人民事业发挥思想库作用，为建设中国特色社会主义事业服务。

高等学校科学研究优秀成果奖（人文社会科学）包括下列奖项：高等学校科学研究优秀成果著作奖（人文社会科学）；高等学校科学研究优秀成果论文奖（人文社会科学）；高等学校科学研究优秀成果研究报告奖（人文社会科学）；高等学校科学研究优秀成果普及奖（人文社会科学）。所有奖项分设特等奖、一等奖、二等奖、三等奖，对获奖者颁发奖励证书和奖金。推荐申报成果包括著作（含专著、工具书、古籍整理、译著）、论文、研究报告（含调研报告、咨询报告等）以及普及类成果（教材、教辅和文学艺术类作品除外）。2013 年，第六届高等学校科学研究优秀成果奖（人文社会科学）获奖成果共 830 项。其中，45 项一等奖中，教育学科 4 项，心理学 1 项（见表 8-1）。

表 8-1　第六届高等学校科学研究优秀成果奖（人文社会科学）教育学、心理学获奖成果名单

教育学（4 项）				
现代高等教育思想的演变——从 20 世纪至 21 世纪初期	著作奖	广东高等教育出版社	2008 年 1 月	潘懋元主编
中国学前教育立法：思考与进程	论文奖	《北京师范大学学报（社会科学版）》	2010 年第 5 期	庞丽娟、韩小雨
中国科举文化	著作奖	辽宁教育出版社	2010 年 12 月	刘海峰著
中国中西部地区农村中小学合理布局结构研究	著作奖	中国社会科学出版社	2009 年 6 月	范先佐等著
心理学（1 项）				
中外心理学比较思想史	著作奖	上海教育出版社	2009 年 7 月	车文博总主编

（3）全国教育科学研究优秀成果奖。全国教育科学研究优秀成果奖于 1990 年设立，是社会广泛认可的政府教育科研成果奖，评奖范围为公开出版和发表的成果。1990 年、1999 年和 2006 年分别组织了三届全国教育科学研究优秀成果评奖。在 2011 年举办的第四届评选中，经资格审查、专家评审、面

向社会公示和奖励委员会审核通过，共有289项成果获奖。其中，《中华人民共和国教育史》《学有所教——为制定国家中长期教育改革和发展规划纲要提供的六十条建议》等19项成果获一等奖，《教育均衡论——中国基础教育均衡发展实证分析》等90项成果获二等奖，《中国博士质量报告》等180项成果获三等奖。

（4）全国优秀博士学位论文评选。全国优秀博士学位论文评选是在教育部和国务院学位委员会的直接领导下，由教育部学位管理与研究生教育司组织开展的一项工作，旨在加强高层次创造性人才的培养工作，鼓励创新精神，提高我国研究生教育特别是博士生教育的质量。全国优秀博士学位论文评选是对博士培养质量进行监督和激励的一项重要举措，对培养和激励在学博士生的创新精神，促进博士生培养质量的提高具有积极的作用。评选工作每年进行一次，每次评选出的全国优秀博士学位论文不超过100篇。为鼓励、支持全国优秀博士学位论文作者在高等学校不断做出创造性成果，教育部还设立了“高等学校全国优秀博士学位论文作者专项资金”，对在高等学校工作的全国优秀博士学位论文作者给予5年的研究资金资助。全国优秀博士学位论文评选于1999年开始，至2013年共进行了15次（见表8-2）。北京师范大学石中英的《论教育学的文化性格》和沃建中的《信息加工速度发展的研究》分别获得首届教育学、心理学优秀博士学位论文奖（见表8-3）。1999—2008年，在人文社会科学类中，文学门类入选论文最多，共计43篇，其次为历史学28篇、法学27篇、教育学22篇、经济学21篇、管理学18篇、哲学16篇、军事学11篇。

表 8-2　历年全国优秀博士学位论文评选结果之一

年份	获奖论文	提名论文
2013 年	100 篇	273 篇
2012 年	90 篇	278 篇
2011 年	97 篇	256 篇
2010 年	100 篇	334 篇
2009 年	98 篇	363 篇
2008 年	100 篇	177 篇
2007 年	98 篇	158 篇
2006 年	99 篇	137 篇
2005 年	96 篇	159 篇
2004 年	97 篇	139 篇
2003 年	97 篇	179 篇
2002 年	97 篇	
2001 年	100 篇	
2000 年	100 篇	
1999 年	100 篇	

表 8-3　历年全国优秀博士学位论文评选结果之二①

年份	学科名称	学位授予单位	论文题目	作者姓名	指导教师姓名
1999 年	教育学	北京师范大学	论教育学的文化性格	石中英	黄济
	心理学	北京师范大学	信息加工速度发展的研究	沃建中	林崇德
2000 年	教育学	南京师范大学	泛教育论	项贤明	鲁洁
	心理学	中国科学院心理研究所	心算年老化的认知心理机制及功能磁共振成像研究	刘昌	李德明

① 笔者根据相关资料整理。

续表

年份	学科名称	学位授予单位	论文题目	作者姓名	指导教师姓名
2001 年	教育学	华东师范大学	论反思性教学	熊川武	瞿葆奎
	教育学	北京师范大学	国际科学教育理论研究	丁邦平	顾明远
	心理学	中国科学院心理研究所	跨感觉通路选择注意的事件相关电位研究	罗跃嘉	魏景汉
2002 年	教育学	浙江大学	中国教育财政近代化研究	商丽浩	田正平
	心理学	华南师范大学	篇章阅读理解中背景信息通达过程的实验研究	王穗苹	莫雷
	心理学	中国科学院心理研究所	联想启动效应及其脑机制研究	杨炯炯	管林初
2003 年	教育学	北京师范大学	中国公立高等学校法律地位研究	申素平	劳凯声
	心理学	华东师范大学	内隐学习的理论和实验	郭秀艳	杨治良
2004 年	教育学	华东师范大学	关怀生命——当代中国学校教育价值的新取向	李家成	叶澜
	心理学	北京师范大学	教师职务绩效——结构及其影响因素研究	蔡永红	林崇德
2005 年	教育学	华东师范大学	教育生活中的表演——人类行为表演性的教育学考察	李政涛	叶澜
	心理学	西南师范大学	小学儿童数学学习策略的发展与加工机制研究	刘电芝	黄希庭
2006 年	心理学	天津师范大学	汉语双字词语义和语音启动的 ERP 研究	吕勇	沈德立
2007 年	教育学	厦门大学	教育产权与大学制度构建的相关性研究	胡赤弟	邬大光
	心理学	北京师范大学	字词识别的认知和神经机制及经验的作用机制——来自人工语言训练的研究的证据	薛贵	董奇

续表

年份	学科名称	学位授予单位	论文题目	作者姓名	指导教师姓名
2008年	教育学	华东师范大学	嵌入村庄的学校——仁村教育的历史人类学探究	司洪昌	丁钢
	心理学	北京大学	任务定势与位置和颜色返回抑制：两个 fMRI 实验	陈骐	周晓林
2009年	教育学	北京师范大学	美国研究型大学与城市互动机制研究	郄海霞	王英杰
	心理学		不同情绪义的词的“阈下启动”效应的认知神经机制研究	罗倩	彭聃龄
2010年	教育学	南京师范大学	“接班人”的诞生——学校中的政治仪式考察	程天君	吴康宁
	心理学	西南大学	人工类别学习的神经机制	陈安涛	李红
2011年	教育学	西南大学	数学教师教学决策研究——基于小学高年级教师的个案研究	杨豫晖	宋乃庆
	心理学	华南师范大学	文本阅读中信息的协调性整合研究	王瑞明	莫雷
2012年	心理学	北京师范大学	阅读中语音通达的神经双通路机制：来自人工语言训练的 fMRI 跨文化研究证据	梅磊磊	董奇
2013年	教育学	厦门大学	中国历史上的“高考移民”：清代科举冒籍研究	刘希伟	刘海峰
	心理学	武汉大学	基于网络引证关系的知识交流规律研究	杨思洛	邱均平

（5）教育社团评选的成果奖项。教育学术社团通过组织优秀研究成果评奖，发挥激励作用。

中国教育学会自 1988 年开始，每年组织一次优秀论文（专著）征集评选；从 2011 年开始，将学术年会主题论文征集评选调整为年度论文征集和评选活动，从一个方面显示基础教育科研成果水平。

中国高等教育学会、中国职业教育学会等机构每年组织教育科研成果评奖，中国教育发展战略学会等机构不定期举行教育科研成果评奖活动。

（6）学校成果奖项。吴玉章人文社会科学奖是面向全国的，主要用于奖励国内有重大影响的优秀人文社会科学成果，旨在促进我国人文社会科学的发展和繁荣。吴玉章人文社会科学奖于1983年设立，至今评选活动举办了六届。在第一届评选活动中，南京师范大学教育系编写的《教育学》获得一等奖，潘懋元主编的《高等教育学》获得优秀奖。在第二届评选活动中，王焕勋主编的《马克思教育思想研究》获得一等奖，王道俊、王汉澜主编的《教育学》获得优秀奖。在第三届评选活动中，董纯才主编的《中国革命根据地教育史》获得一等奖，熊明安等主编的《四川教育史稿》、郭笙著的《为中国教育寻觅曙光——陶行知教育思想研究》、吴德刚著的《中国西藏教育改革与发展的理论研究》、孙培青和李国钧主编的《中国教育思想史》获得优秀奖。在第四届评选活动中，顾明远主编的《教育大辞典》（增订合编本，上、下册）、李国钧和王炳照担任总主编的《中国教育制度通史》（1—8卷）获得一等奖（见表8-4）。

表8-4　历届吴玉章人文社会科学奖教育学获奖情况

届数	获奖等级	著作名称	作者	作者单位	出版单位	出版时间
第一届	一等奖	教育学	南京师范大学教育系	南京师范大学	人民教育出版社	1984年
	优秀奖	高等教育学	潘懋元	厦门大学高等教育科学研究所	人民教育出版社	1984年

续表

届数	获奖等级	著作名称	作者	作者单位	出版单位	出版时间
第二届	一等奖	中国教育通史	毛礼锐、沈灌群	北京师范大学、华东师范大学	山东教育出版社	1990 年
	一等奖	马克思教育思想研究	王焕勋	北京师范大学	重庆出版社	1988 年
	优秀奖	教育学	王道俊、王汉澜	华中师范大学、河南大学	人民教育出版社	1989 年
第三届	一等奖	中国革命根据地教育史	董纯才等	国家教委、中国人民大学	教育科学出版社	1991—1993 年
	优秀奖	四川教育史稿	熊明安等	西南师范大学	四川教育出版社	1993 年
	优秀奖	为中国教育寻觅曙光——陶行知教育思想研究	郭笙	中央教育科学研究所	辽宁教育出版社	1991 年
	优秀奖	中国西藏教育改革与发展的理论研究	吴德刚	国家教委	云南教育出版社	1995 年
	优秀奖	中国教育思想史	孙培青、李国钧	华东师范大学教育系	华东师范大学出版社	1995 年
第四届	一等奖	教育大辞典（增订合编本，上、下册）	顾明远	北京师范大学	上海教育出版社	1998 年
	一等奖	中国教育制度通史（1—8 卷）	李国钧、王炳照等	华东师范大学、北京师范大学	山东教育出版社	2000 年
	优秀奖	现代教育论	黄济、王策三	北京师范大学	人民教育出版社	1996 年
	优秀奖	教育发展不平衡研究	杜育红	北京师范大学	北京师范大学出版社	2000 年

续表

届数	获奖等级	著作名称	作者	作者单位	出版单位	出版时间
第五届	一等奖	变革社会中的教育权与受教育权：教育法学基本问题研究	劳凯声	北京师范大学	教育科学出版社	2003年
	优秀奖	大学理念的传统与变革	刘宝存	北京师范大学	教育科学出版社	2004年
	优秀奖	现代课程论（新版）	钟启泉	华东师范大学	上海教育出版社、台湾高等教育文化事业有限公司	2003年
第六届	一等奖	教育投入、资源配置与人力资本收益——中国教育与人力资源问题研究	闵维方等	北京大学	经济科学出版社	2009年
	一等奖	高校招生考试制度改革研究	刘海峰等	厦门大学	经济科学出版社	2009年
	优秀奖	教育法学：原理、规范与应用	申素平	中国人民大学	教育科学出版社	2009年
	优秀奖	世界一流大学的形成与发展	王英杰、刘宝存	北京师范大学	山西教育出版社	2008年
	优秀奖	“新基础教育”论——关于当代中国学校变革的探究与认识	叶澜	华东师范大学	教育科学出版社	2006年

（7）学校奖励体系。高校和科研院所作为科学研究基本单位，有的设立校（院）级奖励，有的建立配套奖励制度。下面以浙江大学社科奖励办法为例说明。

浙江大学人文社会科学研究奖励办法（2013 年 12 月修订）

第一条　为充分调动全校师生的科研积极性，鼓励跨学科研究与团队合作研究，进一步提高人文社会科学研究质量和创新能力，提升文科学术研究的国际化水平，扩大文科的学术影响力，特制定本办法。

第二条　奖励项目及标准

（一）获奖成果类

1. 对获得高等学校科学研究优秀成果（人文社会科学）一、二、三等奖的，分别奖励 20 万元、10 万元、5 万元。其中，成果普及奖按二等奖予以奖励。

2. 对获得浙江省哲学社会科学优秀成果一、二、三等奖的，分别奖励 5 万元、3 万元、1 万元。

3. 对获得其他奖项的，按以下办法予以奖励：

（1）成果入选《国家哲学社会科学基金成果文库》的，奖励 3 万元。

（2）全国教育科学研究优秀成果奖对应于省级奖；中宣部"五个一工程"奖对应于省级一等奖；全国青年优秀社会科学成果奖对应于省级二等奖；其他中央部级奖对应于省级奖，其中课题等级鉴定类奖项、征文类奖项等不作奖励。

（3）获国家奖励管理部门认可的以社会力量设立的社科奖，如王力语言学奖、孙冶方经济科学奖、金岳霖学术奖、吴玉章人文社会科学奖、胡绳奖、思勉原创奖、钱端升法学奖等著名民间奖，对应于省级奖，无等级的按省级一等奖对待；安子介国际贸易研究一、二等奖对应于省级一、二等奖，其他等级不予奖励。

4. 国家级人文社科优秀成果奖的奖励办法另行制定。

（二）论文著作类

1. 在人文社会科学国际顶尖期刊发表的论文，奖励 2 万—5 万元。

2. 凡被《社会科学引文索引》（SSCI）收录的论文，期刊影响因子进入所在学科领域排名前 50%（即 Q1、Q2，若在不同学科领域以最高排名为准），奖励 1 万元；未进入前 50%的（即 Q3、Q4），奖励 0.6 万元；被《艺术与人文科学引文索引》（A&HCI）收录的论文，奖励 0.6 万元。论文类型仅限于 article、review（A&HCI 奖励类型还包括 book review），其他类型按 0.2 万元奖励，会议文摘和更正等形式不作奖励。

对于浙江大学为非第一作者单位或通信作者单位发表论文被 SSCI 和 A&HCI 收录的，其奖励办法另行制定。

3. 被《社科及人文会议录引文索引》（CPCI-SSH）全文收录的论文，奖励 0.1 万元。

4. 在《中国社会科学》发表的论文，奖励 2 万元。

5. 在国内其他权威期刊发表的论文，奖励 1 万元；被《新华文摘》和《中国社会科学文摘》全文转载的论文，奖励 0.5 万元。

6. 在成果转化宣传推广过程中，对提升我校哲学社会科学影响力做出重要贡献的，如受邀到中央机关作专题报告，在全国性重要广播、电视或报刊等媒体发表重要观点或言论的，视情况综合考虑影响力等因素予以奖励。

7. 学术著作奖励办法另行制定。

（三）采纳与应用成果类

采纳与应用成果类奖励系对国家立法和重大决策做出重要贡献的情况进行奖励，以有关部门出具的研究成果采纳证明文件或领导人肯定性批示为奖励依据。按以下办法予以奖励：

1. 被中央采纳，或获得党和国家领导人肯定性批示且进入国家决策，或作为主要专家参与国家级规划（由国务院颁布）编制的，奖励3万元及以上。

除上述情况以外的国家级采纳与应用、省部级采纳与应用的研究成果，视情况予以奖励。

2. 被推荐刊载于国家社科基金《成果要报》的成果，奖励1万元；被推荐刊载于教育部社科司《专家建议》的成果，奖励0.5万元。

（四）重大科研项目类

1. 获得国家社科基金重大招标项目或教育部哲学社会科学研究重大课题攻关项目的，奖励4万元。

2. 获得国家社科基金重点项目、后期资助项目和中华学术外译项目的，奖励1万元。

3. 被鉴定为国家社科基金各类项目成果和教育部哲学社会科学研究重大课题攻关项目成果“优秀”等级或免予鉴定的，奖励1万元。

（五）科研管理类

对于获得国家级、省部级科研管理先进集体和个人荣誉称号的，视情况予以奖励。

第三条　本奖励办法适用对象为浙江大学教职工和学生。

第四条　所有奖励项目要求以浙江大学为第一署名单位，同一项目只奖励一次，按最高额度计。以浙江大学为非第一完成单位，获得高等学校科学研究优秀成果奖（人文社会科学）的，按获奖单位排序以50%的比例递减给予奖励；以浙江大学为通信作者单位，被《社会科学引文索引》（SSCI）、

《艺术与人文科学引文索引》(A&HCI) 收录的论文，与以浙江大学为第一作者单位获得的奖励相同。

第五条　学校对拟奖励项目予以公示，公示期为10个工作日。如对拟奖励项目有异议的，应在公示期内向社会科学研究院提出。

第六条　如奖励项目发生知识产权纠纷，或发现有违学术道德规范的，学校有权收回授予该奖励项目的荣誉和奖金，并按有关规定处理。

第七条　对于奖金标准有区间范围或视情况予以奖励的项目，学校将主要根据文科学术咨询委员会的讨论意见确定具体奖励金额。

第八条　本办法由社会科学研究院负责解释。

第九条　本办法自2014年1月1日起施行，《浙江大学人文社会科学研究奖励办法（2009年4月修订）》（浙大发社科〔2009〕1号）同时废止。

2. 教学成果奖

教学成果与教育教学研究有着不可分割的联系，教学成果是教育研究成果的具体体现，教学研究的目的就是改革教育教学实践。教学成果奖是国务院确定的国家级奖励，每四年评选一次。前六次分别在1989年、1993年、1997年、2001年、2005年、2009年评选。2013年已扩展为国家级教学成果奖，包含基础教育（含幼儿教育与特殊教育）、职业教育（含高等职业教育）、高等教育（含成人高等教育）。奖励等级分为特等奖、一等奖、二等奖三个等级，授予相应的证书和奖金。本次是2013年4月评选，经过3个月公示期，一等奖和二等奖由教育部批准，特等奖由国务院批准。教学成果奖的设立和扩展提高了教育研究工作的地位。

（1）高等教育教学成果奖。成果要符合党和国家教育方针，坚持立德树人，反映高等教育教学规律，突出教育教学改革，对提高教学水平和教育质量产生明显效果；主要包括转变教育思想观念、改革人才培养机制、创新人才培养模式、加强教学质量保障、推进优质教育资源共享、推动教学管理机制改革、优化学科专业结构、改进教学内容方法、强化实践育人环节、全面推进素质教育等方面。

（2）基础教育教学成果奖。首届国家基础教育教学成果奖评选活动于2014年开展。成果必须符合国家教育方针、政策，体现时代精神和素质教育的核心理念，遵循学生身心发展和教育教学规律；必须围绕解决基础教育教学过程中的实际问题，创造性地提出科学的思路、方法和措施，经过实践检验，对于实现培养目标、提高教学水平和教育质量效果显著，产生了广泛而积极的影响，至今仍在教育教学中发挥示范引领作用。特等奖、一等奖要求不少于四年的实践检验，二等奖要求不少于两年的实践检验。根据《教育部关于开展2014年国家级教学成果奖评审工作的通知》有关要求，经中国教育学会组织专家评审，评出2014年基础教育国家级教学成果奖获奖项目共417项，其中特等奖2项，一等奖48项，二等奖367项。李吉林的“情境教育实践探索与理论研究”、北京市十一学校的“普通高中育人模式创新及学校转型的实践研究”均获得特等奖。

（3）职业教育教学成果奖。首届国家职业教育教学成果奖评选活动于2014年进行。重点奖励具有创新性和推广应用效果好的成果，主要包括：①在转变教育思想、更新教育观念，落实立德树人根本任务，全面推进素质教育，加强和改进公共基础课教学，推进专业建设和课程改革，改进教学方法、推进信息化教学等方面具有创新性和推广价值的成果。②在组织教学工作、推动教学改革及教学科学管理，加强教学基本建设，改革教学质量评价模式等方面具有创新性和推广价值的成果。③在改革人才培养模式，推进产教融合、校企合作，增强学生就业和创业能力，促进教育教学与行业企业实际需求相吻合等方面具有创新性和推广价值的成果。教学成果的主要形式为有关教育教学研究成果的实施方案、研究报告、教材、课件（软件）、论文、著作等。本次评选出职业教育国家级教学成果奖获奖项目共451项，其中特等奖1项，一等奖50项，二等奖400项。

3. 人才奖励体系

（1）国家百千万人才工程。国家百千万人才工程旨在培养造就中青年学术技术领军人才，重点选拔培养瞄准世界科技前沿，能引领和支撑国家重大科技、关键领域实现跨越发展的高层次人才中青年领军人才。人力资源和社会保障部等9部门于2012年印发了《国家百千万人才工程实施方案》，明确提出从2012年起，用10年时间，选拔培养4 000名左右“工程”国家级人选。同时，中央将在10年内，从“工程”国家级人选中选拔1 000名入选“万人计划”工程领军人才。

（2）长江学者奖励计划。“长江学者奖励计划”是教育部与香港李嘉诚基金会为提高中国高等学校学术地位，振兴中国高等教育，于1998年共同筹资设立的专项高层次人才计划。该计划包括实行特聘教授岗位制度和长江学者成就奖两项内容。为贯彻落实《国家中长期教育改革和发展规划纲要（2010—2020年）》和《国家中长期人才发展规划纲要（2010—2020年）》，教育部从2011年起实施新的“长江学者奖励计划”。该计划开辟了人才使用的新模式，是集选才、引才、奖励、支持四位一体的高层次人才计划，成效显著，硕果纷呈。该计划有效地凝聚了一批高层次人才在高校从事科研、教学工作，特别是吸引了一批学术上卓有建树的海外优秀学者回国工作或为国服务，有力地推动了高校人事制度改革，促进了高校国际合作与交流，带动了地方和高校高层次人才队伍建设；其制度内涵包括的“按需设岗、公开招聘、竞争上岗、合同管理”和“以岗定薪、优劳优酬”的理念，已经成为高校用人和分配制度改革的基本思路，在海内外引起了强烈反响和普遍好评。该计划已成为国家重要的高层次人才计划。

（3）新世纪优秀人才支持计划。这是教育部于2004年开始实施的一项人才支持计划，主要目的是进一步加强高等学校青年学术带头人队伍建设，加速培养一大批基础扎实、具有突出创新能力和发展潜力的优秀青年学术带头人，大力增强高等学校原始性创新能力，持续提升高等学校的学术水平和人才培养质量。

各地也陆续出台了人才奖励计划，如“珠江学者计划”“闽江学者计划”“天府学者计划”“天山学者计划”等一批人才计划相继实施，许多高校也实施了一批相应的人才计划，奖励包括教育学者在内的科研工作者。

（4）教学名师。2003年，教育部为加强教育教学工作，平衡教学与研究的关系，鼓励教授上讲台，推动教学改革，决定将“高等学校教学名师奖”列为教育部的常设表彰奖励项目，每三年评选出100名高校教学名师。从第三届起，加大了对高等职业教育教师的表彰力度。参评者必须要求长期从事教育教学工作，具有连续三年开设基础课程或专业教学的经历。中小学在评选特级教师、学科带头人和学科骨干时，均要求参评者有一定的教育研究能力和成果。这些制度性措施都有力地促进了教育教学研究工作。

4. 获奖能力比较

获奖能力是一个地区和单位的科研水平高低的直接反映。从区域看，教育研究越发达的地区，获奖能力越强；从单位层次看，教育研究实力越强的高校、科研院所，获奖能力越强；从获奖个人情况看，教育研究成果丰富的作者，基本上垄断了各种重要奖项。

（1）区域获奖能力。统计发现，从高校分布的地区来看，北京地区高校的哲学社会科学研究水平最高，社会科学贡献能力最强，获国家重大人文社会科学奖励数遥遥领先于其他地区。其次是上海、湖北、江苏等高校和科研院所云集的省（直辖市），但与北京地区的高校相比，差距较大。

对10年来评选出的全国优秀博士学位论文的统计分析发现，学位授予单位主要集中在北京、上海和江苏等省（直辖市）。

（2）高校获奖能力比较。中国校友会网大学研究团队依据教育部和全国哲学社会科学规划办公室公布的历届中国大学主持完成的高等学校科学研究优秀成果奖（人文社会科学）、国家社会科学基金项目优秀成果奖的项目情况，发布2014年中国大学社会科学奖励排行榜，旨在体现中国大学国家级哲学社会科学奖励的贡献能力，是衡量中国大学哲学社会科学的知识创新能力、理论研究水平、社会贡献和人才贡献的核心标志。结果表明，北京大学雄踞全国高校首位，中国人民大学位列第二（见表8-5），两校的哲学社会科学学术研究实力在全国处于遥遥领先的地位，堪称“中国哲学社会科学智库”。武汉大学有102项获奖，跃居全国第三；北京师范大学有86项获奖，位居第四；复旦大学有84项获奖，名列第五；南京大学和南开大学各有57项获奖，并列第六；中山大学和厦门大学各有53项获奖，并列第八；华中师范大学有52项获奖，位居第十。

位居2014中国大学国家社会科学奖励排行榜前二十的其他高校依次是华东师范大学、吉林大学、浙江大学、四川大学、山东大学、清华大学、东北师范大学、南京师范大学、中央民族大学、暨南大学、西南大学、中南财经政法大学等院校，获奖数量均在16项以上。从各校获奖数量来看，获国家级社会科学奖励的高校数量相对较少，奖励扎堆集中在北京大学、中国人民大学、武汉大学、北京师范大学和复旦大学等全国几所社会科学研究水平高的大学，获奖10项以上的高校仅有29所。

表8-5　2014年中国大学国家社会科学奖励排行榜10强

名次	学校名称	所在地区	社科奖励数	2014年排名情况		
				2014年综合排名	星级排名	办学层次
1	北京大学	北京	186	1	6星级	中国顶尖大学
2	中国人民大学	北京	123	7	6星级	中国顶尖大学
3	武汉大学	湖北	102	5	5星级	中国一流大学
4	北京师范大学	北京	86	11	5星级	中国一流大学
5	复旦大学	上海	84	4	5星级	中国一流大学
6	南京大学	江苏	57	8	5星级	中国一流大学
6	南开大学	天津	57	15	5星级	中国一流大学
8	中山大学	广东	53	10	5星级	中国一流大学
8	厦门大学	福建	53	19	5星级	中国一流大学
10	华中师范大学	湖北	52	36	4星级	中国高水平大学

值得关注的是，清华大学主持完成的获奖项目有32项，名列全国高校第十六位。该校的文科底蕴快速集聚，哲学社会科学实力快速崛起，充分证明以理工见长的清华大学跨越发展文科战略工程取得了阶段性成功，这也为一些有志于建设成为世界一流大学或世界一流学科高水平大学的中国行业特色研究型大学（文理工偏科大学）快速发展成为综合研究型大学提供了重要启示。

二、评价制度亟待改进

我国的一些学术机构，尚未建立起一套完整的知识影响力的架构或者体系来评价学者的学术水平。针对人文社会科学领域评价机制的争议由来已久，发表论文与博士毕业、教师职称评定乃至学校影响力挂钩，学术期刊借机敛财，种种沉疴痼疾早就使得以 CSSCI 为首的学术评价标准屡遭学界讨伐[①]。有国外诺贝尔奖获得者也明确提出不恰当的激励会损害科学研究，呼吁抵制《自然》《科学》《细胞》三大核心期刊[②]。评价评奖制度存在以下弊端：一是科研奖项设立太多、太滥，造成科研领域追求功利的严重不良倾向；二是科研奖励的设立和评审方式存在不足。令人担忧的是，国家投入了这么多科研经费，奖励了这么多人才，却往往难以产生高水平的成果，而且污染了科研学术环境。评价制度主要存在体系不够完善、指标不够科学、程序不够合理、导向跑偏等问题。在确定授奖等级时，产生了重报、多报、漏报等现象，造成了奖励失误。这种状况不扭转，必将对我国的教育科研事业进步产生不良影响。

（一）课题评审比较单一

现行教育科研评价体系对调动研究者积极性和提高成果数量发挥了重要作用，但也存在不少问题，如立项过严，形式单一，以课题经费多少定等级，以课题层次高低定上下，以事先投入难以预期未来成果，共识性小、风险高的项目难以被评审专家认可等。

多方管理下造成的重复建设以及个人为本、数量为主、经费为要、发表为上和严进宽出等问题导致偏重课题级别和经费多少，无人问津一些耗时且成效慢又有风险的基础性项目，科研团队难以形成，客观上刺激了浮躁浮夸、急功近利乃至学术腐败。

这种现象与科学求真精神和现代教育科研发展不相适应，急需从科研环境、体制机制和评价标准上进行改革。

---

① 高四维. 人文社科学术评价机制备受抨击［N］. 中国青年报，2014-01-17.

② 赵博. 不恰当的激励会损害科学研究［N］. 文汇报，2014-04-14.

（二）成果评价偏重数量

当下的学术评价，四个标准共存：第一个是官方有关机构的评审；第二个来自媒体；第三个来自海外；第四个是学术界自己的评价。学界在初级阶段以论文数量替代质量，逐步改为用顶尖学术期刊代表学术本身的价值，而顶尖学术期刊是用影响因子来衡量。在人文社会科学领域使用有一定官方背景的 CSSCI 评价体系，虽较单纯数量评价有进步，但也没有解决学术 GDP 问题。

1. 以论文数量替代作品质量

这种做法既是我国学术发展初级阶段的必然反映，也是科研管理部门的无奈之举。术业有专攻，管理部门的人员无法对所有领域的成果做出专业判断，只好以数量替代质量检验智力成果。在此阶段，量化指标是一种衡量尺度和标准，但绝不是最完美的体系和标准。

2. 以核心学术期刊替代作品质量

在数量充斥的情形下，科研评价标准逐步向核心学术期刊转移，特别是把顶尖学术期刊作为限量版的“奢侈品”。其实，这些顶尖学术期刊并没有合适的形式和足够的权威选取论文。

高校启用论文考核对研究生进行考评的做法始自 20 世纪末，此后逐渐在全国范围内推广开来，并出台相应的标准规范。以人文社会科学为例，大部分高校要求博士研究生要在各类核心期刊上发表 2—5 篇学术论文，“未达到要求者，一般不接受其学位申请”。CSSCI 对于高校教师的职称评定也起到很大的作用。学术评价机构、学术管理机构和学术“掮客”三方利益集团为了自己的利益，共同推动学术评价走向偏斜。

影响因子存在先天的瑕疵，一些量化指标，诸如这篇稿件的引用次数、下载次数以及关键词的搜索频率，尽管比传统的影响因子有所改进，但仍有瑕疵和缺陷。有些学科比另外一些学科更流行，更受关注，这样它们被引用、下载和搜索的次数将大大高于其他学科，而这与其论文科研水平其实并不成正比。

（三）评奖制度过于宽松

获奖永远是科学研究的副产品。诺贝尔设奖的原则是希望奖励特殊成就，并非杰出的个人，诺贝尔奖是针对重大“发现”（discovery）、“发明”（invention）以及“改善”（improvement）来颁发的①。评奖本身存在天然的不足：具有获奖资格的学者很多，而获奖的名额很少，因此很难说它是绝对公平和客观的。有的奖项规定申报才有资格获奖，不申报就没有机会。优秀成果奖励和杰出人才奖励并行，具有重复奖励意义，而且成就附着在人身上，终究反客为主，世人反而更在乎得奖人。

1. 体系混杂

一是奖励对象错杂，既有奖人的，也有奖成果的，还有奖机构的。二是奖励主体复杂，既有政府，也有社会，还有基层单位。三是奖励层次复杂，既有中央的，也有地方的。四是时间长短不一。

2. 层次不高

最高是教育部级和地方省级政府奖，只有国家教学成果特等奖属于国务院奖励。与自然科学设国家奖项相比，缺乏国家层次的奖励。

3. 缺乏可比性

获奖成果类型多样，包括著作类、论文类和调研报告类。这些形式复杂的成果缺乏可比性，在评奖过程中往往出现偏重著作轻视论文的现象，这与自然科学评奖重视论文和专利首创性的倾向有着明显的差距。如在第四届中国高校人文社会科学研究优秀成果奖获奖成果中，获奖著作有 301 部，占全部获奖作品的

① 吴惠林. 何谓大师——历届诺贝尔经济学奖得主的成就［M］. 北京：商务印书馆，2010：2.

70.7%，远超过论文和研究咨询报告获奖率总和的两倍。在各个等级的获奖成果中，研究咨询报告的获奖率最低，论文居其次，而著作的获奖率最高。文史哲学科著作多，而教育学等应用学科的研究咨询报告、论文居多，虽然在25个学科中的排名分别是第三位和第五位，但总体上处于劣势①。

4. 力度不足

奖金不高，主要是荣誉证书和精神奖励，难以激发获奖者的荣誉感和责任心。资助主要是以鼓励为主，有的地方是以奖代补。

5. 时间短暂

教育科研成果奖励最晚的五年，早的一两年就评奖，过于急功近利，未见实效，不符合教育科研成果实践性、长效性的特点，很难进行评奖。

6. 重复奖励

各个奖励部门信息不畅通，没有公共信息平台和数据库，一件科研成果反复被奖励，奖项过多必然过滥，影响了奖项的声誉。如某省一次奖励，就设立一等奖40项，二等奖59项，三等奖81项。

7. 奖励人员的问题

现行的奖励规则主要是奖励第一作者的第一单位，而不是将所有作者视为具有同等贡献。这种状况不仅反映在奖项上，也反映在论文署名、成果评价、引用和基金资助上。而按照国际惯例，论文合作者署名是以姓名拼音字母英文顺序排列②。受科技部委托，负责科技论文统计与分析项目的中国科学技术信息研究

① 李华忠，吴淑爱. 第四届中国高校人文社会科学研究优秀成果奖获奖成果分析报告［M］//高等学校社会科学科研管理研究会. 中国高校哲学社会科学管理评论：第1辑. 北京：北京师范大学出版社，2009：117-119.

② 张国. 学术规则这次败给了科研管理规则［N］. 中国青年报，2014-06-20.

所自1988年实施第一作者的第一单位的统计方法。另外，在当前的科研奖励中，获奖人员论资排辈、论行政级别排位现象十分严重。科技成果获奖人排序优先照顾的是行政领导而非实际有突出贡献者。

8. 评奖标准过于原则

如《高等学校科学研究优秀成果奖（人文社会科学）奖励办法》中的评审标准：

第十二条　获奖成果必须坚持以马克思主义为指导，观点鲜明，论据充分，资料翔实，数据准确，逻辑严密，方法科学，具有创新性和前沿性，符合学术道德和学术规范，体现政治标准与学术标准的统一。

第十三条　基础研究类获奖成果应在理论上有所建树，在学术上有所创新，填补了本研究领域的某些空白，推动了学科建设和理论发展，得到学术界的重视和好评。

第十四条　应用研究类获奖成果应在解决国家和区域经济社会发展中的重大现实问题上有所突破，为党和各级政府有关部门、企事业单位提供了具有重要参考价值的决策咨询意见和建议，产生显著的经济效益和社会效益。

第十五条　普及类获奖成果应具有较强的科学性、知识性和可读性，在宣传党的创新理论、阐释解答人民群众关心的热点难点问题以及人文社会科学知识传播普及方面产生良好社会效果。

9. 有的成果滥竽充数

认可的压力在所有国家的科研共同体中都会导致各种形式的学术不轨行为，但我国学术失范行为多于国外。在一些教育研究重大成果评奖中也不乏“拼凑成果、包装意义、蒙混过关”等不良现象，有的成果还只是“一家之言”，难以服众。因此，诸多教育研究奖项往往出现空缺现象，不仅是宁缺毋滥的原因，也是一些报奖成果实在乏善可陈。

10. 获奖单位过于集中

无论是成果奖励还是人才奖励，评奖者和获奖者都过度集中。区域上集中在东部发达省份，北京、上海占据优势；机构上集中在重点高校和科研机构，北京师范大学、华东师范大学、中国教育科学研究院等机构名列前茅。如第四届中国高校人文社会科学优秀研究成果奖中，“985”院校获奖项目 241 项，占 56.7%，其中一、二等奖分别占 69.2%和 61.7%[①]；得奖人员主要是少数知名专家学者，有的成为获奖专业户，其中有的是真正的教育大家，有的只是顶尖级的教育工程师。

此外，获奖成果项目来源居于前三位的分别是教育部人文社会科学研究项目、国家社会科学基金项目（教育学科）和其他部委或省级社会科学规划项目，获奖比例为三分之二强，这就说明社会科学研究（包括教育研究）需要一定的经费资助和科研管理。

奖励给人以荣誉、权威和话语权、影响力。在自然科学界，获奖者的影响主要局限在同行业内；而在社会科学领域的获奖者影响重大，主要是影响外行人：政府、媒体和公众。因此，诺贝尔经济学奖获得者马歇尔（A. Marshall，1842—1924）发表了一句严正忠告：“社会科学者必须戒惧赫赫之名：当人们大捧特捧之时，灾祸亦将随之。”[②] 术业有专攻，在教育研究领域有了点儿特殊贡献的学者，也没有理由成为全能者，可以处理所有的教育问题，需要谨慎在自己学科范围外对社会公共事务发表意见。

---

① 李华忠，吴淑爱. 第四届中国高校人文社会科学研究优秀成果奖获奖成果分析报告 [M] //高等学校社会科学科研管理研究会. 中国高校哲学社会科学管理评论：第 1 辑. 北京：北京师范大学出版社，2009：115.

② 吴惠林. 何谓大师——历届诺贝尔经济学奖得主的成就 [M]. 北京：商务印书馆，2010：9.

三、评价制度改革

2012年，中共中央、国务院印发了《关于深化科技体制改革加快国家创新体系建设的意见》，提出要改革科技管理体制，推进科技项目管理改革，完善科技经费管理制度，深化科技评价奖励制度改革。改革完善国家科技奖励制度，建立公开提名、科学评议、实践检验、公信度高的科技奖励机制。提高奖励质量，减少数量，适当延长报奖成果的应用年限。根据不同奖项的特点完善评审标准和办法，增加评审过程透明度。探索科技奖励的同行提名制。支持和规范社会力量设奖。改革国家科技奖励制度，使获奖项目能真正体现国家科技发展的水平。近年来，教育部亦将研究评价机制改革提上日程。2011年11月7日，教育部下发《关于进一步改进高等学校哲学社会科学研究评价的意见》，提出要正确认识《科学引文索引》（SCI）、《社会科学引文索引》（SSCI）、《艺术与人文引文索引》（A&HCI）、《中文社会科学引文索引》（CSSCI）等引文数据在科研评价中的作用，避免绝对化。摒弃简单以出版社和刊物的不同判断研究成果质量的做法。

2013年11月29日，教育部下发的《关于深化高等学校科技评价改革的意见》指出："科技评价中的问题日益显现：重数量轻质量、重形式轻内容、重短期轻长远的现象依然存在；评价指标单一化、评价标准定量化、评价方法简单化、评价结果功利化等倾向没有得到根本扭转；分类评价实施不到位，对科技成果转化、科学普及等工作激励不足；科技支撑教学和创新人才培养的导向不够；开放评价、长效评价机制不够健全。这些问题将严重影响高校科技工作的持续健康发展。高校科技评价改革的任务十分紧迫。""建立开放评价机制。基础研究以同行评价为主，大力加强国际同行评价。"由此可见，"鼓励创新，质量优先"的科研成果评价体系已经进入轨道。

（一）实施多元评审制度

课题类型多元化，淡化课题等级，强化课题类型，按照实际工作量、研究难度和创新价值明确不同的经费支持，向调查研究、实验研究和数据库建设倾斜。

增大立项比例，使教育研究申报者课题立项率（限额后的10％左右）达到国家社会科学基金项目和高校人文社会科学研究项目的比例，实施宽进严出，加大风险投资力度，支持非共识项目。

形式多元化，稳定一般项目，突出重点项目，加大后期资助，增设专项资助，适当委托项目。

技术多元化，一般项目网络在线评审，重点项目会议评审，对未立项申请者要给予信息反馈。

评审专家多元化，既要广泛吸收教育科研机构、高校的专家学者，也要吸收教育行政部门和中小学的代表参与，还要吸收教育外部的人士参与。评审专家还要实行回避制度、轮替制度和公示制度。

课题立项只是一个好的创意被接受，而最终说明水平的是研究成果的价值，因此要严格课题成果产出的数量和质量要求，从根本上避免重立项轻结项的问题。

（二）实行代表作成果评价

为减少评价成本，应突出代表作成果评价，从以下几个方面实施。

1. 电子版全文发表

从现在学术期刊的现状看，大部分期刊兼有纸质版和电子版，而越来越多的学术期刊甚至考虑放弃纸质版，只做电子版。这意味着，它们可以发布更多、更长的论文。那些“奢侈品”期刊虽然拥有电子版，但仍严格限制纸质版论文的发表篇数和篇幅。《科学》最近宣布，它将开放一个更开放、更自由、更容易登录的学术网站，它将刊登更多论文，并且减少对原先论文的删节，这就从内容上全面准确和充分表达研究者的意见。

2. 借鉴国际评选规则

同行评议、匿名评审和标准明确是国际评选研究成果的重要规则。《科学》杂志有三条选稿标准：一是论文的社会影响力；二是论文在科学上的创新力；三是论文的严谨性。

3. 自评和专业机构评选相结合

当一个年轻学者想要求职，或者谋求提高职称或职级时，学术机构应该让其提交一份 200—300 字的影响力声明（impact statement）。在这份声明中，他们应该说明，在一个更加广泛的领域内——诸如世界范围内——该研究有何特殊地位，其贡献和影响力体现在哪些方面。这些都是通过自叙方式进行评估。随后，这份影响力声明应该提交到一个专门委员会，由该委员会提交给外部学者，并告知他们："这是我们部门学者的研究成果，请您从专业领域出发，对其学术贡献进行客观、准确的评估。"

（三）推行精品评奖机制

1. 提高精准度

第一，对教育科研成果分类评奖：基础研究以同行评价为主，特别要加强国际同行评价，着重评价成果的科学价值；应用研究由用户和专家等相关第三方评价，着重评价目标完成情况、成果转化情况以及技术成果的突破性和带动性；产业化开发由市场和用户评价，着重评价对产业发展的实质贡献。三者中，更宜朝"思想"上具有原创性的贡献者给奖，因为教育学就是研究"人的行为"的科学。

第二，调整科研奖项设置，减少面向大众的成果奖项比例。这种奖励不仅耗费奖励资源，而且干预市场竞争，更重要的是一旦市场反应与奖励结果相悖，即使与成果本身无关，也会令公众对科研奖励的权威性产生强烈的质疑。因此，建议逐步减少国家和地方教育科研奖中面向社会大众的成果的奖励。

第三，强化资格考察，确保奖励公平。为此，建议强化对候选人相关条件的审查，加强推荐环节的把关，在评审中加入对获奖人员资格的考察，完善公示制度，将奖励的重点回归到那些做出突出贡献的科研工作者身上。

第四，精简部门、地方科研奖励。目前，全国有数十个省（自治区、直辖市）政府和数百个受政府部门委托的行业协会设置了教育科研奖，奖项分级最多达三级，每年奖励项目数千项，获奖人员成千上万人，奖励对象分散，奖励强度低，人均奖金微乎其微，甚至交钱获奖，激励效果大打折扣。建议对地方和行业教育科研奖进行大幅度精简，减少奖项分级，同时显著提升奖励强度。这种情况同样适用于教育研究领域，至少要取消重复奖励。

2. 加强奖励力度

改自报奖励为推荐奖励，能够改变过去谦虚者或过世者不报的问题。真正的科学家应该将科研视作己任，他们最大的满足是探索和发现重要、未知的领域后所获得的愉悦与兴奋。应当使真正的专家学者和科研成果得到奖励。

3. 延长评奖周期

我国政府科技奖励评奖周期普遍较短，数量较多，范围较广，由此带来一系列问题。一是奖励质量难以保证。我国科技奖励体系依附于行政体制，带有浓厚的行政色彩，普遍受到行政干预和部门保护主义影响。同时，在短时间内组织完成如此大规模的评奖，时间紧，过程匆忙，奖励的公正性和效率难以兼顾。二是耗费行政资源，影响科研工作。各地各单位为应对频繁的奖励申报与推荐，耗费很多人力、物力、财力。不少科研人员一方面不得不频繁地从事“成果包装”“人情公关”等事务，另一方面又在拼命追赶科研进度的过程中身心疲惫，长期在这种状态下的科研人员难以安心从事科研活动，更别说创造出一流的成果。三是降低奖励的吸引力和荣誉导向。国家科研奖励的设置目的应是通过其崇高性与稀缺性对科学家产生吸引力，激励他们勇攀科研高峰。但在现行评奖体制下，奖项设置较多，评奖周期较短，大大降低了奖励的导向作用，加之评奖不公的现象时有发生，导致很多科研人员对于奖励的追求大多出于追名逐利的需要。

我国科研奖励参评项目的最低完成年限仅为两三年。众所周知，科研成果需要较长时间的检验，方能做出客观公正的评价。以诺贝尔奖为例，1901 年到 1980 年，获奖科学家从做出重大发现到获得奖励的平均时间间隔为 13.85 年，其中间隔 5 年以上的高达 86.26%。当前，我国大多数获奖科研项目从研究出成果到参与评奖的时间间隔远少于 5 年。一些科研单位和个人为了评奖，项目还没完成就开始“包装”“公关”，这样的科研成果质量如何，可想而知。据有关问卷调查结果，66.9%的科研人员认为奖励候选项目应有 5—10 年的应用后才能申报奖励。因此，建议项目至少应有 3—5 年以上连续、稳定和有效的验证或应用后才能申报（对于少数特别注重实效性的科研领域可适当调整），以确保成果的成熟性。建议将各类科研奖项评奖周期适当延长到两三年，同时控制奖项总量，以提升奖励的质量。

4. 鼓励社会奖励

目前，国家减少了政府奖励数量，降低甚至取消了奖金。还需要大幅度精简省部级科研奖，引导科学共同体和社会力量创建优秀奖励品牌。更多地鼓励社会奖励和保护研究者的知识产权，使其终身受益。

5. 引入国际奖励标准

逐步引入国际同行参与基础研究奖励评审，具体到现行科研奖励机制，应该进行实质性改革，可以考虑国家只颁发少量的终身成就奖。具体项目成果的奖励，一般来讲，对基础研究成果应该依据其学术价值或对科技发展所起的实质性推动作用，主要由公认的学术组织来评价奖励；而对应用性研究成果应该考察其实际应用效果和推广情况，主要通过市场机制等来评判奖赏。一项奖励的权威性不应该取决于组织评审部门的行政级别或职能大小，奖励也不宜过多过滥，奖成绩而不奖工作，奖贡献而不奖奉献，奖功劳而不奖辛劳。只有这样，才可能使真正在学术界被广泛认可的基础研究成果或真正经受住市场检验的应用研究成果得到恰当评价奖励，从而树立正确的科研导向。

具体建议如下。第一，向世界发达国家学习，大幅减少我国教育科研奖励的种类和数量，取消三等奖。科研奖励少不等于研究成果少，杜绝虚假的科研成果可以促使广大教育科研工作者埋头苦干、潜心研究，可以促进实实在在的教育科研进步。第二，取消大部分综合奖，设立各种专业门类科技奖，如数理化、天地生、医学、经济等，由各科技学会等学术组织的专家来评奖，鼓励各学会设立有影响的冠名奖。避免外行评内行的评奖方式，严格科研成果的鉴定、验收制度。第三，教育科研成果主要由社会和实践检验、认可，由创造的经济效益、社会效益来衡量和奖赏，不必另外评奖。鼓励教育科研成果向实践应用转化，鼓励创新发明。第四，对教育科研工作者的业务评价主要由同行专家根据其科研成果的水平来衡量，把这个问题留给科学家自己，不必由外行仅看其论文和获奖数量来决定。逐步把科研评价标准转移到以质量和贡献为导向的评价体系上来，从制度上促进中国教育科研提高质量和水平。

第九章 教育科研影响更加广泛

影响是教育科研（包括机构、学人和成果）对外的表现力和辐射力，是其社会地位高低的重要标志。教育科研的影响既体现为学术影响，显示其在社会科学中的地位；也体现为社会影响，显示其对社会实践的作用和贡献；还体现为国际影响，显示其在国际业界的地位和影响。从这三个角度分析，我国教育科研综合影响力处在非均衡发展阶段，与国家要求和社会需求相比还有不小差距。实践证明“有为才有位，有位更有为”，急需创新研究方法，培养复合型人才，提高研究质量，扩大社会影响，加强成果转化，改进传播方式。

一、科研影响力上升

影响是外部社会对教育科研实力的评价，反映教育科研对外部社会的作用程度。60多年来，教育科研不断发展，在学界、社会和国际同行中的地位和作用逐步上升。

（一）学术影响逐步提高

教育学科是社会科学的重要组成部分，教育研究的一大重要任务是繁荣学术，促进教育学科建设。多年来，伴随教育科研成果的生产和积累，教育学科的内容日益丰富，形式更加多样，在社会科学体系中的地位和影响逐步加强。

1. 教育科研在社会科学顶尖学术刊物中的影响

教育学科是十二大学科之一，在社会科学体系中占据重要地位。改革开放以来，教育学科建设取得了重要进步，以自己独特的“教育”视角推动了社科研究的繁荣与发展，以自己的姿态回应了社科理论中的教育理论发展以及社会现实中的教育问题。在教育学科的发展过程中，学界针对教育学科地位和学科性质的理论自觉和理论反思从没停止，“教育学的终结”① 和“尴尬的教育学与教育学的尴尬”② 的说法此起彼伏，华勒斯坦曾批评说：“教育学不是一门学科，今天，即使是把教育视为一门学科的想法也会让人感到不安和难堪。教育学是一种次等学科，把其他真正的学科共冶一炉，所以在其他严谨的学术同侪眼中，根本不屑一顾”③。教育学在得到发展的同时，认为其“躁动、迷惘、困境、危机、解体、终结”之类呼声仍不绝于耳④。教育学处在发展的危机中，教育学的发展正趋于“繁荣的低谷”和“贫乏的丰富”⑤。与此同时，相应形成了教育学人的焦虑。多年来，教育学科地位的上升或下降，究竟是来自教育学界的理论自觉——一种主观的感觉，还是客观的现实——来自现实的挑战？为了回答这个问题，拟采用学界公认的具有高度学术影响力的社科综合性期刊作为代表进行分析，并将其中刊发的教育类学术论文进行计

① 吴钢. 论教育学的终结［J］. 教育研究，1995（7）：19-24.

② 巴战龙. 教育学的尴尬［J］. 读书，2003（10）：90-94.

③ 华勒斯坦，等. 学科·知识·权力［M］. 刘健芝，等，编译. 北京：三联书店，1999：43.

④ 李军靠，胡俊生. 论面向实践的教育学研究的学科发展意义［J］. 现代大学教育，2009（5）：28-32.

⑤ 林丹. 学科性质、学科体系抑或学科功能——理性审思教育学学科地位的独立原点［J］. 教育学报，2007（3）：16.

量分析，以此进行教育学科影响力的综合评价。教育类学术论文的年发文量、在年总量中的刊发比率和引证次数直接反映了研究者们对教育问题的关注和思考，以及社会实践中对教育问题的关注度。教育类论文的著作者分布和参考文献的知识来源能较好地反映出教育学科影响力。

《中国社会科学》是中国社会科学院主办的全国性社会科学刊物，发行量大、影响力高，是该领域中综合性刊物的代表，在当前的期刊影响因子（IF）中，刊物复合影响因子为4.839，综合影响因子为3.296，所刊发的论文状况很大程度上代表了我国社会科学的发展状况。其刊发的不同学科的论文也在很大程度上代表了学科发展状况。以《中国社会科学》刊发的教育类论文为分析对象，可以较好地反映教育学科在社会科学中的影响力，反映教育学科对社会科学发展和繁荣的贡献率，也能反映教育学科对社会发展中的重大现实问题的回应。以教育学科在《中国社会科学》的刊登情况为例，对创刊以来刊发的教育类论文进行计量分析，对“教育学栏目”设置状况、教育类论文年度发文量和年度发文比率进行统计、并采用 Ucinet 6.0 对所刊发的教育类论文的参考文献、引证次数、研究重点、作者分布等进行统计分析。还选择了该刊的年度教育学栏目设置状况、教育学术论文年度发文量、教育类论文的年发文量在年度发文总量的占有比率、教育学术会议报道和教育书评的年度刊发量、刊发的教育学术论文参考文献的学科来源、作者学术机构构成，以及所刊发教育类论文的研究主题等方面进行教育学科的影响力分析。

(1)《中国社会科学》刊发的教育类学术论文的计量分析。

第一，“教育学栏目”设置状况的年代变化折射出教育学科影响力下降。图 9-1 是《中国社会科学》1980—2012 年教育学栏目设置状况，可看到 1985、1986、1988、1989、1992、1993、1995—2006 年、2008—2012 年均没有设置“教育学栏目”。可看出1980—1990年，在《中国社会科学》总目录的栏目中设置有“教育学”栏目，有四年没有设置“教育学”栏目；而1991—2001年，有九年没有设置“教育学”栏目，仅有1991、1994年设置有“教育学”栏目；2002—2012年，仅有2007年设置有“教育学”栏目，其间有10年没有设置“教育学”栏目。可看出在《中国社会科学》杂志的总目中，其栏目设置中的“教育学”栏目由最初的“常设栏目”到现在的“偶设栏目”，从一个侧面折射出教育学科影响力的下降。

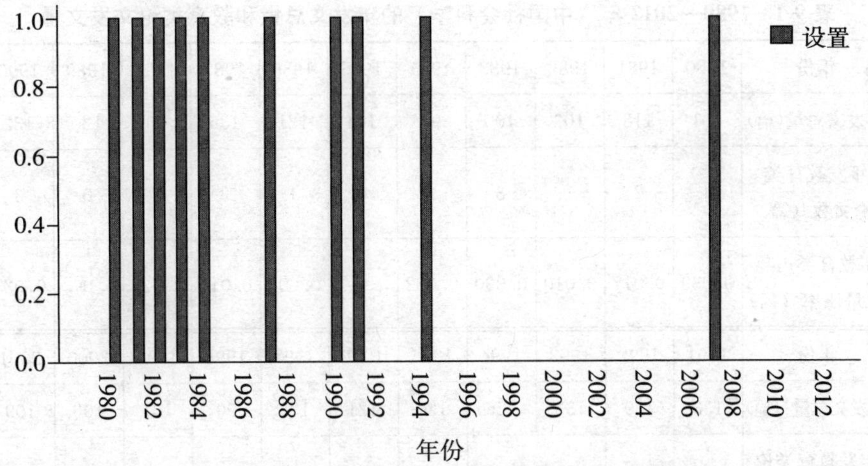

图9-1 1980—2012年《中国社会科学》“教育学”栏目设置状况

第二，《中国社会科学》教育论文的年发文量和年刊发比率低。表9-1是1980—2012年《中国社会科学》的年发文总量、年刊教育论文量以及年教育论文刊发量占年刊发论文总量的百分比。由表9-1可以看出，在刊发的有关论文中，教育类论文所占比率很低，即便1980—1990年设置有“教育学”栏目，其年度刊发教育类论文比率也极低，年平均刊发率为0.0178，1991—2001年的教育类论文年平均刊发率为0.0077，2002—2012年的教育类论文年平均刊发率为0.0138。在一些年度，比如1995、1996、1997、1999、2000、2002、2011年，教育类论文的年度刊发率为 0，没有出现一篇有关教育类的论文。就《中国社会科学》中刊发的教育类学术论文占总量比率而言，教育学科影响力低微。采用历时段的分析，也可以看到，1980—2011 年教育学科影响力在下降之中，1992—2002 年教育学科影响力尤其低微，2002 年后，教育类论文刊发率有所提升，但就教育学科影响力而言，其影响仍很微小，体现在图 9-1 中 2003 年以后的“教育学”栏目设置成为“偶设栏目”，仅有 2007 年的教育类论文是刊登在“教育学”栏目之中。

表 9-1　1980—2012 年《中国社会科学》的年发文总量和教育类论文发文量

年份	1980	1981	1982	1983	1984	1985	1986	1987	1988	1989	1990
年发文总量(篇)	101	118	103	100	94	104	121	136	90	120	132
年发教育类论文数（篇）	4	2	1	3	3	0	1	2	2	0	3
年教育类占年总量比率（%）	0.039	0.017	0.010	0.030	0.032	0	0.008	0.015	0.022	0	0.023
年份	1991	1992	1993	1994	1995	1996	1997	1998	1999	2000	2001
年发文总量（篇）	133	139	133	126	120	121	128	90	101	106	109
年发教育类论文数（篇）	4	2	1	2	0	0	0	1	0	0	2
年教育类占年总量比率（%）	0.030	0.0014	0.008	0.0159	0	0	0	0.011	0	0	0.018
年份	2002	2003	2004	2005	2006	2007	2008	2009	2010	2011	2012
年发文总量（篇）	104	99	108	99	107	101	95	90	92	97	118
年发教育类论文数（篇）	0	2	1	1	3	1	1	1	1	0	5
年教育类占年总量比率（%）	0	0.020	0.009	0.010	0.028	0.010	0.011	0.011	0.011	0	0.042

2000年后，以《中国社会科学》为代表的中国社会科学界，对教育现实和教育问题仍持有关注度，但是这种关注不是以教育学科为中心，而是以教育问题为中心，这在表9-2中有所体现。在2002年后教育学论文在总目中的学科归类中，2007年的总目中设置有“教育学”栏目，该栏目中一篇教育类论文为《中国城市教育分层研究（1949—2003）》，其余各年的教育类论文在总目中均归类为其他学科栏目，栏目归属以“社会学”、“经济学”“历史学”栏目为主。在2000年后的18篇教育类论文中，仅2007年归属为“教育学”栏目，其余归属“社会学”栏目8篇，“经济学”栏目4篇，“历史学”栏目3篇、笔谈栏目和调研栏目各1篇。这一方面说明了教育研究引起了其他学科专业的关注和研究兴趣，另一方面也说明“教育学”学科在教育类研究中的影响甚微。

表9-2 2000—2012年教育类论文在总目中的学科栏目归类

年份	年发教育论文篇数	总目中的学科栏目归类
2001	2	历史学栏目
2003	2	经济学栏目1篇
		社会学栏目1篇
2004	1	历史学栏目
2005	1	经济学栏目
2006	3	经济学栏目1篇
		社会学栏目2篇
2007	1	教育学栏目
2008	1	社会学栏目
2009	1	社会学栏目
2010	1	建刊三十周年笔谈栏目

续表

年份	年发教育论文篇数	总目中的学科栏目归类
2012	5	经济学栏目 1 篇
		社会学栏目 3 篇
		其他栏目（调研报告）1 篇

注：2000 和 2011 年，刊发教育类论文数量均为 0 篇。

第三，《中国社会科学》教育学术会议报道、书评数量快速下降，反映了教育学科影响力的式微。教育学科影响力的下降，也体现在《中国社会科学》期刊对教育学术会议和教育类书籍的书评数量变化上。表 9-3 是创刊以来对教育学术活动和教育书评的通讯报道情况。从表 9-3 中看出，1980—1990 年，该刊对教育学术会议和教育学术著作有着较高的兴趣，其间教育学术会议通讯报道 3 篇，转载教育学术论文 1 篇，刊发书评和读书札记 3 篇，在 1980 年的第 4 期刊发了《关于教育本质讨论的情况》（学术活动报道）。在 1983 年，《中国社会科学》专门组织了“教育科学的现状与发展”座谈会活动，并分别在 1983 年的第 5 期和第 6 期刊发了《教育科学应该有一个大发展——〈中国社会科学〉杂志社召开的“教育科学的现状与发展”座谈会发言摘要》，而 1990—2000 年，该刊没有刊登教育学术会议活动的通讯报道，仅刊发书评 4 篇。图书评介是《中国社会科学》中的一道独特的风景线，仅 1994—1998 年，《中国社会科学》刊登图书评介 181 篇，占载文总篇数的 29.43%①，这期间教育类书评数量的减少，直接说明了教育学科影响力的下降。而 2000 年后，有关教育学术活动通讯和教育学术书评的刊发率均为 0。教育类书籍评介的篇目数量减少，更直接说明了教育学科影响力的下降。

① 崔旺来.《中国社会科学》1994—1998 年作者及引文的统计分析与评价 [J]. 中国社会科学，1999（3）：197-208.

表 9-3　1980—2012 年《中国社会科学》刊发的教育书评和教育学术会议通讯数

年份	1980—1990	1990—2000	2000—2012
教育学术会议通讯（单位：篇）	3	0	0
书评和读书札记（单位：篇）	2	4	0
教育学科论文转载（单位：篇）	1	0	0

第四，《中国社会科学》教育类论文的参考文献来源多为其他学科，反映出教育学科对教育论文的贡献率不足。以 1990 年为时间节点考察《中国社会科学》刊发的教育类论文的参考文献，以及教育类论文的知识来源和写作背景，1980—1990 年，教育类论文的参考文献均为 0 篇，这个时期的教育学术论文不能较好地反映学术论文的知识来源和研究背景。进入 1990 年后，随着学术期刊的专业化建设，学术论文参考文献日趋规范，在这种情况下，每篇学术论文的参考文献较好地反映了该篇学术论文的知识来源、写作背景以及本学科的学术贡献率。引证情况包括引证次数和引证论文的学科领域。引证次数能较好地反映出该论文的学术影响力，能很好地间接反映该论文代表的学科的影响力；被引证论文的学科领域能较好地直接反映出该论文以及所属学科影响到哪些具体的学科，推动了或影响了哪些知识门类的专门性生产。

以 2000 年和 2010 年为时间输入节点，以不同学科为输出节点，用 Ucinet 6.0 进行分析，考察 1990—2000 年、2000—2010 年的教育类论文的学科知识来源和写作背景，并以此反映不同学科对教育类论文的影响程度，特别是教育学科对教育类论文的知识贡献变化。具体分析方法，以 2000 年时间节点为例，在 2000 年以前的教育类论文中，参考文献的学科归属中，某一学科每增加参考一次，则 2000 年时间节点入度增加 1，某一个学科的出度也增加 1。

2000 年时间节点的边数显著多于 1990 年的节点边数，反映出《中国社会科学》所刊发的教育类文章的参考文献的学科来源呈现增加的趋势，能较好地显示教育类论文的写作背景和知识来源。在教育类论文的知识来源和写作背景上，教育类论文的学科知识来源十分广泛，哲学、社会学、经济学、教育学、历史学、政治学、管理学以及教育学科本身都成为教育学科知识的重要来源。

由分析结果，可看到《中国社会科学》1990—2000 年所刊发的教育类论文的主要知识来源依次为教育学、哲学、社会学、经济学和人口学，其中教育学的知识贡献度最高，其对教育论文的入度为 8.0，哲学次之，对教育类论文的入度为 6.0，而社会学、经济学和人口学三门学科对教育类论文的总入度才为 3.0，说明 1990—2000 年的教育类论文的主要知识来源和写作背景为教育学和哲学。其他学科的知识贡献度降低，在一定程度上也反映了 2000 年以前的教育研究以定性研究和思辨研究为主，社会学、经济学的定量研究方法比重较低。

2010 年的时间节点的边数显著多于 2000 年的节点边数，2010 年的节点边数分别为教育学、社会学、经济学、历史学、管理学、政治学和统计学。与 1990—2000 年相比，2000—2010 年的教育类论文的学科知识来源更加多样，教育学本体学科知识对教育类论文的知识贡献程度显著下降，在教育类论文知识来源构成中不再占有主导地位，社会学对教育类论文的入度为 77.0，接近教育学对教育类论文的入度 85.0，经济学对 2010 年节点的教育类论文入度为 55.0，历史学对 2010 年节点的教育类论文入度为 46.0，管理学对 2010 年节点的教育类论文入度为 7.0。这一方面说明教育类论文的学科知识来源更加多样化，反映了学科的交叉、融合趋势，另一方面也反映了教育学科对本学科知识生产的贡献度降低，间接反映了教育学科影响力的衰微。另一个有趣的现象是哲学在1990年节点的入度为6.0，2000年节点入度也为6.0，说明相对其他学科，哲学对教育类论文的知识贡献程度也日趋式微，间接反映了思辨研究方法在教育研究中的式微，反映了教育研究从注重思辨到注重实证、从注重定性研究到注重定量研究的转化。

总体上，采用Ucinet 6.0对1990—2010年《中国社会科学》刊发的教育类论文的参考文献进行学科归属分析，可看到教育论文的主要学科知识来源中，相对于其他学科知识，教育本体学科知识不是教育类论文的主体知识来源，说明教育学对本学科的知识贡献率较低，一定程度上说明教育学学科影响力较小。

第五，《中国社会科学》教育类论文引证率较高对其他学科产生良好的知识贡献，但引证率高的论文多来自其他学科。分析1980—1990年、1990—2000年、2000—2010年所刊发的教育类论文被不同学科引证的次数，以1990年、2000年、2010年和不同学科为节点，用Ucinet 6.0进行分析，具体分析方法如前，时间节点所代表的期间内，每一篇教育类论文被某一学科引用一次，则节点指向该学科的边的出度增加1。

1980—1990年所刊发的教育类论文被不同学科的引用度较高，1990—2000年所刊发的教育类论文引用度最低，而2000—2010年所刊发的教育类论文的引用度最高，反映在2010年节点的引出边数显著多于1990年节点和2000年节点，也反映出在经历1990—2000年的影响力低微之后，进入2000年，教育类论文的影响力不断提升，教育类论文对其他学科的知识生产起到了良好的推动作用，促进了相关学科的知识生产，特别是促进了社会学、经济学、管理学、历史学、政治学等学科的知识生产和发展。2010年教育类论文对经济学的入度为57.0，对社会学的入度为65.0，对管理学的入度为38.0，对历史学的入度为34.0，对政治学的入度为13.0，说明2000—2010年，教育类论文对其他学科的知识贡献率较高，教育类学术论文的知识生产仍具有重要的价值和意义，对其他学科发展具有良好的知识贡献。

2000—2010 年，从《中国社会科学》所刊发教育类论文的引证率来看，教育类学术论文仍具有较高的引用频次，引用频次超过 40 次的教育类论文有 7 篇，个别论文引用频次达到 326 次，但是高引证率文章的学科归属在《中国社会科学》设置的栏目中，均为非教育学栏目。归属经济学、社会学、历史学栏目的教育类论文引证率显著较高，说明教育类论文对包括教育学科在内的各种学科均产生了学术影响，但是这种学术影响力是来自其他学科对教育问题的关注，而不是来自教育学科对教育问题的关注，一定程度上说明了教育学科影响力的低下。同时可看到，引证率高的论文，如《中国城镇教育收益率的长期变动趋势》《社会政治变迁与教育机会不平等——家庭背景及制度因素对教育获得的影响（1940—2001）》《制度变迁与教育不平等的产生机制——中国城市子女的教育获得（1966—2003）》等文章，都是对我国当前社会发展中的重大教育问题进行理论探索、积极关注并及时回应社会现实的理论性文章。

第六，《中国社会科学》教育类论文的强趋势主题反映了对现实中由经济、社会需求而产生的教育问题的积极主动回应。采用 Ucinet 6.0 对所刊发的教育类论文进行分析，分析模式采用双模模式，以论文作者和论文主题构建矩阵，如某一作者论文围绕某一主题，那么矩阵赋值为 1，不围绕该主题，赋值为 0。在构建矩阵之前，先对 1990—2010 年所刊发的教育类论文进行主题聚类，主题聚类可以较好地反映所刊发的教育类论文的研究重点、热点和相关研究趋势。在主题聚类过程中，采用关键词共现方法进行主题聚类，对于具有关键词的论文，仍采用作者所规定的关键词，而对于 1999 年前所刊发论文缺少关键词的现象，采用专家划定的方法。

1990—2010年，《中国社会科学》所刊发教育类论文中的研究热点依次是“农村”“经济”“教育发展”“人力资本”“义务教育”“教育收益率”“社会流动”“教育投入”“公平”“制度与政策”“高等教育”。其中“农村”是所刊登教育类论文的研究热点，以“农村”为节点的入度为6.0，“人力资本”“教育发展”“经济”“义务教育”等节点的入度为5.0，“教育收益率”“社会流动”“教育投入”“公平”等节点的入度为4.0，“高等教育”“制度与政策”节点的入度为3.0，总体上说明以《中国社会科学》为代表的中国社会科学界针对教育问题的关注集中在农村问题、教育发展、教育经济和财政投入问题、人力资源、教育的收益率和教育的分层流动问题，以及教育公平问题。这类问题往往被称作强趋势问题，它们在未来时间段将会持续成为关注的热点。而办学模式、效率、“五育”等具体问题，教育哲学、文化、人本主义教育等问题研究关注度较低，这类问题往往被称作弱趋势问题。强趋势问题是与我国当前教育发展和改革的质量、公平紧密相连，是对现实中的经济、社会需求而产生的积极回应，而弱趋势问题往往与纯粹的思辨有关，往往涉及教育的内部问题，如教育内容、办学模式、教育的具体研究方法等，也再次说明教育学科影响力是在教育质量提高的同时，能否回应社会热点问题，能否有效促进社会和经济发展、满足人民的教育需求。对《中国社会科学》1990—2010年教育类论文的核心作者和研究主题所进行的分析也与已有研究相一致。有研究者采用信息可视化文献分析软件（Cite Space）对《教育研究》等教育类权威刊物进行分析，得出了与本研究大体一致的结果。① 在强趋势的研究

① 潘黎，王素．近十年来教育研究的热点领域和前沿主题——基于八种教育学期刊2000—2009年刊载文献关键词共现知识图谱的计量分析［J］．教育研究，2011（2）：47-54．

主题论文中，往往都是以问题为中心，需要不同学科提供不同的视角和知识，以及不同的研究方法，对所研究的问题进行全方位、深度的、精细的分析，而这不是单一的某一学科所能承担，这可能也是《中国社会科学》中所刊登的教育类论文多归属在非教育学栏目的一个重要原因，也是教育学科影响力下降的一个可能性原因。

第七，《中国社会科学》教育类论文作者分布，来自非教育专业机构的人员显著多于教育研究机构。专业性的教育研究机构往往承担着教育理论知识的产出和对现实问题的回应和指导，专门性的教育研究机构包括教育主管部门直接领导的教育科学研究院（所）、师范大学或师范院校设置的教育学院（系、所）和综合性大学所设置的教育科学研究机构。理论上作为教育学科知识产出的专业性机构，其产出的教育类论文的学术影响力和学科影响力应该更大，但对1990—2010年《中国社会科学》刊发的教育类论文作者的机构来源所进行的分析显示，在《中国社会科学》的教育类论文的作者分布中，仅有5位作者来自专业的教育研究机构，而有15位作者为非教育研究机构人员，《中国社会科学》刊发的教育类学术论文的作者更多的是来自非专门性教育研究机构。作者单位属于专门性教育研究机构的仅有中央教育科学研究所（现为中国教育科学研究院）、教育部教育发展研究中心、厦门大学高等教育研究所、曲阜师范大学教育系。2003年以来，教育类论文产出的机构均是非教育专业研究机构，多来自综合性大学或综合性研究所的社会学、经济学、历史学和政治学研究机构，说明以专业的教育研究机构为代表的教育学科影响力日趋低下。

统计发现教育学科的影响力日渐低微，体现在：《中国社会科学》中的“教育学”栏目从“常设栏目”变为“偶设栏目”；教育类论文年发文量和年刊发比率逐年降低，2000年后刊发教育类论文的学科多归属社会学等非教育学科；教育类论文的参考文献来源多为社会学、经济学、哲学、历史学等其他学科，说明教育学科对教育类论文的知识来源贡献不足；教育类论文的强趋势主题是紧紧围绕社会、经济发展的重大现实问题的教育质量、教育经济和收益、人力资本、教育公平、教育分层和社会流动等主题，对于此类强趋势主题，教育本体学科的知识贡献率不足；教育类论文作者分布中，来自非教育专业研究机构的人员显著多于教育研究机构，说明以教育专业机构为代表的教育学科影响力低下。而论文引证分析发现，2000 年后的教育类论文引证率高，对其他学科知识生产贡献率较高，促进了社会科学的繁荣，说明教育问题的理论探索和实践回应仍是社科界的重要问题域和知识来源域，但引证率高的教育类论文均来自其他学科，间接说明教育学科的影响力低微①。以上分析发现，在以《中国社会科学》为代表的社会科学界，对教育问题和教育类论文仍持有较高的关注度。教育问题指向人的发展这一根本性问题，教育问题涉及社会生活中的诸多方面，其受众面大，涉及面广，教育问题构成的多维度、多层次性也更容易引起社会各界的关注和回应，社会科学界不同的学科领域对教育问题也都以各自的学科姿态进行回应和关注，这在《中国社会科学》刊物中体现得较为明显。尽管教育类发文量所占比率较低，但是还保持有一定的刊发率，也体现在教育类论文刊发后较高的论文引证次数上。较高的论文引证次数说明教育问题的理论探索和实践回应在社会科学界仍有着较为广泛的影响力，作为社会问题之一的教育问题仍是社会科学关注的重点。教育类文章的引证文献的学科归属也说明教育类文章对其他学科知识产出的贡献率较高。

① 曾天山，滕瀚. 改革开放后我国教育学科在社会科学中的影响力分析——以《中国社会科学》刊发的教育学术论文为例 [J]. 教育研究，2013 (4).

就教育学科本身而言，其在中国社会科学界的学科影响力却日趋下降，这体现在《中国社会科学》把“教育学”栏目从建刊之初的“常设栏目”改为到现在的“偶设栏目”，也体现在教育类论文的参考文献来源多为社会学、历史学、哲学、经济学、管理学等周边学科群。教育学科自身对教育类文章的贡献率相对较低，说明教育学科的影响力确实在日趋减弱。而就《中国社会科学》的教育类论文作者的工作机构分布来看，来自于师范类大学、教育科学研究所、高等教育研究所等为代表的专门性教育研究机构较少，教育类论文作者多是来自于综合性大学的社会学系、历史系、哲学系、经济系、管理系或社会科学研究院的研究所，说明以专业性教育科研机构为代表的教育学术团体的学术影响力正在下降，折射出教育学科影响力的衰落。

通过对《中国社会科学》刊发的教育类论文的计量分析，一方面可以看到中国社科界对教育问题的持续关注，教育问题作为涉及人的发展的一个根本问题，受到不同学科的持续关注，不同学科也以不同的视角和姿态对社会中的教育发展和教育问题进行着理论探索和实践回应。另一方面，也可以看到教育学科在教育理论探索、教育实践回应的困顿。一方面是现实的教育问题迫切需要理论的解释探索和实践的回应，使得其他学科快速进入，增强了教育学科的影响力，另一方面是教育学科本身影响力的快速下降，这与现实对教育学科的需求相去甚远，形成了一种相对尖锐的矛盾。这种矛盾的起因可能还在于教育学科对现实中的教育问题的解释能力和回应能力的弱化①，正是这种对现实的无力回应导致了其他学科的快速进入。教育学科和教育学人要以一种新的姿态面向现实，关注现实，增强实践关怀，提升理论境界，增加教育学科的理论探索能力和实践回应能力，融入更加开放的社

① 项贤明. 教育学的学科反思与重建 [J]. 教育研究，2003（10）：16.

会科学问题域中，以教育学科的特有姿态增进对哲学、社会科学的知识贡献率，促进社会和谐繁荣与人的全面发展，才能真正提升教育学科的影响力。

（2）教育科研在顶尖级社会科学文摘中的反映。

通过顶级权威文摘类刊物上转载教育类论文的计量分析，可以较好地反映出教育学科的社会关注度和社会影响力。以《新华文摘》的教育论文转载为例，对改革开放后我国教育学科的社会关注度进行分析①。选取 1981 年以来《新华文摘》历年总目中转载的教育类论文条目，以年度转载教育类论文量在转载总量的比率和用 Ucinet 6.0 分析的关系强度作为关注强度指标，对改革开放后以《新华文摘》为代表的文摘类期刊对教育学科的社会关注度和教育学科的社会影响力进行分析。发现：①以《新华文摘》为代表的文摘类期刊对教育学科的社会关注度有明显的起伏，1997 年后教育类论文的社会关注度走高；②《新华文摘》对教育主题关注广泛，但关注强主题集中在"教育改革和发展、教育现代化""高等教育""人才和人力资源""教育思想、教育观念""教育教学质量""教育评价""教育公平和教育权利""课程与教学""德育"等满足社会需要、推动社会发展的主题上，关注主题明显具有"以问题为中心"的特征，因此提高教育学科的社会影响力和社会关注度必须要以务实严肃的学术努力、深厚的理论底蕴、审慎的学术理性、现实的问题关怀去直面教育实践和教育问题，促进教育改革、推动教育发展，以此满足社会需要、推动社会发展。同时发现，教育学人的理论自觉和学科发展意识是教育学科的影响力和社会关注度的重要影响因素，社会关注度较高的历史时期恰是"教育学科发展"自觉的时期，扩大教

① 滕瀚，曾天山. 改革开放后我国教育学科的社会关注度分析——以《新华文摘》教育学论文转载为例 [J]. 高等教育研究，2013 (9).

育学科影响力和提高教育学科社会关注度需要重视教育学科建设。

教育学科和教育研究成果处于一种什么样的状态和地位，这对于教育学科而言，涉及一种他者的评价和自我的居所。我国教育学界对于我国教育学发展状况总体上不大满意，其他学科对于教育学也有“幼稚”的评论，有关研究也表明，改革开放后我国教育学在社会科学中的影响力的确在下降①，“教育学这么多年做了什么”自然也就成为教育学者拷问自身的一种西西弗斯情结。

教育科学研究在解决教育问题、更新教育观念、促进教育思想解放、推动教育事业发展中做出了突出的贡献。而从教育学科研究成果中，可以折射出我国教育学科的影响力和社会关注程度。在教育学科研究成果中，大致可以分成著作、论文、项目报告和资政建议，其中论文类又可以分为原发性论文和转载性论文。原发性论文一般是在期刊杂志上首次发表，转载性论文一般是文摘类期刊对已经发表的原发性论文进行再度编辑而转载刊发。转载性论文是对原发性论文的再度认可，而原发性论文又因被文摘类刊物转载获得了更高的社会关注度。教育类论文能够再次转载，实际上也正因为其有助于解决教育发展中的重要现实问题或者对教育理论发展具有重大推动作用。通过分析教育类论文的原发性刊载和转载性刊载，能较好地反映出教育类论文的社会关注度和社会影响力，并可从中折射出教育学科的社会关注度和社会影响力，另一方面，通过原发性教育类论文和转载性教育类论文的分析，也可在相当程度上反映出我国教育研究的发展变迁和教育改革的深入发展。对原发性教育类论文和转载性教育类论文的分析，在某种程度上可以构成对教育学科发展进行考察的一

① 曾天山，滕瀚. 改革开放后我国教育学科在社会科学中的影响力分析——以《中国社会科学》刊发的教育学术论文为例［J］. 教育研究，2013（4）：11-22.

个独特视角。可知悉教育学科历时性的研究发展状况，有助于深入了解一段时期内教育研究热点的渊源流变，而对教育研究的生产力布局和教育科研管理者来说，这种考察也有助于学术资源的合理配置，可以为学科建设决策提供一定参考。这种考察是一种知识社会学意义上的考察，看重的是教育知识生产的激励和制约作用。

在科研评价上，可通过原发性论文的引证去考察某篇文章或某个学科在某段时间内的影响力和关注度。已有研究者从教育类论文的原发性或首度刊载角度对我国哲学社会科学中的教育学科影响力进行了分析，并得出了有价值的理论①。而从转载性论文的角度对我国教育学科影响力和社会关注度进行分析的研究却极为鲜见。基于此，笔者尝试从转载性论文的角度对改革开放后我国教育学科的影响力和社会关注度进行分析。

在我国的转载性学术文摘期刊中，人文社科学术文摘类期刊主要有人民出版社主办的《新华文摘》、中国社会科学院主办的《中国社会科学文摘》、中国人民大学主办的《人大报刊复印资料》以及教育部《高等学校文科学术文摘》。其中《新华文摘》的前身为创刊于 1979 年的《新华月报·文摘版》，1981 年改名为《新华文摘》，其建刊基本上与改革开放同步，并以权威性、综合性、现实性、资料性著称，发行量大、影响广泛，是政界、学界特别是社会科学工作者案头常备读物，是了解社会科学领域研究状况和趋势的重要窗口。《新华文摘》以其思想性、导向性、学术性、完整性得到社会各界的认可②。《新华文摘》“始终把开阔的文化视野锁定在具有全局性、前瞻性、战略性的重大时代课

① 李月华，陈业奎.《新华文摘》专栏《读书与传媒》的读书情结给图书馆学研究者的启示 [J]. 山东图书馆学刊，2012 (4)：57-63.

② 南化文. 开阔的文化视野——《新华文摘》的一个显著特色 [J]. 报刊之友，2002 (5)：21-22.

题上，发扬以实际问题为中心的马克思主义的优良学风。尽收眼底的是从不同侧面、不同角度研究国内国际政治、经济、文化以及改革发展的重大课题，许多文章融思想性、理论性、实用性于一体，其中不少篇章基本上是操作性很强的对策研究”。《新华文摘》通过引导学者转变学术观念，研究中国现实问题，转载重大理论成果，为党和国家的决策提供了重要智力咨询与理论依据，回应、解释、阐述了党和国家发展改革中的一系列重大现实问题，影响和培养了一代又一代心系祖国、爱国为民的哲学社会科学工作者。

一部《新华文摘》的教育类论文转载史其实就是一部改革开放后社会科学界和文化思想界对我国教育发展和教育现实的关注史，也是我国教育学科和教育学人对教育问题的回应和对教育现象的思考探索史。作为我国目前最高级别的综合性、思想性、权威性文摘刊物，《新华文摘》在社会科学研究和社会科学传播中所起的影响和作用实际上已经不需要进行太多的论证。也正因如此，它往往被高等院校、社会科学院、党校、党政机关政策研究部门等主要社会科学研究组织视为衡量其自身科研实力和科研组织能力的一个重要标志。

《新华文摘》在编辑上分四种类型。一是全文刊载，这是最重要的文献，实际上这是不经二次加工的“文选”；二是详细摘编，摘发文字较多，并注明原文字数；三是简摘，称为“论点摘要”，它与一般学术性文摘一样，无论原文多少，只发四百字左右的文摘；四是“索引”，每期报道约四百篇文献。以上四种类型，平均每期报道文献量约一千篇①。对其全文转载的教育类论文以及详细摘编中的“学术动态”栏目中的教育类文章进行统计分析，具体分析指标为全文刊载总目中的“教育”栏目设置状况、教育类论文年度刊发量、教育类论文主题分布状况。通过

① 王宗芳.《新华文摘》及其作用［J］. 图书馆建设，1992（5）：70.

"教育"栏目设置状况和教育类论文年度刊发量，可以看出以《新华文摘》为代表的文摘类期刊对教育类论文的关注度，并可从中折射出教育学科的社会关注度和社会影响力，而教育类论文的主题分布可以较好地反映出以《新华文摘》为代表的期刊类文摘对教育问题的关注点。采用 Ucinet 6.0 对教育类论文的主题分布进行分析。在操作性层面上，关注度使用年全文转载教育类论文占年全文转载论文的比率表示，关注度的变化用教育类论文年全文转载的比率变化来显示。把连接的关系强度大于 4.0 的界定为高关注度主题，也就是此主题在某年度节点内出现的频次不低于 4 次。分析重点将放在对所转载论文的研究主题内容分析上。正是这种研究主题的变迁，体现着我国教育学科在他者目光中的关注度和自身影响力，同时主题分布也体现着教育研究内容的变迁和教育改革发展中的矛盾变化轨迹。分析资料来自于《新华文摘》历年的总目录，分析数据以 1981—2010 年目录数据为主，数据中缺少 1998 年数据，实际分析数据的时间跨度为 29 年。另外，还尝试探索在实证的基础上引入科学合理的历史分期，尝试进行教育学术史中的社会关注度和社会影响力分期。

《新华文摘》转载教育类论文的基本状况分析如下。

第一，《新华文摘》年度全文转载教育类论文比率变化表明，教育学科的社会关注度在不断提高，但相对于其他学科，其社会关注度仍较低。在进行年度转载教育类论文计量分析之前，本书先对《新华文摘》的教育学科栏目设置状况进行了统计分析。在创刊之初的 1981 年，《新华文摘》设立了专门性的"教育"栏目，而 1982—2003 年，不再单独设立"教育"栏目，教育类论文被合并归属到"文教"栏目中。2004 年开始，《新华文摘》以国家学科目录中的门类学科或一级学科名称作为专栏名称，形成期刊的主体框架，在原有的文教专栏基础上独立设置教育学栏目，突出了《新华文摘》的学科理性以及对教育学科的理性关注。

图 9-2 是根据《新华文摘》1981—2010 年全文转载的各学科论文数量所绘制的年度变化折线图。由图 9-2 可以直观地看出《新华文摘》的全文转载教育类论文数量大致可以分成三个时期。与此相对应，《新华文摘》对教育学科的社会关注度可以分成三个时期，第一个时期是 1981—1990 年，第二个时期是 1991—1996 年，第三个时期是 1997—2010 年。在第二个时期，转载的教育类论文量显著低于其他学科的全文论文转载量，体现在此期间的教育类论文的折线处于坐标图的最下端。1997 年开始，教育类论文转载量有所上升，与哲学类、科技类论文转载量大致持平，说明以《新华文摘》为代表的文摘性期刊 1997—2010 年对教育类论文和教育学科的社会关注度有所提升。

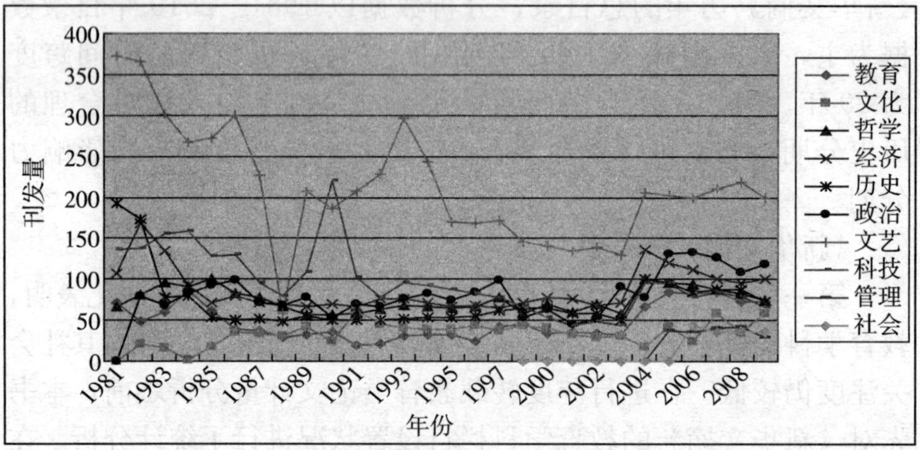

图 9-2　1981—2010 年《新华文摘》转载的各学科论文年度变化折线

表 9-4 是 1981—2010 年《新华文摘》的年全文转载总量和教育学科论文全文转载量。由表 9-4 可以进一步观察到，1981—1990 年，《新华文摘》年全文转载教育类论文占年转载论文的平

均比率为6.35%，而1991—1996年，《新华文摘》年全文转载教育类论文占年转载论文的平均比率为4.15%，1997—2010年，《新华文摘》年全文转载教育类论文占年转载论文的平均比率为8.03%，说明改革开放后《新华文摘》对教育问题和教育学科的关注度有着明显的起伏，从改革开放之初较高的社会关注，到关注显著下降，再到高度关注。关注度的变化间接说明我国教育学科研究成果和教育学科在他者目光中的学术地位的变化和学术影响力的变化，也说明1981年后，以《新华文摘》为代表的二次文献转载期刊对教育问题、教育现象和教育学科研究的社会关注度有着显著的起伏，尤其是以《新华文摘》为代表的文摘类对教育学科的关注度自1997年后不断提高，在2004年改版设立"教育学"栏目后，其关注度提高明显。

表9-4　1981—2010年《新华文摘》的年全文转载总量和教育学论文全文转载量

年份	1981	1982	1983	1984	1985	1986	1987	1988	1989	1990
年全文转载总量（篇）	945	1077	908	859	800	815	666	450	645	697
年教育论文全文转载（篇）	71	49	60	86	62	39	37	29	33	36
年教育论文占年总量比率（%）	7.51	4.55	6.61	10.01	7.75	4.79	5.56	6.44	5.12	5.16
年份	1991	1992	1993	1994	1995	1996	1997	1999	2000	2001
年全文转载总量（篇）	636	629	735	679	588	593	630	550	543	484
年教育论文全文转载（篇）	20	21	31	32	32	24	42	46	34	35
年教育论文占年总量比率（%）	3.14	3.33	4.22	4.71	5.44	4.05	6.67	8.36	6.26	7.23

续表

年份	2002	2003	2004	2005	2006	2007	2008	2009	2010	
年全文转载总量（篇）	499	508	800	905	884	915	859	830	815	
年教育论文全文转载（篇）	34	33	67	85	82	84	73	73	76	
年教育论文占年总量比率（%）	6.81	6.50	8.38	9.39	9.28	9.18	8.50	8.50	9.33	

相对于其他学科，教育学科的社会关注度仍然偏低，表 9-5 是 1981 年以来《新华文摘》全文转载的各学科论文占总量的比率以及学科论文转载的秩次排序。从表 9-5 可以看出，在 29 年间，《新华文摘》年平均全文转载教育类论文 49.17 篇，29 年来的教育类全文文献转载占全文转载论文总量的 6.94%，同时，教育类论文在《新华文摘》学科栏目的论文转载秩次很低，其排序仅仅高于“文化”类，说明以《新华文摘》为代表的学术文摘类期刊对教育学科的社会关注度尽管在提高，但相对于其他学科，其社会关注度仍较低。

表 9-5　1981—2010 年《新华文摘》全文转载各学科论文占总量的比率及其秩次排序

学科	文化	教育	历史	哲学	政治	经济	科技	文艺
学科年平均转载论文量（单位：篇）	34.76	49.17	72.83	74.66	81.24	87.65	95.72	212.17
学科年转载全文占总量的比率（%）	4.89	6.94	10.28	10.54	11.47	12.38	13.52	29.96
秩次	8	7	6	5	4	3	2	1

注：①表中数据缺 1998 年数据；②由于管理学和社会学是在 2004 年后增设，本书的统计重点是关注教育学科，故没有统计管理学和社会学的论文转载比率。

第二，《新华文摘》“国外社会科学”和“学术动态”栏目中的教育类成果年转载量分析表明教育学科的社会关注度在不断提高。“学术动态”是《新华文摘》1981年以来的传统栏目，它以精短凝练的文字，简明扼要地介绍哲学社会科学的发展动态，针对哲学社会科学中的学术动态进行综合性报道，它比一般性的学术通讯报道深刻、敏锐，但比全文转载的论文字数要少，起到了良好地传递学术信息、传播思想和回应现实问题的作用。学术动态中刊登的教育类论文量能较好地体现出以《新华文摘》为代表的文摘类期刊对教育学科的关注。2000年开始，《新华文摘》把“学术动态”栏目拆分成“国外社会科学”和“学术动态”，其中2000年后的“学术动态”以介绍国内哲学社会科学的发展动态为主，对“学术动态”栏目论文的计量分析以2010年为时间节点。表9-6是1981年以来《新华文摘》“学术动态”的年刊发量和其中的年刊发教育类论文量。图9-3是1981—1999年“学术动态”栏目刊载的不同学科的年刊论文量折线图。由表9-6和图9-3可以看出，在“学术动态”栏目年刊载量下降的情况下，《新华文摘》对教育学科的学术动态仍持有一定的关注度。

表9-6　1981—2010年《新华文摘》“学术动态”年刊文总量和其中的年刊发教育类论文量

年份	1981	1982	1983	1984	1985	1986	1987	1988	1989	1990
教育论文数	3	0	0	3	2	4	1	4	1	6
总数	106	155	134	147	154	124	98	86	48	70
年教育论文数占年总数比率（%）	2.83	0	0	2.04	1.30	3.23	1.02	4.65	2.08	8.57
年份	1991	1992	1993	1994	1995	1996	1997	1999	2000	2001
教育论文数	1	1	0	0	1	0	0	0	4	2
总数	42	32	19	0	9	3	0	0	53	45

续表

年份	1991	1992	1993	1994	1995	1996	1997	1999	2000	2001
年教育论文数占年总数比率（%）	2.38	3.13	0	0	11.11	0	0	0	7.55	4.44
年份	2002	2003	2004	2005	2006	2007	2008	2009	2010	
教育论文数	5	4	0	0	0	2	2	1	0	
总数	44	38	0	35	31	50	26	24	24	
年教育论文数占年总数比率（%）	11.36	10.53	0	0	0	4.00	7.69	4.17	0	

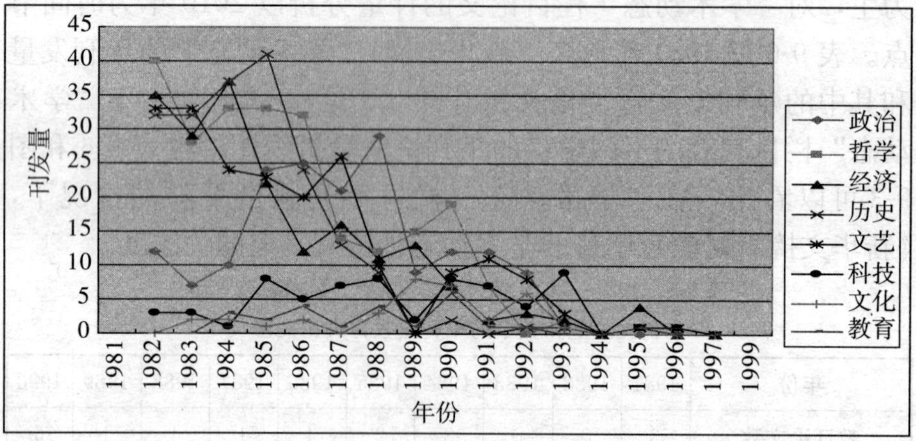

图 9-3　1981—1999 年《新华文摘》“学术动态”栏目刊载不同学科论文数量折线

“国外社会科学”栏目创办于 2000 年，从“学术动态·综合报道”中独立出来，以反映国外哲学社会科学研究的最新进展和最新动态。表 9-7 是 2000—2010 年“国外社会科学”栏目中的教育类论文数量，图 9-4 是 2000—2010 年“国外社会科学”栏目历年刊载的论文总量和教育类论文量折线图。可以看出，在“国外社会科学”栏目中，《新华文摘》对教育学科持有较高的关注度，2008—2009 年，“国外社会科学”栏目论文总量下降的趋势下，其中的教育类论文数量却反而上升，这在图 9-4 中更加直观地显现出来。

表 9-7 2000—2010 年《新华文摘》"国外社会科学"栏目中的教育类论文数量

年份	2000	2001	2002	2003	2004	2005	2006	2007	2008	2009	2010
教育论文量	7	7	5	0	5	8	4	0	5	5	1
论文总量	65	53	54	57	47	48	40	38	38	36	36

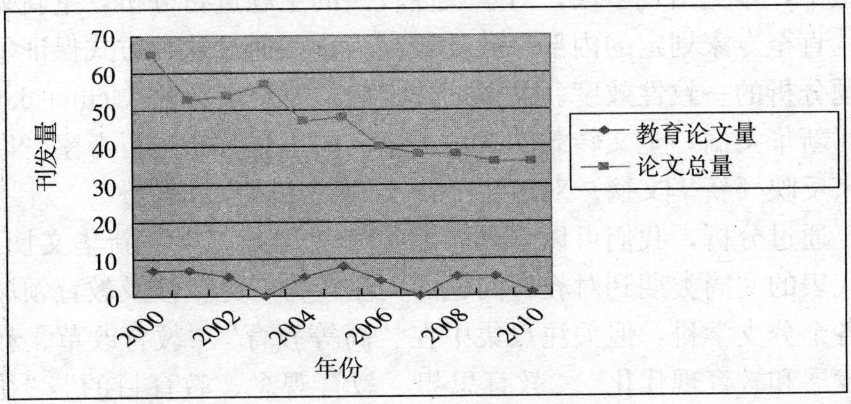

图 9-4 2000—2010 年《新华文摘》"国外社会科学"栏目历年刊载论文总量和教育类论文数量折线

《新华文摘》转载论文的研究主题内容和关注热点分析如下。

文献计量中，内容分析和关键词共现是一种常见的研究方法。通过内容分析，特别是针对论文的关键词分析，可科学地研究知识的生产和增长规律，能够对期刊、人才及科研成果进行科学的评价，揭示学科知识增长的规律，反映出某学科在一段时间内的研究热点和未来一定时间内可能的发展动向。不仅如此，对于转载性学术论文而言，某一主题的转载频次也反映了社会对该类主题的关注程度。

基于此，对《新华文摘》全文转载的教育类论文进行主题内容分析，由于《新华文摘》每年总目录中仅出现转载论文的标题和作者信息，转载论文中没有明确标记出原论文关键词信息，因此需要研究者提取，提取时主要采用专家划定的方法。受可操作性的限制，这种提取的学术争议性较大，毕竟由于教育涉及人的发展这一根本问题，面对社会变革中的人的发展，教育学科所面临的问题也纷繁复杂，教育几乎关系到社会发展的方方面面，与此对应，教育学科内容体系也相当庞杂，显然这种关键词共现提取无法像自然科学那样做到精确唯一。在专家划定的关键词共现过程中，难免出现争议，对争议性较大的主题进行分析，重新划定，直至专家划定的内部一致性较高为止，通过这种方式保证了主题分析的一致性效度。关键词选定后，研究者采用 Ucinet 6.0 对《新华文摘》全文转载的教育类论文的主题分布进行考察，以此来反映《新华文摘》对教育类论文的关注热点和趋势。

通过分析，我们可以看到，改革开放以来，以《新华文摘》为代表的文摘类期刊对教育问题的关注较为广泛，涉及教育领域的各个分支学科，但关注点集中在“高等教育”“教育改革、教育发展和教育现代化”“教育思想、教育观念、教育目的”“德育”“比较教育”“教育方针政策”“教育评价”“人才与人力资源”“课程与教学”“教育制度与教育法制”“教育史”。而对“教育学科建设”“基础教育”“终身教育”“教育心理”等的关注次之。

在 Ucinet 6.0 中设置连接值大于 4.0，重新对《新华文摘》1981 年以来全文转载的教育类论文进行分析，得出关注强度大于 4.0 的主题。由此我们可以更清晰地看出，1981 年到 2010 年的近三十年间，《新华文摘》关注强度大于 4.0 的高强度主题依次为“高等教育”“教育改革、教育发展与教育现代化”“教育观念、教育本质、教育目的、教育思想”“课程和教学”“比较教育”“德育”，像“高等教育”“教育改革、教育发展与教育现代化”这类强主题，几乎所有的年份都与其相关。以“高等教育”

节点为例，只有1981年与其没有直接联系，即便如此，1981年节点也与“高等教育”节点通过“教育与社会”节点发生联系。在1988年，以《新华文摘》为代表的文摘类学术刊物对教育主题的关注强度低于4.0，说明对教育主题的关注较低。1981—2010年的近三十年，《新华文摘》对“教育评价”“教育方针政策”“教育制度与教育法制”“教育公平与教育权利”“教育经济、教育投入”“人才与人力资源”“德育”“教师”“教育管理”“教育和教学质量”“教育学科建设”“素质教育”“通识教育和人文教育”“教育的地位、功能和作用”“美育”“语文学科教育”“教育与社会”都持有较高的关注度，其关注强度都大于4.0。“体育”等主题是《新华文摘》1981—2010年关注强度低于4.0的弱关注主题。

按照《新华文摘》1981—2010年对教育论文的转载关注的三个不同时期，采用Ucinet 6.0进行不同时期的关注热点考察，仍以关系强度大于4.0的为强关注主题，可以更好地反映改革开放后以《新华文摘》为代表的文摘类学术期刊对教育的关注热点，并从知识社会学的角度，揭示出教育知识所赖以存在的“社会居所”。1981—1989年连接强度大于4.0的高关注主题，能反映教育学科1981—1989年的社会关注点，揭示教育学科知识生产的社会背景。1981—1989年，高等教育的社会关注度最高，其入度为53.0，此期间1982、1983、1984、1985、1986、1987、1989年连续7年均对高等教育持有很高的关注。“课程与教学”在此期间的入度为47.0，1982、1983、1984、1985、1986年连续五年均对课程与教学持有较高的关注。1981年，改革开放不久，思想解放和思想觉醒成为那个时代的一个显著特征，与此对应，“教育思想、教育目的和教育观念”主题也受到了《新华文摘》的高度关注，在1985、1987、1989年，均对“教育思想、教育目的和教育观念”有着较高的关注，教育应持有什么样的功能、在社会发展中具有什么样的地位、教育的目的是什么，在此期间都受到了广泛的讨论和关注。可以看出，当时受到较高关注的教育类论文也均是满足改革开放之处的时代需要，比如，对“语文学科教育”的关注就与当时的文化普及和知识提高有关。“教育方针政策”在1989年形成较高的社会关注，其入度为6.0，而其他年份对教育方针政策的关注较低。值得注意的另一点是“教育学科建设”意识的觉醒，教育学者自觉进行教育学科建设的探索和思考，《新华文摘》在1985年对此持有较高的关注。另一方面，以《新华文摘》为代表的学术界对当时教育界的“教育改革、教育发展和教育现代化”持有很高的关注，在1984、1985、1986、1987年连续关注了“教育改革、教育发展和教育现代化”主题。

通过对1990—1996年《新华文摘》全文转载的教育类论文中关系强度大于4.0的主题进行分析，可以看出，1990—1996年，“高等教育”“教育改革、教育发展、教育现代化”仍是这期间的关注热点。尽管在此阶段，以《新华文摘》为代表的文摘类期刊对教育学科和教育问题关注度较低，但仍对“高等教育”和“教育改革、教育发展和教育现代化”持有很高的关注，以“高等教育”为节点的关系强度入度为45，以“教育改革、教育发展与教育现代化”为节点的关系强度入度为28.0，这可能与《新华文摘》关注国家和社会发展中的重点、热点与难点有关，而同时对“教育观念、教育本质、教育目的、教育思想”类的关注也较高，其节点入度为10.0，说明以《新华文摘》为主的学术文摘类期刊一如既往地重视教育思想的解放、教育观念的更新和教育哲学层面的反思，并以思想性引领和回应教育思潮为主。

通过对1997—2010年关系强度大于4.0的教育研究主题及其年份分布的分析，可以看到“高等教育”“教育改革、教育发展与教育现代化”仍是此期间《新华文摘》的关注热点。“教育评价”“教育方针政策”“教育经济和教育投入”“通识教育和人文教育”等成为关注的热点。还可以看到，“高等教育”“教育改革、教育发展与教育现代化”“教育观念、教育本质、教育目的、教育哲学”“人才与人力资源”“比较教育”一直都是以《新华文摘》为代表的文摘类期刊的高关注点，这类主题因为满足社会发展需要，回应社会改革和发展中关于教育的现实问题，因此一直备受关注。而“素质教育”主题一直是多年推动的一个话题，仅仅在1997年《新华文摘》给予了较高关注，但相对其他研究主题，对“素质教育”的关注显然较少，这可能与素质教育涉及一个人的终身发展，涉及教育的方方面面，因此很难单独被高度关注有关。

以《新华文摘》为代表的文摘类期刊对教育学科的社会关注有明显的起伏，总体上，关注度在提高，但相比其他学科，社会关注度仍偏低。以年全文转载教育论文篇数占年全文转载总量的比率为考察指标，与其他学科相比较，《新华文摘》对教育学科的关注有显著起伏，从1981—1989年较高的社会关注，到1990—1996年的关注度明显下降，再到1997年的高度关注，总体上，关注度在提高，但相比其他学科，社会关注度仍偏低。如果仔细观察这种起伏，可以看到这种起伏与教育学科自身发展和教育学科影响力有显著关系，在高关注度阶段的1981—1989年、1997—2010年，教育学科的理论意识较强、直面社会发展中的教育问题的能力较强，这体现在1981—1989年、1997—2010年关系强度大于4.0的研究主题都包括“教育学科建设”，也体现在这两个阶段关系强度大于4.0的教育类主题的丰富多样上，说明教育学科自身的理论自觉和直面社会发展中教育问题的能力可能是教育学科影响力和教育学科社会关注度提高的根本性原因。

《新华文摘》对教育主题关注广泛，但关注的强主题集中在

“教育改革和发展、教育现代化”“高等教育”等满足社会需要、推动社会发展的主题上，这类主题在1981—2010年呈相对持续稳定的高关注状态。

《新华文摘》创刊以来对教育学科以及教育发展和改革的关注主题较广，基本上涉及了教育学科的各个分支，既包括教育原理和教育基本理论、教育社会学、教育经济学、高等教育学、课程和教学论、教育史、比较教育、教育心理学等传统分支学科，也包括近年来兴起的教育评价、教育管理、教育政策等新兴分支学科。

从知识社会学的角度，理论的渊源流变、研究成果的刊发转载及其他渠道的使用，一定程度上也是社会变革中的思想投影。《新华文摘》所刊发转载的教育类论文在不同阶段的刊发量不同，也反映和折射出我国社会变革进程中，不同时间段内，社会对教育学科的关注，间接反映出我国教育学科在不同时间段内的社会影响力。而《新华文摘》全文转载的教育类论文主题范围广泛，涉及教育学科各个分支，实质上也是改革开放后教育改革在我国逐步深入所致。

由1981—2010年《新华文摘》全文转载的教育类期刊论文，可看到教育知识的“社会居所”。1981—1989年，国民素质急需提高、高层次人才相对短缺，教育学科建设仍需加强，教育思想需要解放，教育观念也需要更新，对教育的本质、地位和作用都需要进一步探讨，以及如何借鉴历史和国外的教育经验，开展教育改革，促进教育事业发展，制定、执行党的教育方针政策，此类主题都受到了关注。1981—1989年，《新华文摘》的高度关注点集中在“高等教育”“人才和人力资源”“语文学科教育”“基础教育”“美育”“教育观念、教育目的、教育思想和教育本质”“教育学科建设”“劳动技术教育”“德育”“教育史”“比较教育”等主题。

1990—1996 年，由《新华文摘》全文转载的教育类论文可以看出，这一时期教育学科发展处于一个相对贫乏的时期，社会关注度较低，体现在年转载文献量和年转载文献比率上，也体现在关注强度较高的主题减少上。与其他研究相参照，笔者在对原发性期刊的教育类论文进行分析时，发现此阶段我国教育学科影响力在下降，由此，可以初步得出我国教育学科发展在此阶段总体上处于一个贫乏、社会影响力相对薄弱的时期。从知识社会学的角度来看，到 1990 年，改革开放已经进行十二年，各行各业已经基本上储备了初级人才，国民素质已经取得了显著提高，因此这一阶段的“语文学科教育”“基础教育”等主题的社会关注度较小，而“高等教育”承担着高层次人才培养、基础性和原创性知识生产、精神和信仰的塑造、文化的传承和创新的任务，直面着生产力的转换和经济的发展与转型，因此“高等教育”在此期间仍是高关注点，同时，教育如何改革、如何发展，如何适应和促进人的发展，如何适应和促进社会发展，教育现代化如何深入进行，有关命题也一直是高关注点。

1997—2010 年，《新华文摘》对教育类主题的关注显著高于 1990—1996 年，这一时期主题丰富，涉及教育的方方面面。这一时期，就教育发展的社会背景和教育自身发展的问题而言，社会、经济、文化和科技发展对教育改革和教育发展提出新的需要，同时，伴随社会文化的发展，作为个体的人的充实、完善与成长也对教育改革和教育发展提出新的要求。这一时期，社会思潮风起云涌，社会、家庭、国家、民族、个人均对教育提出了更高的要求，教育外部环境风云变幻，教育内部新的问题也不断涌现，此时更需要教育学者和教育学科加强教育问题的研究，以宣传社会发展中涉及教育的重大时政性话题，解释社会发展中关于教育的重要时效性话题，回应和引领教育引发的争论性话题。因此，这一阶段的教育关注主题广泛，除去“高等教育”“教育改革、教育发展和教育现代化”“德育”“教育思想、教育观念”“人才与人力资源”等持续的高关注点外，“教育教学质量”“教育公平和教育权利”“教育经济与教育投入”“学前教育、儿童教育、早期教育”“教育方针政策”“教育管理”“教育制度和教育法制”“教育评价”“教师”“课程与教学”等也是新增的高关注点。这个时期，《新华文摘》对教育的关注，有社会发展、经济转型、政治改革、民族复兴引发的教育系统外部问题，这反映出关注教育改革和教育发展的过程中，越来越重视科学的政策制定和执行，并注重以制度建设、法制建设、质量和评价等科学手段来调控教育发展中的各级各类问题。这个阶段“课程和教学”“教师”等教育系统内部问题及“教育学科发展”也重新成为高度关注的主题，增强教育学科的社会影响力，也必然要求教育学者注重系统内部问题的解决与完善，注重系统内部核心竞争力的提升和攀越。

2. 启示与反思

第一，提高教育学科的学术影响力和社会关注度必须要以务实严肃的学术努力、深厚的理论底蕴、审慎的学术理性、现实的问题关怀去直面教育实践和教育问题，促进教育改革，推动教育发展，以此满足社会需要、推动社会发展。从《新华文摘》1981—2010年对教育类论文的关注点来看，具有社会影响力的高关注点都集中在满足社会需要、推动社会发展、满足党和国家教育方针政策需要、体现教育改革发展和教育现代化需要，同时也能满足学科建设需要、增强学术理性和学术深度的研究主题上，如“高等教育”“教育思想、教育观念”“教育改革、教育发展与教育现代化”“人才与人力资源”“教育教学质量”“教育评价”“教育公平和教育权利”“课程与教学”“德育”。事实上，这些主题的转载分布在1981—2010年都呈相对持续稳定的高关注状态，它们都事关社会发展的智力基础、精神底蕴、文化根基，以及现实生活中教育引发的种种争论，这些主题都与社会发展息息相关，因此受到社会高度关注，也是教育学彰显学术影响力和社会影响力的重要组成部分。《新华文摘》全文转载的教育类文章，无论是怎样地直面教育实践，怎样以教育发展中的问题为中心，它们都无一不是充满着深厚的学术理性和深刻的思想性，它们之所以得到高度关注，是与这些文章的学术理论性、思想丰富性、问题的现实性分不开的。教育学界和教育学人要想在国内学术界和社会各界获得属于自己的学术地位和学术声誉，归根到底还在于其能否以深厚的学术理性和深刻的教育理论去充分回应和阐释当代中国的教育现实命题，去推动教育改革和教育发展。这有赖于教育学人以自身务实严肃的学术努力去在教育的现实命题中提升自己的理论境界，并以自己深厚的学术理性和理论素养去回应关照教育发展中的种种现实问题。教育学科的影响力不是先赋的，它是教育学人在直面教育实践和社会关怀中不断反省、学习、探索、归纳和演绎而来。教育学人需要在现实和理论交互中提升教育学科的社会影响力，并推动教育改革和教育发展。这对教育学人而言，既是一种智慧和学识上的挑战，也是无法回避的时代使命。

第二，教育学人的理论自觉和学科发展意识是教育学科的影响力和社会关注度的重要影响因素，扩大教育学科影响力和提高教育学科社会关注度需要重视教育学科发展建设。从《新华文摘》1981—2010 年全文转载的教育类论文可以看出，在教育学科影响力较高、社会关注度较高的时期，教育学科建设与发展也一样受到高度关注与重视，1981—1989 年、1997—2010 年，以《新华文摘》为代表的文摘类期刊对教育学科的社会关注度较高，同时，在此阶段内，对教育学科发展也持有高关注度，而1990—1996 年，教育学科的社会关注度较低，此时“教育学科发展”的社会关注度也较低，教育学科的学术影响力和社会关注度与“教育学科发展”呈现显著正相关。因此，教育学人和教育学研究者的理论自觉和学科意识对提高教育学科影响力和社会关注度有重要影响。教育学人在直面社会发展中的教育现实问题时，一定要有良好的理论自觉和学科发展意识，如此，才能推动教育学科发展，才能提升教育学科影响力和社会关注度，扭转教育学科的“幼稚”之名。教育指向于人的发展，涉及社会发展的诸多方面，以《新华文摘》为代表的学术文摘类刊物对教育问题和教育学科一直持有关注，但是我国教育学界和社会各界对教育学科发展的满意度较低，“什么是你们的贡献”“你们做了什么”也自然成为一个拷问教育学人和教育学者的沉重话题，教育学自身的发展状况关乎自身学术声誉和学科存在的合法性，教育学者的理论自觉和学科意识推动着教育学科建设和学科发展，起到促进学术理性发展的作用，使得教育学科能用丰富的思想、深刻的理论去直面教育现实，促进教育改革和发展。

第三，限于数据来源和文章篇幅，运用教育类论文全文转载的年度转载比率和 Ucinet 6.0 软件就某些特定问题进行了简要分析。通过分析发现，《新华文摘》对教育的高关注点多是与社会、国家、民族发展息息相关的现实问题，如“高等教育”“教育改革、教育发展与教育现代化”“人才与人力资源”“教育公平与教育权利”“教育教学质量”“教育思想、教育观念、教育目的、教育哲学”等应用基础性话题，说明教育学究其根本是一门具有理论根基的实践性学科①。

（二）社会影响不断增强

1. 教育科研对教育决策咨询的影响

（1）教育科研在国家教育决策咨询中发挥着教育智库作用。

① 滕瀚，曾天山. 改革开放后我国教育学科的社会关注度分析——以《新华文摘》教育学论文转载为例 [J]. 高等教育研究，2013 (9).

教育学者在国家教育咨询委员会、国家教育考试指导委员会等决策咨询机构具有一定的影响。中国教育科学研究院和教育部国家教育发展研究中心等官方科研机构，北京师范大学和华东师范大学等高校，中国教育政策研究院和长江教育研究院等混合科研机构，21世纪教育研究院、中原基础教育研究院等民间教育研究机构共同发挥多元教育智库作用。

（2）教育科研在教育管理体系中专业话语权增大。具有教育学科背景担任省部级党政领导的专业人士增多，如吴德刚（甘肃省委常委、组织部长）、管培俊（国家民委纪检监察组组长）、朱永新（全国政协常委）、闵维方（全国政协文史和学习委员会主任、北京大学原党委书记）、徐辉（全国政协常委、民盟中央专职副主席）、郑绩伟（浙江省副省长）、周洪宇（湖北省人大常务会副主任）、罗黎辉（云南省政协副主席）；担任985高校的领导，如谢维和（清华大学副校长）、董奇（北京师范大学校长）、邬大光（厦门大学副校长）；担任部委司局和省厅局领导，如王定华（教育部基础教育一司司长）、宋德民（教育部办公厅主任）、王嘉毅（甘肃省教育厅厅长）等。

（3）教育科研在国家重大教育决策发挥重要作用。以1985年的《中共中央关于教育体制改革的决定》为开端，教育科研机构及其专家参与国家重大教育决策的深度、广度不断加强，特别是《教育规划纲要》的编制，集聚了众多教育学者。教育决策研究机构发挥着越来越重要的国家智库作用，专家的意见与建议在国家重大教育政策法规出台过程中发挥了重要作用。在教育决策研究方面，厉以宁在“六五”期间做过的“教育经费在国民收入中的比例和教育投资经济效益的衡量”课题，秦宛顺在“七五”期间做的“教育投资决策研究”，王善迈关于教育投入的研究，他们所提出的教育财政性经费占GDP 4%的结论影响至今。郝克明关于国家教育结构体系和独生子女教育的研究，陶西平关于素质教育的研究，闵维方关于高等教育办学效益的研究，袁振国关于教育公平的研究，张力关于教育发展战略的研究，周洪宇关于免费义务教育的研究，谈松华关于教育政策的研究等，在不同程度上影响了教育决策。2006 年和 2011 年，中央政治局两次安排教育专题的集体学习。第一次学习的内容是世界教育发展趋势和深化我国教育体制改革。浙江师范大学校长徐辉、教育部教育发展研究中心主任张力就这个问题进行讲解，并谈了他们对促进我国教育发展的意见，这是教育学者第一次面对中央最高决策机构提供咨询服务。第二次学习的内容是优先发展教育，建设人力资源强国，谈松华、中央教育科学研究所所长袁振国就这个话题做了讲解。2006 年 7 月至 2010 年 1 月，温家宝先后主持召开五次座谈会，邀请长期从事教育研究工作的部分专家，这些专家对高等教育扩大招生后的教育质量、义务教育、高级技术人才培养、高考制度改革与教育公平等问题提出了许多中肯的建议。参与《教育规划纲要》制订的专家先后有 5 000 多名，其中不少是教育学者。新中国历史上成立的第一个国家级教育决策咨询机构——国家教育咨询委员会，吸收了不少教育学者，直接参与国家重大教育决策咨询工作。

2. 教育科研在教育教学实践中的地位和影响

吕型伟创建的两个渠道并重的教学体系、叶澜的新基础教育、林崇德的儿童发展心理研究、裴娣娜的主体教育、李吉林的情境教育、魏书生的六步教学法、卢仲衡的初中数学自学辅导教学实验、顾泠沅的数学教改实验、邱学华的尝试教学法、霍懋征的爱的教育，以及朱永新的新教育实验等，在不同程度上影响了基础教育改革实践。朱九思、刘道玉、杨福家等人的高等教育办学思想，在高等教育实践领域有一定影响。在教育实践中，许多地区和学校进行了“三个面向”的综合教育改革，愉快教育、和谐教育、成功教育、参与教育、主体教育、新教育、新基础教育、目标教学等实验研究，以及识字教学、语文情境教学、数学自学辅导、外语教学法的实验，取得了丰硕的成果。

3. 教育科研在社会舆论场的地位和影响

教育部网站开设了“教育评论”栏目，中国教科院创立了“中教评论”栏目，《中国教育报》开辟了“教育时评”栏目，发布专家学者的意见，引导社会舆论。

教育学者张力、杨东平、熊丙奇、朱永新、张志勇、周洪宇、李希贵、程方平、刘铁芳等经常在中央电视台、中国教育电视台和《人民日报》《光明日报》《参考消息》《人民教育》《中国教育报》等主流媒体和网络媒体博客发表意见，传达自己的专业声音，成为媒体名人。

（三）国际影响有所增大

1. 教育科研在国际教育学界的影响

全球社会科学大学排行中，我国高校处于相对劣势。英国高等教育调查机构（QS）发布了 2011 年全球社会科学科系大学排行榜，分为六个科系：统计学、社会学、政治学、法律、经济学和会计。按国家位次看，美国 119 所，英国 64 所，德国 39 所，澳大利亚 31 所，法国 31 所，加拿大 21 所，日本 18 所，中国 14 所（第八位）；从学校位次看，前 10 名高校美国占 7 席，哈佛大学、加州大学伯克利分校名列第 1、第 2 位，牛津大学、剑桥大学分列第 3、第 4 位，北京大学排名第 22 位，香港中文大学名列第 30 位。从系科上看，统计学、经济学、法律、会计系科的前五名，政治学和国际研究科系的前 10 名均为美英把持①。

按照可比性分析，高校教育学科最具可比性。依据英国 QS 的国际大学学科排行榜，我国教育学科最领先的是北京师范大

① 安树. 全球社会科学大学排行榜出炉［N］. 现代教育报，2011-07-13.

学，其教育学科的排名从2012年前的100多名，进步到2012年的43位，心理学科从2012年前的200多名进步到102位，与国际先进水平尚有一定差距。

2. 教育科研在国际组织机构的影响

王承绪1946年11月作为中国代表团成员，赴巴黎参加联合国教科文组织的成立大会。在近80年教育生涯中，他以其高尚的师德、严谨的治学和原创性的成果赢得了广泛声誉。1993年，他曾就读的英国伦敦大学教育学院首次设立“荣誉院士”称号，他是获得这一称号的三位学者之一。2003年11月，联合国教科文组织授予他“亚太地区教育革新终身成就奖”。

北京师范大学终身教授、时任中国教育学会比较教育分会会长的顾明远于1990年当选世界比较教育学会联合会合作主席之一，兼任日本创价大学、美国哥伦比亚大学师范学院名誉教授。中国教育学会比较教育分会会长、北京师范大学教育学部教授王英杰于2013年6月，在阿根廷布宜诺斯艾利斯召开的第15届世界比较教育大会上当选世界比较教育学会联合会副会长。我国比较教育学者再次在世界比较教育学会联合会担任要职，不仅表明我国在比较教育方面的学术成就得到了国际同行的高度认可，而且表明比较教育学科在国际上的影响力不断扩大。

1993年，郝克明被美国胡德（HOOD）文理学院授予人文科学名誉博士学位。1996年她在美国宾夕法尼亚大学教育学院讲学期间，该校以她的名字设立了奖学金。2004年10月，美国哥伦比亚大学教育学院授予郝克明研究员“教育与人类发展杰出贡献奖”。郝克明研究员是接受这个奖项的第一位亚洲专家。

刘佛年、李秉德、朱九思、王承绪、潘懋元、汪永诠、顾明远、谢希德、鲁洁、叶澜、王逢贤等人被加拿大学者许美德誉为十一大知名教育家。作者从叙事研究的角度对他们一生的教育、生活、学术和领导经历做了深入研究，通过这些知名教育家所呈现的中国教育发展取向和独特命运，为人们提供了一个独特而富有魅力的研究视角和领域①。

周南照、王一兵、杨进、张民选等曾在国际教育组织任职。周南照曾任联合国教科文组织国际二十一世纪教育委员会委员（由联合国教科文组织总干事任命）、联合国教科文组织国际教育高级计划专家、联合国教科文组织亚太教育创新为发展服务中心协调员、联合国教科文组织亚太地区曼谷教育办事处代理主任、联合国教科文组织亚太全民教育计划代理协调员、联合国教科文组织亚太地区全民教育评估顾问委员会秘书长、联合国教科文组织国际农村教育研究与培训中心主任、国际文凭组织理事会理事、联合国儿童基金会—中国教育合作项目国内专家组组长、亚洲开发银行高等教育管理人员培训项目国内专家组组长、国际教育成就协会中国代表、世界比较教育学会联合会执行委员会委员、联合国教科文组织亚太国际教育和价值教育联合会会长等职务。王一兵曾任驻巴黎联合国教科文组织中国代表团参赞，于1993—2003年担任联合国教科文组织亚太地区曼谷教育办事处高等教育和远程教育专家期间，足迹遍及亚太44个国家，成为沟通与各国友好关系、加强国际教育合作与交流的文化使者，曾获得泰国大学事务部颁发的“高等教育地区合作贡献奖”。杨进2008年2月至2014年1月期间于联合国教科文组织终身学习研究所（UNESCO Institute for Life long Learning）担任高级项目专家，并任该所终身学习政策与战略研究部主任。曾组织起草《联合国教科文组织关于非正规和无一定形式学习的认可、核定与认证的指导意见》《学习型城市建设北京宣言》《学习型城市关

① 许美德. 思想肖像：中国知名教育家的故事［M］. 周勇，译. 北京：教育科学出版社，2008.

键特征》等国际文件。张民选曾任联合国教科文组织终身学习研究所理事会理事等职，在主持上海 PISA 项目时作用显著。

马叔平、朱小蔓作为北京教育科学研究院和中央教育科学研究所的领导人先后获得俄罗斯联邦教育科学院外籍通讯院士，均为经俄罗斯联邦教科院院士大会公开投票选举出的外籍院士。

3. 招收海外留学生

招收海外留学生是教育学科影响力的一大反映。北京师范大学首次招收海外留学生，顾明远招收了第一个韩国留学生具兹亿，也是在我国第一位获得文科博士的韩国留学生，其后培养了日本和越南等国的留学生。2006—2007 年，北京师范大学共招收留学生 3 790 人，教育学科位居第四。

二、科研影响力有限

通过在高校社会科学基金申报者群体和中小学校长群体中进行的教育科研影响力专项调查，发现教育科研的影响力依然有待提高。调查问题主要集中在教育研究机构、教育科研人员和研究成果等方面。

（一）学术影响力相对低

近年来，我国顶尖科学家不断涌现。在 2014 年发布的全球“高引用科学家”21 个领域 3 000 多名高引用科学家中，我国占 163 名，远超过印度（8 人）、巴西（5 人）、俄罗斯（8 人）、南非（11 人）①。以教育学科领域被引用前 1%的学者来衡量，我国教育学者的表现显得苍白。被同行公认的专家较少，学术成果引用率偏低。2004 年全国人文社会科学被引用篇次最多的 150 人中，教育学科仅有 4 人，他们是：钟启泉（79 位）、王承绪

① 印媒不满顶尖科学家比中国少［N］. 参考消息，2014-07-26.

(103 位)、何克抗（128 位)、顾明远（147 位)①。

自 2011 年起，QS 机构每年发布世界大学学科年度排名。在 2013 年 QS 世界大学学科排名中，所有 30 个学科被划分为五大学科领域：艺术与人文领域、工程与技术领域、生命科学与医学领域、自然科学领域、社会科学领域。教育学科被归入社会科学领域，跻身世界教育学科百强的中国高校仅有北京师范大学教育学部和台湾师范大学教育学院。前 20 名排名情况见表 9-8。

表 9-8 全球高校教育学科排名

1	Institute of Education，University of London	伦敦大学教育学院
2	University of Melbourne	墨尔本大学
3	Harvard University	哈佛大学
4	University of Cambridge	剑桥大学
5	Stanford University	斯坦福大学
6	Monash University	莫纳什大学
7	University of Oxford	牛津大学
8	University of Sydney	悉尼大学
9	University of Toronto	多伦多大学
10	University of Queensland	昆士兰大学
11	Columbia University	哥伦比亚大学
12	University of California，Berkeley (UCB)	加州大学伯克利分校
13	University of California，Los Angeles (UCLA)	加州大学洛杉矶分校
14	Nanyang Technological University (NTU)	南洋理工大学

① 龚放，白云. 2000—2004 年中国教育研究领域学者影响力报告——基于 CSSCI 的统计分析 [J]. 江苏高教，2006 (6).

续表

15	University of Wisconsin-Madison	威斯康星麦迪逊大学
16	University of Hong Kong	香港大学
17	University of Illinois at Urbana-Champaign	伊利诺伊大学香槟校区
18	University of Edinburgh	爱丁堡大学
19	King's College London (KCL)	国王大学
20	University of Michigan	密歇根大学

2014年2月26日，英国QS公司发布了最新QS世界大学学科排名，这个排名源于2011年，QS将其世界大学的排名扩展至30门独立学科的排名。该学科排名从方法论上为四大排名标准调整了权重，充分考虑了各个学科间的差异。这些排名基于学术引用，以及来自全球90 000多名学术及雇主单位的名誉调查。在此次世界大学教育学科排行中，QS共设定了四个评价指标，即：学术声誉（Academic Reputation，简称“AR”）、雇主声誉（Employer Reputation，简称“ER”）、篇均论文引用率（Citation Per Paper，简称“CPP”）和H指数（高引用次数指数，简称“HI”），并分别赋予60%、10%、15%和15%的权重。北京师范大学教育学科学术声誉得分位列全球第25位，雇主声誉得分和篇均论文引用率得分较2012年略有提高。

（二）社会影响力比较弱

1. 教育科研机构影响力

调查发现，高校教育科研人员知道中央教育科学研究所（现为中国教育科学研究院）、北京师范大学教育学部、华东师范大学教育学院（现为华东师范大学教育学部）等国内重要教育科研机构；非教育学科的社会科学研究人员不大了解国内教育研究机构，但有一部分出于跨学科申报课题的原因知道全国教育科学规划领导小组办公室；基层教育实践工作者多了解中央教育科学研究所（现为中国教育科学研究院）和本省的教育科研机构。

2. 教育科研人员影响力。高校教育科研人员知道顾明远、潘懋元、叶澜等著名学者；非教育学科的社会科学研究人员不大了解国内教育学者，有的还停留在对孔子、陶行知的认识水平上；大部分基层教育实践工作者知道顾明远、叶澜、裴娣娜、钟启泉等基础教育课程改革专家。

3. 教育成果影响力

具有教育学科背景的人大多了解国外教育名著，如《学会生存》等；非教育学科的社会科学研究人员不了解教育研究成果，但对教育经费占GDP4％有所了解；教育实践工作者多了解课程改革和教师教育著作。

（三）国际影响力依然小

在大学教育学院排行榜中，北京师范大学、华东师范大学、北京大学的教育学部有明显的进步，但与国际知名的伦敦大学教育学院等依然存在很大的差距。依据南京大学CSSCI中心提供的有关数据研究表明，与2006—2008年相比，2009—2010年国内外学术期刊发表的教育类论文的年均数量略有上升，但幅度不大，所占比例很小。各高校在前20名内的排名顺序略有变化，排名前6名的高校基本保持稳定不变，分别为北师大（62篇）、华东师大（51篇）、华南师大（44篇）、浙江师大（34篇）、浙江大学（29篇）、西南大学（26篇）。同期出版的外文学术著作也很少，华中师大5部、北师大3部、浙江大学3部，北大、首都师大、沈阳师大、杭州师大各1部。

在专业科研机构中，中国教科院近年来在国家教育智库方面进步显著，开展了数据、调研、实验、比较、合作等平台建设，承担了一系列重大科研项目，但与美国教育政策研究所、日本教育政策研究所、韩国教育开发研究院、澳大利亚教育研究委员会等机构依然存在不小的差距。

虽有褚宏启所著的《教育现代化的路径》2006年被越南教育与培训部的教育战略与课程研究所购买版权翻译出版，《朱永新教育文集》2008年被韩国购买版权，又于2010年被日本购买版权，以及李吉林的《情景教育三部曲》等著作向德国输出版权，原创成果及学术著作被欧美发达国家认可的还较少。

三、提高科研影响力的措施

提高科研影响力是促进教育科研进入良性循环的必然要求，为此要实现质量和贡献的统一，机构和人才的统一，优势和特色的统一。

（一）改进研究方法

教育研究方法是教育研究者在认识教育本质、探索教育规律、改进教育实践的过程中所形成的认识工具，方法的变迁和创新能有望带来教育认识的深化。教育研究方法著作是体系化、专门化的教育科研方法书籍，它能较好反映一个时期内教育科研工作者比较稳定和经常使用的方法，间接反映出一定时期内一个国家或地区的教育研究水平。对一个地区的不同时期内的教育科研方法著作进行分析，可厘清教育科研方法创新发展的历史过程，明晰方法创新和变革对教育理论创新和教育实践变革的重大作用。对新中国成立后出版的133本教育科研方法著作进行文献计量分析，研究该类著作的变化轨迹、发展特征和未来趋势，为我国教育研究方法的研究和发展提供客观依据。研究发现：①著作数量上有质的飞跃，1990年后进入快速发展时期，但未达到学科成熟期，未来仍处于快速发展时期；②著作合作率较高，教材多、编著多，学术性著作少、独著少，说明高质量原创性著作欠缺；③研究方法不断丰富，方法论认识日益深刻，方法的混合互证趋势明显；④著作向学科教育研究和各类教育研究方法发展，呈现明显的精细化、分支化发展趋势①。

通过在国家图书馆、北京师大图书馆、安徽农大图书馆的馆藏图书，以及超星数字图书馆、书生之家数字图书馆、Apabi电子图书中围绕“教育研究方法”进行全景检索，检索条件为“书名”，检索词分别为“教育科研方法”“教育研究方法”“教育科学研究”，检索截止日期为2012年7月20日，共检索出133本教育科学研究方法类著作。把133本教育科学研究方法类著作下载，对其出版年份、著作者状况、著作性质、著作前言、提要和目录进行统计分析。其中出版年份主要是为了考察单位时期内著作分布，以期考察教育科研方法著作文献增长规律和方法发展的关系。在文献计量学领域，可用出版年份反映一定时期内的文献量，进而通过文献数量变化反映该学科的发展水平。按照著作的学术性强弱特征分成学术著作和教材，按照著作是否译著与是否再版，把其分成译著和再版，以此考察我国教育科研方法著作的阶段性特征。著作前言、提要和目录的统计分析主要是分析每本教育著作中的基本内容体系和具体研究方法，考察新中国成立后我国教育科研方法中具体方法的发展特征和未来趋势。

1. 新中国成立后我国教育研究方法类图书的计量分析

(1) 1990年后快速发展，但未达到学科成熟期。文献计量学中的普赖斯定律揭示了科技文献增长与学科发展之间的关系，提出了科技文献的指数增长规律，并把文献增长与学科发展分成四个阶段：第一阶段，学科刚诞生，绝对文献数量少，增长不稳定；第二阶段，学科迅速发展，文献数量急剧增加，较严格地服从指数增长；第三阶段，学科日趋成熟，文献数量增长减缓，演变为线性增长，仅维持固定的文献增长量；第四阶段，随着理论

① 滕瀚，曾天山. 新中国教育科研方法著作（教材）的文献计量分析［J］. 国家教育行政学院学报，2013 (4).

的完备，学科文献日趋减少，曲线逐渐平行于横坐标，或出现不规则各类振荡①。后来研究者们认为普赖斯定律是一种理想状态模型，忽略了影响文献增长的许多实际因素，把文献增长由指数增长定律发展到逻辑增长规律。对普赖斯指数增长定律和文献的逻辑增长定律都有一定争议②，但学科文献的数量变化反映出该学科的发展速度和大致研究水平，得到了文献计量学界和情报学界的认同。可选择新中国成立后我国教育科研方法著作的出版数量变化，以此反映教育研究方法的发展速度和研究水平。表 9-9 是新中国成立后我国教育科学研究方法著作文献时间分布表。

表 9-9　1949—2011 年我国教育科学研究方法著作文献时间分布表

种数 / 年份	文献编目数（单位：本）	编目累计数目（单位：本）
1949—1966	1	1
1966—1976	0	1
1976—1980	0	1
1980—1985	2	3
1985—1990	7	10
1990—1995	18	28
1995—2000	24	52
2000—2005	31	83
2005—2010	42	125
2010—2011	8	133

① 庞景安. 科学计量研究方法论［M］. 北京：科学技术文献出版社，1999：299-301.

② 邱均平，刘华华. 网络信息计量学的文献计量规律及发展现状研究［J］. 图书馆论坛，2009，29（6）：58-62.

从表 9-9 可以看出，新中国成立到 1966 年期间，教育研究方法类著作出版仅一本，该著作是人民教育出版社 1957 年出版，陈友松先生等译自苏联的厄·伊·莫诺兹昂等著《教育科学研究法》，说明新中国成立之初，教育研究方法仍处于诞生时期，体现在对译著的吸收和文献的绝对数量匮乏上。1966—1976 年，教育研究陷入停顿时期，相应的教育研究方法的研究及著作出版也处于停顿时期。1976 年后教育事业开始逐步恢复，教育研究也慢慢进入轨道，到 1980 年，第二本教育研究方法书籍才开始出版。从 1980 年开始，教育研究方法的研究开始逐年增加，年出版数量开始呈明显上升趋势。到 1989 年，教育研究方法著作出版编目累计数为 10 本，而 1999 年年末的出版编目累计数已为 52 本，2005—2010 年，出版编目累计数为 125 本，截至 2011 年年底，教育研究方法类图书出版编目累计数为 133 本。纵观 1949—2011 年的统计数据，教育研究方法的著作在数量上已经有了质的飞跃。随着国家、社会和个体对高质量教育的需求，社会对教育的日趋关注，新技术和新方法的兴起等，教育研究方法将受到越来越多教育工作者的关注和重视，将会产生更多有价值的研究成果。

在科学计量学领域，一般认为“科学知识量的增长及其规律与科学文献的增长及其规律是紧密联系的，科学文献的数量变化直接反映了科学知识量的变化情况，因此科学文献数量是衡量科学知识量的重要尺度之一”①，教育研究方法的文献数量变化直接反映了教育科研方法知识量的变化。在文献增长规律研究中一般以文献累计数据为依据。图 9-5 是根据表 9-9 绘制的 1980—2011 年教育研究方法图书出版增长曲线图，其中横坐标是时间，纵坐标是累计出版图书文献量。

① 邱均平. 信息计量学［M］. 武汉：武汉大学出版社，2007：45-55.

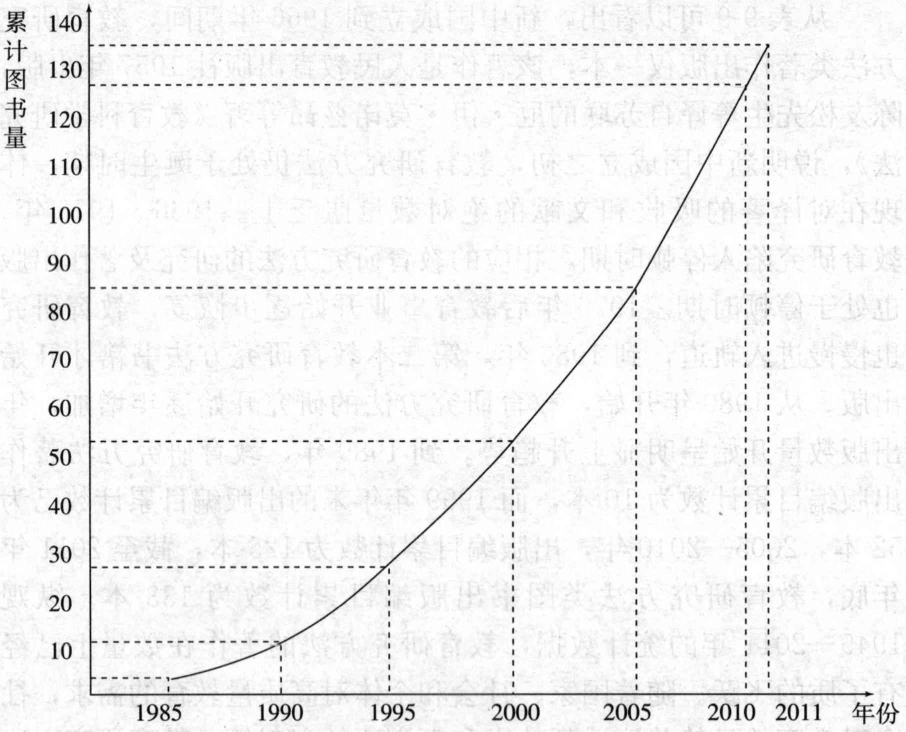

图 9-5　1980—2011 年我国教育科学研究方法图书出版增长曲线

由图 9-5 可以看出 1980—2011 年我国教育研究方法类书籍快速增加，1985—1990 年增长较为平缓，而在 1990 年以后，教育研究方法图书出版快速增长，接近指数增长，且增长幅度较大，体现在图 9-5 中各时间段斜率逐渐变大。按照普赖斯的逻辑曲线增长理论推测，教育研究方法图书出版和教育研究方法的研究在 1949—1990 年是最初的诞生期，1990 年至今处于快速发展时期。按照知识的生产规律和学科发展规律，教育研究方法的知识产生远没有达到成熟时期，未来一段时间，教育研究方法类著作出版发展空间巨大。而已有关于教育理论著作出版的研究表明，教育理论著作研究已经达到一个相对成熟期[1]，这也反映了当前教育研究迫切需要科学的研究方法支撑，以方法创新带动我国教育科研和教育理论创新。

（2）新中国成立后我国教育研究方法著作合作率较高，教材多、编著多，学术性著作少、独著少，说明高质量的原创性著作欠缺。著作者分析的统计指标一般包括：作者的合作情况、第一作者的系统分布、职称分布及论文作者的合作度和合作率。第一作者的系统分布研究意义不大，而在第一作者的职称分布中，由于部分书籍反映不出作者的职称信息，因此不再对合作者的分布系统与职称结构进行分析，仅对著者的合作情况进行分析。在论文合作统计指标中，规定了合作度与合作率两个计量指标，以此反映某学科领域内作者合作智能的发挥程度[2]。在情报科学领域，论文作者的合作度是在确定时域内某种或某类期刊每篇论文的平均作者数，是期刊论文作者合作研究程度的重要指标，反映了一种刊物的作者合作智能的发挥程度。论文的合作率是两个或两个以上作者的论文数与总的论文篇数的比值，它是衡量学科发展的主要标志，也是研究学科交叉、渗透，以及衡量论文研究深度、广度的重要因素。表 9-10 是新中国成立后教育研究方法作者合作状况和著作性质状况。

① 滕瀚，曾天山．从教育科学出版社 2008—2011 年著作出版透析我国教育研究创新能力［J］．国家教育行政学院学报，2012（4）：46-54．

② 邱均平．信息计量学［M］．武汉：武汉大学出版社，2007：45-55．

表 9-10　1949—2011 年我国出版教育研究方法著作的著作者合作状况和著作性质状况

单位：本

著作状况 年份	著作者合作状况			著作性质		译著和再版	
	独著	合著	合作率	理论性著作	教材	译著	再版
1949—1966	0	1	100%	1	0	1	0
1966—1976	0	0	0	0	0	0	0
1976—1980	0	0	0	0	0	0	0
1980—1985	1	1	50%	1	1	1	0
1985—1990	1	6	85.71%	2	5	0	0
1990—1995	4	14	77.78%	7	11	1	0
1995—2000	7	17	70.83%	3	21	1	0
2000—2005	7	24	77.42%	7	24	3	1
2005—2010	10	32	76.19%	11	31	7	3
2010—2011	1	7	87.05%	2	6	1	2
合计	32	101	75.94%	33	100	15	6

由表 9-10 可见，在已出版的教育研究方法著作中，教材所占数量比较大，由于教材的合编性质，使得著作者较多，分析教育科研方法著作的合作度缺乏意义，仅对著作的合作率进行分析。借鉴文献计量领域中的“论文作者合作率”概念，把著作的合作率界定为两个或两个以上作者的出版著作数与总的出版著作数的比值。表 9-10 的第 2、3、4 列是新中国成立后教育研究方法著作出版的合作者状况和著作性质状况。

由表 9-10 可以看出，新中国成立后各个时期的教育研究方法著作的合作率都很高，合作率在 70%以上，反映出教育研究方法的学科交叉、渗透明显，也反映了教育研究方法的交叉与综合，说明一开始就注重自然科学研究方法、社会科学研究方法、人文社会科学研究方法等多种方法的吸收与融合，但也反映出教育研究方法著作独著少、合著多、编著多的问题。

由表9-10中的著作性质栏目可以看出，在133本教育科学研究方法著作中，理论性著作33本，教材性质著作100本，理论性著作仅占总数的24.81%，说明我国教育研究方法的教学研究人员比较注重教材建设，重视教育研究方法的普及和推广，但也说明我国教育研究方法的学术性理论著作和原创性著作不足，教材的偏多说明高质量的原创性著作尚有欠缺。相比学术性著作的前沿把握和新技术、新方法的吸纳，教材比较注重常见方法和一般方法，缺乏对新方法的前沿把握。

由表9-10可见，新中国成立后教育研究方法译著累计共15本，译著时间集中在2000—2010年，共翻译出版10本，其中2000—2005年出版译著3本，2005—2010年出版译著7本，说明近年来我国教育研究方法著作在本土化研究的同时，加大了对国外研究方法的引介。在国外研究方法译著中，近年来译著较为集中在质性研究方法和混合研究方法上，一定程度上仍是20世纪90年代末质性方法兴起的延续，也反映出教育研究和其他社科研究一样日益重视方法的混合使用和互证使用。

对学术界而言，再版图书往往是因为受到学术界和社会的广泛认可，具有重要学术价值或重大实用价值、社会价值和历史价值，反映了学术界、文化界、社会对再版图书的创造性和经典性的高度认可和接受。一定程度上，再版图书在某个领域内的知识生产或传播过程中具有高度的经典性、权威性和创造性，往往是某个学科领域内的经典书籍，对本学科的发展有着深远的影响。新中国成立后，在133本教育研究方法的著作中，有6本再版书籍，他们分别是李秉德、袁振国、董奇、刘电芝、杨小微、钟海青的著作。再版著作表明在我国教育研究方法界，一批研究教育研究方法的著作及其作者获得高度认可，也说明正在形成一批比较有影响力和研究有持续力的重要作者。

（3）研究方法不断丰富，方法论认识日益深刻，方法的混合互证趋势明显。通过分析已出版的教育研究方法著作的目录，可对教育研究方法变迁有一个较为准确和全面的把握。在对目录的内容分析过程中，可以通过出版物的方法变化趋势，显示研究方法热点，显示一定时间内已有研究著作的学科偏向与交叉综合趋势。在目录分析过程中，研究者先将133本图书名称中的目录词条进行汇总分析，通过同义词合并，并按语义相近程度将关键词分成不同词群，再将词群归类，最后得到著作中的具体研究方法类型，其中具体研究方法汇总成表9-11。

表9-11 1949—2011年我国教育科学研究具体方法的变迁

名称 \ 年份	1949—1980	1980—1990	1990—2000	2000—2010	2010—2011
文献和历史研究法	√	√	√	√	√
抽样研究法	√	√	√	√	√
调查法	√	√	√	√	√
观察法	√	√	√	√	√
个案法	√	√	√	√	√
实验法	√	√	√	√	√
测量法	√	√	√	√	√
经验总结法	√	√	√	√	√
比较法	√	√	√	√	√
统计法	√	√	√	√	√
系统论方法		√			
内容分析法		√	√	√	√
预测和评价研究法		√	√	√	√
元分析法			√	√	√

续表

年份 / 名称	1949—1980	1980—1990	1990—2000	2000—2010	2010—2011
口语报告法			√	√	√
临床法			√		
行动研究法			√	√	√
叙事研究				√	√
人种志研究				√	√
混合研究法				√	√
流动表法					√
最小空间法					√
社会网络分析法					√

由表 9-11 可以看出，在新中国成立后到 1980 年，教育研究方法在继承历史优秀传统、吸收消化苏联教育科研方法的基础上，已经初步形成了教育研究方法体系，包括文献和历史研究法、抽样研究法、调查法、观察法、个案法、实验法、测量法、经验总结法、比较法、统计法，但存在方法论认识不足问题，体现在教育研究的本质认识上、具体方法的分类上、方法和手段的区分上不够明晰。

1980—1990 年是教育研究方法的恢复时期，这一阶段的教育研究方法著作基本奠定了教育研究方法体系。在 1980—1990 年出版的著作中，其内容体系都包括教育科学研究的意义、概念、原则、步骤与任务，以及课题的选择、文献的查阅、具体研究方法的选择和选用、资料的收集整理与分析、成果的表达和论文的撰写。这些为 20 世纪 90 年代后教育研究方法的发展奠定了基础。这一阶段的教育研究方法分类合理，对方法和手段的区别有深刻认识，满足了时代的需要，有力推动了教育研究方法的发展，促进了教育研究的发展。这一阶段，产生了一系列经典之作，如陈震东的《教育科学研究方法》、李秉德的《教育科学研究方法》、瞿葆奎的《教育学文集·教育研究方法》，培养了几代教育科研人员。而在具体研究方法上，与 1949—1980 年相比，增加了系统论方法、内容分析法、预测和评价研究法，并且强调新技术手段如计算机技术在研究方法中的具体应用。

与 1980—1990 年相比，1990—2000 年的教育研究方法著作中的具体研究方法减去了系统论方法，增加了元分析法、口语报告法、临床法和行动研究法，反映了教育研究方法对新的社会科学研究方法的吸收，也反映出 20 世纪 90 年代教育研究方法研究者对方法背后的认识论的认识更为深刻，在方法体系上有意识地区分开哲学方法、一般方法和具体方法三个层次。在 20 世纪 90 年代的研究方法著作中，系统论、信息论、控制论和耗散理论已经上升到认识论领域，已经不再作为具体研究方法来使用。这个时期的教育研究方法著作中，多把系统论放在教育科学研究的认识论基础或方法论基础上阐述，这说明 20 世纪 90 年代教育研究方法著作中对方法背后的方法论认识更加深刻细腻。在 20 世纪 90 年代，教育研究方法著作反映出的另外一个特征就是质性研究的觉醒，体现在行动研究方法在 20 世纪末教育研究方法著作中的普遍存在。2000—2010 年，教育研究方法延续着质性研究方法的觉醒，在教育研究方法著作中对叙事研究、人种志研究都进行了较为深入的介绍。同时教育研究者们注意到教育研究方法使用的综合性，开始强调混合研究方法，强调定性研究和定量研究的融合，强调不同方法间的互证，如教育测量中的三角互证方法的兴起。在 2011 年，已出版的教育研究方法著作中，新方法不断引入和涌现，流动表法、最小空间法、社会网络分析法均进入了教育科学研究方法领域。

总体上，新中国成立后教育研究方法从诞生到恢复，再到发展，呈现出以下几个特征。①教育研究方法是一个不断丰富，不断吸纳新方法的过程，行动研究、叙事研究、人种志研究等新的质性研究方法不断引入，丰富了质性研究的方法，另一方面，流动表法、社会网络分析法、最小空间法等定量研究方法不断涌现，说明我国教育研究方法注重对新方法的吸纳和融合。②教育研究方法著作对研究方法背后的方法论和认识论是一个不断深化的过程，较为集中地体现在系统论、结构论、信息论、复杂理论、耗散理论思潮在20世纪80—90年代被看作教育研究的具体方法，而在21世纪初，已出版的教育研究方法著作已把这些理论放在教育研究方法的认识论或概述部分介绍。方法论的深化也体现在教育研究方法著作的内容体系变化上，前期教育研究方法著作虽然也介绍教育研究概述和教育研究的基本原则，但在介绍具体研究方法时，往往陷入方法分类的交叉，对方法的认识不够深刻，把哲学方法、一般方法和具体方法混为一谈，而20世纪末的教育研究方法著作已经基本厘清方法的层次性和方法的分类合理性。③教育研究方法更加注意方法对于研究的适切性和方法使用上的混合互证性，强调从单一方法的使用到多种方法的混合使用，从单纯的理论思辨到理论实证的统一。④已出版的教育研究方法著作中体现出对新方法的快速吸收和较为敏锐的把握，比如20世纪80年代末对元分析方法的介绍，90年代行动研究的兴起等等，但整体上对实现方法的技术工具手段引入不够。在已出版著作中，仅有少量著作强调实现方法过程中的技术使用，这些分析技术也仅限于20世纪80年代引入的SPSS数据分析工具、SAS数据分析工具，20世纪末引入的NVIVO质性分析工具，但对于文献分析技术系列工具、社会网络分析系列工具等引介不够。随着新的分析技术和分析程序的开发，不断吸收和使用新的分析技术、工具和自动化分析手段将是教育研究方法的一个重要方向。

（4）教育研究方法著作呈现出向学科教育研究方法和各级各类教育研究方法的精细化发展、分支化发展特征。为把握新中国成立后教育研究方法著作的发展特征，将其进行细化分类，分成综合类教育研究方法著作、各类教育研究方法著作、学科教育研究方法、具体方法的专门著作四类，其中综合类教育研究方法是指一般教育或“大教育”研究方法，它不局限在某一个学科或某一级某一类教育的研究方法；各类教育研究方法包括学前教育、基础教育和高等教育研究方法等等；学科教育研究方法包括远程教育、教育传播、教育技术研究方法，也包括语文学科教育、生物学科教育和物理学科教育研究方法等。表 9-12 是教育研究方法著作在不同阶段的类型及数量。

表 9-12　1949—2011 年教育研究方法著作在不同阶段的类型及数量

类型＼年份	1949—1980	1980—1990	1990—2000	2000—2010	2010—2011
综合类教育研究方法	1	6	24	31	3
各类教育研究方法	0	3	11	29	3
学科教育研究方法	0	0	4	9	2
具体方法的专门著作	0	0	3	4	0

由表 9-12 可以看出，在早期出版的教育研究方法著作中，以综合类教育研究方法著作为主，1980—1990 年出版的 9 本著作中，6 本是综合类教育研究方法，3 本各类教育的研究方法，却没有学科教育研究方法著作和具体方法的专门著作，而在 1990 年后出版的教育研究方法著作中，综合类教育研究方法著作比例逐渐降低，各类教育的研究方法著作比例不断升高。学科教育的研究方法著作和具体方法著作在 1990 年后均呈上升趋势，说明对教育研究方法的研究呈现精细化、分支化发展趋势。在 20 世纪末期和 21 世纪初期，这种趋势特征更加显著，反映出我

国教育研究方法向分支学科教育研究方法和不同类型的学校教育研究方法的方向发展。在各类教育的研究方法著作、综合类教育研究方法著作、学科教育的研究方法著作中，大多数著作均为“教师教育教材”，这些著作满足了现实教育教学改革的需要，但多是面向基础教育的教师教育教材，缺少面向国家宏观教育发展和社会教育研究的“大教育”类研究方法著作。可以预见，伴随国家、民族和社会对教育发展和教育改革的宏观需要，宏观层面的教育创新必然引发理论创新和方法创新，偏向宏观的“大教育”类研究方法著作将会显著增加。

2. 对教育研究方法创新的启示

（1）教育研究方法的研究与图书出版处于快速发展期，当前和未来一段时间，迫切需要以方法创新和技术手段创新带动教育科研创新，需要继续加强教育研究方法的研究。根据文献增长规律，与教育理论研究处于相对成熟期不同，教育研究方法的研究仍处于快速发展期，教育研究方法的著作年份分布表明，1990年至今，教育研究方法的研究仍处于快速发展时期。按照知识的生产规律和学科发展规律，教育研究方法的知识生产远没有达到成熟时期，而与此相对应的相关研究表明，教育科学的理论研究已经进入一个相对成熟期[①]，教育科学的理论创新迫切需要研究方法创新来带动。

（2）教育研究方法著作中，著作的合作率高，教材多、编著多，独著少、学术性理论著作少，反映出高质量的原创性著作匮乏，迫切需要原创性学术性创新著作，需要加强对高质量的教育研究方法著作出版的支持力度。

（3）教育研究方法著作中具体方法的发展是一个不断丰富、

① 滕瀚，曾天山. 从教育科学出版社 2008—2011 年著作出版透析我国教育研究创新能力 [J]. 国家教育行政学院学报，2012（4）：46-54.

不断吸纳新方法的过程。研究量化研究蓬勃发展、质性研究不断觉醒的过程，方法背后的方法论认识不断深化的过程，发现研究方法呈现出质性方法和量化方法融合交汇的趋势特征，但新技术手段的滞后性较明显，需要加大对新型分析技术手段的吸收和应用。

(4) 教育研究方法著作向分支学科和各级各类教育研究方法深化发展，呈现出精细化和分支化特征，但是分支学科教育科学研究方法发展不均衡，面向教师教育的基础教育研究方法教材较多，缺乏“大教育”宏观层面的教育研究方法著作，需要加强高质量的宏观层面的教育研究方法著作出版。

(二) 促进产学研结合

研究成果要扩大社会影响，需要加强产学研结合，接受实践的检验，并在实践中得到改进，开拓成果转化的以下渠道。

决策研究成果要紧扣时代主题，基于数据和事实，形成简明扼要的咨询报告，参与决策制定，转化出社会效益。

实践研究成果要以解决现实个性化问题为对象，基于经验和实验，形成方便实用的教育教学模式，介入教育现场，转化出教育效益。

理论研究成果要以探索教育教学规律为己任，基于理性和智慧，形成原创性的科研著作论文，形成通俗易懂的科普性研究成果，通过新媒体及时向社会传播先进思想。

技术研究成果基于实验和试验，形成数据库、软件包等产品推广运用，转化出经济效益。

(三) 培养复合型国际化人才

要以学科为基础、外语为载体，培养造就一批复合型国际教育研究人才，承担领导国际教育组织和国际教育研究交流合作的任务，承担中国教育科学“走出去”的历史重任。

第十章

教育科研任重道远

回首我国教育科研走过的不平坦路程和所取得的重要成就，教育科研成果影响力逐步提高，在服务决策、指导实践、丰富学术、培养人才、引导舆论、产业发展等方面均有新的建树。65年来，我国教育科研工作取得了长足进步，每年发表专业论文8万篇左右，在全国社会科学界占据前列。教育研究已蔚为大观，在一些教育科研项目上取得了学术含金量较高的成果。但从总体上看，教育科研水平还不是很高，精品力作还不是很多，实用有效的成果还不多见。在现有成果中，经验性总结多，理论提炼少；发表的论文和著作不少，具有创新性、突破性的成果不多；立项的课题多，高质量、可推广的成果少；国内研究多，国际比较研究少。教育科研的影响力与我国的教育科研大国地位还不相称，与教育发展的需求相比还有很大距离。教育科研工作需要以质量和贡献为导向，实施精品战略，构建科研团队，运用新技术新方法，加强国际交流与合作，出精品，出人才。

一、着眼时代课题

（一）研究真问题

问题是时代的声音，也是教育研究的方向。教育研究始于问题的发现，终于问题的解决，并处于不断发现问题和解决问题的发展过程中。真问题和假问题的根本区别在于：真问题是从教育实践中总结出来的，假问题是在逻辑上推演来的。假问题是先有一个理论假设，再根据假设推演出一个问题来，然后去解决。而真问题是从教育实践当中寻找归纳出来的。从方法上讲，一个是演绎法，一个是归纳法。从某教育问题的提出开始就用归纳法，问题需要有相当数量的教育现象做支持。研究之所以有必要，是因为普遍存在这样一种现象，而这种现象背后反映出了这个问题，通过研究把问题分析出来，所研究的问题才是真问题，问题的解决也才有意义。

（二）坚持实践取向

理论源于实践，又高于实践。教育理论归根结底是来自于教育实践，又归根结底是要指导教育实践的。教育科研的“实践取向”就体现为这样一种观点：教育是一种实践活动，是一种开放的、反省的、不确定的、形式复杂的人类活动，这种活动不受科学原则的制约或技术规则的约束，而由基本的教育价值观指导。教育科研总是以试图解决教育教学中的问题、澄清教育理论中的疑难以及探索教育规律为目的。教育理论研究是在教育实践的基础上，利用科研方法认识和剖析各种教育现象，探索教育的本质和规律，以形成较系统的基础理论研究成果为目标的研究活动。其研究结论要能够指导教育实践，能够有助于教育的改革发展。

多年来，教育科研在推动教育改革发展方面发挥了重要作用。站在新的历史起点上，要促进教育科研取得新突破并获得持续发展，需要以科学发展观为指导，重新审视当前我国教育科研事业发展的经验与教训，回答为什么发展教育科研、发展什么样的教育科研、怎样发展教育科研等重大理论与实践问题。在此基础上，还要不断提出指导教育科研事业改革发展的新目标和新方略，适当控制规模，注重内涵发展，关注成果产出，增强质量意识，把教育科研工作进一步推向深入。

（三）强化育人为本和优先发展研究

教育是培养人的活动，育人为本是教育工作的根本，要研究如何以促进每个学生的身心健康发展为出发点，研究如何为每个学生提供适合的教育，研究如何把每个学生培养成为有用之才。优先发展教育是改革开放以来全党全社会一个极其重要的认识成果，也是党中央一以贯之、与时俱进的战略思路。为落实教育优先发展战略，就必须依靠科研兴教，把建设人力资源强国转移到依靠教育工作者素质和教育科学技术发展的轨道上来。教育科研工作的任务，就是要认真分析和准确把握我国现阶段教育发展面临的机遇与挑战、形势与任务、成绩与经验、问题与根源，要根据当前形势的迫切要求，把“优先发展教育”这一命题转化为教育发展的战略目标和决策方案，转化成能为公众理解和接受的知识和理念。通过这些工作提高政府部门及全社会对教育地位和作用的认识，在社会各个领域、各个阶层寻求更大范围的共识与理解，增强优先发展教育的社会意识与强劲动力。

（四）突出教育公平和内涵发展研究

党的十八大突出强调了社会公平、正义、共享的发展理念，将全面改善民生、国民共享发展成果作为国家发展的重要目标指向，深入实施把促进教育公平作为国家基本教育政策的战略。教育是促进经济增长、矫正各种不公平现象的基础条件，是实现社会阶层合理流动的重要工具，促进教育公平是实现社会公平的重要途径。教育科研要分析教育的城乡差距、地区差距、民族差距、性别差距、阶层差距等重要因素，使不同家庭背景、不同地区、不同民族、不同性别的学生在教育权利、机会和规则等方面享有公平。

质量是教育工作的永恒主题，教育科研要研究人才成长规律和教育教学规律，研究如何提高学生的学习能力、实践能力和创新能力，探索科学育人的有效途径。

二、加强基础能力建设

（一）加大科研投入

1. 加大科研经费投入力度

通过多种途径增加教育经费，把科研经费列入财政预算开支。在国家社会科学基金和自然科学基金中扩大对教育科研的支持比例，在教育事业经费中确定教育科研经费的占比，扩大对师范院校和教育科研院所的基本教育科研投入，增大对教育科研单项课题的资助力度，增加对重大教育科研成果的奖励额度。

2. 完善科研资助机制

解决教育科研融资问题，推动教育科研水平的提高，是我国教育科研的当务之急。教育科研经费投入力度不够；各教育科研单位，特别是各高校教育科研经费争夺激烈；高校教育科研活动缺乏稳定的投入机制。对此，政府、各教育科研单位和学校三者都应该发挥各自的积极作用。学校不应只是教育科研成果的推广应用之地，还应是教育科研、人才培养的实践基地和深化教育改革的重要推动力量。

3. 提高科研经费的有效利用率

受科研体制等影响，教育科研经费管理和使用也暴露出了种种问题：科研经费管理不够规范、权责不明确、科研资金和资产流失严重、科研项目成本难以核算、科研经费使用效益不高导致科研人员在经费使用上存在短期行为，缺乏购置仪器设备和深入调查研究的动力，各种费用支出标准不明、管理不严等。

科研经费管理是否科学，科研经费使用是否合理，直接影响教育科研质量和教育科研水平，影响教育科研人员的积极性，影响学术风气的健康发展。应建立一个程序严密、制约有效的制度，明确项目负责人在科研经费使用与管理中的职责和权限，建立健全合理的项目经费管理责任制；在经费管理方面，需要实行事前预算评估、事中经费监督和财务检查、事后财务验收和审计的全程预算管理程序，积极引入第三方中介机构进行独立的评估监督，促进课题监督与评估的公正性与独立性。

（二）加强机构组织建设

1. 完善教育科研组织体系

科研院所是科学研究和技术开发的重要基地，是成果转化和人才培养的重要基地。目前，各种教育科研机构如雨后春笋般产生，难免鱼龙混杂。这需要教育行政部门出台管理办法，建立标准，明确职能，规范管理，营造有序竞争的环境，形成良好的可持续健康发展的教育科研新格局。

2. 加强现代科研院所制度建设

“职责明确、评价科学、开放有序、管理规范”的现代科研院所制度是教育科研院所改革的灵魂、发展的方向。现代科研院所制度的内涵十分丰富，涵盖了管理体制、运行机制、评价体系、政策保障、创新文化环境等内容。

加强现代科研院所制度建设，需要针对不同类别科研院所的特点，加强分类研究和制度设计，建立科学、民主的决策机制和有效的监督制约机制。建立科学的选人用人机制，注重在具体实践中识别人、考察人、评价人，克服“少数人选人、在少数人中选人”的现象，积极推进管理、科研和经营三支队伍有效贯通的机制，形成有利于人才脱颖而出的机制。完善专家、群众广泛参与的民主管理制度，改进科学的业绩考核评价体系，形成“尊重劳动、尊重知识、尊重人才、尊重创造”的良好氛围。

3. 加强队伍建设

促进专业化发展。教育科学研究是高深的专业化工作，要有专门的人员培养制度和管理制度；从业人员要有自己的理想追求，有自身的理论修养，有自觉的职业规范和高度成熟的技能技巧；这些具有不可替代的独立性。

严把入职资格关。我国教育科研队伍的人员组成主要分为三类：一是教育行政部门附属的教育科研机构中的专职教育科研人员；二是高等院校的教育科研人员，他们既是教学人员，又是教育科研人员，是教育科研的主力军，其数量占我国教育科研人员人数的80％以上；三类是各中小学专职和兼职的教育科研人员。

建立一支“懂理论、重实践、会研究、讲道德”的高素质教育科研队伍，要实行严格的准入和退出机制，建立完善的执证上岗制度。作为教育科研人员，首先应该具备较为扎实的教育理论功底。教育科研是以教育科学理论为武器，以教育领域中发生的现象和问题为对象，以探索教育规律为目的的创造性的认识活动；是用教育理论去研究教育现象和教育问题，探索新的未知的教育规律和教育方法及有效教育途径和方法，以解决新问题、新情况的一种科学实践活动。教育是促进人的社会化和社会实践的活动，教育科研要想正确反映和揭示这种社会实践活动的现象和变化规律，就必须融入这种社会实践活动中去。教育实践决定着教育科研的实践性特征，实践性是教育科研的本质和根本法则。教育科研工作者既要重视运用教育理论指导教育实践研究，同时还要重视从教育实践中发现和提出研究问题。教育科研离不开科学的研究方法，研究者要具有一定的研究理论基础和研究经验、懂得如何研究。教育科研工作者在从事教育科研时要遵循一定的道德准则，增强献身科研、服务社会的历史使命感和责任感，在科学研究中始终坚持严肃认真、严谨细致、一丝不苟的科学态度，自觉维护学术尊严，自觉抵制低水平重复研究、学术垄断、科研成果的虚报造假、著作和论文的剽窃和抄袭、侵占集体的知识产权、从事违反社会伦理道德或健康安全的科研等，正确对待名与利，将个人事业的发展与国家目标结合起来，积极投身于科教兴国的伟业之中。此外，教育科研还要增强公开性和透明度，加强社会监督，加大惩罚力度，使科研人员不愿、不能、不敢违背学术道德。

（三）加强数据信息建设

在大数据时代，教育科研数据存储与交换技术显得非常重要，数据库是“按照数据结构来组织、存储和管理数据的仓库”。教育科研数据库是教育科研信息管理与共享的基础，需要公开、全面、充分的数据支持。

“中国教育科研网”是最早建立的全国性教育科研数据库，已成为一个教育科研综合数据库；“中国知网”是一种建设知识资源互联网传播扩散与增值的服务平台，为全社会提供资源共享、数字化学习、知识创新信息化条件，主要包括专题数据库、科学计量评价、网上期刊店、信息服务等栏目和内容。但我国还没有一个真正意义上的教育科研数据存储与交换平台。需要建设专业化的教育研究数据库，实现统计数据、调研数据和案例数据的集成，一方面实现全国教育科研数据的存储与共享，另一方面作为全国教育科研管理、交流与协助的平台，在教育科研中发挥更大作用。

三、实施精品战略

实施精品战略需要提高科研质量和加强制度建设，出好教材精品、学术精品、引进精品这三种精品是精品战略实施的目标。精品战略的实施将会极大增强我国教育科研的综合实力和核心竞争力。

（一）增强质量意识

教育科研的质量是影响教育改革成败的关键性因素，教育科研的生命力取决于科研的质量。我国教育科研已经进入一个新的历史时期，它的核心词就是提高质量。多年来，教育科研的突出特点是参与人员广泛、成果众多、影响深远。教育科研集聚了教育科研院所研究人员、高校教师、中小幼教师以及各级教育行政干部的力量，产生了众多的学术论文、学术著作、研究报告等多样态的研究成果。这些研究成果有的转化为教育理念，有的影响政策法规制定，有的形成为教学模式，有的物化为教材、教具、数据库等，对我国教育改革和发展起到了不可替代的重要作用。但我们也要清醒地看到，重要的教育实验成就、重要的研究成果，比如像美国科尔曼报告那样产生巨大影响的研究成果，并没有多少，质量问题已经成为影响我国教育科研发展的瓶颈。坚持质量导向，在生产领域常说“质量是生命”，在教育科研领域亦是如此。教育需要科学理论的引领和指导，教育发展离不开教育科研的支持和推动，高质量的教育更需要高水平的科研成果的支撑。

（二）突出创新导向

创新的本质是创造社会财富，是教育科学研究价值和生命力所在，也是教育研究生生不息的推动力。创新要求大胆想象和小心求证相结合，以科学精神求真、求实，在学术观点、研究方法、科学体系等方面创新发展。衡量教育科研工作的标准应当是业绩和对社会贡献的大小，而不是说了多少、写了多少，要看解决了多少教育改革发展的重大理论和现实问题。教育研究要重实际、讲质量、看效果，立足于真正解决问题；要提倡精品、减少次品、拒绝“毒品”，大力克服科研的低水平重复现象。

（三）改进评价方法

现有的教育研究评价方法比较粗糙。如某省 2014 年使用的社会科学基金项目通讯评审指标：选题3分，主要考察选题的学术价值或应用价值，对国内外研究状况的总体把握程度；论证5分，主要考察研究内容、基本观点、研究思路、研究方法、创新之处；研究基础2分，主要考察课题负责人的前期相关研究成果和主要参考文献。科研评价体系存在的主要问题包括强调论文、科研项目、科研经费、学科数、博士点和硕士点等的“数量和文章导向”；强调年度发表论文数、科研项目数、科研经费数和获得奖励数的“短期导向”；强调本人是否是文章的第一作者、是否是本项目负责人、是否是成果的第一完成人的“个体导向”等。这些问题的产生造成教育科研质量低、水平低，科研人员不择手段争取科研项目和科研经费，科研成果没有效益、甚至成果造假等现象。此外，教育科研还存在科研创新个体化的现象，“谁也别掺和谁”，团队建设越来越难，科研队伍越来越不能打硬仗。一份中科院的调查显示，科研评价和激励机制的导向是科研诚信最主要的影响因素。专家认为，科研评价是把双刃剑，过度的评价会触发科研的不端行为，如急于发文章、急于拿学位、急于出著作、急于评职称、急于拿奖项、急于当导师，这些急功近利的行为将“十年磨一剑”的执着与艰辛变成“一年磨几把小刀”的短期速成。

目前，科研评价还存在评价指标不全面，评价操作过分简化等问题，这使得对于某些群体的评价不科学、不公平。比如，某些单位对科研工作者只根据核心期刊论文发表数、部委级课题承担数等指标进行考察，而忽略了学术内容和实际贡献。同时，评价的操作不严格，只重形式、不理内容，评价时只找熟人或有学术关系的圈内人互相捧场。此外，外行评内行，权力左右学术评价。由于评价权、审查权往往依附于行政权，评价工作常常要听命于行政权力；由于对评价的监督不够，使得评价不透明，易发生暗箱操作的现象。

评价科研成果的唯一标准，是有国际领先的原创发现。科研评价可借鉴采用“两轮次”国际科研评估办法。其中，第二轮标准要求被评估者获得十位该领域国际研究人员的书面认可。只有严苛的标准，才能培养科研文化、激发科研活力，人才和成果才会形成永动机制、不断涌现。

四、建设科研团队

现代教育科研活动大多是应用研究，已不再完全出于个人的兴趣爱好，单纯依靠个人的单打独斗的力量毕竟有限。因此，科研团队建设要为国家和公众的利益服务，形成集体攻关，实现集成创新，才能够获得重大科研成果。

（一）科研团队的特征和现状

教育科研是知识高度凝聚的产物。能否生产出符合教育发展规律和相关方要求的应用性教育科研产品，关键在于建设长期有效的教育科研团队。

要发展教育科研，必须准确把握科研团队的深刻内涵。科研团队是以共同的科研目标为基础，通过某种独特的方式结合在一起的从事科学研究的群体。科研团队具有四大特征：一是以共同的活动为基础，团队成员之间相互联系、相互协作；二是团队成员有着共同的行为规范，其行为规范反映团队成员共同的价值目标；三是具有一定的组织性，团队成员在团队中有着一定的地位，各自扮演着不可替代的角色，其中最重要的成员是团队领头人，他是带领团队实现科研目标的关键成员；四是具有一定的流动性，团队成员会由于工作需要离开，但也有新成员不断加入团队，在团队领头人的带领下继续完成团队的目标。教育科研系统的质量管理，应以提高教育科研团队的工作质量为重点，把改进科研团队管理作为教育科研质量管理部门的重要职责。

2004 年，教育部提出了创新团队建设项目。此前，国内一些地方已先期开展了这项工作，并取得了一些成绩。很多学校都制定了科研团队组建和管理的相关办法，对团队规模、人员组成以及团队考核等做出了规定，涌现出许多优秀的科研团队，取得了丰硕的成果。但由于科研团队在我国尚属新生事物，全国大部分教育科研团队还仅限于项目组、学科梯队、教研室、实验室等现有的学术实体和实验运行组织。真正意义上的科研团队为数不多，以重大科研任务为共同目标的集聚在同一平台上的跨学科、跨行业的团队更少。高等院校学科齐全、人才荟萃的集体效应没有得到充分发挥。科学研究与生产实际脱离，科研成果难以转化为生产力，主要存在以下几个方面的问题。一是存在拼凑团队的现象。这些团队主要是因为缺乏优秀学科带头人或学科战略负责人，没有稳定的研究方向、明确的科研目标以及合理的人员结构，团队规模小，科研人员、科研资金设备分散，团队整合比较困难，不容易形成合力，难以产生有影响的科研成果。二是组织结构和管理体制不配套。不同研究方向的研究人员往往隶属不同的行政单位，普遍处在各自为战的状态，缺少了解及沟通的平台和渠道，相互之间的交流合作存在一定困难，影响了科研团队的形成。三是考评体系和激励机制不健全。现行人事管理制度下，科研人员职称、岗位津贴的评定主要以个人的科研成果为依据，且往往只以成果第一完成人作为考核指标。而在对团队考核的过程中，主要以团队为基本单位，考核团队的整体产出，缺乏对团队成员个人贡献的评估。团队科研成果的产出方面，申报成果的排名和科研成果的署名权往往是以团队带头人为先，这样影响了科研人员参与团队合作的积极性，不利于科研团队的形成和发展。另外，多数单位评价制度过于细化呆板，考核周期相对较短，缺乏适应科研团队创新的柔性机制，不利于科研团队进行高水平的创新研究。四是团队文化建设薄弱。团队的高效运行离不开团队文化的支持，团队文化为团队的运行提供了精神动力。而目前我国大部分教育科研单位科研团队的文化建设薄弱，主要体现在团队深层次的和谐理念薄弱，影响了团队的凝聚力；团队学习创新理念薄弱，影响团队高绩效目标的实现，制约团队成为卓越的团队。五是产学研相互脱离。团队与外部环境互动不够，缺乏有效的与外部环境互动的运行与保障机制。许多单位科研团队与企业或产业结合的动力不足，积极性不高，丰富的科技资源并没有与社会的发展有机地结合起来。不少单位科研管理只局限于立项至成果鉴定阶段，忽视科研成果的转化，许多科研人员从事科研主要是为了发表学术论文，提高自己的学术水平以及在国内外的学术地位，有的甚至只是为完成科研工作量和职称的晋升，不重视科研成果的推广和转化，从而造成科研成果转化率偏低，不少有价值的科研成果得不到有效应用。

（二）创建科研团队

如何加强科研团队建设，促进团队协作，有效完成科研团队攻关，可以从以下几个方面进行考虑。

1. 明确团队目标和定位

明确的、共同的创新目标是构建科研团队的基础。团队成员有了共同的研究目标、志同道合，才能齐心合力、把研究做深、把团队做强、从而形成科研的规模效益。

团队的定位要紧密结合单位的实际，如高校应与学科建设的要求相一致，能对学校的发展起到重大的推动作用。不同类型的科研单位在国家创新体系中承担着不同的责任，如高水平研究机构主要承担着国家级的科研创新重任。因此，团队的研究目标应该紧密结合国家和行业的重大需求或学科发展前沿的重大问题。地方性科研单位则主要承担着为地方社会经济创新发展服务的重任，地方高校和学科发展的主要源泉是地方的支持以及与地方产业建立依托互动关系。这就要求团队组建中首先要确立为地方服务的宗旨，要把地方的需求作为自己发展壮大的基点和源泉。

2. 构造合理的团队结构

优秀的科研团队，是一个学历、专业、年龄、职称等结构合理的学术梯队，梯队应形成核心突出、层次清晰、衔接紧密的组织架构。

从纵向上看，“金字塔”形的教育科研结构较为合理。从横向上看，团队成员应具有技能、性格和气质互补性，这样能够优化组合，集成优势，形成最佳的能力结构或能力场。

合理安排不同知识、能力和年龄层次的团队成员在不同的岗位上，使之相互协调补充、扬长避短，既能减少人才的浪费，又能保证学术研究的延续性和开创性。

3. 打造优秀的团队文化

团队文化是团队领导人及其成员在长期合作过程中不断磨合、磋商、积淀形成的产物，是一种有意识的活动，它已经内化为各个团队成员的惯性行为。高绩效的团队文化建设必须有明晰先进的理念，需要把理念融入制度，需要将制度转化为行动，需要锻造团队合作精神。

（三）搭建合理梯队

人才梯队建设有多个方面的内容，主要包括优化学科梯队的年龄结构、学历结构、学缘结构以及按照学科梯队的不同层次培养和引进人才。理想的学科梯队既有大师和学科带头人，又有学术骨干和学术新秀；充满活力的学科梯队既具有一定数量的科研人员，又有合理的人员构成，包括人员的年龄结构、职称结构、学历结构、学缘结构等方面。培养造就这样一支具有强烈创新思想和创新精神的学术梯队，是学科建设的基础。培养和塑造一批学术思想活跃、学术造诣较深、在国内甚至国际上有一定影响力的学科带头人和学术骨干是学科建设的关键。

1. 教育科研梯队是学科建设和项目研究的主导力量

教学与人才培养活动的开展、科学研究的进行、科研成果的取得与服务于社会都离不开科研梯队。合理的科研梯队，不仅需要学术造诣精深、具有高瞻远瞩和严谨进取的精神、能团结和带领整个队伍开拓创新的学术带头人，而且需要一批乐于奉献、学风优良、团结合作、有创新开拓精神、职称学历及年龄层次搭配合理的学术团队成员。优化的科研项目团队不仅能使项目组中科研经验尚不足的科研人员在项目的运作过程中得到锻炼，提高其科研能力，培养团结协作精神，为其成长为科研骨干打下基础，而且有助于项目负责人发展成为学术带头人。通过团队中各项目组的不断交叉、融合，团队最终会发展成为合理的学科梯队。但是，优化的科研项目团队只有在成功申报与完成科研项目的过程中才能逐渐形成。为此，要通过不断地组织申报与开展科研项目研究来持续优化科研项目团队。一方面，项目负责人需要有开放的意识，吸收不同职称、不同年龄层次、不同部门及行业的人员参与项目研究；另一方面，在单位项目的评审、立项及验收中，要将各项目组成员的搭配情况作为评判项目是否立项的一个重要指标，并在项目结题验收时把各项目组成员分工配合情况作为一个重要的验收指标。

2. 以带头人为核心构建布局合理的科研团队是教育科研可持续发展的动力

优秀的团队带头人是核心力量，要选择具备深厚的学术造诣、扎实的理论基础以及前瞻性战略眼光的优秀人才作为带头人，并加强其团队协作精神及团队管理能力的培养。带头人要能站在学科发展的前沿，准确把握学科发展的趋势，选定团队发展的目标。要以团队带头人为核心，选定一批高水平的核心成员组成科研梯队。梯队中不同成员的年龄、研究经验、学科背景以及研究水平要有差异，知识结构要能互补，努力克服研究过程中单学科知识的局限性，不同知识结构的成员能够将不同的理论、观念结合起来，以不同的研究方法去达成目标，这有利于团队寻找新的突破点。因此，单位在培养或引进人才时要按照整体规划的原则，根据需要培养或选拔不同层次的人才，这既可以保证科研团队的稳定，又能避免人才的浪费。

五、创新科研方法

教育研究离不开科学的方法，而研究教育科研方法的规律性本身又是教育科研的重要内容。在注重实验研究法、经验总结法、调查研究法和行动法之外，更要注重教育科研新方法的研究与应用。

（一）多元化

复杂科学研究热潮的兴起对科学研究方法论有重要意义，它强调按照事物本来的复杂面目去认识和把握研究对象。教育活动系统是一个复杂的系统，各组成部分之间紧密联系、层次交叉、形成一个网络。

在教育科学的发展过程中，不但形成了一个庞大的教育科学体系，而且就教育学自身的体系结构而言，其内容也在不断地分化并日益充实。科学的不断分化和综合，产生了许多新的学科，使教育学与其他学科发生了密切的联系，在教育科学体系内出现了学派林立的局面。教育科研领域学派林立，研究方法也明显地呈现多元化的发展趋势。

学科的不断分化和综合必然会衍生出新的研究方法，而学科的分化程度与研究方法的丰富程度，恰恰可以作为衡量一门学科发展水平的重要尺度。从某种意义上说，学科的继续分化实际上成为科学综合化趋势的一种表现形式。不断出现的新学科日益使各种传统的学科界线变得模糊，“大科学观”开始形成，也使教育科学研究移植其他科学的研究方法更为容易。因而，未来的教育科学研究方法领域必将出现学派林立、多元化的局面。

教育科学研究的多元化有以下特点。①定量研究和定性研究相结合。定量研究是对事物量的方面的分析和研究，即对事物存在和发展的规模、速度、程序以及空间排列等可以用数量表示的研究。它是依靠对事物可以量化的部分进行测量和计算，并对数量之间的相关关系（特别是因果关系）进行分析，进而建立一个模型，揭示某种规律，以达到对事物本质的把握。定量研究具有客观性、精确性的特点，能使研究简洁和清晰，便于进行纵向和横向比较。教育领域中既有可以观测量化的现象，也有不可观测、模糊的现象。而定性研究基于描述性分析，本质上是一个归纳过程，是用语言文字描述教育现象，进行“质”的理论思辨，做出“应该如何”的理论分析。定性研究的优点是可以深入了解研究对象的全貌，掌握研究对象较自然真实的行为表现。定量研究和定性研究各有所长，在教育研究实践中，两者的综合性多于分割性。两者的综合运用便于从多角度认识分析研究对象，使研究结论更具说服力。②科学与哲学方法相结合。教育研究中即使最科学的逻辑推理过程也蕴含着许多非逻辑的因素。在科学发展中，任何理论都不是天衣无缝的，总会有“反常”现象的出现，这时必须运用哲学思辨的方法加以解决。当然这种思辨不同于传统意义上的思辨。科学与哲学的结合并非简单相加或机械地拼凑，不是杂乱无章的，而是具有结构的。两者结合应在教学实践中进行。科学方法和哲学方法必须分清自己的研究层面，不能混淆各自的界限，更不能对立。科学研究从对象的确定到结果的分析应奠基于明晰的价值标准之上，哲学研究要从科学研究提供的事实出发进行价值判断和选择。③宏观研究和微观研究相结合。教育存在于人类社会的各个层次，从宏观来研究可以对事物整体有一个很好的把握，从微观来研究可以对某一部分有一个清楚的认识。两者都有其合理之处和不足之处。在研究中仅仅着眼于宏观或微观都是不可取的，往往“只见树木，不见森林”。宏观研究和微观研究难以截然分开，具体研究中，可能因研究的对象、目标、方法不同而有所侧重，但绝不可非此即彼，应注意两者的有机结合。

（二）综合化

现代科学的发展，呈现出高度分化的特征，并在高度分化的基础上又高度综合。正是这种既高度分化、又高度综合的趋势，促进了许多新兴学科、交叉学科、横向学科的形成和发展，为人类认识世界和改造世界提供了许多新的理论和方法。现代科学发展的这一趋势，为当代科学研究指出了新的方向、提出了新的要求。教育科学研究也不例外。加强跨学科交叉研究和多学科综合研究，是繁荣我国教育科学的必由之路，也是教育科研创新的必由之路。

教育科研的对象是教育，教育的对象是人，人从属于物理、生物、社会等系统；教育自身还有教育者、教育内容、教育手段等要素；教育还受其外部社会的政治、经济、科技文化等多因素的影响。所以，教育必然具有多系统、多层次、多序列等多测度性，必然涉及物理、生物、政治、经济等多方面，所以研究教育科学必然要开展跨学科的合作研究，这样才能真正有效地揭示教育规律。这种跨学科的合作，一方面是教育科学内部各分支学科的合作，另一方面是教育科学与相关学科的协作。这种跨学科的合作同时也体现了教育科学研究的综合化。

（三）数学化

多年来，随着社会科学数学化趋势的日益增强，人们已开始认识到教育科学研究仅靠定性的经验分析或纯思辨的理论分析是不完善的，它从根本上割裂了质和量的辩证关系，导致教育理论水平的长期落后。当前，教育科学的研究除了要做定性的描述之外，还必须进行充分的事物表层现象的量变研究，这就需要借鉴数学的研究思维。

教育科研越来越注重以数学方法作为研究教育现象及其规律

的工具，对研究结果进行数量化分析，使教育科研日臻科学化。数学方法不再只是一种计算手段，而是成为一种思维形式，即作为科学方法论渗透到教育科学领域。教育科研正打破过去那种凭经验办事的习惯做法，对教育现象及其规律进行整体的、综合的、结构功能的、动态的、量化的考察和研究。

当前教育科研数学化主要有两个特点。①多元化分析方法使教育科学多因素研究得以实现。随着教育科研出现生态化倾向，人们对教育的研究更注重现场研究，进行多因素设计，探求教育现象中多因素、多变量之间的关系，这就必须要对研究结果进行多因素分析。②计算机在教育科研中的广泛应用，使教育科研大样本、多变量、多层次的研究成为可能。

随着数学的发展，教育科研逐步应用先进的数学方法与手段，如模糊数学方法在教育科学研究中越来越被人们重视。近年来，人们开始运用多元分析方法，对已有的课题研究结果进行综合评价，以探讨带有普遍性、概括性的结论，在定性分析中运用定量分析，推动了教育科学的发展。

六、运用先进研究技术

现代化的技术和手段被广泛地应用于教育科学研究中。从现代技术手段的发展和丰富性来看，当前主要是广泛采用以计算机技术为主的手段和方法来推进教育科学研究，使教育科学研究从理论形态走向实践形态，并使两者得以结合，从而促进教育科学研究现代化的发展。

教育科研现代化的特点包括以下几点。①教育科学研究工作者运用现代技术手段形成了具有现代化特征的科学工作方式。当代先进的智能计算机可以帮助教育科学研究者寻找正确的思路，通过人机交互作用，共同解答问题，从而使教育科学研究工作者的工作方式从单调的个人冥想式转变为动态的人机对话式，研究过程由单一的演绎推进转变为人与计算机相互交流互动的过程。②运用现代信息技术可以促进教育研究语言的抽象化、规范化和理论化。如果在教育科学研究中引入计算机语言、逻辑符号语言等，将使教育科学研究的语言由单纯的自然语言转而成为自然语言和人工语言的统一体。这必将极大地增强教育科学研究的语言功能，使研究技巧与实验设计更加趋于完善。③运用现代化技术手段可以实现教育科研管理，尤其是教育科学研究成果的检验与评价体系的合理化。长期以来，教育科学研究主要是提供定性研究结论，而对这些定性研究的成果又难以进行可靠的检验。研究者可以运用计算机技术，使某些操作性强的研究成果在付诸实践之前，即可受到某种程度的检验。这样既可以密切理论与实践的联系，又可以对研究成果进行更加客观的评估。

随着以网络为基础的信息技术的快速发展，教育科研手段也发生了很大变化，诸如计算机统计技术、数据库技术等在教育科研中发挥着越来越重要的角色。

（一）大数据分析

数据是事实，也称观测值，是实验、测量、观察、调查等的结果，常以数量的形式给出。数据分析的目的是把隐没在一大批看来杂乱无章的数据中的信息集中、萃取和提炼出来，找出研究对象内在的规律。在教育研究中，数据分析可帮助研究者做出判断，以便采取适当的行动。数据分析是有组织有目的地收集数据、分析数据，使之成为信息的过程，主要由识别信息需求、收集数据、分析数据、评价并改进数据分析的有效性组成。典型的数据分析包含以下三个步骤：探索性数据分析、模型选定分析、推断分析。

大数据是指规模巨大的数据，可概括为数据量（volume）大、速度（velocity）快、类型（variety）多、真实性（veracity）强。随着大数据时代的来临，大数据分析也应运而生，分为五个方面。第一，可视化分析，不管是对数据分析专家还是普通用户，数据可视化是数据分析工具最基本的要求。可视化可以直观地展示数据，让数据自己说话，让观众听到结果。第二，数据挖掘算法，通过集群、分割、孤立点分析还有其他的算法能够深入数据内部，挖掘数据价值。第三，预测性分析能力，可让分析员根据可视化分析和数据挖掘的结果做出一些预测性的判断。第四，语义引擎，需要一系列的工具去解析、提取、分析数据，被设计成能够从“文档”中智能提取信息。第五，数据质量和数据管理，通过标准化的流程和工具对数据进行处理，可保证一个预先定义好的高质量的分析结果。大数据的出现改变了科学界普遍追求因果关系检验的局面，而建立在相关关系分析基础上的预测是大数据的核心。近年来，财政部投资支持中国教育科学研究院建设国家教育决策模拟系统，教育部支持上海市教委和上海市教育科学研究院共同开展“国家教育决策支持统计服务系统”项目建设，这都体现了运用大数据服务国家教育决策科学化的超前部署。

（二）统计技术

教育科研中，无论是实验设计、经验总结，还是不同规模的调查研究，都涉及大量数据资料的收集、整理和统计分析问题。计算机及有关统计软件的应用，给这些繁复工作的开展提供了极为有利的条件。目前常用的统计软件有 EXCEL、SPSS、SAS 等。

1. EXCEL

EXCEL 是微软办公套装软件的一个重要的组成部分，它可以进行各种数据的处理、统计分析和辅助决策操作，由于其操作简单，目前已广泛地应用于教育、管理、统计、金融等众多领域。

2. SPSS

SPSS 是软件 Statistical Package for the Social Sciences 英文名称的首字母缩写，即“社会科学统计软件包”。但是随着 SPSS 产品服务领域的扩大和服务内容的深入，SPSS 公司已于 2000 年正式将软件的英文全称更改为 Statistical Product and Service Solutions，意为“统计产品与服务解决方案”。

SPSS 是世界上最早采用图形菜单驱动界面的统计软件，它最突出的特征就是操作界面极为友好，输出结果美观漂亮。其主要特点包括：操作简单，除了数据录入及部分命令程序等少数输入工作需要键盘键入外，大多数操作可通过“菜单”、“按钮”和“对话框”来完成，无须编程；功能强大，SPSS 具有完整的数据输入、编辑、统计分析和报表、图形制作等功能，自带 11 种类型 136 个函数。SPSS 提供了从简单的统计描述到复杂的多因素分析等统计方法，包括探索性分析、相关分析、方差分析、非参数检验、协方差分析、判别分析、因子分析、聚类分析等。

3. SAS

SAS（Statistical Analysis System，统计分析系统）是一个模块化、集成化的大型应用软件系统。它由数十个专用模块构成，功能包括数据访问、数据储存及管理、应用开发、图形处理、数据分析、报告编制、计量经济学与预测等。SAS 基本上可以分为四大部分：SAS 数据库，SAS 分析核心，SAS 开发呈现工具，SAS 对分布处理模式的支持及其数据仓库设计。SAS 主要完成以数据为中心的四大任务：数据访问、数据管理（SAS 的数据管理功能并不很出色，而是数据分析能力强大，所以常常用微软的产品管理数据，再导成适用于 SAS 的数据格式，SAS 在使用中要注意与其他软件的配套使用）、数据呈现、数据分析。

（三）模型试验

模型试验是一种有前景的研究技术，从简单的物理模型（实物和类比模型）发展为复杂的数学模型、结构模型、仿真模型、数字模型。

数学模型是用数学语言描述系统行为和特征的一类模型。它可以是一个或一组代数方程、微分方程、差分方程、积分方程或统计学方程，也可以是它们的某种适当的组合。数学模型通过这些方程定量地或定性地描述系统各变量之间的相互关系或因果关系，还有用代数、几何、拓扑、数理逻辑等数学工具描述的模型，在教育经济研究中使用广泛。

结构模型主要反映系统的结构特点和因果关系，是研究复杂系统的有效手段。它结合了因素分析和路径分析，并纳入计量经济学的联立方程式，可同时处理多个因变量，容许自变量和因变量含测量误差，可同时估计因子结构和因子关系。容许更大弹性的测量模型，可估计整个模型的拟合程度，因而适用于整体模型的因果关系检验，在教育满意度测评中得到运用。

仿真模型是被仿真对象的相似物或其结构形式，通过实验可观察系统模型各变量变化的全过程。仿真模型利用模型复现实际系统中发生的本质过程，并通过对系统模型的实验来研究存在的或设计中的系统，是一项有前景的研究技术。物理模型、数学模型和结构模型一般能转变为仿真模型，设计不同控制策略或设计变量对系统的影响，或是系统受到某些扰动后可能产生的影响。用计算机进行连续系统的仿真实验和离散事件系统的仿真实验，对教育系统的仿真研究不仅方便、灵活，而且经济。

数字模型是通过声、光、电、图像、三维动画以及计算机程控技术与实体模型相融合，充分体现展示内容的特点，达到一种惟妙惟肖、变化多姿的动态视觉效果。对用户来说，这是一种全新的体验，并能使用户产生强烈的共鸣。数字模型超越了单调的实体模型的沙盘展示方式，增加了多媒体自动化程序，充分表现出区位特点、变化丰富的动态视效。用户还可通过触摸屏选择观看相应的展示内容，简单便捷，大大提高了研究成果演示的互动效果。

七、完善科研管理体制

多年来，我国教育科研取得的一个重大成就是初步形成了具有中国特色的、较为完整的教育科研体制。从这个体制的纵向结构看，它主要包括三个层次：中央教育行政部门下属的教育科研机构，各省、自治区和直辖市教育行政部门下属的教育科研院所，以及地方教育行政部门下属的教育科研机构。从这个体制的横向结构看，它主要包括三个方面：各级教育行政部门下属的教育科研机构，师范院校和教育学院的有关系（所）以及综合大学，理工科院校下属的教育科研机构。由此形成了覆盖面广、机构众多、队伍庞大、成果丰富的教育科研格局。

但是，随着教育事业的进一步发展和教育科学研究的不断深入，我国教育科研体制内在的问题和弊端也逐渐暴露出来，其主要表现为：机构设置存在着大而全、小而全的弊端；由于各级各类教育科研机构通常是按照原有的“条块分割”和行政区划设置的，因而，无论在结构上还是科研项目上，都很难具有个性和特色；当前普遍存在教育科学研究工作低水平重复的现象；教育资源和教育科研资源的大量浪费；由于现行教育科研体制的形成，具有明显的“政府行为”的色彩，就不可避免地受到地方、部门利益的制约或保护。

（一）加强科研机构的协同创新

促进交流是多方面的，既包括人员之间的交流，也包括科研手段和信息之间的交流。目前在教育研究中存在着一个非常“有趣”的现象，人们很注重与国外、境外的交流（这本身无可非议），但对与国内、乃至于省（市）内同行之间交流的“兴趣”却逊色得多。这其中除了“远来的和尚会念经”这种心理外，恐怕还有更深层次的因素。但不论是何种原因，其结果都是一样的。由于缺乏必要的交流，机构重复设置，科研资料和设备重复购置，科研课题重复设立，科研工作重复进行。为了有效地改变这种状况，加强交流不失为一个重要的途径。加强不同地区、不同部门所属教育科研机构和人员之间交流的另一个更为重要的结果是，有助于学术之间的相互争鸣、讨论，有助于研究人员之间的相互学习，有助于研究人员开阔眼界、启发思想。所有这一切，都将直接促进教育科研人员素质的提高，从而从根本上保证我国教育科学研究事业的持续发展和繁荣。事实上，随着我国交通、通讯事业的发展，特别是互联网络的开通，信息的交流目前在客观上已经是非常容易的事情。现在需要做的主要是主观上的工作：观念的更新、狭隘的地方和部门利益的打破以及胸襟和视野的开阔。在21世纪的今天，如果不以开放的心态，建立真正开放（同时向国外和国内开放）的教育科研体制，将难以使我国的教育科学研究应对新世纪的挑战。

（二）健全有效的科研激励机制

运用各种方式和手段，打破教育科研中的地方保护和部门保护。因为真正具有学术价值和长久生命力的科研成果是汇聚了创造力和艰苦劳动的结果，从来也不是、也不可能是某个机构或某种权威力量（不管是行政权力还是学术权威）保护、扶植的产物。只是凭借外在的力量，任何教育科研成果都必然缺乏其内在价值。只有从根本上消除保护落后、抑制先进的体制，才有可能使教育科学研究事业真正走上健康发展的道路。从现实情况看，要真正形成有力的教育科研的竞争机制，至少需要两个方面的努力。一方面是教育行政部门的努力，要自觉地消除狭隘的地方和部门观念，并率先垂范，以切实保证教育科学研究事业的健康发展；另一方面是教育科研机构和教育科研人员的自觉，教育科研人员要努力提高自身素质，高扬作为学者所必需的学术良知，以卓有成效的创造性的劳动成果赢得学术界和社会的认可。这两个方面的努力都是真正建立教育科研竞争机制所不可缺少的要素。

从长远的观点看，要真正建立这种竞争机制、并使这种机制真正发挥其应有的功效，形成和巩固严格的教育科学研究的学术规范、学术道德，建立合理的学术评价标准，是更为基本的。正因为缺乏（甚至还不具有）严格的学术规范，缺乏共同的学术评价标准，以及缺乏自觉的学术道德的约束，特别是尚未真正形成稳定、统一的学术共同体，教育科学研究事业才不断受到来自外在的和内部的种种不利因素的影响。

（三）完善科研成果评价体系

近年来，教育科研成果的评价体系有了较为明显的改进，教育科研成果的评价已逐渐从最初的单纯数量标准发展到目前的质量标准（中文核心期刊制的形成即是一个重要的标志）。但从全面来看，要真正建立和完善较为科学的、易于操作的教育科研成果评价体系，还有很长的路要走，还有很多工作要做。目前需要做的工作：一是进一步完善中文核心期刊制，使之更科学、合理，特别是更能适应教育科学研究的特点；二是改革教育科研成果的评奖制度。迄今为止，各种奖项已有不少，有些奖项的公正性和权威性也已得到公认。现在的问题是，在教育科学研究的现状下，设立多少奖项为宜。奖项过少不利于调动科研人员的积极性，而奖项过多则难免出现滥竽充数的现象。与此相关的问题是，教育科研成果的评奖是否应“分级”。目前教育科研成果评定通用的做法是，在同一种奖项中，分为若干等（如一等奖、二等奖）；而在不同奖项中，则分为若干级（如国家级、省部级）。从学术的角度看，科研成果的水平和质量确实是有差距的，但这种差距是否可以细分为若干级、若干等，不同级和等的差距是否可以真正反映不同成果之间在学术上存在的差距，似乎又是“存疑”的。其实，要解决这个问题并不难，办法是将教育科学分为现已公认的若干部分（如二级学科），每个部分设立若干（甚至一个）奖项。另一个需要做的工作是，加大学术团体在教育科研成果评奖中的作用。教育应用研究要有新意，应着重考虑如何将基础理论研究成果与教育实践联系起来，开辟应用的途径，探索搞好教育工作的规律以及如何通过实践进一步深化和丰富基础理论。教育开发研究要讲效益，应在运用现有的研究成果、拓展知识的基础上，开辟新的应用领域。教育科研开发研究的根本特征是创造性，创造性的主题就是创新。有质量的教育科研，是求真务实、对教育改革发展有用的科研，是基础研究、政策研究和实践研究协调发展的科研，是立足中国与面向世界相结合的科研，是产生创新成果与培养创新人才的科研。

（四）保持基础研究和应用研究合理平衡

我国现代教育科学研究的时间迄今不超过一百年，其间又屡遭挫折。无论在基础研究还是在应用研究上，需要补的课都很多。近年来，由于整个社会价值取向的变化，原先在教育科研中重视不够的应用研究的地位得到明显的提高。这种变化有其积极的一面，但由此产生轻视乃至忽视基础研究的现象，也是值得高度重视的。无论从哪个方面看，教育理论以及教育科学的所有基础学科的研究绝没有到可以暂时放一放的程度，教育理论和基础学科研究不是多了，而是还远远不够，需要花大力气做长期艰苦的努力。认清这一点，对于我国教育科研事业是至关重要的。另一方面，即使是应用研究，也必须从基础研究中得到必要的支持。基础研究和应用研究是一个物体不可分割的两个组成部分，没有基础研究作为支撑，没有基础研究提供的方法论基础和认识论基础，没有基础研究创造的理解和解释事物的思想工具，应用研究必然是盲目的。从发生学的角度看，基础研究如同一棵大树的主干，而应用研究则是从树干上长出的枝。基础研究是源，而应用研究是流。无根之木、无源之水，是难以想象其生命力的。教育科研应当继续高度重视基础研究，同时反对经院主义和烦琐哲学；应当不断加强应用研究，同时反对唯科学主义和技术至上。这也就是说，不应当人为地限制基础研究或应用研究，也不能人为地以一时的利益需要不恰当地突出基础研究或应用研究，而应使两者依据学术发展的客观规律保持一种合理的平衡。只有这样，才有可能真正使基础研究和应用研究相辅相成、相得益彰。

（五）打破科研机构“条块分割”格局

要破除教育科研机构“小而全、大而全”的格局，对现有教育科研部门进行“优化组合”，形成相对集中、不以行政区域和部门为界限的区域教育研究中心，对教育科研资源进行重组，尤其注重科研与教研的结合、普教与职教的结合。

（六）保障科研人员参与权

教育科研体制的改革离不开教育科研人员的参与，但同时也需要教育科研人员自身素质的不断提高。否则，教育科研体制的改革终将是一种形式。就目前而言，教育科研人员一要树立“精品”意识，努力把高质量的科研成果奉献给社会；二要树立“特色”意识，自觉抵制低水平重复研究，自觉避免“跟风”行为，从自己的实际（知识背景、专业特长等）出发，选择研究课题，从事科学研究。只有这样，才有可能出精品。

教育科研是一项复杂的工作，必须学会使用统筹兼顾这一重要的思想方法。一方面，在谋划教育科学事业的发展规划时，要通盘考虑各个方面的要求，坚持统筹教育科研的规模、结构、质量和效益，统筹基础研究和应用研究的协调发展，统筹各级各类教育科研的协调发展，统筹城乡和区域之间教育科研的协调发展，统筹教育科研的发展、改革与稳定，促进教育科研事业持续协调健康发展。另一方面，也要求在制定具体的教育科研发展政策措施时，必须兼顾各个方面的具体利益和要求，以充分调动各方面的积极性。

（七）推进科研管理科学化

《中国教育改革和发展纲要》第二十六条明确指出：“各级政

府和教育行政部门要把教育科学研究和教育管理信息工作摆到十分重要的地位。”在教育科研精品战略中，科学规范的科研管理是其重要保障。长期以来，我国教育科研体制大多为课题组长负责制。广大的教育科研工作者一直按传统的方式进行教育科学研究工作，没有一个统一的管理模式，往往是一个课题组一个管理方式。课题组长的质量意识、管理水平直接影响科研成果和科研进度。教育科研工作与自然科学及企业研究院的研究工作相比，缺乏严格的质量管理体制，人为因素更多地决定了教育科研成果的质量。

1. 建立健全教育科研质量保障体系

质量保障体系不健全，造成了教育科研项目特别是一些重大工程项目在实施过程中，质量较难把控。一旦人员组织方面安排不当，就会造成指挥调度不力，出现责任推诿和重复性工作过多等严重后果。建立质量保障体系使教育科研工作内部管理有序化、正规化，是提高教育科研工作效率的有效途径。

2. 构建教育科研协调机制

各级教育科研部门要制订系统协作的长期规划，形成以问题为纽带，以全局性、全国性问题为重点，以区域性问题为特色的协作机制。要与教育和其他行政部门紧密结合，为推进教育实际工作出谋划策，提供理论指导，体现教育科研院所的超前性、全局性和可持续性，提升教育科研院所的整体力量。

3. 注重整体协作与强化特色相结合

在强调整体协作的同时，各教育科研院所也要发挥各自的优势和特色。国家级教育科研院所和重点高等教育机构要着力于基础性、全局性、战略性研究，在重大理论研究上要有前瞻性，在实践研究中要有全局指导性，要充分发挥对整个教育科研战线的引领、指导和组织协调作用；各地教育科研机构要加强与区域、基层和学校的联系，总结、提炼先进的经验和有效的案例，研究方式和研究成果要体现和反映地方特色，指导基层教育改革实践。

八、促进学术规范

教育科研行为规范是教育科研工作必须遵守的规则，主要包括教育科研行为的道德准则、行为人的自律责任、不端行为处理等。

（一）明确科研行业基本准则

1. 遵守中华人民共和国公民道德准则

坚持以教育创新实践为宗旨，弘扬科学精神，恪守学术伦理，拒绝不道德的教育科研活动。

2. 尊重知识产权

研究成果发表时，做出主要贡献的研究人员享有署名权，未经上述人员书面同意，不得将其排除在作者名单之外。

3. 遵守公开原则

在保护知识产权的前提下，公开教育科研过程和结果等相关信息，追求教育科研活动社会效益最大化。在合作研究和讨论教育科研问题中要共享信息，提供相关数据与资料。

4. 遵守公正原则

对研究的参与者和合作者做出的贡献，应给予恰当认同和评价。对他人的研究成果应做客观公正的评价。进行讨论和学术争论时，应坦诚直率、科学公正。

5. 遵守诚实原则

在项目设计、数据资料采集分析、公布教育科研成果，以及确认合作者和其他人员对教育科研工作的直接或间接贡献等方面，必须实事求是。研究人员有责任保证所搜集和发表数据的有效性和准确性。

（二）执行科研从业人员行为准则

教育科研管理人员应坚持以提高质量为导向，规范管理，创新管理，推动教育科研健康发展，促进教育科研质量不断提高。

第一，做正确方向的引导者。教育科研管理工作应坚持以马列主义、毛泽东思想、邓小平理论和“三个代表”重要思想为指导，贯彻落实科学发展观，团结广大教育科研工作者，坚持“双百”“双为”方针，解放思想，尊重差异，包容多样，改革创新，围绕中心，服务国家，服务人民。

第二，做科研人员的服务者。教育科研管理工作应以人为本，尊重劳动，尊重知识，尊重人才，尊重创造，依靠群众，相信专家，充分激发广大教育科研人员的积极性、创造性，端正服务态度，提高服务质量，以服务促发展，在服务中上水平。

第三，做提高质量的推动者。教育科研管理工作应积极创设求真务实、民主和谐的学术环境，大力倡导精品意识，建立以质量为导向的教育科研管理体系，形成教育科研的准入和退出机制，积极推进“代表作”“同行评议”等学术评价制度，构建教育科研质量的保障体系与监督机制，提升科研质量和原始创新能力。

第四，做规范管理的维护者。教育科研管理工作应秉承科学民主法治精神，完善专家评价、匿名评审、网上公开、成果公示、社会监督制度，项目评审和科研评价应保证程序公开、方法科学、技术先进、结果公正。

第五，做良好学风的促进者。教育科研管理工作应勇担重任，明确学术规范标准，推动学术诚信教育，弘扬学术道德正气，保护知识产权，维护合法权益，克服急功近利，杜绝弄虚作假，打击学术泡沫。

第六，做社会公益的实践者。教育科研管理工作应加强行业自律，坚持公益性原则，不徇私情，自觉抵制不良社会风气的影响，反对以课题、评奖、挂牌、征文、编书、实验校等形式的牟利行为，树立教育科研的良好形象。

（三）明晰科研不端行为认定标准

教育科研不端行为是指教育科学研究过程中各种编造、作假、剽窃和其他违背科学共同体公认道德的行为。具体认定标准有以下几条。

1. 剽窃他人的研究成果

如将他人材料上的文字作为自己的成果发表，不注明出处，故意省略引用他人成果的事实，借用他人文章的整体框架，使人产生为其原创的印象；或引用时故意篡改内容、断章取义。

2. 研究成果评奖中的不端行为

包括将同一研究成果提交不同部门重复评奖；将本质上相同的研究成果以不同作者的名义参与评奖。

3. 在研究和学术领域内有意做出虚假的陈述

包括编造数据；篡改数据；改动原始文字记录和图片；在项目申请、成果申报中做虚假的陈述。

4. 损害他人署名权

包括侵犯他人的署名权，如将做出创造性贡献的人排除在作者名单之外，未经本人同意将其列入作者名单，将不应享有署名权的人列入作者名单。

5. 在教育科研活动过程中违背社会道德

包括骗取经费和其他支持条件等教育科研资源；在个人履历表、资助申请表中故意包含不准确或会引起误解的信息，故意隐瞒重要信息。

（四）优化科研环境

1. 树立正确的科研观

全面认识教育科研的价值，高度重视教育科研在革新教育观念与教育行为、整体提升教育质量方面的重要作用；不仅要关注研究成果的呈现，而且要关注研究过程的展开，倡导立足实践和直面问题的研究，发挥教育科研在推进素质教育和提高公民素质中的作用。

2. 强化科研规范意识

抵制弄虚作假、消极浮躁等不良风气。各级科研单位要切实履行管理与监督职责，在本单位中加强教育科研规范的学习与宣传，及时发现和解决本单位教育科研规范工作中存在的问题。

3. 建立健全科研规范管理制度

要根据教育科研规范建设的有关规定，结合实际情况，制定和完善有利于促进发展的教育科研规范管理制度，明确有关人员的责任与义务，保障各种形式的教育科研活动的有序进行。

4. 营造宽容失败的氛围

2008 年，中国修改科学技术法规，“允许科学家自由报告失败，不会失去面子或影响未来科研经费”。该法规意在鼓励研究人员在可能不会产生具体结果的领域接受风险。这对于教育科研工作者勇于创新具有保障作用。

（五）弘扬良好学风

教育研究界学风浮躁、学术失范和不端行为，腐蚀了科学的肌体，损害了教育科研工作者的声誉。科学道德和学风建设所面临的挑战，从内在原因看，是一些科研工作者道德约束力薄弱、科学精神缺失、急功近利的思想泛滥所致；从外部环境看，与教育科技管理体制改革滞后、科技评价体系不完善、科学道德教育机制不健全、学术批评与监督不力等不无关系。

随着我国科研投入绩效问责力度的加大和科研信息透明度的提高，近年来学术造假和学术腐败事件层出不穷，不仅引起了体制外社会公众对于“象牙塔”中人的学术操守和良心的拷问，更引起了体制内科研政策制定者与科研人员的警醒和反思，“科研诚信”的问题受到高度关注。科研失信的原因在于过度的评价，还有不科学的评价助推了科学研究中的不诚信行为。如果仅仅停留在现象的批判和事后的问责，而不能从科研政策层面进行系统性反思和制度性改进，将无法从根本上解决问题，甚至将伤及我国教育科研创新体系的“元气”与综合竞争力。

进入21世纪以来，包括教育科研在内的我国科研实力和竞争力实现了高速提升。全球知名的科技与知识产权信息服务机构汤森路透公司的学术成果计量分析数据库ESI（基本科学指标）的数据显示：截至2014年5月1日，我国在所有146个进入ESI排名的国家和经济体中，科研论文发表数量排名仅次于美国，位列第二。在其22个学科分类中，我国在每个学科均有排名进入全球前1%的研究机构。教育科研的进步同样显著，如北京师范大学的教育学科在世界高校的排名从百名之外进步到第43位。但在科研创新能力显著提升的同时，也出现两种现象并存：一是科研成果数量增加的速度远超过学术影响力提升的幅度；二是抄袭、造假等学术不端行为大量浮现，而“亡羊补牢”式的学术监督和问责制度尚未引起研究者与研究机构的全面警戒。

科研不端行为陡增，说明科研诚信已超越了个人行为和道德层面，成为科研制度环境层面的问题。反思科研政策及评价制度，下述三大因素不能不引起警惕。第一，近似GDP崇拜式的科研发展和人才培养目标，鼓励追求短期而非长期、追求数量而非质量、追求个体的而非团队的科研行为。第二，科研制度不健全，把科研不端归咎为道德自律问题，并未建立明确的学术规范和法律，缺少对学术规范的全面了解和内化。第三，不科学的科研评价体系设计，以及与之配套的利益分配机制，使得科研人员无不深知其弊端，但又不得不遵守“游戏规则”。

评价的目的不在于证明，而在于改进。科研评价的本质目的应该在于促进科研人员的研究能力及其成果的学术影响力的提升。以科研成果数量为单一标准的科研评价，背后隐含着的是大尺度的利益分配差距，两者叠加才是引起学术诚信滑坡的真正原因。在一个鼓励“赢者通吃”的人才选拔制度中，少数科研人员不惜以高风险换取高利益，也成为一些没有坚定学术信仰的研究者效仿的对象。

“不要因为走得太远，忘了我们当初为什么出发。”归根到底，解决科研创新体系建设中面临的科研诚信危机，需要系统性的科研制度变革。潜心营造一个“不论辈分”平等思辨的环境，只有做到心灵自由才能让科研走在国际前沿。科研是一种摆脱条框束缚、追逐心之所向的令人愉悦的生活，而这种态度可为教育科学研究带来活力。经费、收入、职称等问题不应当成为禁锢原创科研发现的枷锁。国外经验启迪我们，应该营造一种平等对话、自由思辨的科研文化。科研就像体育比赛，运动员要挑战人类的体能极限，科研则是挑战人类的认知极限，同样也很痛苦艰辛。只有为科研人员在资源、体制机制上理顺、清障，才能让科研无羁绊，科研过程才会令人愉悦。

九、加强成果转化

实践是检验真理的唯一标准，研以致用是教育科研的本质特点。教育决策、教育实践和人才培养为教育理论创新提供了广阔的舞台，日益活跃的教育改革为教育理论发挥作用提供了用武之地。教育科研工作应加快成果转化的步伐，注重教育科研成果在日常实践中的实际贡献。

目前，我国已成为政府科研投入和科技论文产出的大国，在科技论文开放获取方面，我国的一些科研机构和大学在积极采取行动，建立了一些开放获取信息的知识库，有600多种高水平学术期刊实行了不同程度的开放出版。而实行公共资助项目的科研论文更大程度的开放获取，有助于打破知识获取的障碍，促进公共科研投入的成果迅速地服务于社会经济发展。全球研究理事会（GRC）由美国国家科学基金会、德国科学基金会和中国科学院等11家机构于2012年共同创立。数据显示，目前GRC成员机构所管理的资助资金约占全球公立科研资助资金的75%。2013年GRC全体大会通过了《科技论文开放获取行动计划》，鼓励和呼吁公共资助的科研成果（尤其是学术论文）实行开放获取。2014年GRC全体大会继续围绕科技论文的开放获取进行了讨论，并提出后续行动计划。中国科学院、国家自然科学基金委员会针对公共资助科研项目发表的论文实行开放获取的政策分别发布了声明，称将支持公共科研论文开放获取。

（一）服务决策

教育科研工作必须树立为重大教育决策服务的意识，要注意研究教育发展中出现的一些热点、难点问题，对一些教育问题做长远的、全局性的和深层次的科学研究，提出新思路、新办法，为教育决策当好参谋。教育科研不仅应当把教育决策作为一个重要的研究对象，同时应当更加积极主动地为教育决策服务，教育决策也必须从教育科研中找到理论支持和实践基础。

教育科研是教育事业的重要部分。多年来，我国教育事业取得了举世瞩目的成就，教育科研在教育事业中的基础性、先导性地位逐步得到确立，但也存在一些问题。第一，教育科研没有为思想解放和教育观念更新发挥先导作用，特别是没有全面为科学认识教育的本质与功能提供有力的理论指导。教育科研应该促进教育优先发展战略地位的落实和全社会关心支持教育良好氛围的形成。第二，教育科研还没有及时为中国特色的教育质量效益观提供科学依据。在教育改革中，要坚持进行教育科研，不断探索因地制宜、分区规划、分类指导的成功经验，坚持规模、结构、质量、效益相统一，促进充满生机活力的教育体系的形成。第三，教育科研在提高教师队伍素质和教育教学质量方面发挥的作用不够，没有把推进素质教育、教学改革、培育特色与课题研究紧密结合起来。广大教育工作者应努力掌握教育科学知识，积极开展教改实验，促进教育科研成果在实际工作中的试验和推广，指导一线教师，有效提高师资队伍的整体水平。第四，教育科研对教育对外开放的影响还不够。一方面，教育科研对世界各国教育理论成果以及发展、管理教育的经验评价还不够深入细致，眼界还不够开阔；另一方面，教育改革发展的成功经验宣传不够，世界对中国的了解不深，教育的对外开放不够。第五，教育科研在教育决策科学化、民主化中的基础作用没有充分发挥出来。教育科研活动还没有全面总结、概括教育改革的经验和规律，能有力地推动教育深化改革的理论还不多。教育科研工作者应围绕教育改革与发展的热点问题开展研究，如关于基础教育课程改革研究的若干课题、关于民办教育研究的系列课题、关于教育投资问题和资源配置问题等，明确教育科研为教育决策服务的意识，发挥教育科研在教育立法、教育政策制定中的重要价值。争取教育科研成果能被有关教育行政部门采纳，或为相关教育政策的制定提供重要参考。

目前，世界上许多国家都设立了教育科研机构，从地方教育行政部门到中央教育管理机构都加强了教育研究的地位，以保证决策的科学性和可行性，如中国的中国教育科学研究院、美国的国家教育政策研究所、日本的国立教育研究所、德国的德意志国际教育研究所、英国的英格兰及威尔士全国教育研究基金会。从以上这些国家的研究机构设置和现有发展状况来看，国家或其他教育行政机构使教育决策走上科学化与民主化的道路必须有两个重要的保障条件：一是健全的教育法制体系，二是全面深入的教育研究。随着我国教育体制和改革实践的不断深化与拓展，教育科研也将越来越显示出其不可或缺的地位。正如《〈中国教育改革和发展纲要〉的实施意见》指出："政府要切实转变职能，改善对学校的宏观管理。政府的主要职能是：制订教育的方针、政策和法规……制订教育事业发展规划和年度招生计划……组织对各类学校教育质量的检查和评估……为保证教育职能的转变，使重大决策经过科学的研究和论证，要建立社会中介组织，包括教育决策咨询研究机构、高等学校设置的学位评议与咨询机构、教育评估机构、教育考试机构、资格证书机构等，发挥社会各界参与教育决策和管理的作用。”根据上述简要分析，可以得出一个结论：现代教育的发展需要宏观的战略决策，正确的战略决策要以教育理论为重要依据。尤其是在教育迈向现代化并以“科教兴国”为治国策略的今天，如果没有理论作为指导，就无法把握教育发展的内在机制；同样，如果没有对教育现象深刻的认识与研究，也不可能为教育决策提供有效的理论指导。因此，各级教育行政部门要进一步增强依靠科学研究来提高决策的科学化、民主化程度，树立“科研先导、科研兴教”的观念，否则，离开研究的决策是瞎决策，离开决策的研究是白研究。

教育科研为教育决策服务可以从两方面入手。一方面，教育科研为教育决策提供教育实践中带有方向性的典型经验和带有倾向性的重大问题。教育科研机构要紧扣时代脉搏，保持对现实生活的敏锐和热情，正确解答教育改革发展中的重大理论和实际问题，充分发挥其先导作用，体现教育科研工作的自身价值。另一方面，教育科研为教育决策的实施进行理论普及和思想发动，并设计实施方案和操作工具。教育科研在发展教育科学的同时，要更好地为教育改革和发展提供理论先导，提供决策依据和实践佐证，还要运用科学的方法对无限丰富的教育现象、教育事实进行归纳和分析，揭示规律。教育科研要为直接推进教育改革的实践提供可供借鉴的策略、方法和方案。教育决策过程包括决策前、决策中和决策后三个阶段。针对不同阶段，教育科研可以分别为教育决策提供前瞻性、干预性和反馈性服务：决策前，提供决策者必须掌握的相关信息，即涉及决策内容的历史与现状资料，并能对决策提出前瞻性建议；决策中，在可能的条件下，教育科研部门应参与对决策的论证，使教育科研能动地干预教育决策；决策后，通过调查研究及时反馈决策的落实情况，促进决策贯彻执行，并通过实践检验决策，协助决策部门完善修订教育决策。教育决策系统是分层次的，对于不同的决策层次，教育科研服务的内容应有所侧重：战略决策层主要通过信息服务实现教育科研参与和影响决策的功能；方案决策层最需要的服务内容包括制订方案、研制操作工具、开展先导性的局部实验；管理操作决策层中的培训、指导、调研反馈是教育科研需要提供服务的主要内容。

教育科研部门参与教育决策，应注意以下几点：首先，教育科研部门参与教育决策，应以国家关于教育的大政方针为依据，以教育教学理论为指导，服从、服务于本地区教育改革与发展的宏观要求和实际需要；其次，深入了解学校教育教学工作的实际情况，重视对国内外教育改革与发展信息的搜集积累，坚持实事求是的科学态度；再次，教育科研部门参与教育决策，要有自己明确的角色位置，是“谋”而不是“断”，是处在局部而不是处在全面。因此，教育科研工作者要正确对待决策者对这些意见的取舍与评价。

当然，我国教育科学正在产生日益广泛的社会影响，已成为社会科学的重要组成部分。哲学社会科学是人们认识世界、改造世界的重要工具，是推动历史发展和社会进步的重要力量。哲学社会科学的研究能力和成果，也是综合国力的重要组成部分。这些论断深刻地揭示作为社会科学组成部分的教育科研在新形势下的地位和作用。教育改革和发展的实践不断证明：有效地发挥教育科研的理论指导、实验探索、决策咨询作用，既是教育改革取得成功，教育事业不断发展的重要保证，又是教育改革和发展的强大动力。

（二）指导实践

教育科研要主动适应经济社会发展和教育改革的需要，对实践进行新的概括和总结，提出新发现、新概念、新思路、新理论，为教育的改革创新提供理论指导和智力支持。

教育的变革一定要以教育科研为先导和基础。由此教育科研在未来的教育创新实践中的作用和价值必将进一步凸显，同时，高品质的教育科研也必将为社会和人民所呼唤和需求，要发挥教育科研在教育创新实践中的作用，根本在于要用创新的精神激活教育科研的活力。

教育科研必须进一步面向实践。当代教育活动和教育实践因为科技发展、信息涌流、新知识层出不穷，已经发生了巨大的变化。但是，我国教育科研主要以近代以来形成的教育制度、教育活动形态及其思想理论体系为依据，没有较大的突破。中国处在一个特殊的变革时期，既有大量不能适应时代发展的教育问题，也有大量从本国实践中生长出来的新鲜经验，这就需要以新的思想、解放的气魄和实事求是的态度面向实践研究问题，发现、挖掘和形成适合我们具体教育生活实践的教育新思想、新观念、新政策以及建立新的教育理论。有些研究者习惯于书斋式的研究，而对新的教育实践关注不够，也有的研究者虽已走向实践，但不能扎根实践，对实践做较长期的、坚持性的、真实的研究。在这里，创新精神应当主要表现为对教育实践有经验的敏感性，对教育问题有强烈的问题意识，能够捕捉和抓得住最重要的课题，并通过一定的超前性的调查、实证与分析研究，为从中央到地方的教育政策以及面上的教育实践提供基础的、基本的、先期的行动依据和思想理论指导。

近年来，教育科研在选题、视角、方法、语言上已经有了很大的进步，但比起其他一些学科的科学研究，进步还不明显。教育科研机构及人员要进一步打破教育研究的封闭、割裂的状况，积极发展与社会其他领域、行业的互动，积极发展与自然科学、人文社会科学等其他学科的互动，要学习借鉴诸如哲学、社会学、人类学等学科的研究视角、概念与方法，不断开发和拓展新的研究方法和工具，并整合运用到教育科研中来。只有积极追求新的视野与方法，不固守学科的樊篱和原有的思维方式，教育科研才会有新意、有创造性、有魅力。要积极地通过行之有效的方式宣传先进的教育思想，传播新的教育知识，推广教育研究成果，改变那种将成果束之高阁、使教育研究效益低下的现象。把现代教育科学成果运用到学校实践中去，是关系到国家兴衰的大事情。只有借助于科学，学校才能不断地改进教育和教学工作，将自身的发展提高到时代所要求的水平。

（三）繁荣学术

教育研究有两大任务：一是开展教育学科建设，二是加强教育理论研究对教育实践的服务功能。这两大任务一个为基本理论研究，另一个为应用研究。可见，学科建设与教育科研在高等教育领域的重要性。这两大任务实质上又是相互联系、相互促进的。

学科发展到现在，从三级学科门类看，已有2 000多门，这些学科门类都是在前人通过科学研究取得成果的基础上总结成理论体系而逐步形成的。新兴学科的产生往往伴随着重大科研创新成果的出现，如达尔文的生物进化论、爱因斯坦的相对论、维纳的控制论等，都是在创造性科研基础上创立的。一个学科能否成为重点学科，主要看该学科的科研成果是否达到国际或国内领先水平，而实现这些目标的基础性措施即是科学研究。一所学校即使开设了新学科，如果不开展科学研究，也将难以达到较高的学术水平。

科研活动是学科建设的先导。学科建设质量的提升又为科研活动的下一轮发展提供合理的知识、人才结构，为创造良好的科研环境打下基础。可见，高等学校中的科研活动和学科建设是互动的，而科学研究是学科建设的内核。

学科建设的本质和任务即是跟踪学科前沿动态与发展趋向的

科学研究活动。学科建设要以高水平的科研课题为依托，否则，学科建设将成为空谈。学科的水平、学科的知名度，是靠有先进水平的课题及其后续成果体现的。高水平的科学研究，首先要能抓住学科前沿。能否抓住学科前沿，是学科成熟的标志，只有高水平的学科研究，才能洞悉学科前沿。突破前沿，学科就向前发展。科学研究中的重大问题的解决要靠强大的学术实力。只有建设高水平的学科，社会才能对其产生认同感、信任感。

科研成果是学科建设综合水平的标志，是学科进行知识创新和技术创新的源泉。没有科学研究就不可能使学科建设达到高水平，就不可能有科研成果转化为生产力，从而产生较大的社会效益和经济效益。因此，教育科研机构应当努力争取纵向、横向科研项目，争取重大科技攻关项目和基础研究项目。只有通过承担重大的科研项目，才有可能产生高水平研究的成果，才有可能使自身的学术水平和人才培养质量上水平、上层次，才有可能建成一支高水平的学科队伍，才有可能开拓学科研究领域、创立和构建学科的科学理论体系。因此，科研成果的数量与质量是衡量该学科发展的重要指标。

科研活动是学校办学层次的整体反映，学科建设则是学校办学质量的综合表现，要改革学校科研和学科建设的管理体制，建立全校一盘棋的观念。科研管理职能部门要做好协调、组织和管理工作，不断改革管理思路，全方位为科研第一线服务，提高服务质量，改善服务水平。同时加强学科建设，加大知识创新的力度。知识创新是通过科学研究，包括基础理论研究和应用研究，获取新的基础科学知识和技术科学知识的过程，科技创新依赖于知识创新，知识创新为科技创新奠定基础。科技创新焕发了民族文化精髓的科学精神，科技成果的重大突破又为知识和理论找到实践的依据。

十、加强国际交流合作

教育开放和科技开放都是我国改革开放事业的重要组成部分，有利于促进我国教育科研事业的健康发展。包括教育科学的科研组织在内，我国加入的国际科研组织的数量连年增加。截至2008年，我国以各种形式参加了1 000多个国际科技合作组织，其中政府间国际合作组织200多家，有206位科学家在350个国际科技合作组织担任领导职务。

（一）开阔国际视野

“百年大计，教育为本”，国际竞争主要依靠科技和教育的竞争，承认教育的世界性是教育要面向世界的一个战略规定。那么，在中国的国情基础上教育该以怎样的速度和规模去发展，现代化需要什么样的人才素质呢？我们的教育观念、教育结构、教育内容和教育的方式方法应如何改进，以适应现代化的要求？这诸多的问题摆在了教育科学研究的专家学者面前。我们的教育科研工作者只有进行艰苦细致的研究，面向世界，吸取古今中外的经验，才能把我国的教育发展建立在有科学理论作为指导的基础上，减少盲目性，走适合中国国情的教育发展道路。

新中国成立65年来，国际科技合作与交流蓬勃发展，已成为建设创新型国家、实现跨越式发展的有效手段。我国的国际科技合作已从一般性的学术交流、技术引进，上升到合作研究、合办科研机构以及参与和发起国际大科学计划的新阶段，初步形成了全方位、多层次、广领域、高水平国际科技合作的良好局面，为我国科技进步、经济社会发展提供了有力的支撑，在国家总体外交中发挥了独特作用。我国教育科研起步晚、成果少、研究人员的水平有待提高，许多教育理论都来源于国外。因此，我国的教育科研要在借鉴国际先进的教育研究理论、方法、手段等基础上，结合自身实际进行创新。目前，我国很少有教育著作在国际上产生较大影响，只有面向世界，才能站在世界的高度来看待中国的教育问题。国外教育研究开展得较早，早在第二次世界大战前几十年，国外就有人对教育的研究产生了兴趣，如法国的比内和西蒙、美国的桑代克等人所做的心理学方面的实验和测量等。尤其是第二次世界大战后，对人类问题的普遍关注和科学技术的惊人进步激起了研究教育的新高潮，我国的教育科研必须面向世界，充分了解这些发展动态。如西方发达的工业化国家建立起了全国性的教育研究机构，大学配备了教育研究实验室和中心；苏联教育科学院拥有几千名研究人员和若干专业研究所；1981 年时日本的教育研究调查和培训组织达 960 个；美国现有教育专业研究人员约 4 万人。认清这些情况，有利于发展自己的教育科研。

随着高等教育大众化的持续推进，以及九年制义务教育的有效实施，我国已经成为一个教育大国。我国教育在世界上的影响越来越大，但教育科研的现状与教育大国的地位很不相称。我们还是发展中国家，国家发展以及综合实力的提升，要紧紧依靠教育的发展。第二次世界大战后，各民族独立国家纷纷把发展教育作为本国经济腾飞的基础，我国教育中面临的许多问题也需要进行认真研究。目前，我国教育主要是向西方学习，借鉴西方教育理论，本土的理论较少，为什么又要面向世界呢？如果说教育面向世界是在空间上通过教育科研在我国教育的现代化与世界之间架起一道桥梁，那么，教育科研要面向世界，也是为了我国教育能自立于世界教育科研之林，为了中国教育科研对人类有较大的贡献。中国的教育人口数量巨大，只有通过培养教育科研能力强的创新人才，才能使中国教育科研兴旺发达。我们解决了教育问题，也是对人类教育做出的较大贡献。

教育科研要面向世界，需要把中国的教育发展置于世界教育发展大舞台中鉴别考察。信息社会人们交往的便利和信息传递沟通的快捷，为教育科研的国际化提供了有力的工具。通过近十几年来的比较教育研究，我们已经对世界各国的教育有了不少了解，并有人不断对世界各国的教育进行研究，并结合中国的教育进行反思，从中看到了我国教育的特点和差距。我们要以其他国家教育体制、教育观念、教育模式、教育投入、教育教学方法、教师地位和培训等为参照，结合自己的国情大力开展教育科研，不断改善自己的教育。

教育科研要开阔视野，吸收和借鉴世界各国的文明成果，走引进和创新相结合的道路，为制定我国教育发展的有效政策和规划提供依据，为我国参与世界范围内的新技术革命和经济发展的竞争提供智力保障。从我们对国际教育趋势的研究中，人们已接受了世界教育组织或会议所提出的一些观念，如“学会学习”“学会生存”“学会关心”“教学与发展”的思想等。又如，巴班斯基的教学过程最优化理论传入中国后，使我们进一步认识到教学过程的复杂性、系统性和科学性，看到了信息论、控制论、系统论以及现代管理科学如何应用于教学之中。但是，任何理论都来源于实践，国外的教育理论是根植于外国的教育环境和教育实践，而我国有自己的教育传统，也有我国特殊的教育环境，国外先进的教育理论不一定完全适合我国教育的需要。我们要充分研究世界教育理论产生的背景，领会其精神实质，结合我国的传统和国情，进行创造性的转换，吸收其精华，独立思考，真正变成我们自己的教育理论。同时，他国教育的弊端也是我们需要注意防范之处，从另一个角度可以指导我们现实的教育实践，为我国从教育大国向教育强国的转变做出应有的贡献。

（二）加强国际交流

当今世界，教育科研的对外交流是一个国家教育科研健康发展必不可少的条件。在努力学习与借鉴外国先进经验和成果的同时，坚持立足中国实际，反对生搬硬套，自觉抵制种种腐朽东西的侵蚀。在现代社会，由于现代交通工具和通信工具有远程性、快速性、连接性和适应性等特点，各国之间的交往变得异常方便。随着国际交往的日益便利和市场经济的发展，国际分工和协作也日益向广度和深度发展，各国之间的相互联系也日益变得紧密而具有依赖性，教育也是如此。现在几乎没有哪个国家的教育体制、教育内容、教育方法、教育手段和教育组织形式完全是土生土长的。只有积极主动地参与到教育科研的国际交流中去，才能紧跟国际教育科研前沿，以世界的眼光、务实的态度及时了解国际教育科研动态，对先进的研究成果进行学习和吸收，同时，也把我国自己的教育科研成果推向世界，扩大我国教育科研的世界影响力。

世界教育科研的国际化速度不断加快，国际交流也日益频繁。改革开放 30 多年来，我国教育科研的国际交流日趋密切，教育科研国际化进程持续加快，一个全方位、高层次、多元化的教育科研对外交流格局已经基本形成。

但是，我国教育科研的国际化也存在一些问题。首先，教育科研的国际交流是以单向交流为主。许多世界性教育科研组织都设立在国外，许多具有国际影响力的教育科研机构也是在国外，我国成功举办的国际性教育科研学术会议还不多，每年举办的高等教育国际论坛吸引的国外专家也不多，还没有具有国际影响力的教育研究刊物，国外的著名教育科研专家在我国教育期刊上发表文章的还不多，国外的教育科研人员来我国进行访问和学术交流还比较少。教育科研的国际交流主要是主动去国外的教育科研组织进行学习和访问，没有形成一种双向互动的教育科研交流格局。其次，在教育科研的国际交流中，存在有些地方盲目照搬国外的理论的情况。我们的教育科研没有研究中国教育自身的特殊情况，甚至教科书、教育内容、教育方法、教学手段、人才培养模式等都照搬国外，部分专家翻译了一些国外的教育专著，但对成书的背景了解不够，翻译水平不高，一些国内科研工作者盲目把国外的教育理论不加选择地运用到我国的教育科研和实践中去，没有经过本土化改造，无法真正指导实践。再次，教育科研的国际交流形式还缺乏多样化。教育科研的层次和类型是多样的，我国目前高等教育科研的国际交流比较多，而基础教育及职业教育等方面的科研交流较少，不能全面了解国际先进的教育系统。最后，教育科研的国际交流能力还不够。我们的教育科研著作很少能打入国际市场，传统的优秀教育思想是几千年中国教育大师长期研习和实践的结果，一些传统和最新的教育科研成果未能及时介绍给国际教育界，没有得到国际教育界的认同。以往的国际交流大都注重形式上的交流，关于教育科研的实质交流不多。

要实现我国教育科研的国际平等互动交流，就要树立平等交流的观念，不盲目崇拜，要知己知彼，既了解我国的教育国情，又了解国外的实际情况，这样才能实事求是地进行教育科研工作，培育核心竞争力，通过引入国际性教育科研思想和方法，改善学生的培养模式，不断提高人才培养质量。教育科研的目的是培养人才、发展教育科学。培养国际化人才是教育科研国际交流的重点。高等学校要根据学校师生的不同特点和国家的需求，有针对性地建立多层次的教育科研派出项目，形成以教育科研交流促进人才培养的有效模式。各学校要建立多层次、多类别的教师科研人员派出模式，如获取博士学位、做博士后研究或高级访问学者，为国家可持续发展储备大批具有国际化视野的教学科研人才。同时，学校要鼓励学生积极参与国家各层次的公派项目，形成多元化、多层次的交流平台。

加强教育科研的国际交流，营造一种真正融合于全球意识环境中的教育体验。国际学术交流是教育国际化的基本特征和最易实现的形式。通过举办国际学术研讨会、人员互访与培训，不同国别、不同文化背景的专家的短期讲学或工作，提升教育科研人员的国际化视野和科研国际化水平，改善和影响学生的思维方式。积极推进留学生教育，推广无边界教育的理念。通过不同层次的留学生教育，促进课程建设和制度创新，提升国际竞争力，培养跨文化、高素质的国际性人才。

（三）促进国际合作

随着国际交往的日益便利和市场经济的发展，国际分工和协作也日益向广度和深度发展，各国之间的相互联系也日益变得紧密而具有依赖性。

我国开展了多种形式的国际教育科研合作，如联合培养博士、硕士，联合进行教育科研项目的攻关，组建国际性教育科研合作机构，联合举办国际科研刊物等。但目前还存在一些问题，主要表现为教育科研人员国际合作意识不强，参与到国际合作教育科研之中的人数不多，同各国进行教育科研合作的面不广，对教育科研的国际合作内涵理解不透，没有根据自己的优势和特长选择合作教育科研项目，教育科研成果引进水平较低，没有结合国情进行有效消化，我国的教育科研成果很少能走出国门、竞争力不强。

教育科研要与世界各国建立多边、双边的官方、民间等多种形式的合作关系，形成多层次、多渠道、全方位的国际教育科研合作格局，为提高我国教育科研水平，进入世界教育科研前沿发挥积极作用。同时，我国的教育研究专家和研究项目才有机会登上世界教育科学的舞台，才能吸引国外教育科研专家参与我国的教育科研项目，为依靠世界教育科研的力量解决我国的教育难题提供条件和机会。

我国的教育科研国际合作应坚持平等互利、优势互补、成果共享的原则，在合作方式上要营造宽松的环境，积极主动地选择并参与国际重大教育科研合作计划和项目，在合作途径、资金渠道、资助机制等方面要创造一个有利于教育科研专家广泛参与国际合作与竞争的良好环境。在政府协调管理、规划下，鼓励政府各部门、教育科研院所和各高校共同出资参与国际教育科研合作项目，选择欧美一些教育发达国家进行合作，构造既符合我国国情又与国际惯例接轨的教育科研合作机制。

教育科研国际合作应广泛应用先进合作手段，规范合作活动。首先，教育科研手段的技术化和复杂化，尤其是信息技术的飞速发展、信息高速公路的建设能使科学研究数据存储实现网络化、全球化，加强世界各教育科研专家之间的实时性交流，不断提高各国教育科研水平。其次，要加强教育科研设备的网络化，使科研资源全球化的领域更为广阔。再次，教育科研活动的国际化必然会形成一些国际化的合作规则、合作惯例。要有效把握这些规则和惯例，如项目的立项、成果的归属、研究评估机制的国际化等，指导教育科研人员的研究活动。

教育科研人员要努力争取在国际教育科研组织中发挥重要作用，要克服语言上的障碍，在国际教育研究学术会议上多发声，提高我国教育科研专家在国际教育科学组织中的地位。我国要在制度和政策上应给予相对宽松的环境，为开拓合作形式“铺路架桥”，激励教育科研专家增强自身对外交流能力，提高研究人员对国际科研动态的敏感度，努力参与国际项目的研究，要在国际教育科研领域中善于表现自己，积极加入到国际教育合作项目之中。在“走出去”的同时，还要努力“引进来”。依靠我国的人才培养环境优势，引入国外先进的教育科研基地的建设及运行模式，吸引国外教育科研人员加入到我国的教育科学研究中来。

教育科研管理人员要加强国际合作服务能力。国际合作项目不同于一般科研项目，牵涉的因素众多，不仅包括教育研究者（项目执行者）本身，还包括研究合作的对象和场所、合作项目执行的可行性等。因此，它涉及的管理因素较一般项目也更为复杂。对国际合作项目的管理需要从事外事管理的工作人员和从事教育科研项目管理的人员及科研人员科学分工、配合完成。教育科研的合作往往来源于科研人员之间的相互了解，这就需要创造一定的场合和机会实现相互了解，管理人员应积极承担国际会议的组织工作，为教育科研人员的相互了解提供平台。高等学校的跨国界战略合作和联合办学，还可以提升学校专业、学科的竞争优势，拓展科学研究的领域。

（四）扩大国际影响

为了树立教育研究成果的国际意识，必须破除两种“反对”认识。第一，以中国特色为由反对教育研究成果的国际化。在教育研究中，虽然存在意识形态和文化理念的差异，在一些领域难以达成一致的国际认同，不同国家和民族的教育科学研究具有各自的“本土特色”，但是教育研究过多地强调“特色”，将会导致研究视野的“近视”，对成果的“孤芳自赏”，最终导致研究成果丧失在国际上的地位。因此，需要将“特色”放置于国际背景中，让“特色”成长、壮大和富有生命力。第二，以西方制订的学术标准为由反对教育研究成果走向国际。目前，比较公认的社会科学引文检索系统（SSCI）的确具有明显的西方特征，或者更为准确地说是美国特征，这无论是在制订的刊源标准还是期刊收录的数量上都有所反映。但不可否认，至今在社会科学研究领域还没有哪一个国家能够拿出让世界各国都满意的评价系统。国际上对 SSCI 数据库还是相对认同的。目前在中国还没有一致认可的社会科学评价系统，仅仅因为认为 SSCI 数据库存在问题，我们就远离它、轻视它，只能使自己的教育研究成果在世界教育发展领域被逐渐边缘化。因此，要在肯定 SSCI 检索系统的基础上，努力提高我国教育科研的水平，在 SSCI 检索系统中开辟中国空间。

树立成果的国际意识还要遵守共同的学术规范。这不仅对提高教育研究的学术水平有益，而且也是中国教育研究成果走向国际的必经之路。总体而言，在中国科学研究成果的表达方面，自然科学走在了社会科学的前面。由于历史的原因和思想意识的约束，中国教育研究成果的学术规范长期游离于国际学术规范之外。遵守国际上共同的学术规范是中国教育研究成果走向国际的基础工作。

学术规范涉及细节较多，如题目是否简洁明确、关键词是否准确、摘要的信息量是否丰富和具体、作者的信息是否完备等。目前，中国教育研究成果表达在学术规范方面突出的问题反映在两个方面：一是缺少研究现状的描述；二是参考文献贫乏。国内许多教育研究成果，在表达上缺乏对研究现状做基本的必要的交代，这既不利于读者了解关于这一问题的研究起点，也不利于读者知道现在的研究创新在何处、有何新的结论和建议。这或许是许多中国学者的教育研究存在的通病。中国的教育研究成果，尤其是以教育实验、调研报告等形式出现的学术性论文更应引起重视。在参考文献方面，以 SSCI 数据库中 5 份教育领域的代表刊物 2006 年第 1 期所有文章的参考文献为例，不难发现，国外论文的参考文献数量远远多于我国论文。事实上，这个问题早已引起了国内学者的重视，并有研究进行了有关统计。如一项对我国 300 多种社会科学和人文研究核心期刊进行的调查发现，有引文的论文数只占论文总数的 36.64%，这就是说在我国社会科学和人文研究领域的高水平刊物中有 63.36%的论文都没有一篇引文。甚至还有一些研究者往往根据刊物发表论文的要求，在完成论文后才勉强增加一些注释和参考文献。参考文献的规范，不仅能为读者提供更多的研究信息，而且也是体现学术道德的基本条件。

树立成果的国际意识还包括加强学术期刊的国际交流。学术期刊是学术论文的主要载体，加强学术期刊的国际交流将有助于学术成果集中推向国际。世界需要了解中国，需要中国的学术走向世界。因此，加强学术期刊的国际交流十分必要。目前需要做以下两方面的工作。首先，推选中文期刊进入SSCI数据库。从对SSCI数据库的分析得知，其刊源语言除英语外，还有50多种语言。但目前该数据库中没有汉语期刊，这不能不说是我国科研工作的遗憾。弥补该遗憾，需要中国学者的努力。如果能让更多的中文学术期刊收录到SSCI数据库中，将使中国的教育科学研究在国际社会产生非常重要的影响。有理由相信，只要我国的教育研究成果具有世界一流水平，我们的教育期刊能够按照国际规范去运作，那么一些教育中文期刊进入SSCI数据库就为期不远。

同时，必须正视这样的事实，英语现在是、将来在很长一段时间也还是世界上唯一的超级强势语言。在当代学术成果的传播语言方面，英语占据了非常突出的地位。因此，用英语传播中国的学术成果迫在眉睫。我国已于2005年正式启动Frontiers in China工程。它是由教育部发起并主管、高等教育出版社编辑出版、德国施普林格（Springer）出版公司海外发行的英文系列学术刊物。出版该刊的宗旨是力图将中国高等学校的优秀学术研究成果推向世界，使之成为全面展示中国学术研究整体实力和综合水平的一个信息平台与窗口，并增强中国高等学校与国际同行的沟通与交流。Frontiers in China系列刊物为季刊，涵盖自然科学和人文社会科学的27个重要学科，以网络版和印刷版形式出版。2006年和2007年分别有12个和15个学科的刊物推向世界。*Frontier of Education in China*（《中国教育前沿》）已于2006年出版，它由北京师范大学顾明远教授任主编。该刊物强调中国教育特色，力图反映中国教育最高水平的学术成果和中国教育改革与发展的最新成果。我国有必要集合政府、社会和民间的力量，通过连续出版物的方式用英文表达教育研究成果，促进教育研究成果走向世界，让中国的教育研究成果更好地被世界所了解。

当前，我国教育正处在重大的转折点上，即由数量发展向质量提高的转变，教育科研同样也要着重于质量的提高。2010年颁布的《教育规划纲要》提出未来 10 年建设人力资源强国的发展目标，在全社会开展了教育思想大调研、大讨论，既是对新中国成立 65 年来教育科研实力的一次大检阅，也是对今后教育科研的发展提出的新要求。胡锦涛同志在全国教育工作会议和两次中央政治局教育问题集体学习会议上多次强调要加强教育宏观政策和发展战略研究，提高教育决策科学化水平。党的十七届六中全会首次提出了促进文化大繁荣大发展，建设社会主义文化强国的战略目标，要求大力发展哲学社会科学，更好发挥其认识世界、传承文明、创新理论、咨政育人、服务社会的重要功能，坚持基础研究和应用研究并重，传统学科和新兴学科、交叉学科并重，结合我国实际和时代特点，建设具有中国特色、中国风格、中国气派的哲学社会科学。坚持以重大现实问题为主攻方向，加强对全局性、战略性、前瞻性问题研究，加快哲学社会科学成果转化，更好地服务于经济社会发展。实施哲学社会科学创新工程，发挥国家哲学社会科学基金示范引导作用，推进学科体系、学术观点、科研方法创新，重点扶持立足中国特色社会主义实践的研究项目，着力推出代表国家水准、具有世界影响、经得起实践和历史检验的优秀成果。整合哲学社会科学研究力量，建设一批社会科学研究基地和国家重点实验室，建设一批具有专业优势的思想库，加强哲学社会科学信息化建设。

刘延东同志在第四届全国教育科学研究优秀成果奖颁奖暨中国教育科学研究院成立大会上指出，推动教育科学研究繁荣发展，进一步发挥教育科研服务决策、创新理论、指导实践的作用，努力建设中国特色社会主义教育理论体系，为推动教育事业科学发展、办好人民满意的教育、建设教育强国做贡献，为建设教育强国提供智力支持。教育科研是认识教育规律的重要工具，是促进教育改革发展的重要保证。我们党历来重视教育科学研究，把教育科学研究作为党的理论建设的组成部分和教育事业发展的基础性工作。多年来，我国教育科研事业取得长足进步，为党和国家教育方针的制定实施提供了智力支撑。强国必先强教，强教必兴科研。广大教育科研工作者要深刻认识教育科研的重大意义，自觉担负起推进教育理论创新的崇高使命；要坚持以马克思主义为指导，坚持服务国家、服务人民的宗旨，坚持实事求是的思想路线，全面贯彻党的教育方针，解放思想，勇于创新，探索真理，发现规律，广泛调动各方面的积极性和创造性；要以社会主义核心价值体系为引领，立足基本国情，借鉴先进经验，确保教育科研的正确方向；要围绕主题主线，着眼教育改革发展重大理论和现实问题，加强宏观政策和战略研究，发挥思想库、智囊团作用，为国家和人民提供更加优质高效的教育科研服务；要以推进解决群众关心的教育热点难点问题为出发点和落脚点，走出书斋、贴近百姓，积极回应社会关切，为办好人民满意的教育建言献策；要深入探索教育规律，丰富发展中国特色社会主义教育理论体系。广大教育科研工作者要把做人与治学统一起来，把学术追求与社会责任统一起来，树立优良学风，努力创造学术精品。

总之，我国教育事业正在快速发展，同时也面临着诸多的挑战和机遇，教育科研机构要成为我国教育创新的策源地、高素质专业研究人才的培养基地、教育决策的思想库、促进教师专业化发展的推进器、教育改革的实验田、教育信息的交流中心、国际教育交流合作的重大平台。教育科研工作者应具有宏观战略、世界眼光、开放意识、交流愿望和合作能力，通过自身的努力，积极学习和借鉴国际教育科研成果，努力进行本土化改造和创新；同时，大胆地把我国的教育科研成果推向世界，扩大我国教育科研的世界影响力，争取在较短的时间内，使我国的教育科研在理论上有创新研究，在方法上有较大突破，在政策实践中能切实起到引领作用。

附　录

附录一：新中国教育科研大事记（1949—2014 年）

1949 年

华北人民政府教育部出版了《教育学参考资料》（新华书店 1949 年版，上海联合出版社印行），其“编辑大意”指明，这本《教育学参考资料》“可暂用为（师范学校）‘教育概论’一科的基本教材”。

10 月，以法捷叶夫为团长、西蒙洛夫为副团长的苏联文化艺术科学工作者代表团来华访问。代表团团员、俄罗斯联邦共和国人民教育部副部长杜伯洛维娜在北京、上海等地向我国教育工作者介绍苏联工作经验并参观了一些学校。

东北地区先行开展学习苏联教育经验活动。东北人民政府教育部组织力量，以苏联十年制中学的自然科学各科教科书为蓝本编译中学教科书，从初中一、二年级开始逐步采用，并大量翻译介绍苏联教育文献。许多学校根据苏联学校校规精神制订本校校规。旅大地区（今大连市）各中学及东北实验学校的两个班全部采用苏联教育方法。

1950 年

中国人民大学率先设立教育学研究室，创立教研室制度。

5 月，《人民教育》杂志创刊。该刊以学习政策，学习苏联教育经验，总结解放区教育经验，展开教育学术思想的批判为主要任务。毛泽东为该刊题词："恢复和发展人民教育是当前重要任务之一。"1951 年 7 月，教育部确定《人民教育》为教育部的机关刊物。

12 月 1 日，人民教育出版社成立，该社是专门出版教科书及一般教育用书的出版社，在方针政策上受教育部领导，在出版事务上受出版总署领导。叶圣陶任社长兼总编辑。

12 月，凯洛夫主编的《教育学》（1948 年版）由沈颖、南致善等翻译，人民教育出版社出版。

当年，北京师范大学先后邀请波波夫、普希金、崔可夫等专家，华东师范大学邀请杰普莉卡娅等苏联专家讲授教育学。

1951 年

4 月，《人民教育》第二卷第六期发表张俊光的文章《评"活教育"的基本原则》。文章指出："活教育"和杜威教育学说的基本观点大致相同，"活教育"必须从思想体系上加以根本改造。此后，《人民教育》陆续刊登了对"活教育"理论与实践的批判文章和倡导"活教育"的教育家陈鹤琴等人的自我批评文章。

5 月 20 日，《人民日报》发表社论《应当重视电影〈武训传〉的讨论》。文教界开展了学习社论和批判《武训传》运动，并进而对陶行知教育思想进行批判。

5 月，人民教育出版社出版了凯洛夫主编的《教育学》下册。

1952 年

3 月，教育部颁发《中学暂行规程（草案）》和《小学暂行规程（草案）》，启动了教研制度。

5 月 2 日，教育部师范教育司发布《师范学校教育学教学大纲》（未定稿），邀请张凌光、丁浩川等 10 多位专家编写师范学校教材《教育学》（四册），由人民教育出版社出版。

10 月，《小学教师》杂志创刊。该杂志由《人民教育》编委会编辑，以全国小学教师为对象，重点为广大农村小学教师服务，任务是推进农村小学教师的业余学习。

全国高校院系大调整，综合型大学的教育学科合并到师范院校、教育学院，如北京大学、人民大学、燕京大学等高校的教育学科合并到北京师范大学。

1953 年

5 月 6 日，《高等教育通讯》创刊，该刊是高等教育部的机关刊物，功能是为了交流高等学校的教学经验，传达有关高等教育的方针、政策，以指导教学工作，推进教学改革，提高教学质量。

6 月，师范学校《教育学》教材出版。

7 月，《人民教育》发表短评，认为苏联教育专家普希金听了北京市女六中为北京师范大学实习学生举行的初中语文《红领巾》一课的观摩教学之后，在评议会上做的总结发言“给我们指出了一个改进语文教学的方向”。

1954 年

5 月 1 日，高等教育出版社成立，任务是有计划地出版苏联高等学校和中等专业学校理、工、农和部分社会科学教材的中译本，并选择出版我国高等学校自编教材。武剑西任社长兼总编辑。

1955 年

1 月 9 日，《人民教育》一月号发表社论《积极稳步地提高教育质量是今后普通教育的中心任务》，提出中小学“必须遵照全面发展的方针，贯彻智育、德育、综合技术教育、体育和美育，使学生获得全面发展”，使学生成为“社会主义社会自觉的积极的建设者和伟大祖国的包围者”。

2 月 9 日，《人民教育》发表署名文章《实行全面发展教育中若干问题的商榷》，在教育界中展开关于全面发展教育问题的大讨论。

9 月 4 日，教育部在北京创立的教育行政学院开学。

11 月 4 日，中央转发教育部党组《关于实用主义思想在中国教育中的影响和批判实用主义教育思想的初步计划》，教育界展开对杜威、胡适资产阶级实用主义教育思想的批判。

北京师范大学教育系编写的《教育学讲义》（上、下册）由北京出版社出版。

1956 年

1 月，教育部颁布《中学教学研究组工作条例（草案）》，规范了教研组的性质、定位和工作内容。

4 月 18 日至 5 月 25 日，苏联教育代表团访问我国。代表团由苏联教育科学专家、教育行政部门负责人、校长和教师组成，团长是俄罗斯联邦教育科学院副院长马尔古舍维奇。代表团访问了北京、南京、上海、杭州、广州等城市，参观了各类学校，在一系列的报告会和座谈会上介绍了苏联教育工作的经验。《人民教育》自六月号起连续发表了苏联代表团成员的十篇报告。

5 月 1 日，《教师报》创刊。基础教育教研室成立。

6月2日，中央教育科学研究所筹备处成立。

8月，教育界及报刊再次开展关于全面发展教育问题的讨论。教育部、高等教育部组织了几次讨论会，《教师报》邀请了北京十所中学负责人座谈，《人民教育》开辟专栏讨论这个问题。讨论肯定了贯彻全面发展的教育方针的成绩，同时指出了一些当前存在的急需解决的问题。

1957年

1月26日，中央教育科学研究所由中央批准筹建。

11月15日，中国人民保卫世界和平委员会、中央教育科学研究所等五单位联合举行纪念世界文化名人、捷克伟大的教育家夸美纽斯教育论著出版三百周年纪念会。响应世界和平理事会关于1957年纪念世界文化名人的号召，从3月开始，各地报刊发表文章介绍夸美纽斯的生平、教育思想及论著，师范院校组织专题报告，人民教育出版社重新出版夸美纽斯的教育论著《大教学论》。

苏联教科院院长凯洛夫访问中国，在北京、上海、广州、重庆等地巡回演讲，中央教科所金世柏全程陪同并做翻译工作。

中央教科所研究员曹孚在《新建设》1957年第6期发表论文《教育研究中的若干问题》。

1958年

3月30日，国务院科学规划委员会教育组召开教育科学研究者座谈会，号召从实践中建立教育科学。教育部长杨秀峰在会上指出：教育科学应该有计划地进行安排，从理论上研究新形势中出现的新问题。国务院科学规划委员会教育组组长柳湜在会上说：各级教育事业必须建立在科学研究的基础上，必须建立从教育实践中来，又回到教育实践、指导实践的教育科学。要在两三年内建立我们的教育科学。

9月，中央教科所编辑《国内教育简报》，成为当时国内唯一介绍、评论国外教育的内刊，报送中央。同时编辑《关于教育思想的参考资料》。

1959年

10月8日，为庆祝新中国成立十周年，教育部部长杨秀峰在《人民日报》发表文章:《我国教育事业的大革命和大发展》。文章总结了1958年教育事业大跃进和贯彻党的教育方针的经验。

11月20日至12月4日，国家科委、教育部、中国科学院联合召开高校科研工作（自然科学）会议，把高校科研力量纳入国家科研规划。

1960年

4月，高等教育出版社和人民教育出版社合并，组建新的人民教育出版社，叶圣陶任社长。

1961年

3月，孟宪承、陈学恂、周子美合编的《中国古代教育史资料》及舒新城编的《中国近代教育史资料》，由人民教育出版社出版。

当年，高等学校进一步贯彻“百花齐放、百家争鸣”的方针，各种学术活动比较活跃，上海、广州等地教育学会召开学术年会、座谈会，对美育、教学原则、思想政治教育规律等问题展开学术讨论。

1962年

2月22日，中央教育科学研究所编辑的《教育资料》（内刊）创刊，与国外交换教育信息。

5月23日，教育部决定健全两个教材工作小组。普通教育教材编审小组由戴伯韬担任组长，高等学校和中等专业学校教材出版工作领导小组由刘皑风担任组长。

1963年

3月11—21日，教育部在北京召开十一个省、市中小学教学改革实验工作座谈会，就教学改革实验工作的成绩、经验和目前存在的问题进行了座谈，并对今后如何继续进行实验交换了意见。

1964年

1月，《人民教育》发表山东日照县、山西黎城县举办简易小学的材料，并发表短评《办好农村简易小学》。短评认为，发展简易小学是教育为无产阶级服务，贯彻阶级路线和普及农村教育的重要办法。短评强调必须采取多种多样的形式，发展农村简易小学。

2月11日，教育部发出通知，决定北京师范大学适当充实外国教育研究力量，搜集、整理、编译外国教育的情报资料。

5月12日，中央国际问题研究指导小组和国务院外事办公室批准高教部《关于高等学校建立研究外国问题机构的报告》。北京师范大学成立了外国教育研究室等机构。

下半年在中宣部的领导下，北京师范大学外国教育研究室创办第一份介绍国外教育动向的刊物《外国教育动态》。

是年，教育部成立教学仪器研究室。

1965年

4月24—29日，教育部在北京召开了全日制中小学教学改革座谈会。会议讨论了全日制中小学的教学改革、招生工作，以及在学校进行社会主义教育运动、加强政治思想教育等问题。教育部副部长刘季平代表教育部党组就有关教学改革的一些问题做了总结发言。

9月8号，《光明日报》发起“怎样掌握启发式教学法的精神实质”的讨论。编者按指出，组织这一讨论是为了增进教师对启发式教学方法的理解，为了帮助教师教好。

是年，《高教战线》创刊。

1966年

高等教育部发出《高等学校理科1966—1970年教材建设规划（草案）》。《规划》要求每门基础课程一般计划编写二至四种不同特色、不同要求的简明教程。三年内就主要的课程教材有重点地修改一次，五年内争取把所有的教材都修订一遍。

1967年

2月，中共中央发出《关于小学无产阶级文化大革命的通知（草案）》《关于中学无产阶级文化大革命的意见（供讨论和试行用）》《关于大专院校无产阶级文化大革命的规定（草案）》。展开了全国范围内的“文化大革命”运动，教育科研活动基本停止。

11月3日，《人民日报》发表三个教育改革的初步方案，一些高校进行名目繁多的“教育改革试验”。

1969年

10月14日，教育部及所属人民教育出版社、高等教育出版社、中央教育科学研究所、北京函授学院等事业单位全体干部、职工共1 258人，在教育部军管小组和驻教育部工人宣传队带领下，下放到安徽省凤阳县教育部五七干校劳动锻炼。

1971 年

由中华职业教育社创办的《教育与职业》创刊。

1975 年

《教育革命通讯》连续发表《全面关心青少年的成长》《培养无产阶级革命接班人的正确道路》《研究基础理论为社会主义建设服务》《按照马克思主义认识论搞好基础理论研究》《实用主义教育思想剖析》等文章和评论。这些文章提出要使青少年“努力学习社会主义革命和建设所需要的科学文化知识”，批评了那种“认为坚持以学为主的原则，努力学习社会主义文化科学知识，重视基础理论课教学，保证教学时间和质量，便是搞智育第一，便是走回头路”的错误认识，批判了“以干代学”的实用主义倾向。并指出：不引导青少年学习科学文化知识就“势必拖四个现代化后腿”。

1977 年

恢复高考，全社会掀起“尊师重教”的良好风尚。

12 月 7 日，《人民日报》发表评论员文章：《大力发展各级各类教育事业》。文章指出：为了多出人才、快出人才，必须从我国的实际情况出发，坚持毛主席一贯提倡的“两条腿走路”，多种形式办学的方针。既要搞好普通教育，办好小学、中学、普通大学和重点小学、中学、大学，又要办好共大、七二一大学和五七大学，办好函授、电视、广播等业余教育。

1978 年

2 月 26 日，华国锋在政府工作报告中提出，应“积极开展哲学、政治经济学、政治学、军事学、法学、历史学、教育学等方面的研究”。

2月28日，《人民教育》第2期发表题为《要积极开展教育科学的研究》特约评论员文章，提出“要建立起以马列主义、毛泽东思想为指导的，具有我国具体特点和完整科学体系的无产阶级教育学”。

3月23日至4月13日，首届全国教育科学规划工作会议在北京召开，教育部副部长兼中央教育科学研究所所长董纯才出席会议并致开幕词。会议通过《教育科学发展规划纲要》。

7月4日，经国务院批准，教育部重建中央教育科学研究所，董纯才任所长。重建后，中央教育科学研究所为教育部直属事业单位，业务上受中国社会科学院指导。

7月5—15日，外国教育学术讨论会在北京举行。这次讨论会是由北京师范大学、上海师范大学、吉林师范大学、河北大学、华南师范大学五所高等院校的外国教育研究室联合召开的。教育部副部长高沂出席会议并讲话。他希望各校交流成果，共同协作，有所侧重，制订出研究外国教育的规划。

10月23日，全国教育科学规划办公室筹备组成立，由中央教育科学研究所王铁负责。

于光远在《学术研究》（1978年第3期）发表《重视培养人的研究》一文，在理论界掀起了关于教育本质的大讨论。

1979年

3月23日至4月13日，教育部和中国社会科学院在京召开全国教育科学规划会议，筹建全国教育科学规划领导小组，讨论1978—1985年《全国教育科学规划纲要（草案）》，教育部党组书记张承先出席会议，并代表教育部宣布1958年批判心理学和1963年批判“母爱教育”是错误的，予以彻底平反。

4月12日，中国教育学会成立。该学会是全国群众性学术团体，自成立以来，团结和组织全国有志从事教育科学研究的教育工作者，遵循“百花齐放，百家争鸣”的方针，开展了大量学术活动，研究教育的理论和实际问题，促进了教育的改革和发展，繁荣了教育科学。中国教育学会由分支机构、单位会员、个人会员自愿组成。董纯才当选为学会首届会长。

4月13日，中国教育学会教育学研究会（今中国教育学会教育学分会）成立，戴伯韬为首任理事长。

4月15日，《教育研究》创刊，该刊由中央教育科学研究所主办。

5月12日，中国教育学会马克思主义教育思想研究会成立，刘佛年为首任理事长。

8月，中国电化教育研究会在北京成立，陈光为首任会长。

10月，山西省教育科学研究所成立。

10月24日，中国教育学会比较教育研究会在上海成立，刘佛年为首任理事长。

11月3日，中国教育学会幼儿教育研究会在南京成立，左淑东为首任理事长。

12月12日，中国教育学会教育史研究会在杭州成立，刘佛年为首任理事长。

1980年

1月，《清华大学教育研究通讯》创刊（1986年更名为《清华大学教育研究》）。

3月3—12日，教育部召开高等学校社会科学研究工作座谈会。此次会议的召开旨在交流社会科学研究经验，讨论加强研究工作和增设研究机构等问题。

4月8日，教育科学出版社成立，该社由中央教育科学研究所主办。

6月，《中国教育学会通讯》创刊（1987年9月更名为《中国教育学刊》），该刊由中国教育学会主办。

6月，《高等教育研究》创刊，该刊由华中理工大学（现名华中科技大学）主办。

7月，华中师范学院教育系（现名华中师范大学教育学院）等五院校合编的《教育学》教材由人民教育出版社出版。

9月，《电化教育研究》创刊，该刊由西北师范大学主办。

是年，教育部教学仪器研究所成立。

1981年

1月，《课程·教材·教法》创刊，该刊由人民教育出版社主办。

1月，《教育理论与实践》创刊，该刊由山西省教育科学研究所（现更名为山西省教育科学研究院）、山西省教育学会主办。

4月3—6日，中国成人教育协会成立大会和第一届第一次理事会召开。中国成人教育协会是全国各类成人教育团体和成人教育工作者自愿组成的群众性、学术性社会团体。其业务范围是：宣传成人教育的意义和作用，推动社会各方面关心和支持成人教育工作；规划、组织、协调和评估成人教育活动，推广成人教育研究的成果和经验；为教育行政部门对成人教育的决策提供咨询服务；协同有关部门培训成人教育管理干部和理论研究人员，提高其理论素质、政治水平和工作能力；组织编辑出版有关成人教育报刊和资料；开展对成人的多种形式的继续教育和岗位培训等。该协会的成立对推动我国成人教育事业的发展起到积极作用。

10月，中国教育史学科体系讨论会在上海召开。

是年，全国第一批教育学博士学位授予点被批准招生。北京市教育科学研究所成立。

1982 年

11 月，中国教育学会特殊教育研究会在南昌成立，李搁为首任理事长。

12 月，上海市教育科学研究所成立。

顾明远、王承绪、朱勃主编的我国第一部《比较教育》由人民教育出版社出版。

1983 年

1 月，《华东师范大学学报（教育科学版）》创刊。

3 月 4 日，中国教育学会马克思主义教育思想研究会在上海举行马克思主义教育思想学术讨论会。

3 月，《外国教育研究》正式发行，该刊由东北师范大学主办，前身为 1974 年创刊的内刊《日本教育情况》《朝鲜教育情况》，1979 年更名为内刊《外国教育情况》。

5 月 24—30 日，第二次全国教育科学规划工作会议在北京召开，来自全国的 300 多名代表出席会议。

5 月 29 日，中国高等教育学会在北京成立，蒋南翔为首任会长。

8 月 20—26 日，中国教育学会教育学研究会在长春召开第三届年会，探讨如何开创教育学研究新局面。

9 月 26 日，教育部正式批准成立全国教育科学规划领导小组。小组成员由教育部、中央教科所的有关负责人和全国教育科学的知名学者 14 人组成，何东昌任组长，彭珮云、张健任副组长。教育科学规划领导小组业务上接受全国哲学社会科学规划领导小组和教育部双重领导，负责全国教育科研的组织协调工作，确定和管理国家教育科研重点项目，组织专家评议、评选及奖励优秀科研成果。领导小组下设办公室，在中央教科所办公，负责处理日常工作。正式启动全国教育科学“六五”规划。

10月24日，中国教育学会教育管理研究会在西安成立，肖沅为首任理事长。

12月，《教育研究与实验》创刊，该刊由华中师范大学主办。

是年，《教育文摘》报社成立，该报由中央教科所主办，是国内唯一公开发行的综合教育类文摘型报纸。1990—1991年更名为《教育科学报》，1992年更名为《教育文摘报》。

1984年

2月29日至3月22日，应美中关系全国委员会的邀请，中央教科所派出改革开放第一个国家级教育科研代表团出访美国。

7月27日，中国教育学会第一次全国学术讨论会在京召开。此次会议研究如何以“三个面向”为指导探讨我国当前普通教育改革。王震、胡启立、严济慈会见与会代表并一起合影。王震致辞，张承先、何东昌、马洪到会讲话。会后编辑出版论文集《三个面向与教育改革》。

8月，南京师范大学教育系编的《教育学》教材由人民教育出版社出版。

10月22—28日，中国教育学会教育经济学研究会成立大会暨第一次学术年会在黄山召开，集中研讨教育投入和教师工资等问题，王铁为首任理事长。

11月28日，中国教育学会儿童心理学、教育心理学研究会在北京成立，朱智贤为首任理事长。

1985年

5月，《教育与职业》复刊，该刊由中华职业教育社主办。

5月，《教育科学研究》创刊（1987年11月更名为《教育科学》），该刊由辽宁师范大学主办。

5月27日，《中共中央关于教育体制改革的决定》出台，提出了加强教育科研的需要。

6月22日，全国教学论专业委员会在哈尔滨成立，哈尔滨师范大学的唐文中为首任主任委员。

6月下旬，全国德育专业委员会在南京成立，南京师范大学的鲁洁为首任主任委员。

7月，全国教育基本理论专业委员会在北京成立，中央教科所的张同善为首任主任委员。

8月，《教育评论》创刊，该刊由福建省教育科学研究所、福建省教育学会主办。

8月4—9日，中国高等教育学会召开第一届理事会暨学术讨论会。会议在黑龙江省哈尔滨市召开，李鹏写信祝贺。蒋南翔主持开幕会，何东昌做报告。

是年，陶行知研究会成立。

1986年

4月12日，新中国第一部《义务教育法》通过。

10月，教育部教育发展研究中心成立，主要从事教育宏观政策和教育发展战略研究，郝克明任主任。

1987年

1月，《学前教育研究》创刊，该刊由湖南省长沙幼儿师范学校主办。

2月27—28日，国家教委与河北省政府在河北涿州召开农村教育改革实验区工作会议，启动农村教育改革实验工作。

7月11—15日，全国第三次教育科学规划会议在北戴河召开。本次会议的中心议题是：总结教育科学“六五”规划重点项目完成情况，研究确定我国教育科学“七五”规划。评议审批

“七五”期间国家级和部委级重点科研项目，对今后加强教育科研的管理提出建议。出席这次会议的有全国教育科学规划领导小组成员，学科规划组成员，各省、自治区、直辖市教育行政部门的负责人，各地方教科所所长和来自高校、中央有关部门的专家学者共182人。全国教育科学规划领导小组组长何东昌在会上做了重要讲话。

8月25—30日，“全国首届中青年教育理论工作者研讨会”在大连召开，研讨了教育科学体系建设问题。

9月26—30日，全国教学论第二届学术年会在武汉召开，会议主题为评估教学论研究的进展，讨论教学与教学论的若干重要问题。

11月18—22日，国家教委在湖北省沙市召开11个中等城市办学方向研讨会，启动城市综合教育改革工作。

1988年

2月，瞿葆奎为总主编的《教育学文集》由人民教育出版社开始出版。

4月19日，全国教育哲学专业委员会在重庆成立，陆有铨为首任主任委员。

6月27—30日，“国际特殊教育会议”在北京召开，就特殊教育教学计划专题进行研讨。

10月25—28日，第一届全国教育实验学术研讨会在武汉召开，讨论了教育实验的控制等问题。

12月24日，中国高等教育优秀成果奖评选活动在北京举行。这是中国高教学会首次举行的评奖活动，各地高教学会和各专业研究会选送了149篇论文和24部著作参加评奖。评审委员会经过小组初评、投票等方式选出了一、二、三等奖作品，其中，一等奖3个，二等奖9个，三等奖24个。此外，还确定了表扬奖 56 个。以下三部专著被评为一奖：《高等教育评价概论》（陈谟开主编）、《中国高等教育结构研究》（郝克明、汪永铨主编）、《比较高等教育》（符娟明主编）。北京、吉林等省、区、市的高教学会也开展了各种科研成果和先进单位、先进个人的评选活动，这些活动调动了科研工作者的积极性，提高了科研的学术水平。

1989 年

4 月 10 日，我国第一次主办的教育科学优秀成果评奖活动结束。此次评选活动共收到各地、各部门推荐的符合参评资格的成果 347 项。国家教委举行新闻发布会，宣布了评选结果：本届评选活动共评出优秀成果 157 项，其中一等奖 57 项（著作 24 项，论文 15 项，报告等 18 项），二等奖 100 项（著作 32 项，论文 54 项，报告等 14 项）。是日，国家教委办公厅发布《关于全国首届教育科学优秀成果评选结果及有关事宜的通知》。此次活动鼓励了广大教育工作者和社会各界人士从事教育科学研究的积极性，促进了教育科学研究成果在教育建设和改革中发挥更大的作用。

4 月 10—13 日，第二届全国教育实验学术研讨会在南通市召开，讨论了教育实验评价等问题。

9 月，顾明远为总主编的《教育大辞典》由上海教育出版社出版。

11 月 27—30 日，全国德育学术研讨会在杭州召开，着重研讨了德育科学化问题。

12 月，中国职业技术教育学会在北京成立，何东昌为首任会长。

是年，中央教科所胡克英在《教育研究》（1989 年第 3 期）发表《“人”在呼唤》一文，引发了育人为本教育思想的学术争鸣。

1990 年

8 月 11—15 日，全国教育科学规划领导小组（扩大）会议在大连举行。会议的主要议题一是初步总结“七五”教育科学规划执行情况，二是着重研究“八五”教育科学规划的指导思想和主要任务。出席会议的有全国教育科学规划领导小组成员、学科组正副组长、国家教委有关方面负责人及解放军军事教育学院、军事教育科研所负责人等共 40 人。国家教委副主任、全国教育科学规划领导小组副组长王明达主持了这次会议并在会议结束时做了总结讲话。

9 月 1—7 日，由中央教科所主办的国际教育成就评价委员会（IEA）第 31 届全体大会在北京召开，国家教委主任朱开轩出席会议并讲话，来自 26 个国家和地区的 40 多位代表与会。

是年，教育部职业教育中心研究所成立，天津市教育科学研究院成立。

中国教育学会会刊《教育学刊》正式创刊。

国家教委发布《关于促进和加强教学研究工作的若干意见》。

1991 年

4 月 3 日，国家教委办公厅发布《全国教育科学研究十年规划和“八五”计划要点及实施意见》和《全国教育科学“八五”规划课题指南》。《实施意见》中提出了 90 年代我国教育科研的基本指导方针、奋斗目标、主要任务和实施办法，为接下来十年教育科研工作的发展指明了方向。此外，国家教委决定，自“八五”计划开始，除由单位、个人自行申报课题外，还由全国教育科学规划领导小组发布《课题指南》。《指南》明确了“八五”期间我国教育科学研究的重点领域和范围，有助于为教育科研机构、教育科研工作者、广大教育实践工作者等提供选题参考。

8月，中国社会学会教育社会学研究会在天津召开，厉以贤为首任理事长。

10月22—25日，全国德育专业委员会年会在武汉召开，会议主题为“学校德育的传统和变革”。

11月，中国电化教育协会（后更名为中国教育技术协会）在北京成立，邢纯洁为首任会长。

1992年

1月，《外国教育动态》（创刊于1965年）更名为《比较教育研究》，该刊由北京师范大学主办。

9月24—28日，全国高等学校第二届优秀教材评审会在北京举行。国家教委副主任朱开轩主持了评审会并在会上讲话。经过各科类专家评审，并经国家教委审核批准，全国共评出国家级优秀教材236种，其中特等奖21个、优秀奖207个、中青年优秀奖8个，占1986年至1989年期间出版教材总数的1.4%。优秀教材评奖活动对加强高等学校教材建设，提高教育质量起到了很好的促进作用。

10月14—16日，“首届世界比较教育论坛”在北京召开，论坛主题为“全球化与教育变革”。

12月19—21日，全国高等教育学科建设研讨会在厦门召开。

12月，《中国成人教育》创刊，该刊由中国成人教育协会、山东省教育厅、山东省成人教育协会主办。

1993年

3月26日，中共中央、国务院颁布《中国教育改革和发展纲要》。对教育科学研究的方向和任务做了明确阐述，要求密切教育科研同教育决策、教育实践的联系，发挥教育科研对教育改革和发展的促进作用。鼓励和支持学校、教师和教育研究工作者积极进行教育改革试验。《纲要》的出台和实施对明确教育科研方向，鼓励教育科研工作者和更多的一线教师参与教育科研有着积极的作用。

10月，全国高等教育学研究会在上海成立，潘懋元为首任理事长。

11月23—26日，中国比较教育研究会第七届年会在北京师范大学举行。来自包括台湾地区在内的全国各地学者80余人参加了会议。此次年会的主题是"面向21世纪的比较教育"，与会者就教育与经济的关系、教育与文化的关系、教育教学改革和比较教育的学科建设等问题进行了深入的探讨。在这次年会上，顾明远继续当选理事长。

12月2日，全国中青年教育理论工作者研究会在广东番禺成立，史静寰为首任理事长。

12月10日，由国家教委主办，中国教育学会、全国教育科学规划领导小组和中央教育科学研究所承办的毛泽东教育思想研讨会在北京举行。

1994年

3月14日，国务院发布《教学成果奖励条例》，鼓励教育工作者从事教育教学研究，提高教学水平和质量。

3月，《特殊儿童与师资研究》（1996年4月更名为《中国特殊教育》）创刊，该刊由中央教育科学研究所主办。

4月22—26日，全国教育科学规划领导小组扩大会议暨第二次教育科研工作座谈会在河北省石家庄市举行。会议分析了当前教育战线的形势和教育科研工作所面临的任务，回顾了近年来我国教育科研事业的发展状况，提出了关于加强和改进教育科研工作的重要措施和意见，并对今后一个时期教育科研的重点工作进行了部署和安排。全国教育科学规划领导小组组长何东昌、国家教委副主任兼全国教育科学规划领导小组副组长王明达出席会议并讲话。

6月4日，“文化选择与大学教育理想”国际学术研讨会在长沙举行。

11月7日，中国教育学会教育实验研究会在杭州成立，邵宗杰为首任理事长。

1995年

3月18日，全国人民代表大会第八届三次会议表决通过《中华人民共和国教育法》，提出“国家支持、鼓励和组织教育科学研究，推广教育科学研究成果，促进教育质量提高”。这是我国首次以法律条文的形式强调了教育科学研究的重要价值和意义，极大地鼓舞了教育科研人员的信心，有助于推进教育科研工作的开展和进行，使教育科研更好地发挥服务决策、服务社会的功能。

12月15日，第一届中国高校人文社会科学研究成果奖评选揭晓，教育学科共有35项成果获奖，7项成果获一等奖。

是年，上海市教育科学研究院成立。

1996年

6月27—30日，国家教委在湖南岳阳召开“构建督导评估机制，推动实施素质教育”研讨会。“九五”期间，国家教委将逐步建立一批实施素质教育的实验联系县（市、区），并逐步形成科学、完整、系统的素质教育评价制度。

11月，全国教育哲学专业委员会第八届年会在济南召开，会议的主题是“时代精神与教育”。

12月11日，全国情境教学研讨会在江苏南通市召开。情境教学的创始人，江苏省南通市师范学校第二附属小学教师李吉林在会上做学术报告。国家教委副主任柳斌出席研讨会，并对情境教学给予高度评价。

12月23—25日，新一届全国教育科学规划领导小组首次全体（扩大）会议在北京举行。全国教育科学规划领导小组组长朱开轩、副组长王明达、顾问何东昌出席会议并讲话。

是年，北京市教育科学研究院成立。

1997年

3月，全国课程专业委员会成立，吕达为首任主任委员。

10月23—26日，首次“华人教育国际会议”在南京召开。

10月29日，国家教委印发《关于当前积极推进中小学素质教育的若干意见》通知。

11月13日，首届全国课程学术研讨会在广州召开，会议主题为“课程研究与课程教材现代化：背景、现实与展望”。

11月14日，教育部在深圳市召开全国高职教育教学改革研讨会，总结高职教育发展经验，研究加快高职教育办学步伐和突出办学特色。

11月18—20日，全国教育科学“八五”规划重点课题成果报告会在江苏省苏州市召开。全国教育科学规划领导小组成员、学科规划组长、副组长和部分省市主管教育科研的教委副主任及全国30多个省、直辖市、自治区、计划单列市教科院、教科所负责同志共100余人出席了会议。会议由领导小组副组长王明达、郝克明主持。在这次自80年代教育科学规划领导小组成立以来召开的第一次大型综合性成果报告会上，有15项重点课题做了成果报告。这些成果获得了各学科专家和教育工作者的高度评价，较好地反映出教育科学“八五”规划重点课题的整体研究水平。

1998年

8月5—7日，全国教育科学规划办公室工作交流座谈会在安徽省黄山市召开，此次会议由全国教育科学规划领导小组办公室组织召开，目的是交流各地教育科研发展的形势和教育科研管理的经验，研讨加强协作，提高教育科研管理水平，以更好地为教育改革发展服务。全国教育科学规划领导小组副组长王明达、郝克明出席会议并分别做了关于贯彻党的十五大精神，落实科教兴国战略，搞好教育科研以及关于我国跨世纪教育发展和改革的思路与措施的报告。来自全国24个省（自治区、直辖市）和7个计划单列市的教育科学规划办负责人或教科所负责人及军事教育科学规划办的代表参加了会议。

8月29日，全国人大通过《高等教育法》，提出要加强高等教育研究。

10月19日，全国教育科学研究界代表在北京集会，庆祝中央教育科学研究所重建20周年。教育部副部长吕福源代表教育部党组到会表示祝贺并讲话。

12月1日，第二届中国高校人文社会科学研究成果奖评选揭晓，教育学科共有26项成果获奖，4项成果获一等奖。

瞿葆奎主编的《教育科学分支学科丛书》由人民教育出版社开始出版。

1999年

1月13日，国务院批准教育部制定的《面向21世纪教育振兴行动计划》。

4月8日，面向21世纪的中国教育科学学术研讨会暨《教育研究》创刊20周年纪念会在北京举行，教育部副部长吕福源到会祝贺并讲话。由中央教育科学研究所主办的《教育研究》杂志，是国内创办历史最长的综合性教育理论刊物，也是教育理论界首选的权威刊物。在全国中文核心期刊排行榜教育总类中排名第一，在中国人民大学书报资料中心《复印报刊资料》全文转载量在教育科学类报刊中排名第一，在中国社会科学引文索引（CSSCI）作为学术影响和学术地位评价指标的学术期刊影响因子排序中，连续列教育学类第一。

6月13日，《中共中央国务院关于深化教育改革全面推进素质教育的决定》发布。

9月28日，第二届全国教育科学研究优秀成果奖颁奖大会在北京举行。本次评奖活动共有224项研究成果受到表彰。其中，《教育大辞典》等33项成果获一等奖，《毛泽东教育思想的几个基本问题》等191项成果获得二等奖。全国人大常委会副委员长许嘉璐出席颁奖会，教育部副部长吕福源在大会上讲话。本次活动检阅了1989年以来我国教育科研战线取得的工作成就，充分调动了教育工作者从事教育科学研究的积极性，进一步繁荣了我国的教育科研事业。

11月，中国人民大学教育科学研究所成立。

11月22—24日，全国教育基本理论专业委员会第七届学术年会在上海召开，会议主题为“教育理论的世纪回顾与展望”。

12月15日，北京师范大学比较教育研究中心被批准为教育部人文社会科学重点研究基地，李守福为首任基地主任。

12月15日，华东师范大学课程与教学研究所被批准为教育部人文社会科学重点研究基地，钟启泉为首任基地主任。

是年，首届“两岸三地”课程研讨会在深圳举行。研讨会由香港中文大学、台北师范学院、人民教育出版社（课程教育研究所）的学者联合发起，每年一个主题，轮流在香港、台湾和祖国大陆举行。

2000年

3月16—18日，教育部在桂林召开全国教育事业“十五”计划和2015年规划编制工作会议，部署全国教育事业“十五”计划和2015年规划编制工作。教育部副部长张保庆出席会议并讲话。各省（地区）教育行政部门的有关同志在会上就本地区编制“十五”计划和2015年规划的经验和做法进行了交流。

9月25日，北京大学教育经济研究所被批准为教育部人文社会科学重点研究基地，闵维方为首任基地主任。

9月25日，厦门大学高等教育发展研究中心被批准为教育部人文社会科学重点研究基地，刘海峰为首任基地主任。

9月25日，南京师范大学道德教育研究所被批准为教育部人文社会科学重点研究基地，朱小蔓为首任基地主任。

9月25日，清华大学高校德育研究中心被批准为教育部人文社会科学重点研究基地，刘树林为首任基地主任。

10月14—15日，全国教育政策与法律研究专业委员会成立大会暨“教育政策分析与教育法学的学科发展”学术研讨会在北京召开，劳凯声为首任主任委员。

11月4日，中国高等教育学会第四次会员代表大会在北京召开。教育部部长陈至立出席大会并讲话。会议选举产生了中国高等教育学会第四届理事会，选举教育部原副部长周远清为会长。

12月26日，东北师范大学农村教育研究所被批准为教育部人文社会科学重点研究基地，袁桂林为首任基地主任。

12月26日，华东师范大学基础教育改革和发展研究所被批准为教育部人文社会科学重点研究基地，叶澜为首任基地主任。

2001年

1月，《外国教育资料》（创刊于1972年）更名为《全球教育展望》，该刊由华东师范大学主办。

5月14—25日，中央教科所访问俄罗斯联邦教科院，恢复了中俄两国国家级教育科研机构的联系。

6月15—16日，由中央教科所主办的首届全国教育科研所（院）长工作联席会议在昆明召开，教育部副部长王湛出席会议并讲话。

9月10日，教育部办公厅印发《全国教育科学“十五”规划要点》和《全国教育科学“十五”规划课题指南》。《规划要点》对“九五”期间的研究工作进行了回顾，并分析了当前形势，提出“十五”期间教育科学研究应当坚持的方针原则、基本目标和总体要求，以及切实加强教育科研工作的领导和管理。《课题指南》对“十五”期间教育科学研究的重大问题和各个二级学科应予以关注的问题进行了详尽描述。

9月，教育学术集刊《中国教育：研究与评论》（丁刚主编）第一辑由教育科学出版社出版。

10月22—25日，“经济全球化与高等教育”国际学术论坛在长沙召开。

12月19日，教育部做出《关于表彰全国普通高等学校科研管理（人文社会科学类）先进集体和先进个人的决定》。为进一步加强和改进高校科研管理工作，促进高校人文社会科学科研管理机构和管理队伍建设，提高科研管理水平和工作效率。教育部组织有关专家评审，对“九五”期间高校科研管理（人文社会科学类）工作中成绩突出的先进集体和先进个人进行表彰。是日，教育部发布了《关于表彰全国普通高等学校科研管理（人文社会科学类）先进集体和先进个人的决定》。北京大学社会科学部等60个先进集体和北京大学社会科学部程郁缀等150位先进个人获此奖励。

2002 年

1 月 28 日至 2 月 3 日，全国教育科学“十五”规划 2001 年度课题评审会在北京举行。会议的主要任务是评审、确定全国教育科学“十五”规划首批课题。评审会最终确定各类重点课题总计 891 项。2 月 3 日，教育部部长、全国教育科学规划领导小组组长陈至立出席了闭幕式并做重要讲话，强调教育科学要为教育决策当好参谋。

10 月 14—16 日，首届“世界比较教育论坛”在北京举办。

10 月 24 日，第二届全国教育科学研究所（院）长联席会议暨“基础教育新三片教育发展水平研究”项目开题会在天津召开。教育部副部长王湛出席会议，并就教育科研如何抓住机遇，提高教育理论创新水平，更好地为教育改革和发展服务发表讲话。

是年，江苏省教育科学研究院成立。山西省教育科学研究院成立。21 世纪教育研究院成立，这是一个以教育公共政策研究为主的民办非营利性组织。旨在聚集民间智慧、建言教育时政、推动教育改革实践。举办教育沙龙、教育论坛、西部阳光行动等，发布中国教育蓝皮书。

2003 年

1 月，《北京大学教育评论》创刊。

2 月 10 日，教育部印发《关于进一步繁荣高校哲学社会科学的若干意见》，启动“中国高校哲学社会科学繁荣计划”。

3 月 20 日，海南省教育研究培训院成立，合并省教育厅教研室（教育科学研究所）和省小学师资培训研究中心。

6 月 3 日，教育部批准中央教科所招收国内访问学者。

7 月 3 日，第三届中国高校人文社会科学研究成果奖评选揭晓，教育学科共有 31 项成果获奖，5 项成果获一等奖。

10月15日，“中国幼儿教育百年纪念暨学术研讨会”在北京召开。

10月27—29日，“首届国际课程大会”在上海召开，会议主题为“全球化视野中的课程研究与课程改革”。

11月8日，第三届全国教育科学所（院）长会议暨首届中国教育科学论坛在苏州举行。此次会议由中央教育科学研究所主办，会议旨在促进我国教育科学研究及其管理科学化、现代化和国际化水平，提高广大教育科研人员的基本素质，提高教育科学对教育实践的贡献率，为教育科研人员和管理者提供一流的、定期的和高水平的论坛交流平台。来自全国各地的教育科研人员，来自美国、澳大利亚、英国、新西兰、爱尔兰、日本等国的专家，以及江苏省、苏州市有关领导参加了这次论坛。论坛期间还召开了第三届全国教育科学研究所（院）长工作联席会议。教育部副部长王湛出席论坛并讲话。

12月9—12日，全国教育管理学科学术委员会第七届学术年会在南京召开，会议主题为“教育管理学：历史—现状—未来”。

2004年

3月3日，国务院批准教育部制订的《2003—2007年教育振兴行动计划》，提出要加强教育科研。

4月，全国教育科学规划工作年会在湖南长沙召开，全国教育科学规划领导小组副组长郝克明出席会议并做重要讲话。

4月24日，中国高教学会开展了高等教育学优秀博士学位论文的评选活动。

5月23—24日，中国高等教育学会与中国教育学会、教育部师范司联合在北京召开了“教师教育论坛”。参加论坛的代表有教育行政部门的领导、教育研究机构的专家学者、150多所著名高等学校和知名中小学的校长、骨干教师，共约290余人，提交论文150余篇。50余名代表在教师教育体制和机制创新分论坛、教师培养培训模式创新分论坛、教师教育课程教学改革分论坛上发言。

8月22—24日，全国教育哲学专业委员会第12届学术年会暨教育哲学国际研讨会在长春召开，会议主题为“变革时代教育哲学研究的新视野”。

10月，俄罗斯联邦教科院授予中央教科所所长朱小蔓通讯院士，教育部副部长陈小娅出席会议表示祝贺，俄罗斯联邦教科院长颁发证书。

10月30日至11月4日，中国教育学会教育史研究会第九届年会在福州召开，会议的主题为“教育史学科一百年：历史、问题与未来”。

10月31日至11月1日，第四届全国教育科学研究所（院）长工作联席会议在湖南省长沙市召开。此次会议由中央教育科学研究所主办、湖南省教育科学研究院承办。教育部副部长陈小娅出席开幕式并讲话。来自全国各省、自治区、直辖市，部分计划单列市、省会城市教育科学研究所（院），部分高校教育科学学院，以及湖南省各地、市、州教育科研机构的负责同志及专家共150人参加了会议。会议期间，与会代表围绕“坚持科学发展观，落实新一轮教育振兴行动计划，遵从教育科研的学术规范，积极推进我国教育科学研究事业的改革与发展”的主题，进行了广泛深入的研讨与交流。

11月9日，经国家博士后管理委员会批准，中央教科所博士后工作站成立。

11月11—12日，由中国高等教育学会、广东省教育厅、中山大学联合举办的“2004年高等教育国际论坛”在珠海召开。参加此次论坛的有中外著名大学的校长、教育理论家、一线教育工作者以及高等教育学博士生220余人。论坛收到代表提交的论文100余篇。教育部副部长吴启迪出席论坛开幕式并讲话。

11月26日，西南大学民族教育与心理研究中心被批准为教育部人文社会科学重点研究基地，张诗亚为首任基地主任。

11月26日，西北师范大学西北少数民族教育发展研究中心被批准为教育部人文社会科学重点研究基地，王嘉毅为首任基地主任。

11月26日，北京师范大学教师教育研究中心被批准为教育部人文社会科学重点研究基地，钟秉林为首任基地主任。

教育部办公厅发布《关于进一步加强高等教育科研机构的意见》。

2005年

5月，全国教育科学规划工作年会在福建师范大学举行。

6月，中央教科所等单位参与九部委开展的素质教育大调研活动，发布了《共同的关注——素质教育调研报告》，获第二届中华优秀成果奖。

7月8—18日，由国务院学位办和教育部学位管理与研究生教育司主办的首届全国教育学研究生暑期学校在华东师范大学举办。

10月22日，第五届全国教育科学研究所（院）长工作联席会议在上海召开。

10月29—30日，中国教育经济学研究会2005年学术年会在桂林召开，会议主题为“教育财政体制改革”。

11月12日，教育部、卫生部、共青团中央印发《关于进一步加强和促进大学生心理健康教育的意见》，促进了心理健康教育研究。

11月26—28日，全国教育科学“十五”规划2005年度重点课题评审会在北京召开，这是全国教育科学“十五”规划期间的第三次年度课题评审。教育部副部长、全国教育科学规划领导小组副组长陈小娅出席会议并做重要讲话。依照评审规则、程序及标准，106位专家分成13个学科规划组对2 700多个课题申请进行了认真评审。按照申报数与立项数11.6∶1的比例，择优评选出课题230多项。

是年，中国教育发展战略学会成立。

2006年

5月，全国教育科学规划工作年会在西南大学举行。

8月29日，中共中央政治局第三十四次集体学习世界教育发展趋势和深化我国教育体制改革。胡锦涛强调优先发展教育，浙江师范大学校长徐辉教授、教育部教育发展研究中心主任张力研究员就这个问题进行讲解，并谈了他们对促进我国教育发展的意见。

9月26日，由中央教科所与俄罗斯教科院共同主持的两国教育学者参与的“21世纪初期中俄教育改革比较研究”课题被列为“中俄国家年”项目，发表成果“20—21世纪之交中俄教育改革比较”被外交部编发简报。

10月14日，第三届全国教育科学研究优秀成果奖颁奖大会在北京举行。本次评奖活动是对1999年以来全国教育科学研究成果的一次集中检阅，共有283项研究成果和13个教育科研管理先进单位受到表彰。其中，“当代中国教育结构体系研究”等15项成果获一等奖，73项成果获二等奖，195项成果获三等奖。教育部部长、全国教育科学规划领导小组组长周济在颁奖大会上强调，要进一步促进我国教育科学的繁荣和发展，为教育事业的改革和发展做出积极贡献。教育部副部长、全国教育科学规划领导小组副组长陈小娅主持颁奖大会。此次会议的召开极大鼓舞了教育科研人员的信心，促进教育科研进一步繁荣和发展。

10月20—22日，全国教育社会学专业委员会第九届年会在海口召开，会议主题为“中国教育社会学的学术传统与理论使命”及“教育改革的社会学分析”。

11月25—27日，全国教育科学“十一五”规划2006年度课题评审会在北京召开。会议的主要任务是落实《全国教育科学“十一五”规划纲要》，评审2006年度申报课题。教育部副部长、全国教育科学规划领导小组副组长袁贵仁出席大会并讲话。本次评审共收到申报材料近5 000份，评选出各类课题245项。首次实行国家重大（重点）课题招标答辩和匿名评审制度。来自全国的127位专家参加了评审会。

12月，在湖北省教育厅支持下，由华中师范大学、湖北长江出版集团联合发起，湖北长江出版集团承办的湖北长江教育研究院成立，同时开启长江教育论坛。这是政府、科研院校和大型企业集团联合创办的一所以研究中部教育问题为主要任务的科研机构，是继师范院校、教育行政部门直属科研院所之后的另一股教育科研力量，也是全国第一家由出版集团出资支持的教育研究机构，在中部崛起的背景下，探讨中部教育发展问题，为中部教育发展献计献策。

12月14日，第四届中国高校人文社会科学研究成果奖评选揭晓，教育学科共有30项成果获奖，4项成果获一等奖。

由瞿葆奎、郑金洲主编的《20世纪中国教育名著丛编》由福建教育出版社出版，共计50种60册。

华东师范大学率先成立“学习科学研究中心”，顺应20世纪80年代末兴起的学习科学热潮。

2007年

2月4—5日，中央教育科学研究所建所50周年庆典暨第六届全国教育科学研究所（院）长工作联席会议在北京隆重举行。李岚清等为所庆题词。全国人大常委会副委员长许嘉璐、国务委员陈至立和教育部发来贺信。全国政协副主席张怀西、教育部副部长陈小娅出席庆典并讲话。所庆期间，还举办了以“教育科研与教育发展”为主题的国际教育论坛，第六届全国教科所（院）长工作联席会议，“十五”期间中央教科所科研教改实验工作总结表彰大会，所史展览、科研成果展等活动，并与有关国家的教育机构签订了交流合作协议。

5 月，全国教育科学规划工作年会在浙江师范大学举行。

6 月，全国教育科学“十一五”规划 2007 年度课题评审会在北京召开。教育部党组成员、部长助理郭向远出席大会并讲话。本次评审共收到申报材料近 5 000 份，评选出各类课题 262 项。首次实行国家重大（重点）课题招标答辩和匿名评审制度。来自全国的 127 位专家参加了评审会。

11 月 2—5 日，全国教育管理学科学术委员会第九届学术年会在金华召开，会议的主题为“面向实践的教育管理研究”。

11 月 15—16 日，第三届中国教育科学论坛暨第七届全国教科所（院）长工作联席会议在西安市开幕。教育部副部长陈小娅出席并讲话指出，教育是基于实践源于实践的，需要教育科研理论工作者团结协作，去揭示教育共性的规律，从而指导实践，形成有中国特色的教育理论。教育科研必须坚持为公益事业服务的方向，特别是基础性、理论性、规律性的研究，要更多地面向基层。来自全国各地的专家学者，以主题报告、专题研讨、自由发言等形式，围绕中国特色社会主义教育发展道路与理论建设、教育优先发展与推进教育公平、素质教育与高素质教师队伍建设、以创新方法促进学校变革与特色发展等主题广泛地交流了经验。

11 月 16—18 日，北京师范大学首届教育社会学论坛召开，论坛主题为“社会和谐与教育公平”“教育社会学的新视野”。

2008年

3月12—14日，第八届全国教育科学研究院所长工作会议在北京举行。此次会议由中央教育科学研究所主办，会议目的是加强全国教育科学研究院所的能力建设，整合系统资源，形成科研合力，发挥整体功能，促进教育科研院所创新能力持续提升，形成大科研、大协作的研究格局。来自全国29个省、市、自治区和4个计划单列市的教科院所长参加了会议，并围绕会议主题展开热烈深入的研讨和交流。重点讨论《关于建立全国教育科研院所协作机制的意见》《关于加强全国地方教育科研院所建设的意见》《中国教育科学研究网建设规划》等文件。此次会议的召开，对于全国教育科研院所整合资源，凝聚力量，推出标志性的科研成果，形成新的科研机制，促进中国特色社会主义教育科研事业又好又快发展，产生了积极作用和重大影响。

4月，全国教育科学规划年会在华南师范大学举行。

6月，全国教育科学课题评审会在北京举行。教育部部长、全国教育科学规划领导小组组长周济出席会议并做重要讲话。当年评审课题349项。

8月，《教育规划纲要》编写启动，上千名教育科研工作者积极参与。

9月，全国教育科学规划课题立项人高级培训会在杭州师范大学召开。

2009年

3月19日，教育部发出通知，严肃处理高校学术不端行为。

4月，全国教育科学规划年会暨全国教育科研管理研究会成立大会在首都师范大学举行。全国教育科学规划领导小组副组长郝克明出席会议并做重要讲话，与会者发表《全国教育科研管理工作者宣言》，一致呼吁改善科研管理，提高教育研究质量。

5月，全国教育科学课题评审会在北京举行。全国哲学社会科学规划办公室主任佘志远出席会议并做重要讲话。当年评审各类课题450项。

9月，全国教育科学规划课题立项人高级培训会在北京师范大学召开。

11月，中国教育学会纪念成立30周年，评选优秀论文揭晓。教育部副部长、全国教育科学规划领导小组副组长袁贵仁出席会议并做重要讲话。中国高等教育学会优秀博士学位论文评选结果公布。北京师范大学教育学部成立。清华大学教育研究院成立。

12月5—6日，中国教育学会、北京师范大学共同举办的“京师教育论坛”在北京召开，会议主题为“区域教育战略规划与区域教育现代化”。

12月18日，首都高等教育研究院成立，由北京市教育委员会和北京师范大学共建共享，是地方政府和直属高校合作模式的创新探索。

12月21日，由中国教育报、中国教育新闻网联合举办的“首届全国教育改革创新奖”公布，“创新奖”奖励有创新精神的局长、校长和教师。

是年，国务院学位办公室设立教育博士学位，是人文社会科学领域的第一个专业博士学位。

2010年

1月26日，由民进中央和北京师范大学共同组建的中国教育政策研究院在北京师范大学举行成立大会。作为一个开放性、实体性、高层次的政策研究机构与参政议政平台，研究院的成立开创了民主党派与知名高校合作的新模式。中共中央政治局委员、国务委员刘延东向大会致贺信。全国人大常委会副委员长、民进中央主席严隽琪受聘为中国教育政策研究院院长。教育部副部长陈小娅出席并讲话。

1月26日，全国教育科学“十一五”规划2010年课题指南公布。

2月28日，《教育规划纲要》（征求意见稿）发布。

5月19日，2010年上海国际终身学习论坛在上海开幕。本次论坛由联合国教科文组织、上海市人民政府、中国教育发展战略学会、中国教科文组织全国委员会共同主办，上海市教育委员会、联合国教科文组织终身学习研究所、世界终身学习委员会、中国教育发展战略学会终身教育工作委员会承办。论坛的主题是“让学习伴随终生——终身学习的进展、发展趋势和制度建设”。中共中央政治局委员、国务委员刘延东为论坛发来贺信。教育部部长袁贵仁参加论坛并与中外嘉宾进行交流。中国教育发展战略学会会长郝克明、联合国教科文组织官员阿达玛·旺安等中外学者发表系列专题演讲，论坛从政府、社会、学习者个人，正规教育与非正规教育培训，立法和制度等多个角度，回顾终身学习国家战略实施所取得的进展与面临的挑战，分享建立终身学习体系的经验与最佳实践成果，为研究与制订终身学习政策贡献智慧。

6月21日，中共中央政治局召开会议，审议并通过《教育规划纲要》，提出要加强教育政策和战略研究，提高教育决策科学化水平。

9月25日，徐特立教育思想研讨会在北京召开，全国人大常委会副委员长陈至立出席会议。

10月9日，潘懋元诞辰90周年、王承绪诞辰100周年纪念活动在厦门大学和浙江大学分别举行。

10月21日，中国关心下一代教育研究院成立，该研究院是群众性的青少年教育研究机构，郭福昌任院长。

10月，基础教育课程改革教学研究成果奖揭晓，评选出343

项获奖作品，其中一等奖43项，二等奖92项，三等奖208项，获奖成果报告会在宁波召开，教育部副部长陈小娅出席会议并讲话。

11月，国家教育咨询委员会成立，分10个专题小组，64名专家，袁振国任秘书长。纪念斯霞诞辰100周年会议在南京召开。

12月，人力资源和社会保障部博士后科研工作站在湖南省教育科学研究院设立，这是第一家省级教育科学研究院科研工作站。

12月19日，教育部教育发展研究中心与首都师范大学共同组建中国教育政策评估研究中心，研究教育热点问题，为决策提供参考。

2011年

1月11—12日，由教育部、外交部和青岛市政府主办的“亚欧职业技术教育研讨会”在青岛召开。会议的主题是“在新的全球经济形势下，增强职业教育吸引力并促进就业”。来自中国、德国、英国、丹麦、新加坡等23个国家的220位专家学者、政府官员以及行业组织、企业和职业学校代表，以增强职业技术教育吸引力为主题，深入讨论交流达成了多项共识。通过研讨，各国与会代表一致通过了《亚欧职业技术教育青岛宣言》，达成了六点共识。

1月27日，全国教育科学“十二五”规划2011年课题指南公布。

2月10日，中共中央政治局委员、国务委员刘延东视察中央教育科学研究所，指出要强化国家意识、大局意识，积极开展战略研究，为教育事业和国家经济社会发展做贡献。一要服务科学发展主题和转变发展方式主线，牢牢把握教育决策研究的方向和着力点，增强研究的全局性、前瞻性和实效性，为国家现代化建设和教育事业的科学发展献计出力。二要聚焦体制机制创新，努力破解制约教育改革发展中的难题，落实教育规划纲要关于促进教育公平、提高教育质量、深化教育体制机制改革等问题，为科技和教育的决策提供理论支撑和政策支持。三要创新研究方法，探索推进教育事业科学发展的规律，要坚持理论研究和实践探索相结合，定性和定量综合分析相结合，加强跨学科综合集成，要开阔视野，开展比较研究，立足国情，博采众长，及时捕捉国际教育发展新趋势，为国内发展提供借鉴。四要加强人才队伍建设，不断提高科学研究的水平和质量，要健全体制机制，激发创造活力，营造良好环境，培养凝聚一批功底深厚、作风优良的综合性研究队伍，努力建设中国特色的高水平教育战略研究智库。

2月21日，北京师范大学国家职业教育研究院成立大会暨揭牌仪式隆重举行。教育部部长袁贵仁向大会发来贺信。教育部副部长鲁昕发表讲话，强调切实加强职业教育的科学研究。研究院院长由国务院参事、教育部职成司原司长黄尧担任，教育部副部长鲁昕、人力资源和社会保障部副部长王晓初、北京师范大学校长钟秉林担任指导委员会主任。

2月22日，胡锦涛在中央政治局第二十六次集体学习时强调，面向未来，我们一定要增强紧迫感和责任感，坚持把优先发展教育作为贯彻落实科学发展观的基本要求，推动教育事业科学发展，办好人民满意的教育，实现教育和经济社会协调发展，充分发挥教育在党和国家事业中的基础性、先导性、全局性地位和作用。全面落实国家教育改革和发展规划纲要，努力开创我国教育事业科学发展新局面，中国教育学会常务副会长谈松华、中央教育科学研究所所长袁振国讲解“优先发展教，建设人力资源强国”。

6月27—28日，全国职业教育科研工作会议在天津市召开，会议就进一步加强新时期职业教育科研工作进行研究部署。中共中央政治局委员、国务委员刘延东对会议做出重要批示。教育部副部长鲁昕做专题报告。来自国家有关部委、各省区市教育主管部门负责同志，职业院校和研究机构、各行业职业教育指导委员会专家学者等300余人参加会议。本次会议是新中国成立以来召开的第一次全国职业教育科研工作会议。会议系统总结了新中国成立以来特别是改革开放以来我国职业教育科研工作的历史经验，贯彻落实全国教育工作会议精神和教育规划纲要，全面把握国内外职业教育的发展趋势，积极探索职业教育改革创新的体制机制，推动职教科学研究更好地为职业教育改革发展服务。

8月4日，经中编办、教育部批准，中央教育科学研究所更名为中国教育科学研究院。

8月31日，教育部清华大学“教育战略决策与国家规划研究中心”宣布成立。教育部副部长鲁昕、清华大学校长顾秉林出席成立大会并代表双方签署了研究中心共建协议，共同为中心揭牌。

9月27日，教育部北京大学人力资本与国家政策研究中心成立，教育部副部长鲁昕、北京大学校长周其凤分别代表教育部和北京大学签署了共建协议。

11月11日，中共中央政治局委员、国务委员刘延东出席第四届全国教育科学研究优秀成果奖颁奖暨中国教育科学研究院成立大会，评选出11项突出贡献奖获奖成果。

12月，经中编办、教育部批准，教育部民族教育发展中心成立。

12月11日，由国务院参事室等部门召开的“为了孩子的健康快乐成长”教育论坛在京召开，共有各方代表350余人参加本次论坛。

2012 年

1 月 16 日，创新人才教育研究会成立大会暨第一次会员代表大会在京举行，来自全国 27 个省市近 300 名会员单位的代表参加会议。中共中央政治局委员、国务委员刘延东，全国人大常委会副委员长陈至立分别发来贺信。创新人才教育研究会是经教育部、民政部批准的国家一级学会。国务院参事、国家教育咨询委员会委员、人大附中校长刘彭芝当选为会长，该研究会的成立旨在搭建一个跨地区、跨部门、跨学科、跨学段的高端平台，共同探索行之有效的创新人才培养模式。近阶段研究会主要开展三个方面的工作：一是围绕创新人才培养的现状、历史经验、国外经验等 20 个课题开展研究工作，二是联合国家教育咨询委员会创新人才培养模式组，加强对试点高校和中学试点工作的研究，并进行经验梳理及推广，三是加强国际交流与合作。

2 月 18 日，北京市海淀区汇佳学校教育科学研究院成立，这是民办学校设立的教育研究机构。

7 月，中国教育学会举行换届大会，北京师范大学校长钟秉林当选为会长。

7 月 11 日，第六届全国教育科学规划领导小组召开全体会议，教育部部长、全国教育科学规划领导小组组长袁贵仁出席会议并发表重要讲话。

7 月 24 日，首家终身教育研究院依托华东师范大学成立，形成融高校、政府、企业、社区等资源为一体的跨界、协同、开放、动态的研究机构。

8 月 24—25 日，中国高等教育学会第六次会员代表大会在北京举行，选举产生新一届理事会，中国农业大学党委书记瞿振元当选为中国高等教育学会第六届理事会会长。现有单位会员 108 个，其中，省级高等教育学会 28 个、行业高等教育学会 15 个、专业委员会（分会）56 个、高校高等教育学会 9 个，已形成遍及全国、联系各高等学校、覆盖众多学科和管理领域的组织网络。

8月28—29日，第二届中日韩三国教育研究院（所）长会议暨“教育改革的国际趋势：成就与挑战”国际学术研讨会在韩国首尔举行，中国教科院院长袁振国率团出席会议。

9月27日，中国教科院教育规划与战略研究中心成立，教育部副部长鲁昕出席大会并讲话。

10月，教育部在中国教科院设立教育战略研究中心，教育部副部长鲁昕出席揭牌仪式。

11月5—6日，2012年全国教育科学规划课题评审在北京举行。

11月5—6日，由教育部基础教育课程教材发展中心主办、四川省教育科学研究所承办的全国教研系统负责人会议在成都召开。教育部副部长刘利民在会上强调，全国教研工作要准确把握新形势，明确新要求，努力开创基础教育教研工作的新局面。

11月13—14日，海峡两岸教育政策论坛在北京举行，论坛主题是“教育改革与发展的趋势：挑战与对策”，来自台湾14所高校和教育科研机构的26名校院长以及大陆32所高校、教育科研机构的近200名代表与会。教育部副部长郝平出席会议并做重要讲话，国务院台湾事务办公室主任助理李亚飞出席会议并致辞。

11月15日，台湾地区教育研究院吴清山院长访问中国教育科学研究院，第一次实现了海峡两岸教育智库的互访交流。

11月24—25日，由中国教育学会主办的“未来教育家论坛”在北京举行。

2013年

1月31日，全国教育科研大会在北京召开。教育部部长袁贵仁在会上强调，教育科研要在办好人民满意教育过程中发挥创新理论、服务决策、指导实践、引导舆论的重要功能，全面提升创新能力和服务水平，促进教育事业科学发展，要求教育科研系统抓住机遇，勇于担当，努力成为探索教育规律、创新教育理论的“思想库”，成为提出政策建议、服务教育决策的“智囊团”，成为开发教育策略、服务教育实践的“设计师”，成为引导教育舆论、更新教育观念的“宣传队”，努力开创教育科学研究新局面。江苏省教育厅、中国教育学会、华东师范大学、黑龙江省教科院、军事教科规划办、江苏省情境教育所做交流发言，各地教育部门、教科院所、教育科学规划办及有关高校、教育学术社团、教育部有关司局单位负责人参加会议。

2 月 7 日，经中央机构编制委员会办公室批准，教育部教学仪器研究所更名为教育部教育装备研究与发展中心。主要职责是：从事教育装备的理论、政策研究和技术开发，承担教育装备标准化、质量检测、咨询、培训等工作；根据教育部委托，制订教育装备发展规划，指导学校装备建设，提高我国教学实验技术水平和装备水平，促进教育装备行业发展，为教育事业发展提供技术支持。

2 月 23 日，中国职业技术教育学会第四届理事会在北京召开，教育部部长袁贵仁发表讲话，纪宝成当选第四届理事会会长，提出遵循“围绕中心、服务大局、紧贴基层”的宗旨，努力建成国内一流、国际知名的群众性学术团体。

6 月 22—23 日，由广东省教育研究院主办的首届中国南方教育高峰年会在广州召开。百余名知名专家学者相聚，探讨全球化背景下区域教育现代化暨中国南方教育高地建设理论与实践问题，为新时期教育改革发展和现代化建设把脉切诊、同绘蓝图。论坛以“公平、质量、创新：全球化背景下区域教育现代化暨中国南方教育高地建设”为主题，主要研讨全球化背景下区域教育现代化暨中国南方教育高地建设的公平与质量、竞争与合作、国际化与本土化、传承与创新等问题。

9月13日，由教育部教育发展研究中心、北京大学和中国教育发展战略学会主办的郝克明教育科研成果研讨会在京举行，教育部副部长郝平出席会议并讲话。

11月3日，由中国教育发展战略学会、中国教育国际交流协会、北京大学、国际开放大学和北京开放大学联合主办的“信息技术发展与教育改革国际论坛”在京举办。教育部副部长杜占元做主题报告。来自国内教育行政部门、高等学校、教育机构及新闻媒体等500余人出席了会议。

11月16日，海峡两岸教育领导人论坛——后现代教育发展与两岸教育新方向在台湾政治大学举行，来自海峡两岸的高校教育学院和教育科研机构负责人出席会议。

11月30日，中国教育发展战略学会教育法制专业委员会成立，教育部副部长郝平到会致辞。教育部政策法规司司长孙霄兵任理事长。理事会有团体会员131个，理事300余人。

2014年

1月9日，教育部发出关于开展2014年国家级教学成果奖评审工作的通知，首次将评审范围扩大到基础教育和职业教育领域。

3月，长江教育研究院在北京发布《教育黄皮书：教育信息化》。

首都师范大学与中国教科院、教育部教育发展研究中心、北京师范大学等合作的基础教育研究创新平台，对外公开招标课题，共资助近20项课题，最高资助20万元。

3月2—6日，由经济合作与发展组织、美国国家科学基金会、联合国教科文组织、华东师范大学、上海师范大学、香港大学联合举办的“学习科学国际大会”在华东师大举行，顶尖学者聚焦跨学科研究，围绕“学习科学的研究进展：基础、理论和方法”“学习科学与教育实践变革”“学习科学与教育政策”“学习科学与教师教育变革”四个主题展开，探索如何以学习科学的研究成果推动教育政策和实践的变革。

3月29日，经民政部批准，中国人类学民族学研究会教育人类学专业委员会在北京成立，这是我国教育人类学学科发展史上的一件大事。29日上午，中国人类学民族学研究会教育人类学专业委员会在中央民族大学召开首届年会，以“教育与文化：教育人类学的理论、方法与应用研究”为主题，全国50余所院校和科研机构的100多位专家学者出席。会上，与会者分享了中国在教育人类学理论、方法与应用研究等方面的学术进展，就教育人类学的本体论与学科史、教育人类学的理论与学术前沿、教育人类学的研究方法与技术、教育人类学的本土研究与田野工作等主题展开热烈讨论。

6月17日，全国首次民族教育科研工作会议在成都召开。会议专题研究了《全国民族教育科研规划（2014—2020年）》，宣布成立了全国民族教育专家委员会，并对今后一个时期民族教育科研工作进行了部署。教育部副部长鲁昕出席会议并讲话，指出当前和今后一个时期民族教育研究要坚持正确的政治方向，加强重大理论、现实问题的研究，强化民族教育科研队伍建设，充分发挥教育部民族教育发展中心统筹协调职能，充分发挥全国民族教育专家委员会的学术引领与智库作用，共同推进民族教育事业的科学发展。全国各省（自治区、直辖市）教育厅（教委）、新疆生产建设兵团教育部门负责人，各省（自治区、直辖市）级教育科研（教研）机构负责人，全国民族教育专家委员会部分特邀代表参加了会议。

6月30日，中国家庭教育学会第五次会员代表大会在北京召开。会议选举全国人大常委、全国妇联原副主席陈秀榕为中国家庭教育学会第五届会长，赵东花、谭陆、王定华、张小媛、傅国亮、谢维和、庞丽娟、于丹、杨澜、朱宝明、鞠萍为副会长。

7月13日，由广东省教育研究院主办的第二届南方教育高峰年会召开，邀请了国内知名专家到会。

8月14日，《教育部办公厅关于成立全国民族教育专家委员会的通知》发布，主要职责是对民族教育科研工作开展咨询、指导、评估和服务工作，为民族教育政策提供咨询意见，赵沁平担任主任，委员50人，下设教育理论与政策、基础教育、职业教育、高等教育、双语教育、民族团结与比较教育、内地班等7个学科（领域）组。

8月22日，刘延东出席第二届国家教育咨询委员会第一次全体会议时强调，要认真贯彻中央关于全面深化改革的决策部署，围绕深化教育综合改革核心任务，积极开展教育咨询，推进科学民主决策，努力办好人民满意教育，为全面建成小康社会和实现中国梦提供人才和智力支撑。第二届国家教育咨询委员会由71位委员组成，下设素质教育改革组等10个专题组，张力任秘书长。

9月4日，《国务院关于深化考试招生制度改革的实施意见》印发。

9月9日，教师节前夕，习近平在北京师范大学考察时号召全国广大教师做党和人民的好老师。

9月24日，习近平在纪念孔子诞辰2565周年国际学术研讨会上强调，从延续民族文化血脉中开拓前进，推进各种文明交流交融、互学互鉴。

附录二：中国教育科研影响力调查问卷

各位领导和专家好！

教育科学是社会科学的重要组成部分，也是促进教育事业科学发展的思想指导和行动指南，为准确了解社会对教育科研地位、作用和影响的认知态度和参与状况，特开展本次不具名调查活动。您的参与对改进教育科研管理工作，提高教育科研的创新能力和服务水平意义重大，非常感谢您的支持！

中国教育科学研究院课题组

选项说明：请您根据每一个选题的要求，在所列选项中选出您认可的，并在相应选项上画“√”。如未做特殊说明，都为单选题，注明“其他”的请填写具体内容。

1. 您所在工作单位为：［单选题］

A. 部属高校

B. 地方普通高校

C. 高等职业技术学院

D. 教育科研院所

E. 中小学

F. 教育行政部门

G. 其他

2. 您的专业领域是：［单选题］

A. 教育科学

B. 社会科学

C. 自然科学

D. 其他

3. 您的专业技术职称是：[单选题]

A. 正高

B. 副高

C. 中级

D. 初级

E. 其他

4. 您是通过什么途径了解到教育科学规划课题的：[单选题]

A. 学校通知

B. 自己发现

C. 他人介绍

D. 其他

5. 您总共申报过几次教育科学规划课题：[单选题]

A. 3 次以上

B. 3 次

C. 2 次

D. 1 次

E. 还没有

6. 您曾经参与过几项教育科学规划课题：[单选题]

A. 3 次以上

B. 3 次

C. 2 次

D. 1 次

E. 还没有

7. 您曾经获得过几项教育科学规划课题立项：[单选题]

A. 3 次以上

B. 3 次

C. 2 次

D. 1 次

E. 还没有

8. 您曾经获得过几项全国教育科学规划课题立项：[单选题]

A. 3 次以上

B. 3 次

C. 2 次

D. 1 次

E. 还没有

9. 您觉得教育科学规划课题的立项难度与其他来源的课题相比：[单选题]

A. 难度很大

B. 难度较大

C. 一般

D. 难度较小

E. 难度很小

F. 不好说

10. 您申报教育科研课题的最直接目的是：[单选题]

A. 提升科研能力

B. 改进教学方法

C. 工作考核

D. 职称评审

E. 其他

11. 您关注教育科研选题的内容主要为（可多选）[多选题]
A. 教育政策
B. 现实问题
C. 基础理论
D. 社会舆论
E. 其他

12. 您认为获得教育科学规划课题立项的关键是：[单选题]
A. 选题贴近课题指南
B. 独创选题
C. 研究方法
D. 研究积累
E. 研究队伍
F. 人际关系
G. 参加培训
H. 其他

13. 您是否发表过教育科研成果：[单选题]
A. 很多
B. 较多
C. 一般
D. 较少
E. 很少
F. 没有

14. 您在申报教育科学规划课题中出现的最大困惑是：[单选题]

A. 课题指南和原创问题的关系

B. 工作和研究的关系

C. 长线研究与短期研究的关系

D. 低级别课题和高级别课题的关系

E. 重复研究和持续研究的关系

F. 个人和研究队伍的关系

G. 其他

15. 您在申报教育科学规划课题中面临的最大困难是：[单选题]

A. 找不到适合的选题

B. 课题设计难

C. 研究方法落后

D. 研究队伍难组织

E. 研究成果难以预期

F. 缺乏研究基础

G. 研究经费不足

H. 结题过关难

I. 其他

16. 您认为教育科学的学科属性是：[单选题]

A. 社会科学

B. 人文科学

C. 自然科学

D. 复杂科学

E. 其他

17. 您认为教育科学的最大特殊性是：[单选题]
A. 应用性
B. 专业性
C. 人文性
D. 群众性
E. 其他

18. 您认为教育科研最常用的研究方法是：[单选题]
A. 调查研究
B. 实验
C. 行动研究
D. 经验观察
E. 其他

19. 您在从事教育科研工作中最大的收获是：[单选题]
A. 开阔视野
B. 改进工作
C. 增长智慧
D. 服务决策
E. 其他

20. 您认为教育科研的成果主要指向是：[单选题]
A. 思想观念
B. 知识生产
C. 人才培养
D. 增长智慧
E. 其他

21. 您认为教育科研的主要功能为（可多选）[多选题]
A. 服务决策
B. 指导实践
C. 创新理论
D. 更新观念
E. 其他

22. 您认为教育科研对繁荣社会科学的贡献：[单选题]
A. 非常大
B. 比较大
C. 一般
D. 比较小
E. 非常小
F. 不好说

23. 您认为教育科研对教育改革发展的作用：[单选题]
A. 非常大
B. 比较大
C. 一般
D. 比较小
E. 非常小
F. 不好说

24. 您认为提高教育科研质量的关键是：[单选题]
A. 长线支持
B. 增加课题经费
C. 跨学科组合

D. 研究方法创新

E. 其他

25. 您对改进教育科学规划工作的希望是：[单选题]

A. 提高立项率

B. 增加投入

C. 科学管理

D. 加强培训

E. 着重推广

F. 加强奖励

G. 第三方评价

H. 其他

26. 如果不能如愿获得课题立项您是否愿意继续投入地从事教育科研工作：[单选题]

A. 非常投入

B. 比较投入

C. 一般

D. 不太投入

E. 不再投入

27. 请您列举比较认可的几家教育科研机构：[开放式]

28. 请您列举比较认可的几位教育科研大家：[开放式]

29. 请您列举比较认可的几项教育科研成果：[开放式]

30. 请您列举比较认可的几种教育科研学术刊物：[开放式]

附录三：中国教育科研影响力调查结果

网络调查有效问卷 1012 份，反馈情况如下。

选项说明：请您根据每一个选题的要求，在所列选项中选出您认可的，并在相应选项上画“√”。如未做特殊说明，都为单选题，注明“其他”的请填写具体内容。

1. 您所在工作单位为：

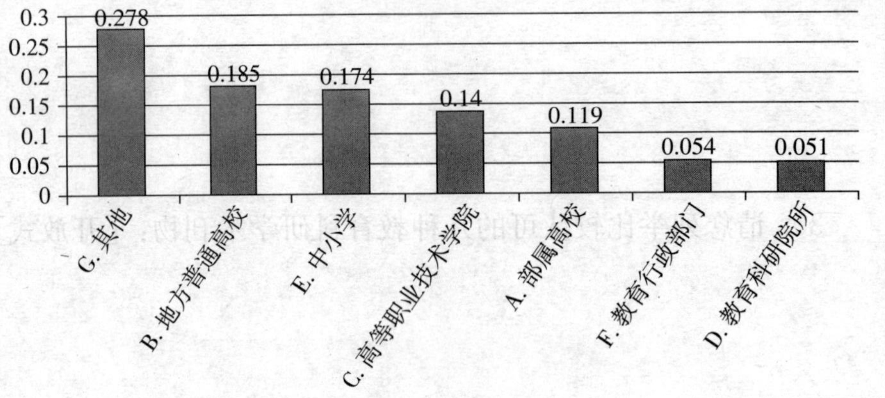

2. 您的专业领域是：

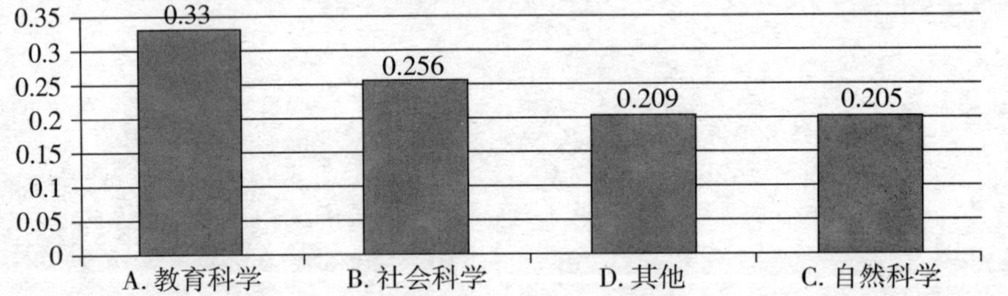

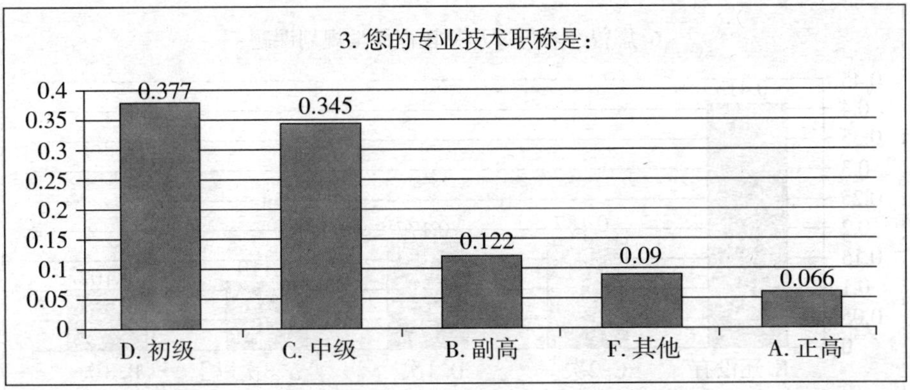
3. 您的专业技术职称是：
0.4
0.35
0.3
0.25
0.2
0.15
0.1
0.05
0
0.377
0.345
0.122
0.09
0.066
D. 初级
C. 中级
B. 副高
F. 其他
A. 正高

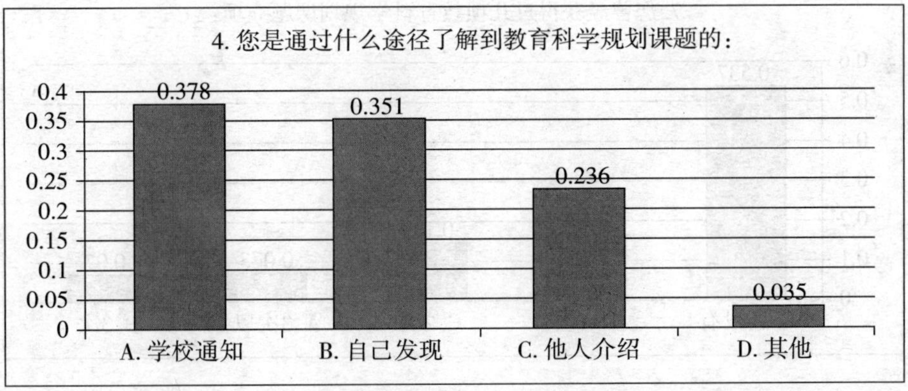
4. 您是通过什么途径了解到教育科学规划课题的：
0.4
0.35
0.3
0.25
0.2
0.15
0.1
0.05
0
0.378
0.351
0.236
0.035
A. 学校通知
B. 自己发现
C. 他人介绍
D. 其他

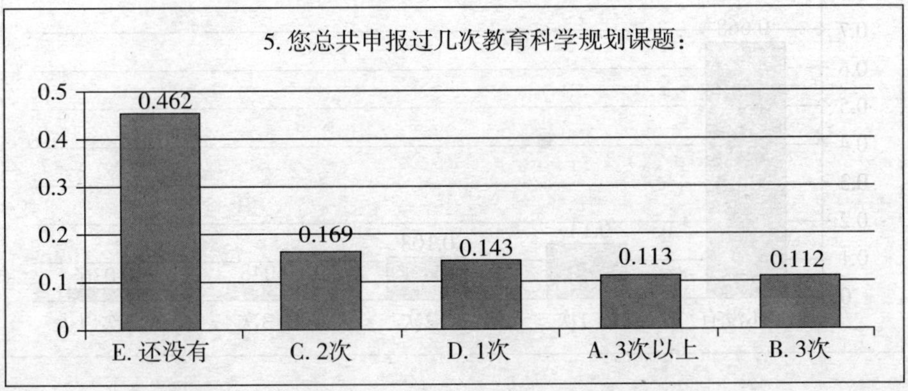
5. 您总共申报过几次教育科学规划课题：
0.5
0.4
0.3
0.2
0.1
0
0.462
0.169
0.143
0.113
0.112
E. 还没有
C. 2次
D. 1次
A. 3次以上
B. 3次

6. 您曾经参与过几项教育科学规划课题：

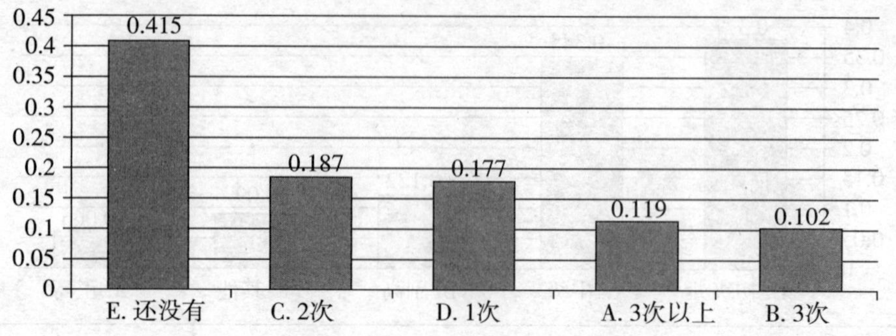

7. 您曾经获得过几项教育科学规划课题立项：

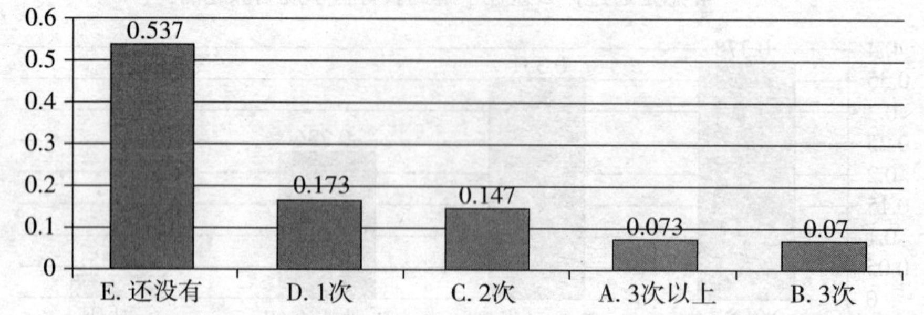

8. 您曾经获得过几项全国教育科学规划课题立项：

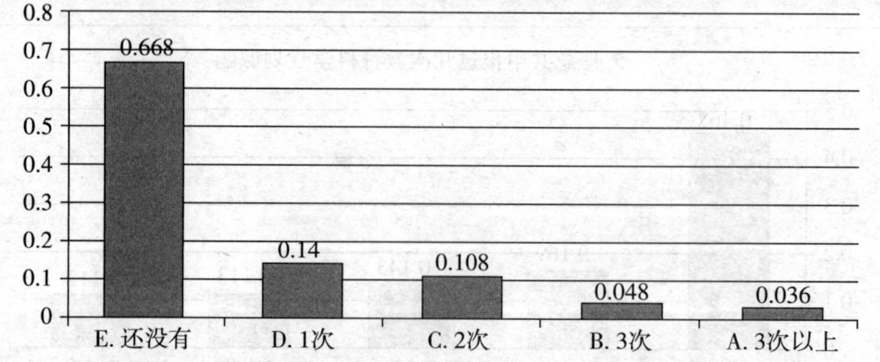

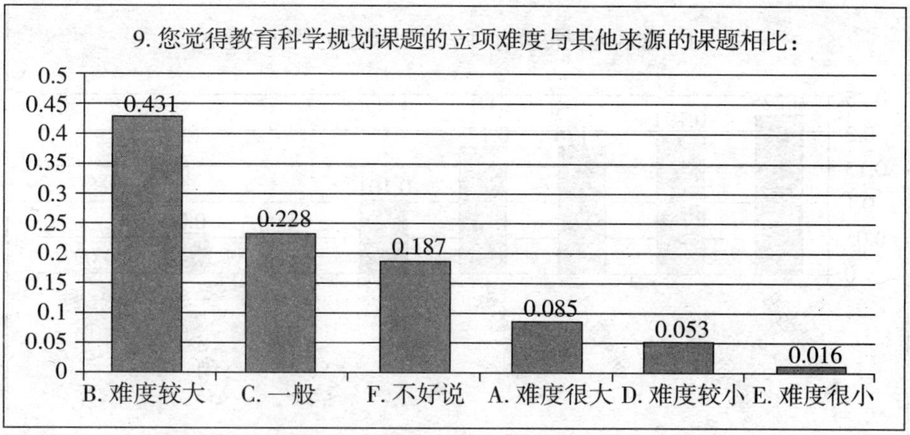
9. 您觉得教育科学规划课题的立项难度与其他来源的课题相比：
0.5
0.45
0.4
0.35
0.3
0.25
0.2
0.15
0.1
0.05
0
0.431
0.228
0.187
0.085
0.053
0.016
B. 难度较大
C. 一般
F. 不好说
A. 难度很大
D. 难度较小
E. 难度很小

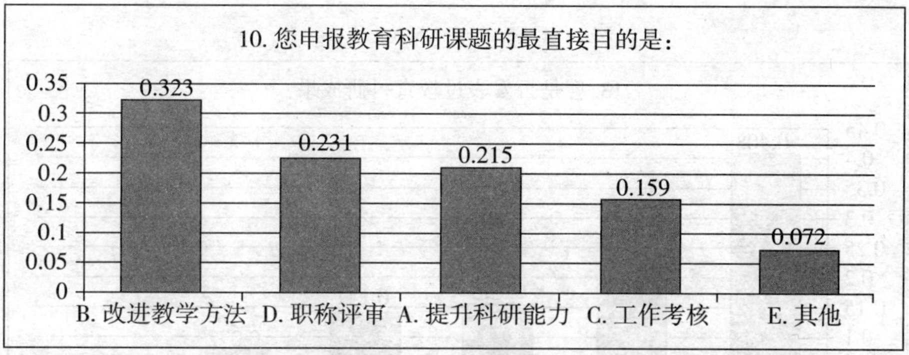
10. 您申报教育科研课题的最直接目的是：
0.35
0.3
0.25
0.2
0.15
0.1
0.05
0
0.323
0.231
0.215
0.159
0.072
B. 改进教学方法
D. 职称评审
A. 提升科研能力
C. 工作考核
E. 其他

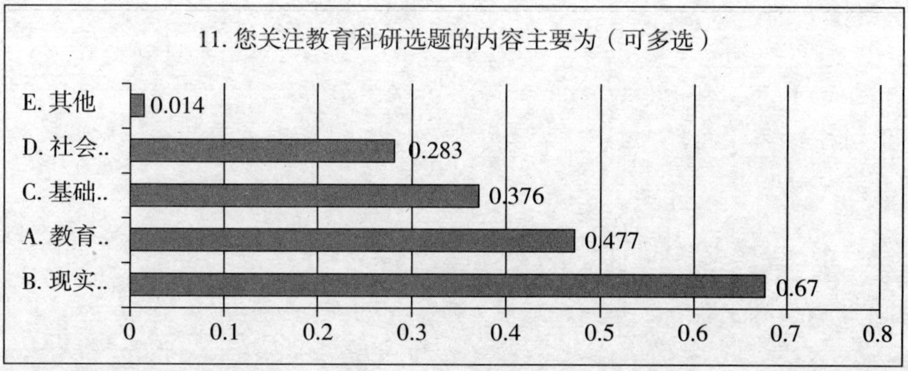
11. 您关注教育科研选题的内容主要为（可多选）
E. 其他
D. 社会..
C. 基础..
A. 教育..
B. 现实..
0.014
0.283
0.376
0.477
0.67
0
0.1
0.2
0.3
0.4
0.5
0.6
0.7
0.8

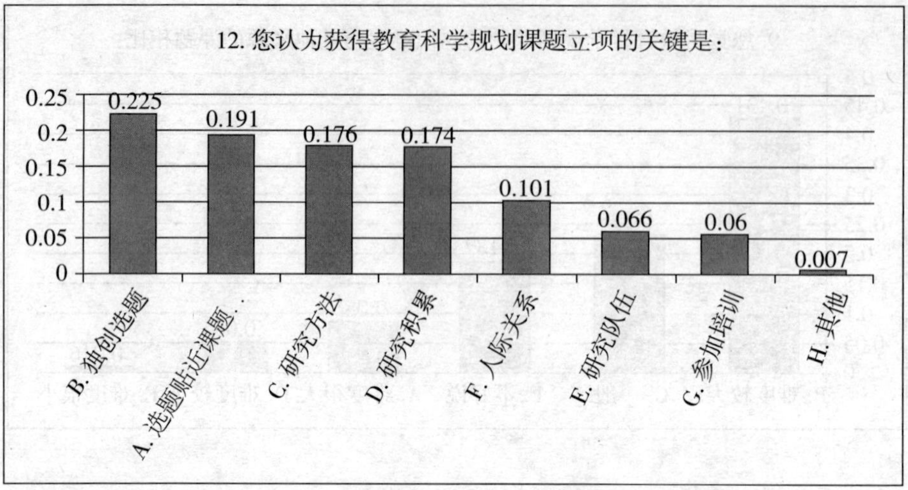
12. 您认为获得教育科学规划课题立项的关键是：
0.25
0.2
0.15
0.1
0.05
0
0.225
0.191
0.176
0.174
0.101
0.066
0.06
0.007
B. 独创选题
A. 选题贴近课题…
C. 研究方法
D. 研究积累
F. 人际关系
E. 研究队伍
G. 参加培训
H. 其他

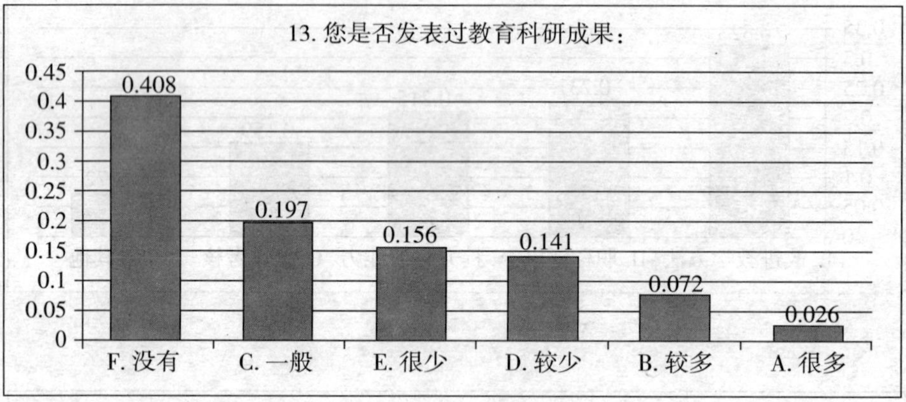
13. 您是否发表过教育科研成果：
0.45
0.4
0.35
0.3
0.25
0.2
0.15
0.1
0.05
0
0.408
0.197
0.156
0.141
0.072
0.026
F. 没有
C. 一般
E. 很少
D. 较少
B. 较多
A. 很多

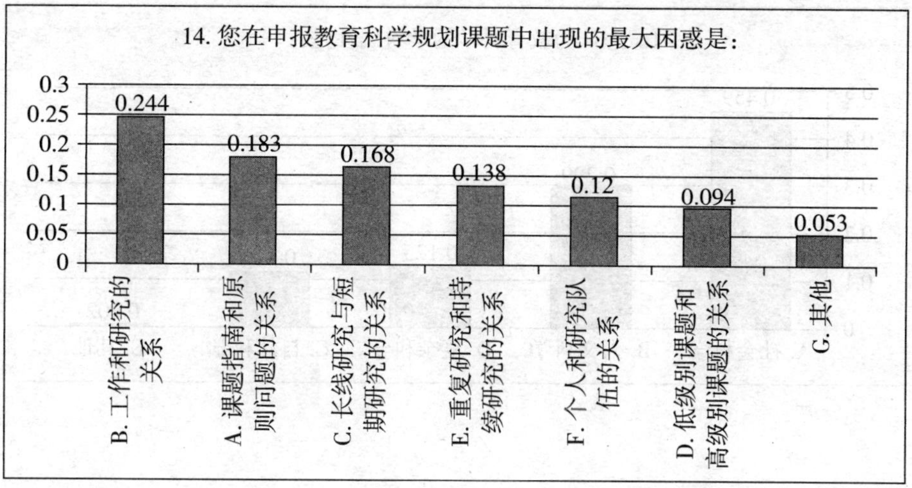
14. 您在申报教育科学规划课题中出现的最大困惑是：
0.3
0.25
0.2
0.15
0.1
0.05
0
0.244
0.183
0.168
0.138
0.12
0.094
0.053
B. 工作和研究的关系
A. 课题指南和原则问题的关系
C. 长线研究与短期研究的关系
E. 重复研究和持续研究的关系
F. 个人和研究队伍的关系
D. 低级别课题和高级别课题的关系
G. 其他

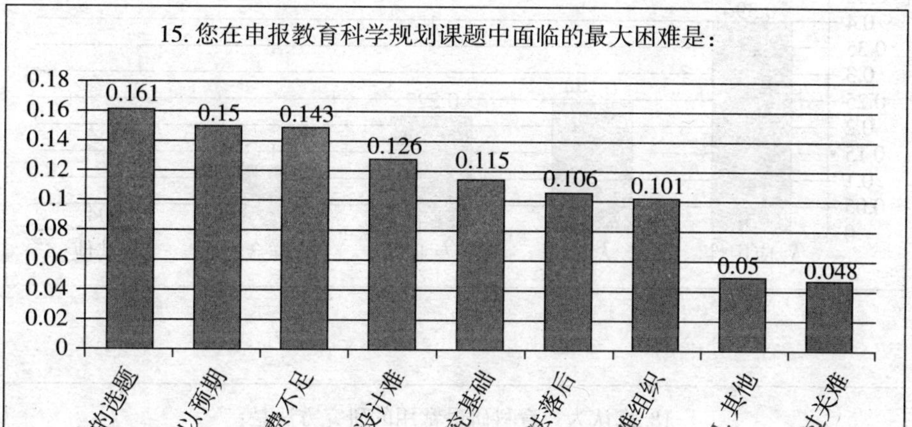
15. 您在申报教育科学规划课题中面临的最大困难是：
0.18
0.16
0.14
0.12
0.1
0.08
0.06
0.04
0.02
0
0.161
0.15
0.143
0.126
0.115
0.106
0.101
0.05
0.048
A. 找不到适合的选题
E. 研究成果难以预期
G. 研究经费不足
B. 课题设计难
F. 缺乏研究基础
C. 研究方法落后
D. 研究队伍难组织
I. 其他
H. 结题过关难

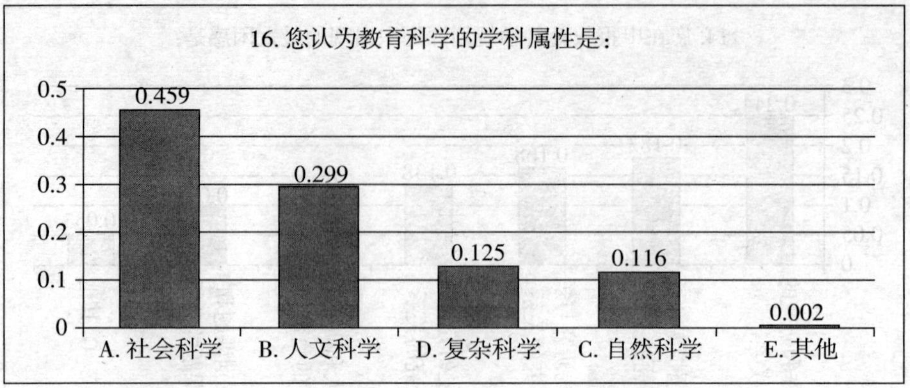
16. 您认为教育科学的学科属性是：
0.5
0.4
0.3
0.2
0.1
0
0.459
0.299
0.125
0.116
0.002
A. 社会科学
B. 人文科学
D. 复杂科学
C. 自然科学
E. 其他

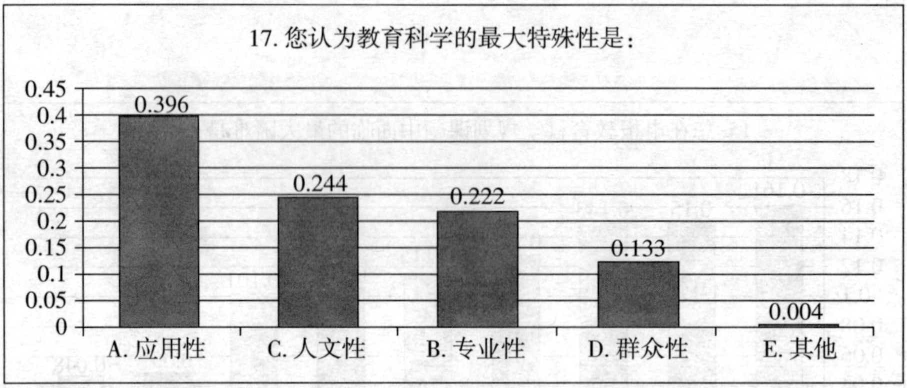
17. 您认为教育科学的最大特殊性是：
0.45
0.4
0.35
0.3
0.25
0.2
0.15
0.1
0.05
0
0.396
0.244
0.222
0.133
0.004
A. 应用性
C. 人文性
B. 专业性
D. 群众性
E. 其他

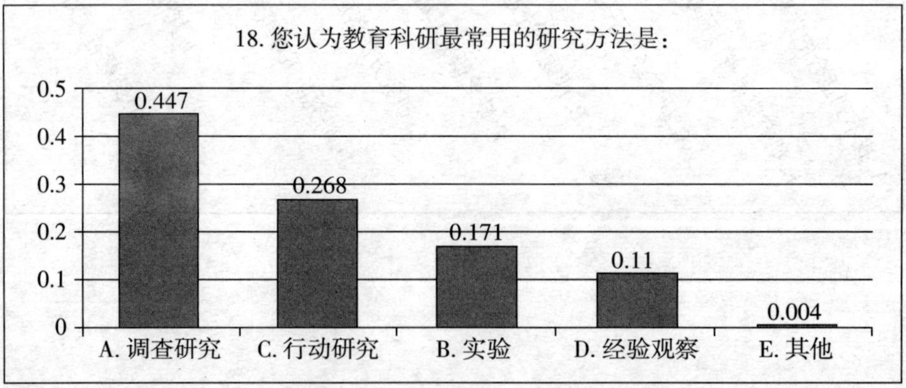
18. 您认为教育科研最常用的研究方法是：
0.5
0.4
0.3
0.2
0.1
0
0.447
0.268
0.171
0.11
0.004
A. 调查研究
C. 行动研究
B. 实验
D. 经验观察
E. 其他

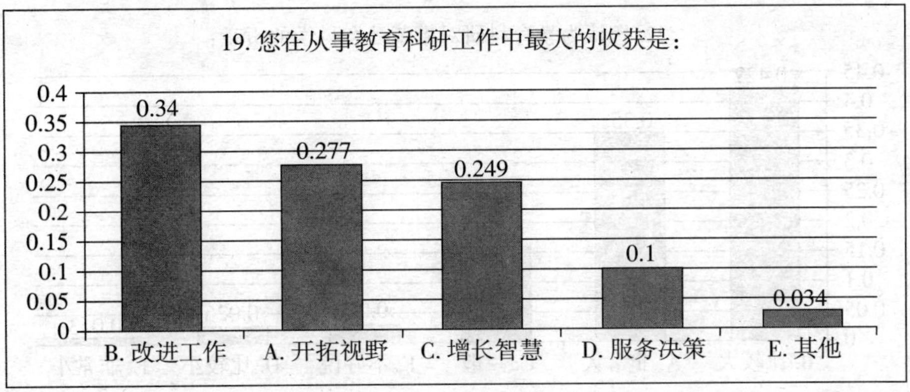
19. 您在从事教育科研工作中最大的收获是：
0.4
0.35
0.3
0.25
0.2
0.15
0.1
0.05
0
0.34
0.277
0.249
0.1
0.034
B. 改进工作
A. 开拓视野
C. 增长智慧
D. 服务决策
E. 其他

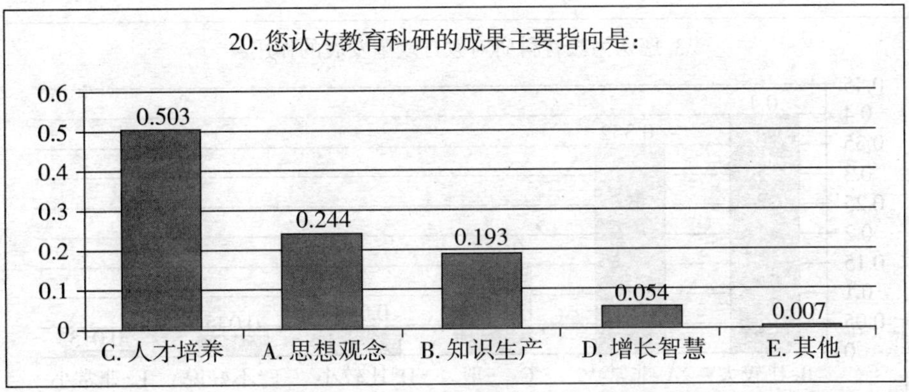
20. 您认为教育科研的成果主要指向是：
0.6
0.5
0.4
0.3
0.2
0.1
0
0.503
0.244
0.193
0.054
0.007
C. 人才培养
A. 思想观念
B. 知识生产
D. 增长智慧
E. 其他

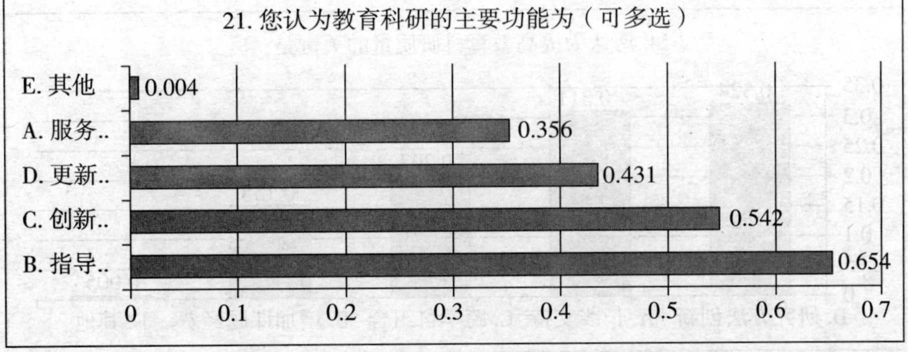
21. 您认为教育科研的主要功能为（可多选）
E. 其他
A. 服务..
D. 更新..
C. 创新..
B. 指导..
0.004
0.356
0.431
0.542
0.654
0
0.1
0.2
0.3
0.4
0.5
0.6
0.7

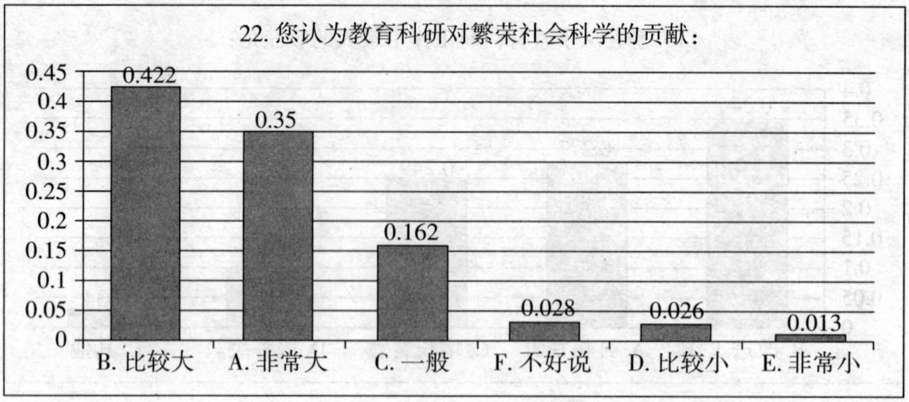
22. 您认为教育科研对繁荣社会科学的贡献：
0.45
0.4
0.35
0.3
0.25
0.2
0.15
0.1
0.05
0
0.422
0.35
0.162
0.028
0.026
0.013
B. 比较大
A. 非常大
C. 一般
F. 不好说
D. 比较小
E. 非常小

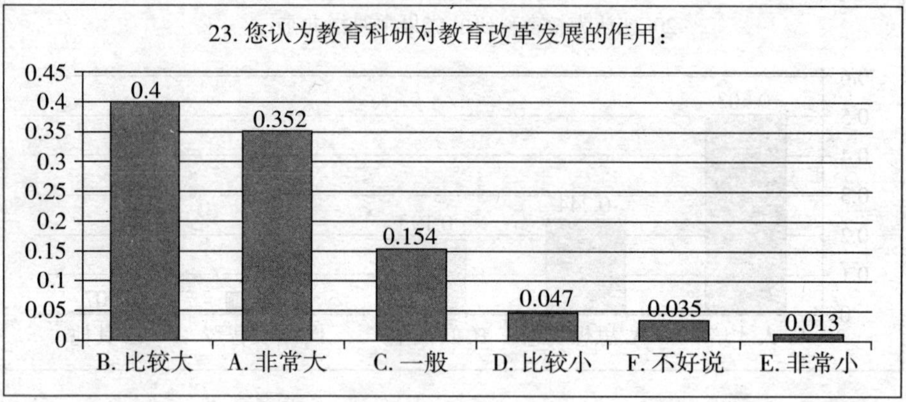
23. 您认为教育科研对教育改革发展的作用：
0.45
0.4
0.35
0.3
0.25
0.2
0.15
0.1
0.05
0
0.4
0.352
0.154
0.047
0.035
0.013
B. 比较大
A. 非常大
C. 一般
D. 比较小
F. 不好说
E. 非常小

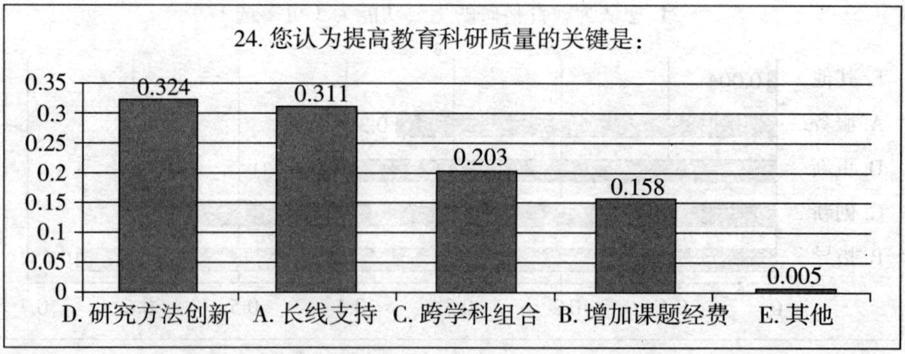
24. 您认为提高教育科研质量的关键是：
0.35
0.3
0.25
0.2
0.15
0.1
0.05
0
0.324
0.311
0.203
0.158
0.005
D. 研究方法创新
A. 长线支持
C. 跨学科组合
B. 增加课题经费
E. 其他

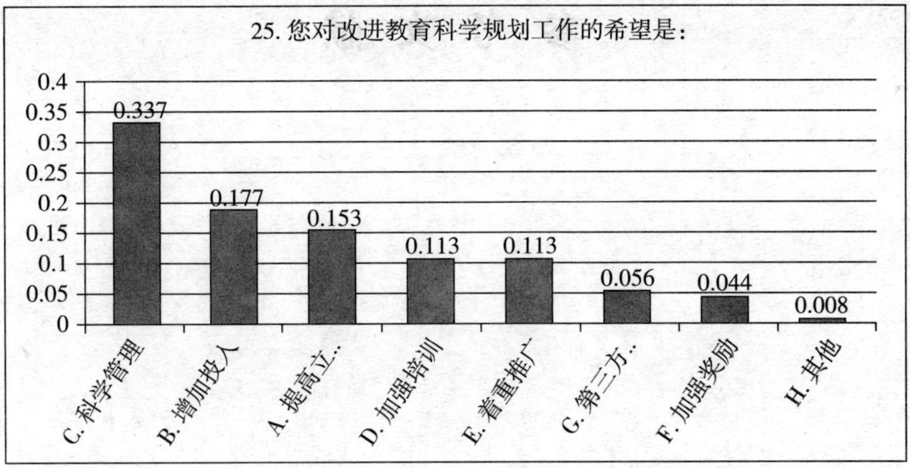
25. 您对改进教育科学规划工作的希望是：
0.4
0.35
0.3
0.25
0.2
0.15
0.1
0.05
0
0.337
0.177
0.153
0.113
0.113
0.056
0.044
0.008
C. 科学管理
B. 增加投入
A. 提高立…
D. 加强培训
E. 着重推广
G. 第三方…
F. 加强奖励
H. 其他

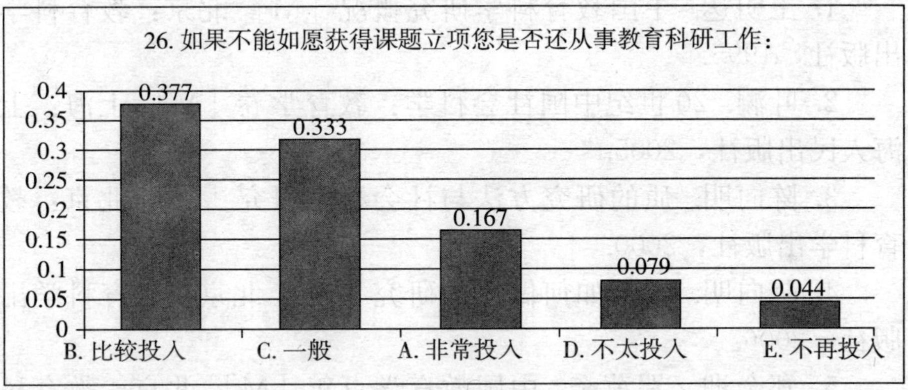
26. 如果不能如愿获得课题立项您是否还从事教育科研工作：
0.4
0.35
0.3
0.25
0.2
0.15
0.1
0.05
0
0.377
0.333
0.167
0.079
0.044
B. 比较投入
C. 一般
A. 非常投入
D. 不太投入
E. 不再投入

参 考 文 献

一、图书

1. 王明达. 中国教育科学研究概况［M］. 北京：教育科学出版社，1995.

2. 叶澜. 20 世纪中国社会科学：教育学卷［M］. 上海：上海人民出版社，2005.

3. 陈向明. 质的研究方法与社会科学研究［M］. 北京：教育科学出版社，2000.

4. 陈向明. 教师如何做质的研究［M］. 北京：教育科学出版社，2006.

5. 郑金洲，瞿葆奎. 中国教育学百年［M］. 北京：教育科学出版社，2002.

6. 郑金洲. 中国教育研究新进展：2007［M］. 上海：华东师范大学出版社，2008.

7. 李凤琴. 教育人才专业化发展策略——我国教育院所科研队伍建设［M］. 北京：首都师范大学出版社，2007.

8. 金林祥. 20 世纪中国教育学科的发展与反思［M］. 上海：上海教育出版社，2002.

9. 高宝立，刘贵华. 教育研究年度报告：2012［M］. 北京：

教育科学出版社，2014.

10. 梁威，等. 撬动中国基础教育的支点——中国特色教研制度发展研究［M］. 北京：教育科学出版社，2011.

11. 聂劲松，邹飞雁. 中国百年教研制度审视［M］. 长沙：湖南师范大学出版社，2009.

12. 陆有铨. 躁动的百年：20 世纪的教育历程［M］. 济南：山东教育出版社，1997.

13. 石中英. 知识转型与教育改革［M］. 北京：教育科学出版社，2001.

14. 熊明安，喻本伐. 中国当代教育实验史［M］. 济南：山东教育出版社，2005.

15. 周作宇. 问题之源和方法之境——元教育理论探索［M］. 北京：教育科学出版社，2000.

16. 教育部社会科学司. 2006 年全国高校社科统计资料汇编［G］. 上海：高等教育出版社，2007.

17. 全国教育科学规划领导小组办公室. 中国教育科学规划的回顾与展望［M］. 北京：教育科学出版社，2006.

18. 全国教育科学规划领导小组办公室. 第三届全国教育科学研究优秀成果奖获奖成果概览［M］. 北京：教育科学出版社，2007.

19. 全国教育科学规划领导小组办公室. 教育科研大家谈［M］. 北京：教育科学出版社，2007.

20. 全国教育科学规划领导小组办公室. 全国教育科学“十五”规划学科发展报告［M］. 北京：教育科学出版社，2008.

21. 全国教育科学规划领导小组办公室. 全国教育科学“十一五”规划学科发展报告［M］. 北京：教育科学出版社，2011.

22. 中央教育科学研究所课题组. 中国教育科研成果新进展：2006—2008［M］. 北京：教育科学出版社，2010.

23. 中央教育科学研究所. 中国教育科研教研机构概览［M］. 北京：广播电视大学出版社，2004.

24. 中国教育学会. 中国教育科学：2005［M］. 北京：人民教育出版社，2006.

25. 中国教育学会. 中国教育科学：2006［M］. 北京：人民教育出版社，2007.

26. 中国高等教育学会. 中国高等教育发展经验专题研究［M］. 北京：教育科学出版社，2008.

27.《中国教育年鉴》编辑部. 中国教育年鉴：2010［M］. 北京：人民教育出版社，2011.

28.《中国教育年鉴》编辑部. 中国教育年鉴：2011［M］. 北京：人民教育出版社，2012.

29.《中国教育年鉴》编辑部. 中国教育年鉴：2012［M］. 北京：人民教育出版社，2013.

30.《中国教育年鉴》编辑部. 中国教育年鉴：2013［M］. 北京：人民教育出版社，2014.

31. 教育研究杂志社. 中国教育科学30年［M］. 北京：教育科学出版社，2010.

32. 教育研究杂志社. 教育研究的时代足音——《教育研究》创刊30周年杰出论文［M］. 北京：教育科学出版社，2011.

33. 国家教委"八五"重点课题"教育科研体制、规划与管理"课题组. 教育科研体制、规划与管理［M］. 上海：上海教育出版社，1995.

二、论文

1. 顾明远. 改革开放以来我国教育科学的重建与发展［J］. 教育研究，2008（9）.

2. 顾明远. 改革开放30年中国比较教育的重建和发展［J］.

比较教育研究，2008（12）.

3. 顾明远. 中国教育科学走向现代化之路纪实——纪念共和国建国 60 周年［J］. 北京师范大学学报：社会科学版，2009（4）.

4. 潘懋元. 中国高等教育研究的历史与未来［J］. 中国地质大学学报：社会科学版，2006（5）.

5. 潘懋元. 21 世纪初我国高等教育研究的进展与问题［J］. 国家教育行政学院学报，2006（8）.

6. 潘懋元，李均. 高等教育研究 60 年：后来居上，异军突起［J］. 中国高等教育，2009（18）.

7. 李秉德. 教学理论与教学实践“两张皮”现象剖析［J］. 教育研究，1997（7）.

8. 瞿葆奎. 建国以来教育学教材事略［J］. 华东师范大学学报：教育科学版，1991（3）.

9. 瞿葆奎，郑金洲. 教育理论研究与教育观念更新——十一届三中全会以来教育基本理论研究引发的教育观念变革寻迹［J］. 华东师范大学学报：教育科学版，1998（3）.

10. 瞿葆奎. 中国教育学百年回顾［J］. 教育研究，2006（3）.

11. 郝克明. 教育重大决策科学化、民主化的一个范例——参加《中国教育改革和发展纲要》研讨和起草过程的几点体会［J］. 辽宁教育研究，2007（9）.

12. 陈元晖. 中国教育学七十年［J］. 北京师范大学学报：社会科学版，1991（5）.

13. 叶澜. 让课堂焕发出生命活力——论中小学教学改革的深化［J］. 教育研究，1997（9）.

14. 叶澜. 世纪初中国教育理论发展的断想［J］. 华东师范大学学报：教育科学版，2001（1）.

15. 叶澜."面向21世纪新基础教育"探索性研究理论纲要[J].上海教育科研,2001(2).

16. 叶澜.思维在断裂处穿行——教育理论与实践关系的再寻找[J].中国教育学刊,2001(4).

17. 叶澜.中国教育学发展世纪问题的审视[J].教育研究,2004(7).

18. 胡克英.教育科学的十年和展望[J].中国教育学刊,1989(2).

19. 胡克英.教育与个性发展[J].教育研究与实验,1989(2).

20. 陈桂生.教育学的迷惘和迷惘的教育学[J].华东师范大学学报:教育科学版,1989(3).

21. 孙喜亭.中国教育学近50年来的发展概述[J].教育研究,1998(9).

22. 劳凯声.中国教育学研究的问题转向[J].教育研究,2004(4).

23. 南国农.教育技术学科建设:中国道路[J].电化教育研究,2006(1).

24. 沈德立.中小学生的智力、学习态度与其数学学业成就的相关性研究[J].天津师范大学学报:基础教育版,2000(2).

25. 林崇德.认知神经科学关于智力研究的新进展[J].北京师范大学学报:社会科学版,2008(1).

26. 林崇德.中国发展心理学30年的进展[J].北京师范大学学报:社会科学版,2009(1).

27. 裴娣娜.反思、批判与重建——对胡克英教学论思想几点理解[J].中国教育学刊,2003(6).

28. 郑金洲.教育理论研究的缺失——世纪末我国教育理论

的反思［J］. 教育发展研究，1999（10）.

29. 郑金洲. 教师教育科研三十年的变迁进程［J］. 上海教育科研，2008（10）.

30. 郑金洲. 改革开放 30 年的教育学研究［J］. 教育研究，2009（3）.

31. 张斌贤，陈瑶，罗小莲. 近三十年我国教育知识来源的变迁——基于《教育研究》杂志论文引文的研究［J］. 教育研究，2009（4）.

32. 孙绵涛. 中国教育管理学 30 年：成就、特点与问题［J］. 教育研究，2009（2）.

33. 余雅风，劳凯声. 改革开放 30 年中国教育法学研究的回顾与展望［J］. 教育研究，2009（2）.

34. 郝志军，田慧生. 中国教育实验 30 年［J］. 教育研究，2009（2）.

35. 王嘉毅. 从移植到创新——改革开放 30 年来我国教学论学科的发展［J］. 教育研究，2009（1）.

36. 田正平. 老学科新气象——改革开放 30 年教育史学科建设述评［J］. 教育研究，2008（9）.

37. 叶飞，檀传宝. 改革开放 30 年德育理论发展脉络探析［J］. 教育研究，2009（1）.

38. 和学新，张健. 近年来教育学原创研究述评［J］. 理论经纬，2007（2）.

39. 侯怀银. 建国后十七年中国教育学科体系建设和发展的基本历程初探［J］. 山西大学学报：哲学社会科学版，1998（3）.

40. 陆跃峰. 从“教育学（pedagogy）”到“教育科学（education science）”——论教育学科的体系特点及其发展［J］. 华中科技大学学报：社会科学版，1993（2）.

41. 蔡永红. 新教学观与教师评价［J］. 北京师范大学学报：社会科学版，2007（1）.

42. 查永军. 对我国高等教育研究的反思［J］. 中国高教研究，2007（2）.

43. 常永才. 全国教育科学规划与民族教育学科的发展：回顾与展望［J］. 西南大学学报：社会科学版，2007（5）.

44. 陈金江，许晓东. 高等教育多学科研究之反思——从学科性视角到方法论视角的转向［J］. 高等教育研究，2007（12）.

45. 程斯辉. 关于教育科研管理若干问题的思考［J］. 教育理论与实践，2004（7）.

46. 董新良. 高师院校教育学课程改革的实践与反思［J］. 教师教育研究，2007（3）.

47. 傅先庆. 教育科研机构的现状分析［J］. 教育评论，1994（4）.

48. 李帅军. 问题与对策：对我国教育研究现状的反思［J］. 辽宁教育研究，2007（1）.

49. 关仲和. 关于建设教育研究和教育理论强国的思考［J］. 中国高等教育，2009（20）.

50. 郭玉英. 中外比较与反思：谈学科教育研究的基础和发展方向［J］. 课程·教材·教法，2007（1）.

51. 黄孟源. 聚焦课堂——教育科研的生命力［J］. 上海教育科研，2003（4）.

52. 金宝成. 全国第二届教育科学优秀成果评奖活动综述［J］. 教育研究，2000（1）.

53. 靳玉乐. 当前教育科学研究的几个问题［J］. 教育研究，2007（5）.

54. 顾泠沅. 从青浦实验说起［J］. 当代教育科学，2007（17）.

55. 李保强. 校本教研制度建设研究回顾与前瞻 [J]. 教育理论与实践，2007 (5).

56. 李吉林. "情境教育"的探索与思考 [J]. 教育研究，1994 (1).

57. 李家元，刘文恬，张建宇. 教育科研促进学校发展的实践与思考 [J]. 上海教育科研，2006 (1).

58. 李盛兵，马晓洁. 高等教育大众化研究方法的比较与反思 [J]. 华南师范大学学报：社会科学版，2007 (1).

59. 李正心. 教育科研的先驱者——陈汝惠 [N]. 光明日报，2008-10-08.

60. 吴紫彦. 创办现代化教育科研机构的若干思考 [J]. 教育研究，1996 (7).

61. 窦才，宗树兴. 省级教育科研机构建设中的差异性管窥 [J]. 江西教育科研，2006 (1).

62. 朱新苏. 充分发挥区级教育科研机构的功能 [J]. 上海教育科研，2005 (1).

63. 李建忠，柯延. 美国教育部设立国家教育科学研究所 [J]. 课程·教材·教法，2003 (8).

64. 刘京海. 成功教育的教育方法含义及其依据 [J]. 山西教育，1997 (1).

65. 刘宇晖. 浅析中职学校教研科研管理的认识与实践 [J]. 教育与职业，2005 (36).

66. 刘煜，等. 关于教育本质问题大讨论的历史影响 [J]. 湖北民族学院学报：哲学社会科学版，2002 (1).

67. 卢仲衡. 三十三年自学辅导教学研究的回顾与展望 [J]. 教育研究，1998 (10).

68. 卢尚建. 我国有效教学研究十年：回顾与反思 [J]. 西北师大学报：社会科学版，2009 (9).

69. 罗儒国. 教师教学生活研究的回顾与反思 [J]. 上海教育科研，2007 (12).

70. 庞庆举. 存在吗? 在什么意义上? ——对教育研究中"对话"研究的反思 [J]. 上海教育科研，2007 (4).

71. 盛阳荣. 浙江教育科学规划研究事业发展的回顾与展望 [J]. 管理与评价，2009 (13).

72. 史静寰. 教育、赋权与发展：世妇会以来中国妇女教育研究回顾 [J]. 妇女研究论丛，2007 (1).

73. 舒仁富. 强化教育科研 促进学校发展 [J]. 教育研究，1999 (2).

74. 帅飞飞，李臣之. 教学交往研究 30 年回顾与展望 [J]. 教育科学研究，2009 (8).

75. 苏忱. 落实"科教兴市"战略，促进教育科研的发展 [J]. 上海教育，1996 (1).

76. 苏忱. 上海市"十五"期间教育科学研究回顾 [J]. 信息平台，2007 (11).

77. 孙宽宁. 从课程论教材反思我国的课程研究 [J]. 课程·教材·教法，2007 (7).

78. 孙宽宁. 我国电化教育研究的回顾与反思 [J]. 中国电教史，2007 (9).

79. 孙钰华. 高校教师教学能力研究的回顾与反思 [J]. 中国大学教学，2009 (8).

80. 谭维智. 一个批判的思想者——陆有铨先生教育思想管窥 [J]. 国家教育行政学院学报，2006 (3).

81. 汤美娟. 流动儿童教育研究的十年——回顾与反思 [J]. 教育学术月刊，2009 (8).

82. 万海堂. 我国教育科学研究中"从属现象"的成因和对策 [J]. 理论纵横：教育导刊，2007 (1).

83. 吴昊. 高校教育研究机构建设分析 [J]. 湖南科技学院学报，2008 (3).

84. 王大鸢，铁晓峰. 高职院校科研机构建设的研究与实践 [J]. 职业教育研究，2004 (10).

85. 王嘉毅. 李秉德：我国教学论学科的奠基人与开拓者 [J]. 国家教育行政学院学报，2005 (5).

86. 王艳玲. 近20年来教师知识研究的回顾与反思 [J]. 全球教育展望，2007 (2).

87. 王兆璟，富婷. 得形而忘意——近年来我国教育研究中若干问题的反思 [J]. 教育理论与实践，2007 (12).

88. 王永斌，王兆璟. 教育科学研究30年：一个知识社会学的考察 [J]. 东北师大学报：哲学社会科学版，2011 (1).

89. 王振宇. 有理论的实验和有实验的理论 [J]. 幼儿教育：教育科学版，2007 (1).

90. 魏游，潘洪建. 近十年来教学评价研究的进展与反思 [J]. 现代教育科学，2009 (4).

91. 辛自强. 从心理学理论到教育实践——林崇德学术思想简介 [J]. 国家教育行政学院学报，2006 (2).

92. 杨跃，张婷婷. 公共课教育学教材改革的困境与成因 [J]. 黑龙江高教研究，2009 (10).

93. 余承海. 我国农村高等教育研究：回顾与反思 [J]. 成人教育，2009 (9).

94. 喻本伐. 走出迷宫：中国当代教育实验述评 [J]. 华中师范大学学报：人文社科版，2006 (3).

95. 袁振国. 教育政策分析与当前教育政策热点问题 [J]. 复旦教育论坛，2003 (3).

96. 袁振国. 立足创新，大力提高高校哲学社会科学研究质量 [J]. 宁波大学学报：社会科学版，2007 (5).

97. 曾茂林. 建国以来个性发展与个性教育的研究分析 [J]. 成人教育，2009 (11).

98. 曾茂林. 新中国教育理论研究转向深层成因剖析 [J]. 东北师大学报：哲学社会科学版，2010 (3).

99. 曾文婕，吴定初. 对教育研究疏离教育生活现象的反思 [J]. 教育评论，2007 (2).

100. 张东海，孙锦明. 中国高等教育研究 30 年：研究者与研究机构的分析 [J]. 理论视野，2009 (10).

101. 张华. 中小学教育科学研究的话语反思 [J]. 教学与管理，2007 (6).

102. 张菁. 对我国“研究性学习”研究的回顾与反思 [J]. 课程·教材·教法，2009 (8).

103. 张森，张霞. 对高职院校科研工作定位的实践探索 [J]. 中国职业技术教育，2007 (7).

104. 张思中. 张思中外语教学法概述 [J]. 人民教育，1999 (2).

105. 赵明仁，黄显华. 从教学反思的过程看教师专业成长——基于新课程实施中 4 位老师的个案研究 [J]. 教育研究与实验，2007 (4).

106. 赵清福. 以教育科研促进教师的专业发展 [J]. 新课程研究，2009 (1).

107. 周川. 致力于高等教育学的理论发展——读《多学科观点的高等教育研究》[J]. 高等教育研究，2002 (2).

108. 周玉清，毕世栋. 试议教育期刊与教育研究的关系 [J]. 北京理工大学学报：社会科学版，2003 (6).

109. 高志敏. 成人教育研究的反思与前瞻 [J]. 教育研究，2006 (9).

110. 别敦荣. 学者的真精神——读萧宗六先生学术论集

《教育管理研究》有感［J］. 中小学管理，2000（2）.

111. 冯建军. 用生命谱写教育学［J］. 国家教育行政学院学报，2006（4）.

112. 陈厚丰. 理论寓于平实 研究源于问题［J］. 大学教育科学，2004（3）.

113. 于述胜. 改革开放三十年中国的教育学话语与教育变革［J］. 教育学报，2008（5）.

114. 吴康宁. “有意义的”教育思想从何而来——由教育学界“尊捧”西方话语的现象引发的思考［J］. 教育研究，2004（5）.

115. 程天君，吴康宁. 当前教育学研究的三个悖论［J］. 教育研究，2006（8）.

116. 杨小微，叶澜. 在教育实践变革和理论创新的互动中发展中国教育学——新世纪第一个五年中我国教育基本理论研究的回顾与反思［J］. 华东师范大学学报：教育科学版，2006（4）.

117. 龚放. 2000—2004 年中国教育研究热点与关键词——基于 CSSCI 的统计分析［J］. 高等教育研究，2006（9）.

118. 龚放. 2000—2004 年中国教育期刊影响力报告——基于 CSSCI 的统计分析［J］. 高等教育研究，2006（9）.

119. 龚放. 2000—2004 年我国“教育学”研究报告——基于 CSSCI 的机构和区域学术影响力分析［J］. 教育发展研究，2006（17）.

120. 龚放. 2005—2006 年我国教育学期刊影响力评价——基于 CSSCI 的统计分析［J］. 北京大学教育评论，2009（1）.

121. 龚放. 中国教育研究领域学者、论著影响力报告——基于 2005—2006 年 CSSCI 的统计分析［J］. 复旦教育论坛，2009（2）.

122. 龚放. 我国教育学研究领域机构、地区学术影响力报告——基于2005—2006年CSSCI的统计分析 [J]. 清华大学教育研究，2009 (2).

123. 龚放. 从CSSCI统计结果看我国教育研究的现状 [J]. 教育发展研究，2009 (5).

124. 宣小红，等. 教育学研究的热点与重点——对2012年度人大复印报刊资料《教育学》转载论文的分析与展望 [J]. 教育研究，2013 (2).

125. 苏新宁，宣小红.《复印报刊资料》教育学系列期刊学术影响力分析 [J]. 教育研究，2009 (4).

126. 李静洁. 山西省教科研究院：山西教科研队伍现状不容乐观 [N]. 山西晚报，2007-01-31.

127. 教育研究编辑部. 2013中国教育研究前沿与热点问题年度报告 [J]. 教育研究，2014 (2).